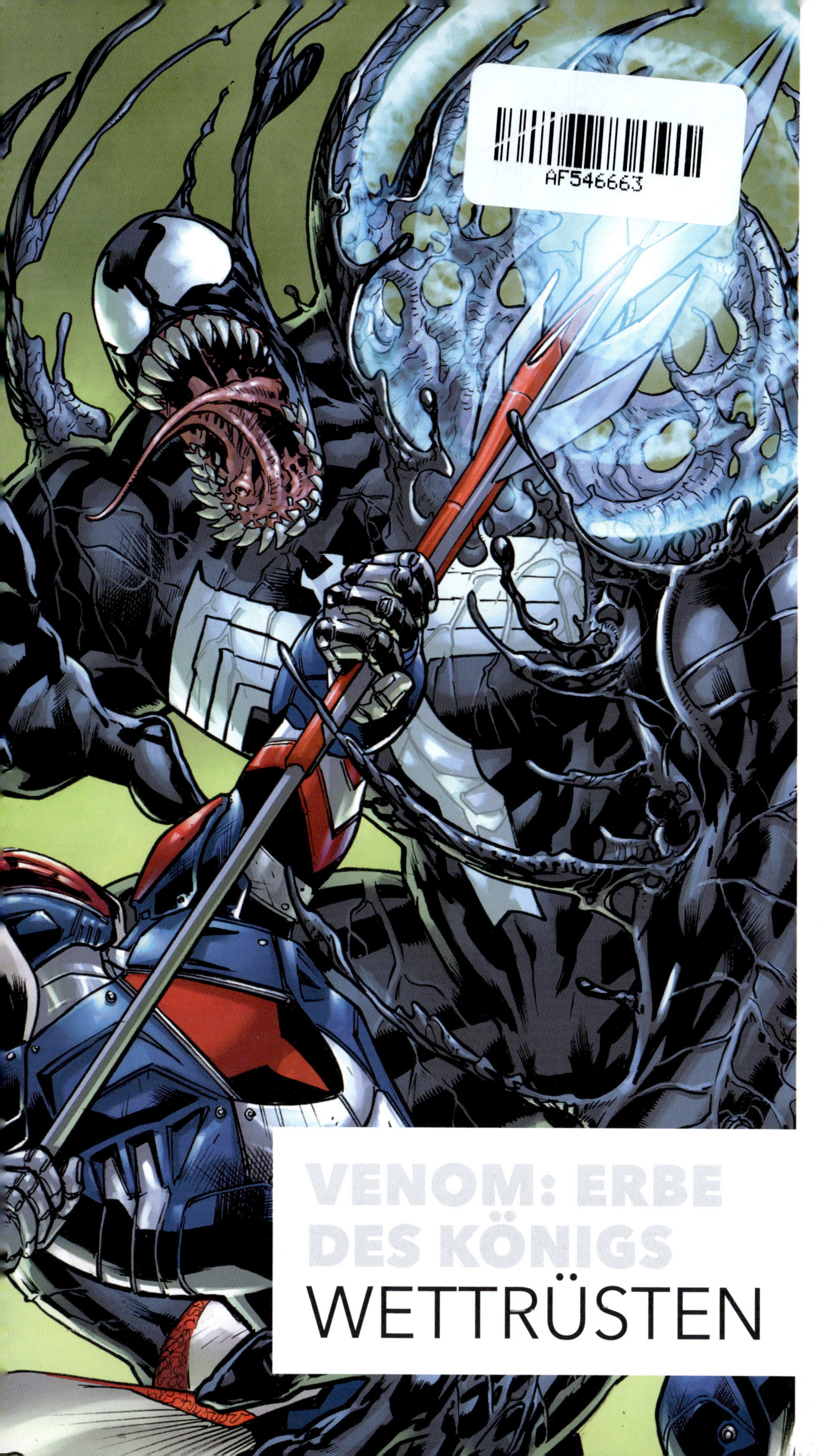
VENOM: ERBE
DES KÖNIGS
WETTRÜSTEN
AF546663

VENOM: ERBE DES KÖNIGS

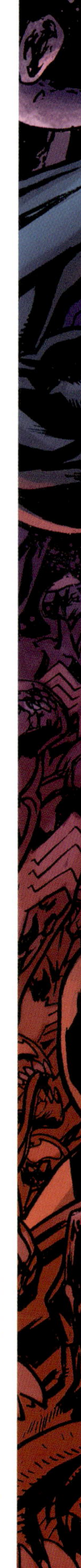

DURCH ZEIT UND RAUM
Untitled
Venom (2021) 1
Dezember 2021

AUF DER FLUCHT
Untitled
Venom (2021) 2
Februar 2022

ESKALATION
Escalation
Venom (2021) 3
Februar 2022

CODEX
Codex
Venom (2021) 4
März 2022

DIE GARTENPARTY
The Garden Party
Venom (2021) 5
April 2022

AL EWING (1, 5)
RAM V (1-4)
STORY

BRYAN HITCH
ZEICHNUNGEN

ANDREW CURRIE
BRYAN HITCH (3)
TUSCHE

ALEX SINCLAIR
FARBEN

FABIO CIACCI
LETTERING

CAROLIN HIDALGO
ÜBERSETZUNG

THOMAS GRONEMAN
DANNY KHAZEM
DEVIN LEWIS
REDAKTION USA

C. B. CEBULSKI
CHEFREDAKTEUR USA

VENOM: ERBE DES KÖNIGS erscheint bei **PANINI COMICS**, Schloßstraße 76, D-70176 Stuttgart. Druck: Centro Poligrafico Milano S.p.A., Casarile (MI). Pressevertrieb: Stella Distribution GmbH, D-22297 Hamburg. Direkt-Abos auf **www.paninicomics.de**. Anzeigenverkauf: BLAUFEUER VERLAGSVERTRETUNGEN GmbH, info@blaufeuer.com. Es gilt die Anzeigenpreisliste Nr. 19 vom 01.10.2021. Geschäftsführer **Hermann Paul**, Publishing Director Europe **Marco M. Lupoi**, Finanzen/Logistik **Felix Bauer**, Marketing Director **Holger Wiest**, Marketing **Fabio Cunetto**, Vertrieb **Alexander Bubenheimer**, PR/Presse **Steffen Volkmer,** Publishing Manager **Lisa Pancaldi**, Redaktion **Christian Endres**, **Harald Gantzberg**, **Christian Grass**, **Anja Seiffert**, **Kristina Starschinski**, **Ilaria Tavoni**, **Daniela Uhlmann**, Übersetzung **Carolin Hidalgo**, Proofreading **ENZA**, Lettering **Fabio Ciacci**, grafische Gestaltung **Marco Paroli**, **Simone Campisano**, Art Director **Alessandro Gucciardo**, Redaktion Panini Comics **Annalisa Califano**, **Beatrice Doti**, Prepress **Cristina Bedini**, **Andrea Lusoli**, **Nicola Soressi**, Repro/Packager **Alessandro Nalli** (coordinator), **Mario Da Rin Zanco**, **Valentina Esposito**, **Luca Ficarelli**, **Linda Leporati**. Deutsche Edition bei Panini Verlags-GmbH unter Lizenz von Marvel Characters B.V. Cover von **Bryan Hitch**, *Venom* (2021) 1; Variant-Cover von **Gabriele Dell'Otto**, *Venom* (2021) 1 Variant-Cover-Edition.

Digitale Ausgaben:
ISBN 978-3-7367-8530-4 (.pdf) / ISBN 978-3-7367-8531-1 (.epub) /
ISBN 978-3-7367-8532-8 (.mobi)

Bibliografische Information der Deutschen Nationalbibliothek
Die Deutsche Nationalbibliothek verzeichnet diese Publikation in der Deutschen Nationalbibliografie; detaillierte bibliografische Daten sind im Internet über dnb.d-nb.de abrufbar.

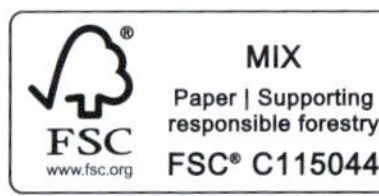

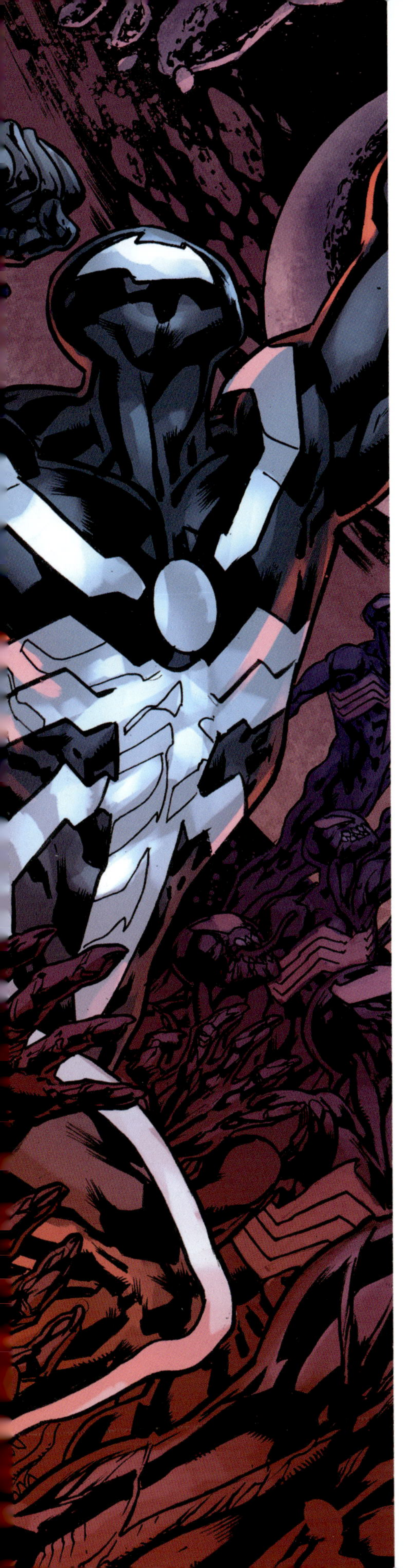

Vor langer Zeit brachte **Spider-Man** von einem Abenteuer im Weltall ein intelligentes „Alien-Kostüm" mit zurück auf die Erde. Bei diesem handelte es sich allerdings um eine außerirdische Lebensform – einen sogenannten **Symbionten**. Die Koexistenz mit der aggressiven Lebensform, die ihren Wirt letztendlich übernehmen wollte, wurde von Spidey gewaltsam beendet, woraufhin sich das Alien und der hasserfüllte Reporter **Eddie Brock** zu **Venom** verbanden. Aus einem der übelsten, stärksten Gegner des Netzspinners wurde später jedoch ein Antiheld und tödlicher Beschützer. Und während die **Life Foundation** Eddie zwang, mehrere Ableger seines Symbionten zu produzieren, erfuhren wir vor einiger Zeit, dass es einen ganzen Planeten der Symbionten gibt. In dieser fernen Welt war lange Zeit **Knull** eingesperrt, der Gott der **Klyntar** genannten Symbionten. **Carnage**, einem weiteren bösen Venom-Sprössling, gelang es, Knull aus seinem Gefängnis zu befreien. Der finstere kosmische Gott kam auf die Erde, doch Eddie konnte ihn besiegen – und wurde so der König der Symbionten. Als solcher kann er z. B. alle Klyntar im **Hive** genannten Schwarmbewusstsein hören und befehligen. Zudem erfuhr Eddie, dass er einen Sohn namens **Dylan** hat. Aufgrund seines einmaligen Erbes als Hybrid aus Mensch und Klyntar verfügt Dylan über besondere Kräfte und hat eine spezielle Beziehung zu allen Symbionten. Allen voran zu **Sleeper**, einem jungen Venom-Ableger, der in **Liz Allans** Firma Alchemax von Astrobiologe **Dr. Steven** zur Welt gebracht wurde. Während der klassische Venom-Symbiont inzwischen gerne mal die Form eines Hundes annimmt, wenn er mit keinem Wirt verbunden ist, nutzt Sleeper die Gestalt einer schwarz-gelben Katze. In der VENOM-Serie von Autor **Donny Cates** sowie den Events ABSOLUTE CARNAGE und KING IN BLACK könnt ihr die meisten dieser Entwicklungen der Venom-Moderne noch einmal nachlesen. Oder ihr stürzt euch jetzt einfach in diese neue Ära, die von den Autoren **Al Ewing** und **Ram V** sowie Zeichner **Bryan Hitch** mit diesem coolen Band eingeleitet wird …

Christian Endres

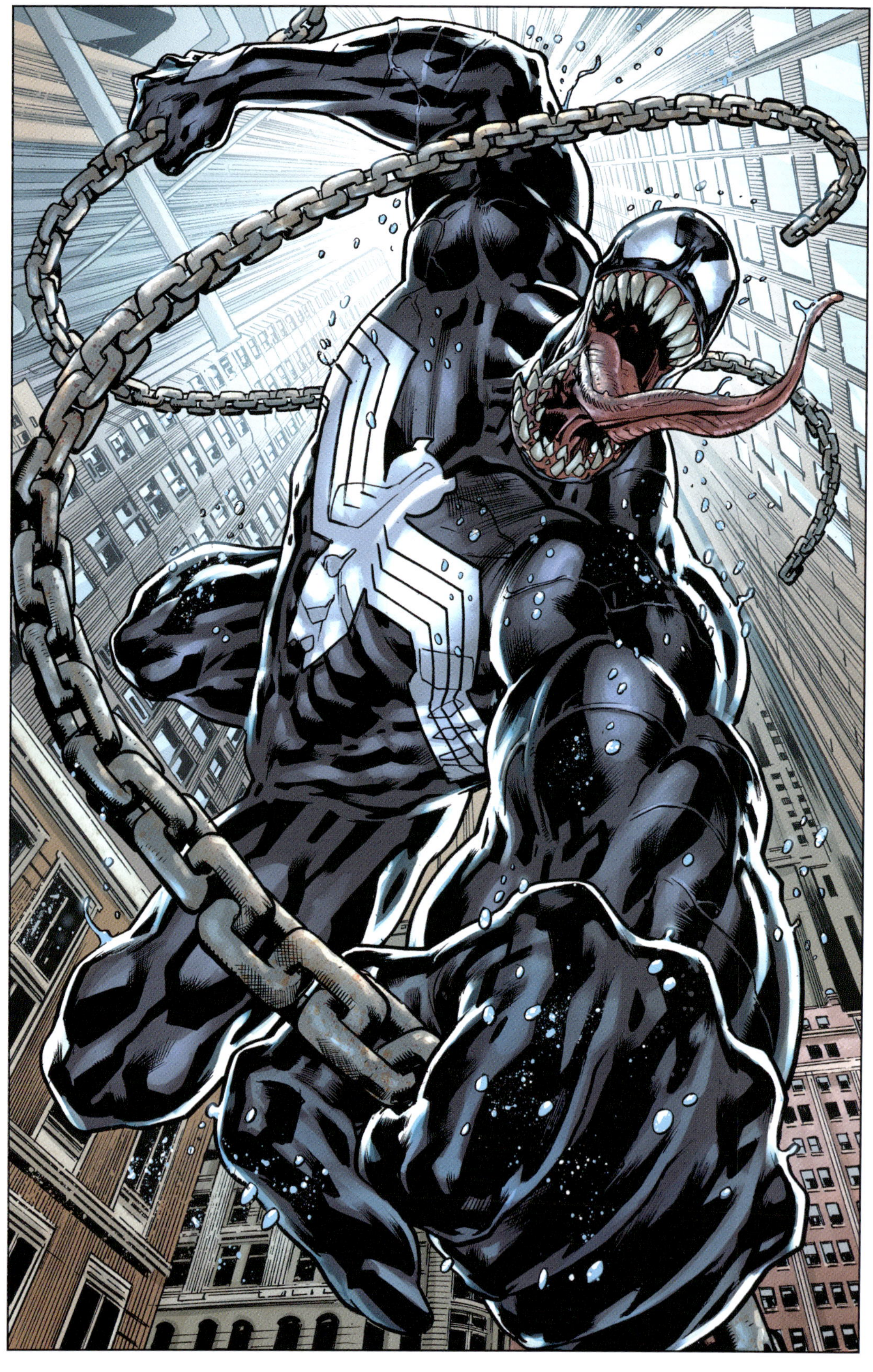

Venom (2021) 1
Cover von **BRYAN HITCH**

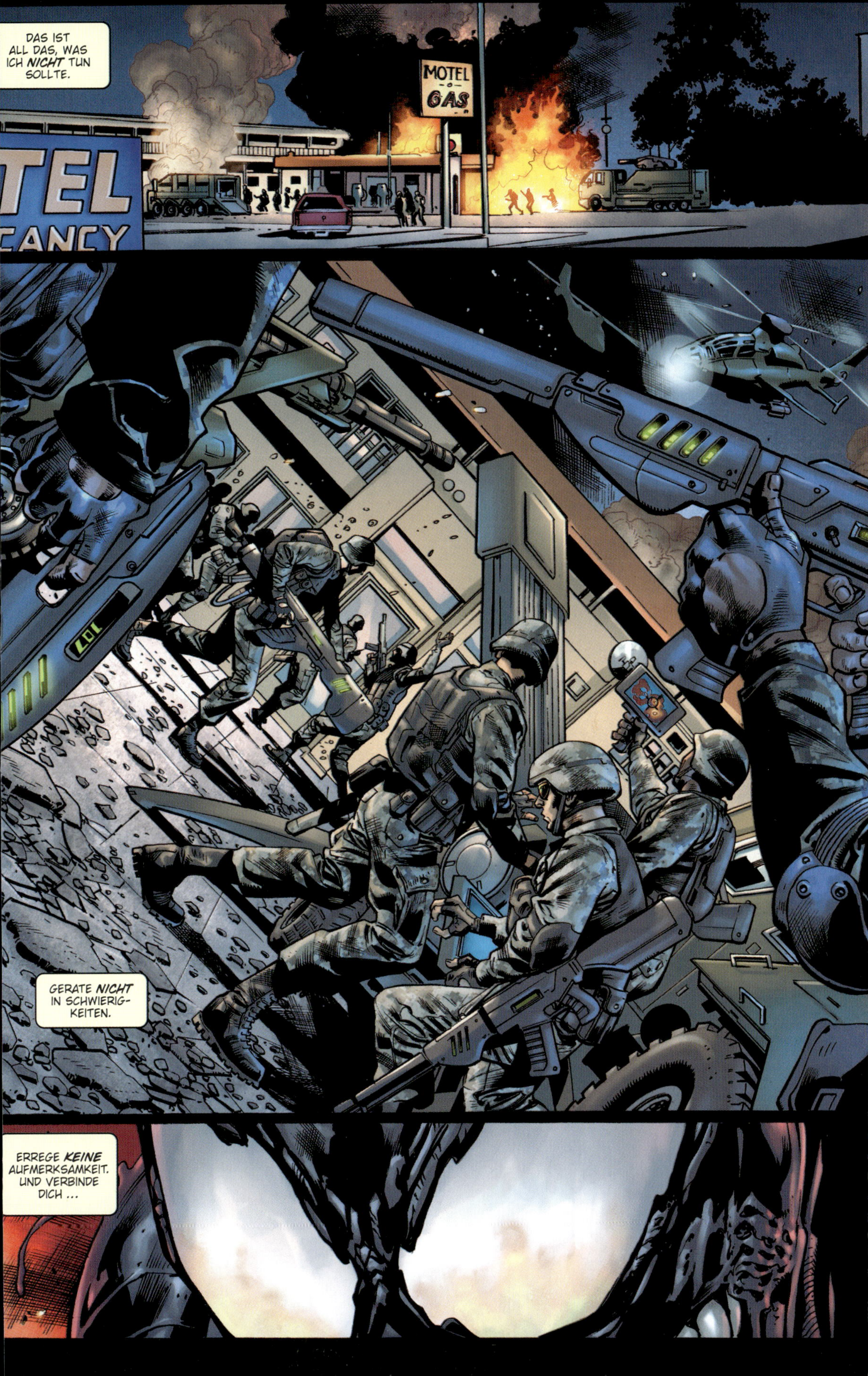
DAS IST ALL DAS, WAS ICH *NICHT* TUN SOLLTE.
MOTEL GAS
TEL
CANCY
GERATE *NICHT* IN SCHWIERIG-KEITEN.
ERREGE *KEINE* AUFMERKSAMKEIT. UND VERBINDE DICH ...

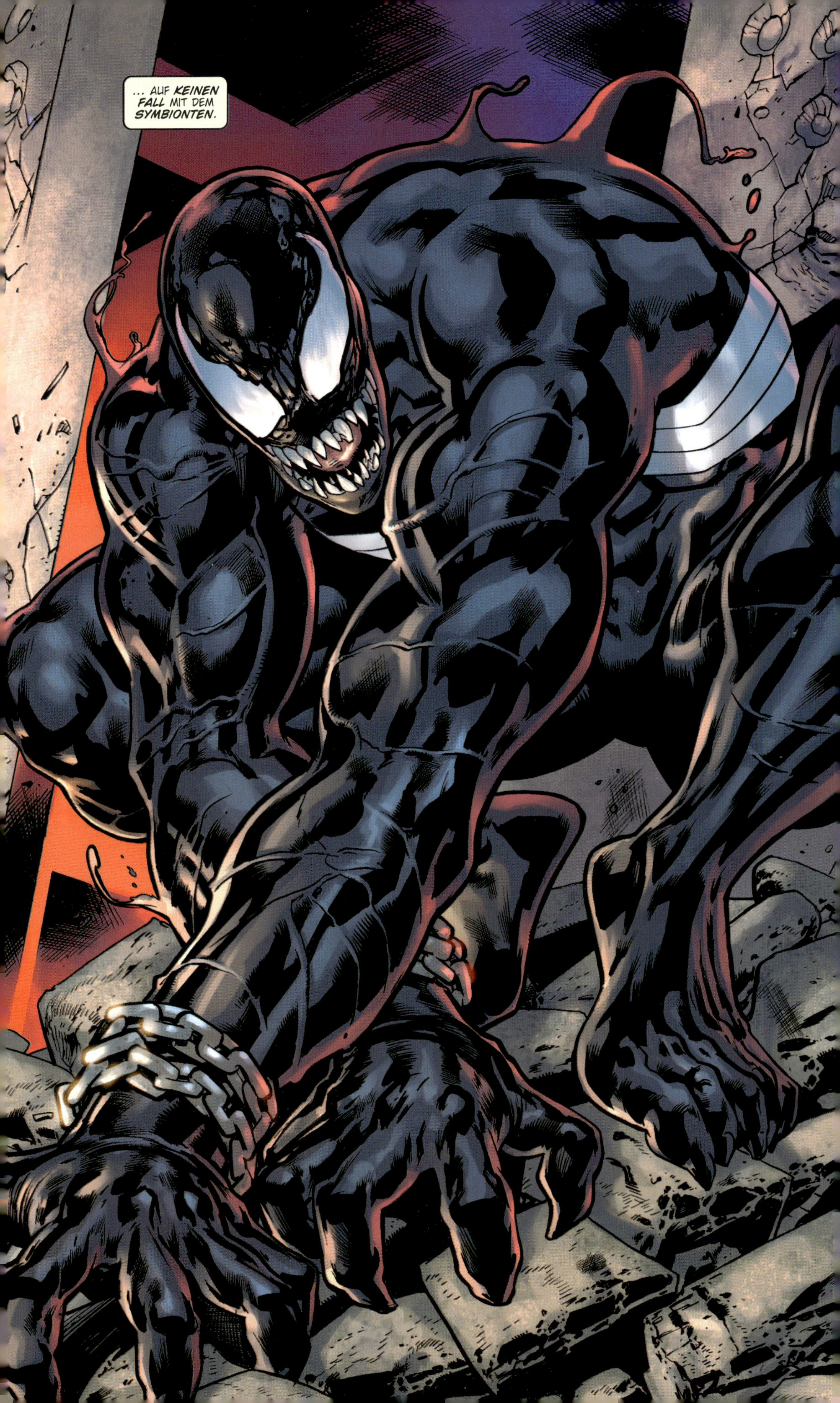
... AUF KEINEN FALL MIT DEM SYMBIONTEN.

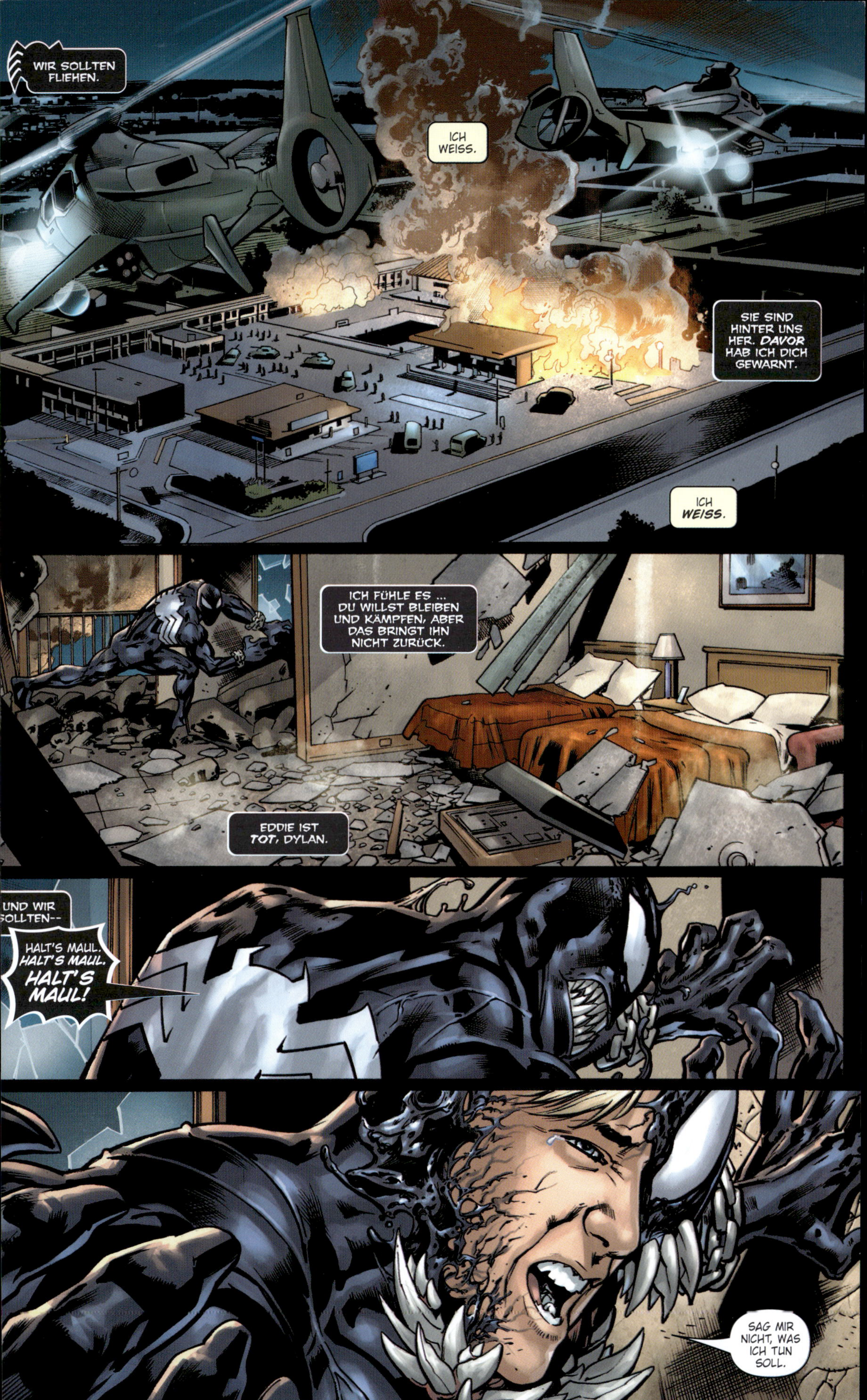

WIR SOLLTEN FLIEHEN.
ICH WEISS.
SIE SIND HINTER UNS HER. DAVOR HAB ICH DICH GEWARNT.
ICH WEISS.
ICH FÜHLE ES ... DU WILLST BLEIBEN UND KÄMPFEN, ABER DAS BRINGT IHN NICHT ZURÜCK.
EDDIE IST TOT, DYLAN.
UND WIR SOLLTEN--
HALT'S MAUL. HALT'S MAUL. HALT'S MAUL!
SAG MIR NICHT, WAS ICH TUN SOLL.

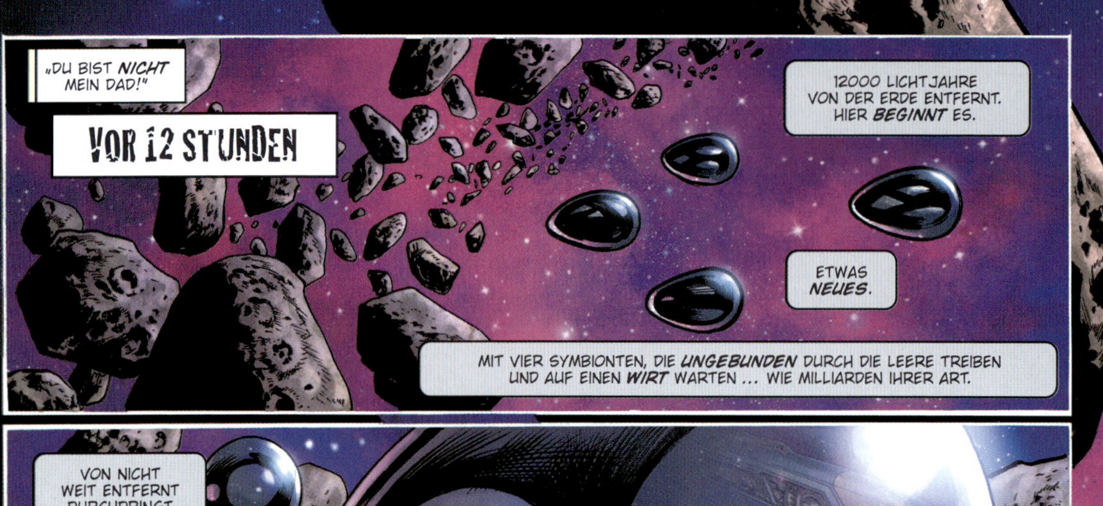

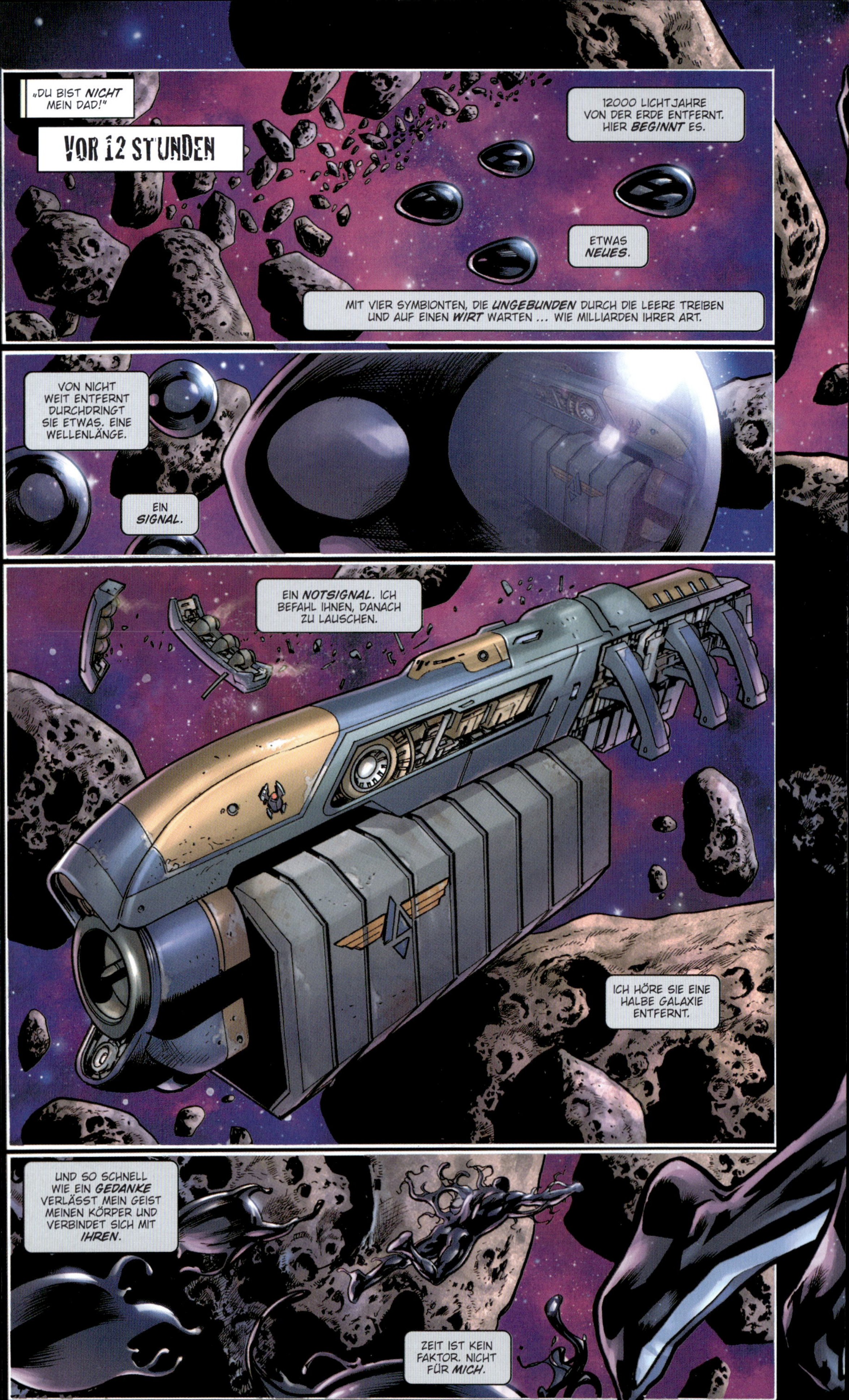

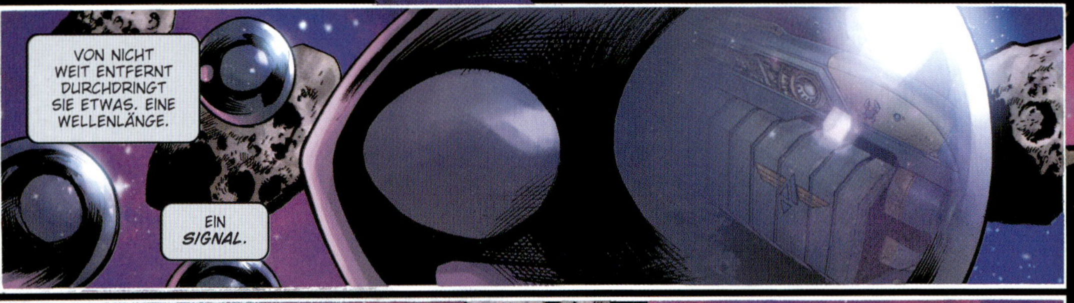

EIN *NOTSIGNAL*. ICH BEFAHL IHNEN, DANACH ZU LAUSCHEN.

ICH HÖRE SIE EINE HALBE GALAXIE ENTFERNT.

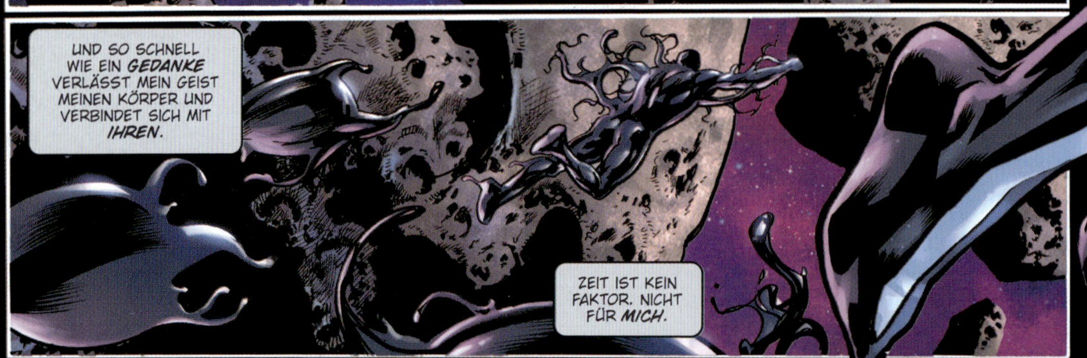

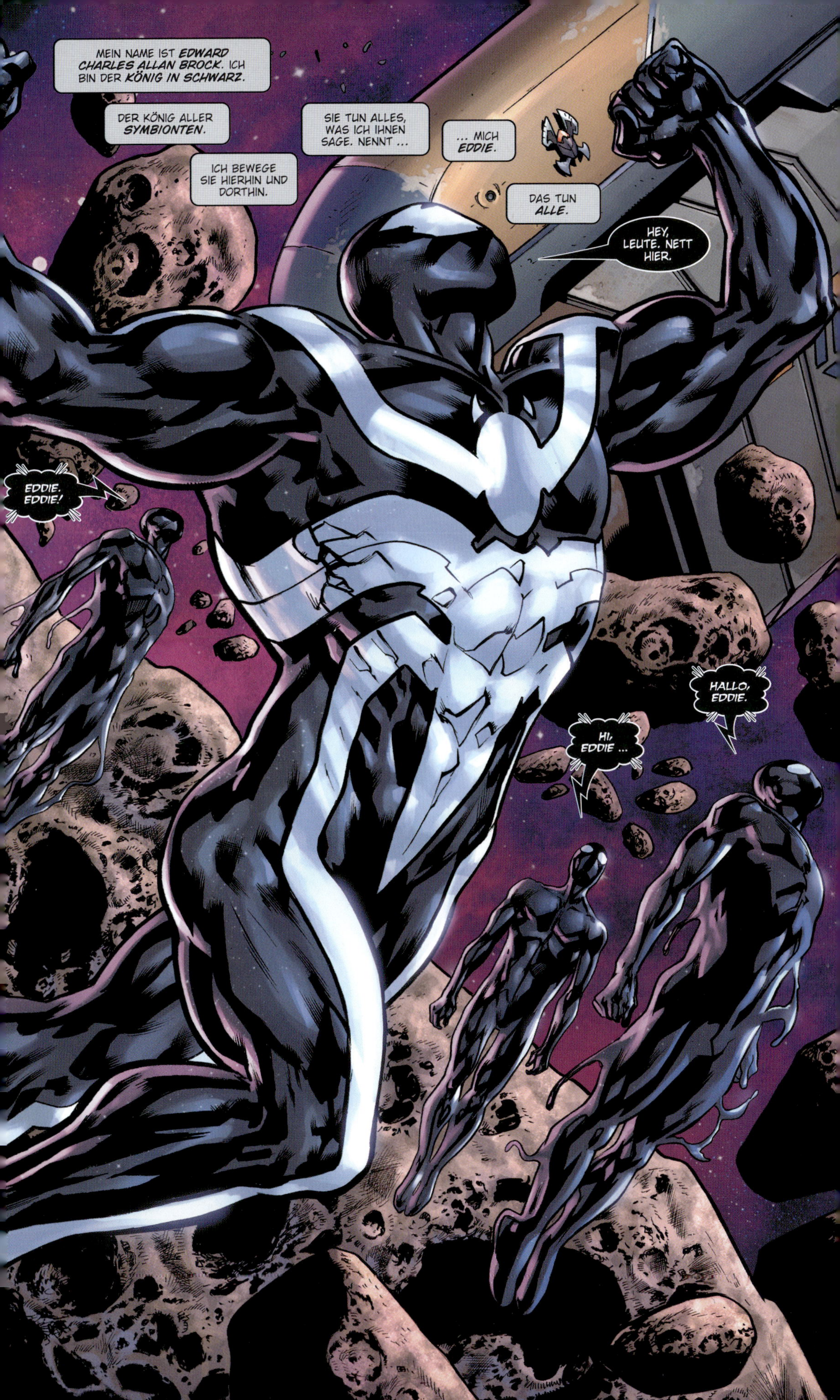
MEIN NAME IST EDWARD CHARLES ALLAN BROCK. ICH BIN DER KÖNIG IN SCHWARZ.
DER KÖNIG ALLER SYMBIONTEN.
ICH BEWEGE SIE HIERHIN UND DORTHIN.
SIE TUN ALLES, WAS ICH IHNEN SAGE. NENNT ...
... MICH EDDIE.
DAS TUN ALLE.
HEY, LEUTE. NETT HIER.
EDDIE. EDDIE!
HALLO, EDDIE.
HI, EDDIE ...

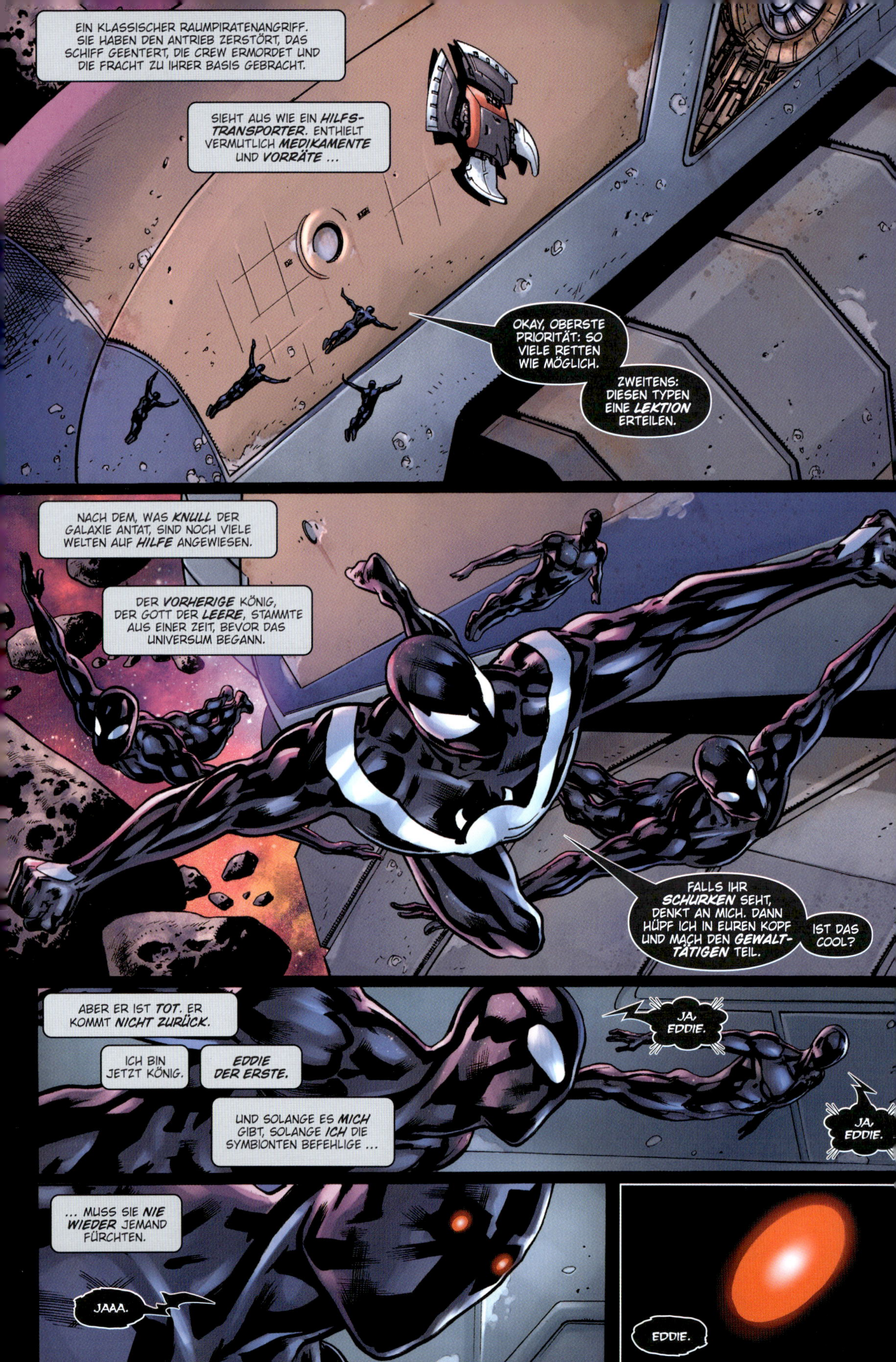
EIN KLASSISCHER RAUMPIRATENANGRIFF. SIE HABEN DEN ANTRIEB ZERSTÖRT, DAS SCHIFF GEENTERT, DIE CREW ERMORDET UND DIE FRACHT ZU IHRER BASIS GEBRACHT.
SIEHT AUS WIE EIN HILFS-TRANSPORTER. ENTHIELT VERMUTLICH MEDIKAMENTE UND VORRÄTE …
OKAY, OBERSTE PRIORITÄT: SO VIELE RETTEN WIE MÖGLICH.
ZWEITENS: DIESEN TYPEN EINE LEKTION ERTEILEN.
NACH DEM, WAS KNULL DER GALAXIE ANTAT, SIND NOCH VIELE WELTEN AUF HILFE ANGEWIESEN.
DER VORHERIGE KÖNIG, DER GOTT DER LEERE, STAMMTE AUS EINER ZEIT, BEVOR DAS UNIVERSUM BEGANN.
FALLS IHR SCHURKEN SEHT, DENKT AN MICH. DANN HÜPF ICH IN EUREN KOPF UND MACH DEN GEWALT-TÄTIGEN TEIL.
IST DAS COOL?
ABER ER IST TOT. ER KOMMT NICHT ZURÜCK.
ICH BIN JETZT KÖNIG.
EDDIE DER ERSTE.
JA, EDDIE.
UND SOLANGE ES MICH GIBT, SOLANGE ICH DIE SYMBIONTEN BEFEHLIGE …
JA, EDDIE.
… MUSS SIE NIE WIEDER JEMAND FÜRCHTEN.
JAAA.
EDDIE.

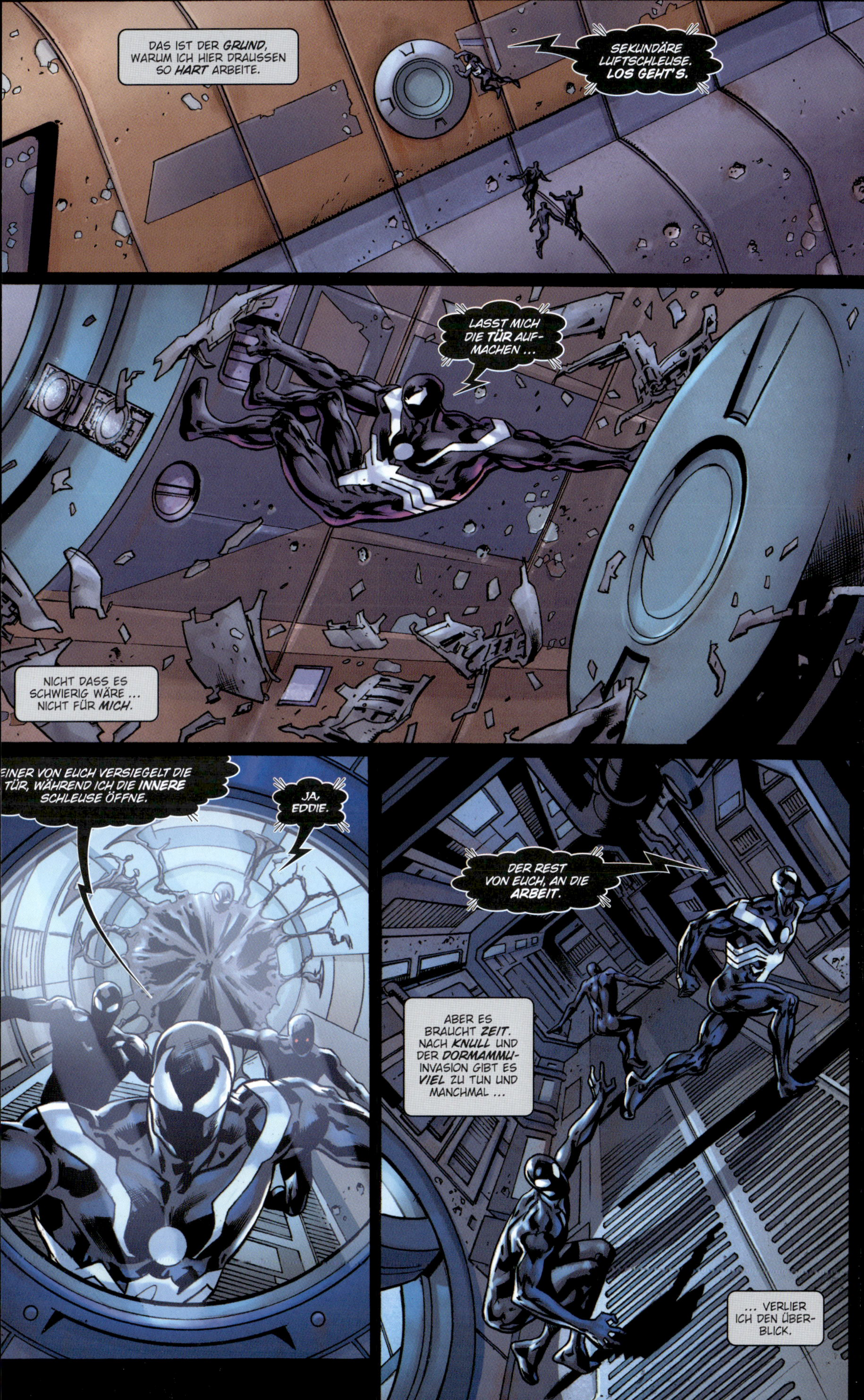
DAS IST DER GRUND, WARUM ICH HIER DRAUSSEN SO HART ARBEITE.
SEKUNDÄRE LUFTSCHLEUSE. LOS GEHT'S.
LASST MICH DIE TÜR AUFMACHEN ...
NICHT DASS ES SCHWIERIG WÄRE ... NICHT FÜR MICH.
EINER VON EUCH VERSIEGELT DIE TÜR, WÄHREND ICH DIE INNERE SCHLEUSE ÖFFNE.
JA, EDDIE.
DER REST VON EUCH, AN DIE ARBEIT.
ABER ES BRAUCHT ZEIT. NACH KNULL UND DER DORMAMMU-INVASION GIBT ES VIEL ZU TUN UND MANCHMAL ...
... VERLIER ICH DEN ÜBERBLICK.

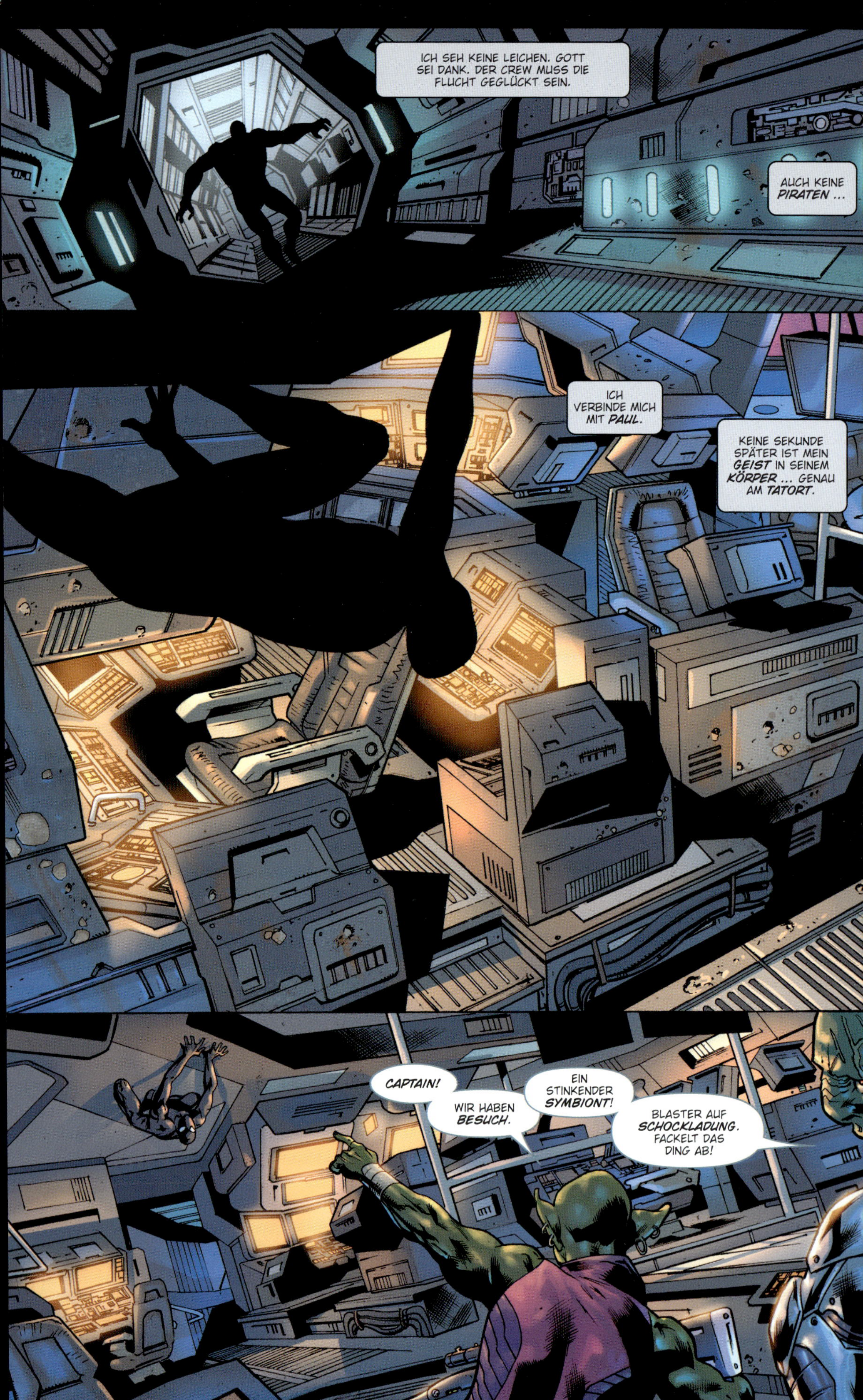
ICH SEH KEINE LEICHEN. GOTT SEI DANK. DER CREW MUSS DIE FLUCHT GEGLÜCKT SEIN.
AUCH KEINE *PIRATEN* ...
ICH VERBINDE MICH MIT *PAUL*.
KEINE SEKUNDE SPÄTER IST MEIN *GEIST* IN SEINEM *KÖRPER* ... GENAU AM *TATORT*.
CAPTAIN!
WIR HABEN *BESUCH*.
EIN STINKENDER *SYMBIONT!*
BLASTER AUF *SCHOCKLADUNG*. FACKELT DAS DING AB!

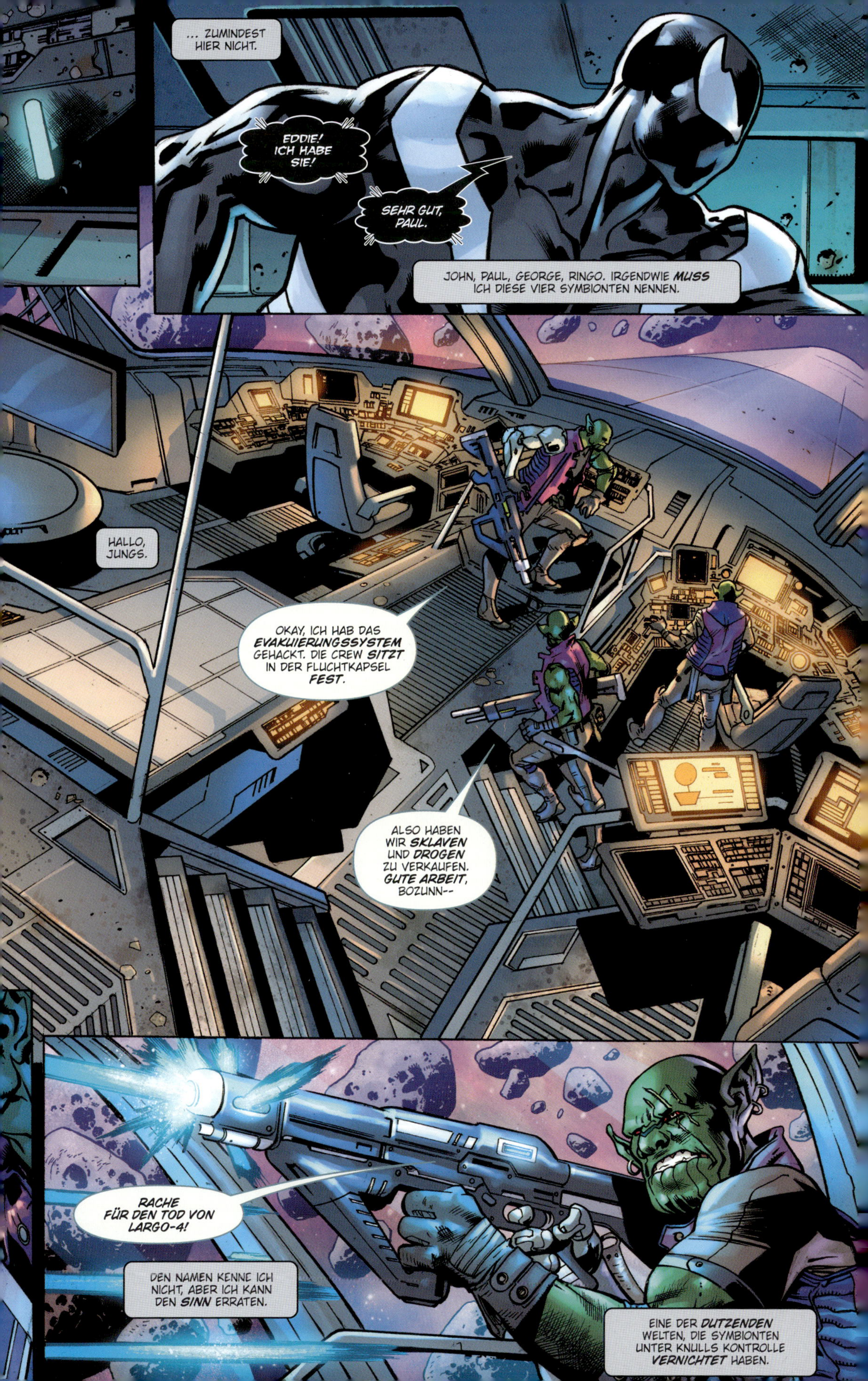
... ZUMINDEST HIER NICHT.
EDDIE! ICH HABE SIE!
SEHR GUT, PAUL.
JOHN, PAUL, GEORGE, RINGO. IRGENDWIE MUSS ICH DIESE VIER SYMBIONTEN NENNEN.
HALLO, JUNGS.
OKAY, ICH HAB DAS EVAKUIERUNGSSYSTEM GEHACKT. DIE CREW SITZT IN DER FLUCHTKAPSEL FEST.
ALSO HABEN WIR SKLAVEN UND DROGEN ZU VERKAUFEN. GUTE ARBEIT, BOZUNN--
RACHE FÜR DEN TOD VON LARGO-4!
DEN NAMEN KENNE ICH NICHT, ABER ICH KANN DEN SINN ERRATEN.
EINE DER DUTZENDEN WELTEN, DIE SYMBIONTEN UNTER KNULLS KONTROLLE VERNICHTET HABEN.

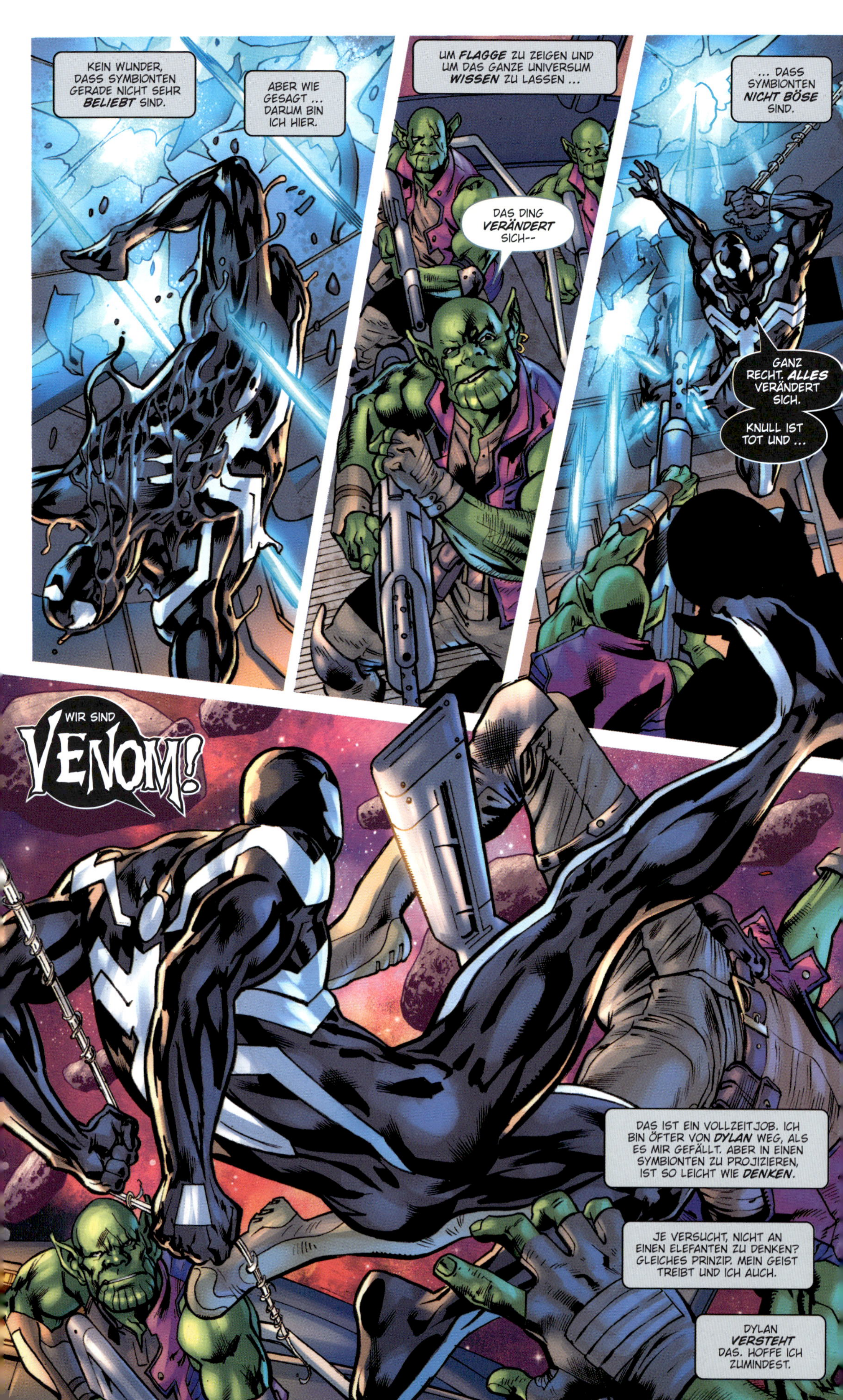
KEIN WUNDER, DASS SYMBIONTEN GERADE NICHT SEHR BELIEBT SIND.
ABER WIE GESAGT ... DARUM BIN ICH HIER.
UM FLAGGE ZU ZEIGEN UND UM DAS GANZE UNIVERSUM WISSEN ZU LASSEN ...
DAS DING VERÄNDERT SICH--
... DASS SYMBIONTEN NICHT BÖSE SIND.
GANZ RECHT. ALLES VERÄNDERT SICH.
KNULL IST TOT UND ...
WIR SIND VENOM!
DAS IST EIN VOLLZEITJOB. ICH BIN ÖFTER VON DYLAN WEG, ALS ES MIR GEFÄLLT. ABER IN EINEN SYMBIONTEN ZU PROJIZIEREN, IST SO LEICHT WIE DENKEN.
JE VERSUCHT, NICHT AN EINEN ELEFANTEN ZU DENKEN? GLEICHES PRINZIP. MEIN GEIST TREIBT UND ICH AUCH.
DYLAN VERSTEHT DAS. HOFFE ICH ZUMINDEST.

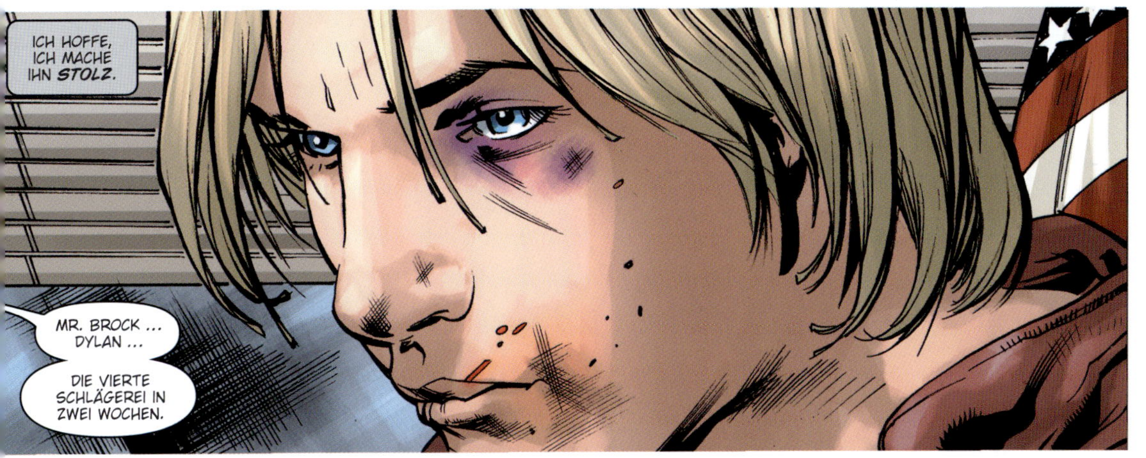
ICH HOFFE, ICH MACHE IHN STOLZ.
MR. BROCK ... DYLAN ...
DIE VIERTE SCHLÄGEREI IN ZWEI WOCHEN.

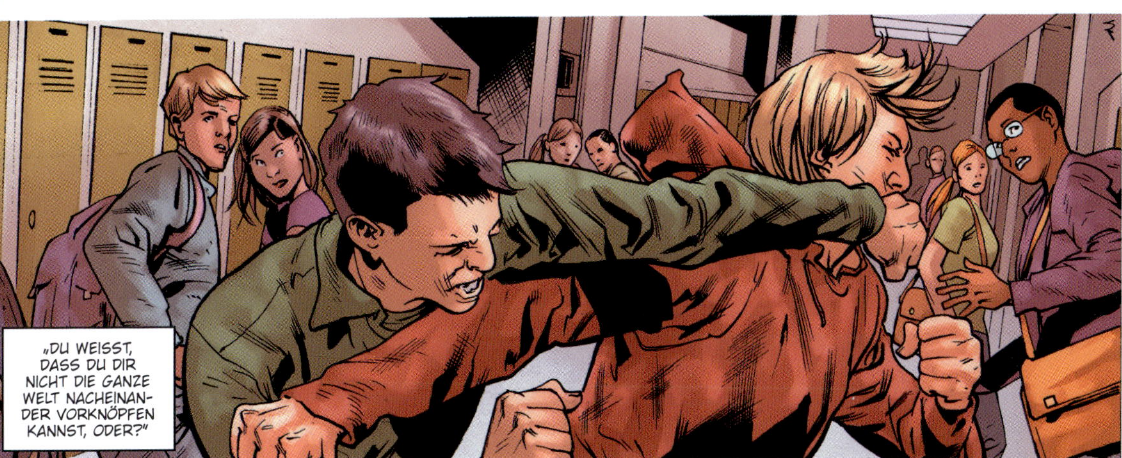
„DU WEISST, DASS DU DIR NICHT DIE GANZE WELT NACHEINANDER VORKNÖPFEN KANNST, ODER?"

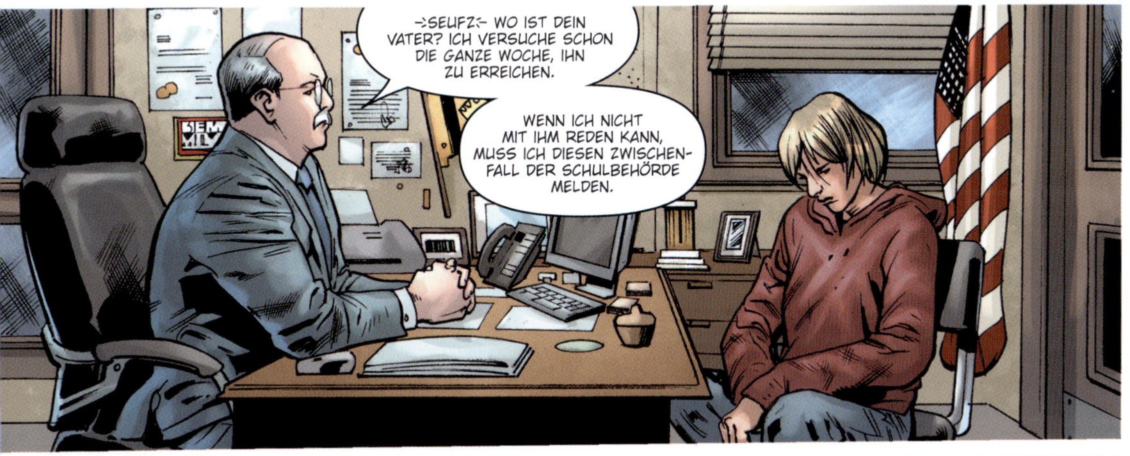
-SEUFZ- WO IST DEIN VATER? ICH VERSUCHE SCHON DIE GANZE WOCHE, IHN ZU ERREICHEN.
WENN ICH NICHT MIT IHM REDEN KANN, MUSS ICH DIESEN ZWISCHENFALL DER SCHULBEHÖRDE MELDEN.

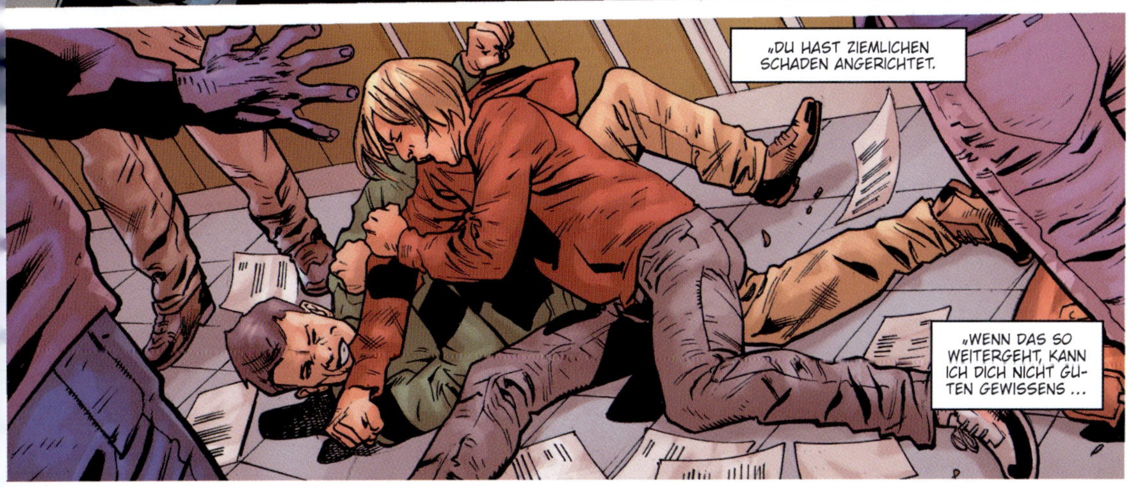
„DU HAST ZIEMLICHEN SCHADEN ANGERICHTET.
„WENN DAS SO WEITERGEHT, KANN ICH DICH NICHT GUTEN GEWISSENS ...

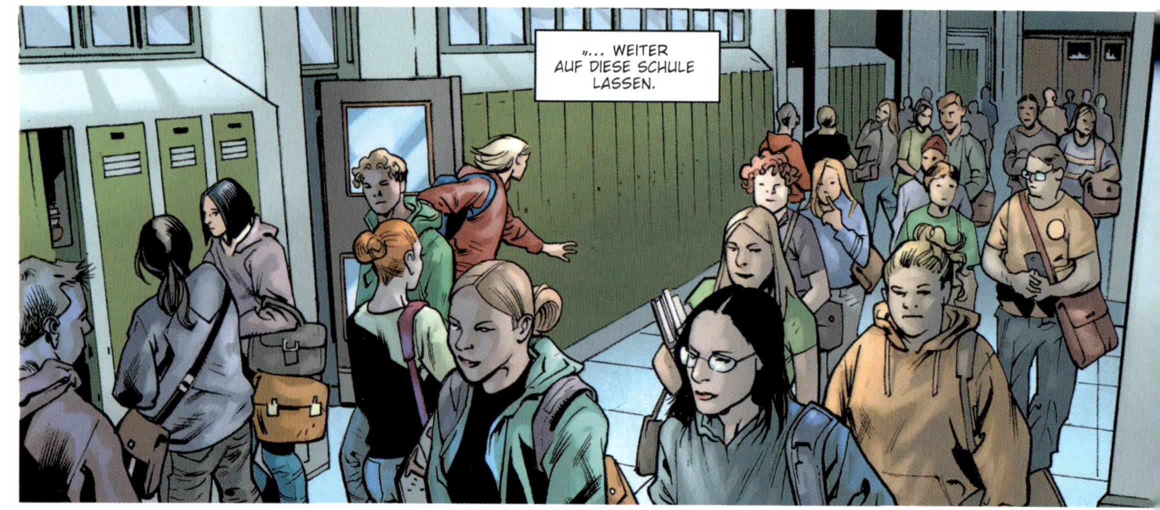
„... WEITER AUF DIESE SCHULE LASSEN.

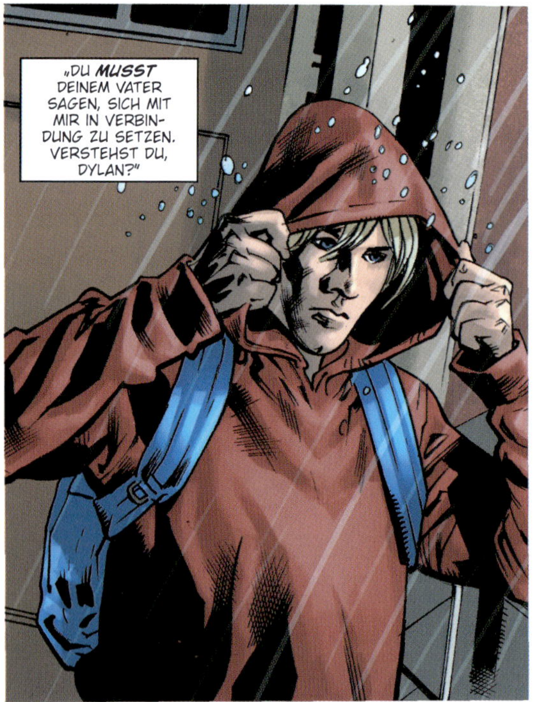
„DU **MUSST** DEINEM VATER SAGEN, SICH MIT MIR IN VERBINDUNG ZU SETZEN. VERSTEHST DU, DYLAN?"

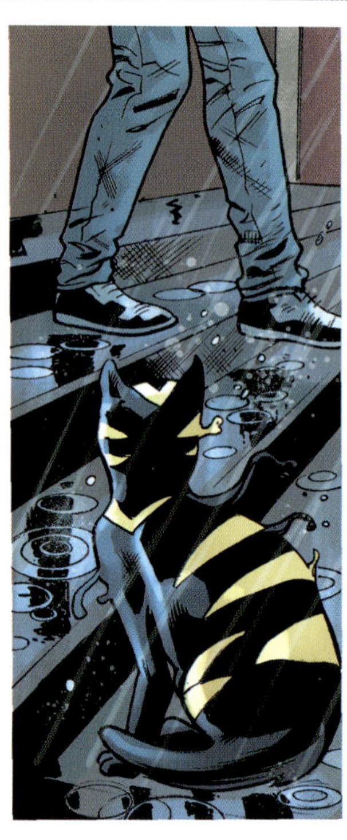

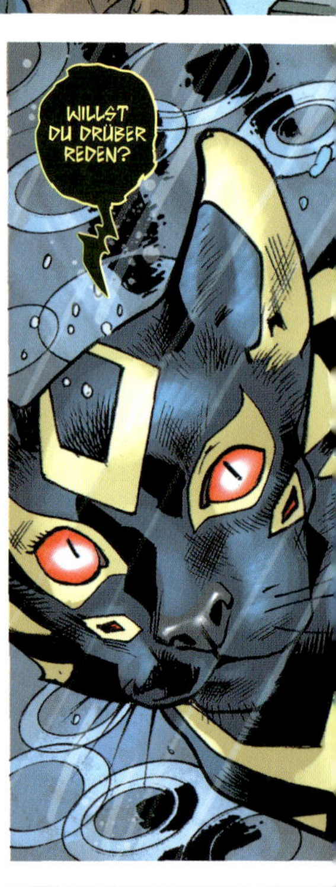
WILLST DU DRÜBER REDEN?

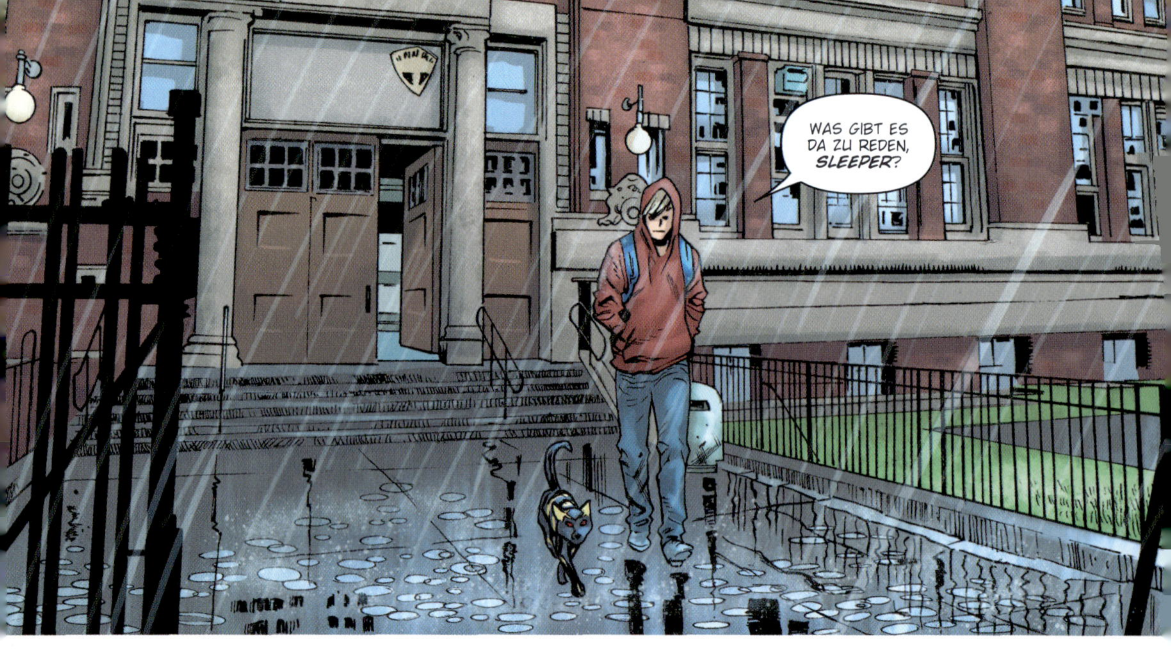
WAS GIBT ES DA ZU REDEN, **SLEEPER**?

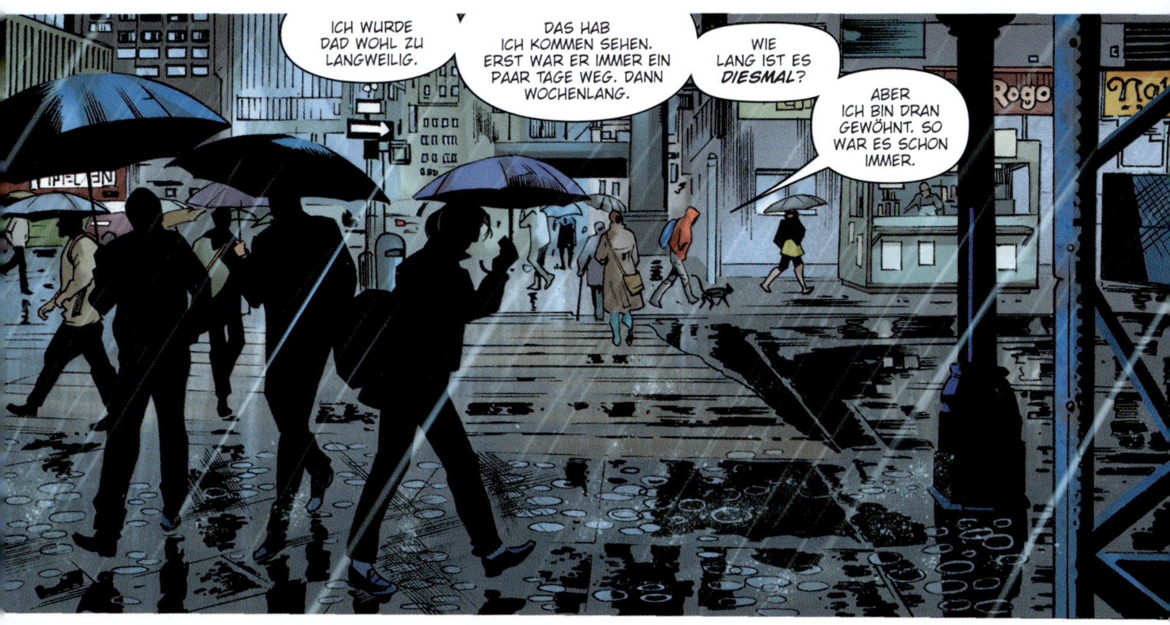
ICH WURDE DAD WOHL ZU LANGWEILIG.
DAS HAB ICH KOMMEN SEHEN. ERST WAR ER IMMER EIN PAAR TAGE WEG. DANN WOCHENLANG.
WIE LANG IST ES *DIESMAL*?
ABER ICH BIN DRAN GEWÖHNT. SO WAR ES SCHON IMMER.

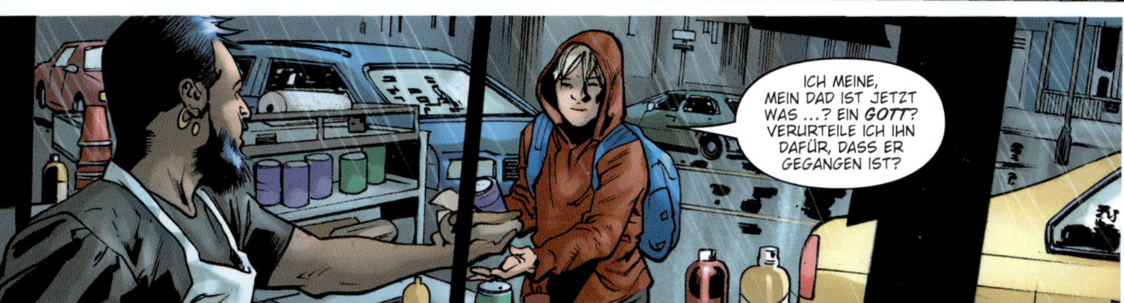
ICH MEINE, MEIN DAD IST JETZT WAS ...? EIN *GOTT*? VERURTEILE ICH IHN DAFÜR, DASS ER GEGANGEN IST?

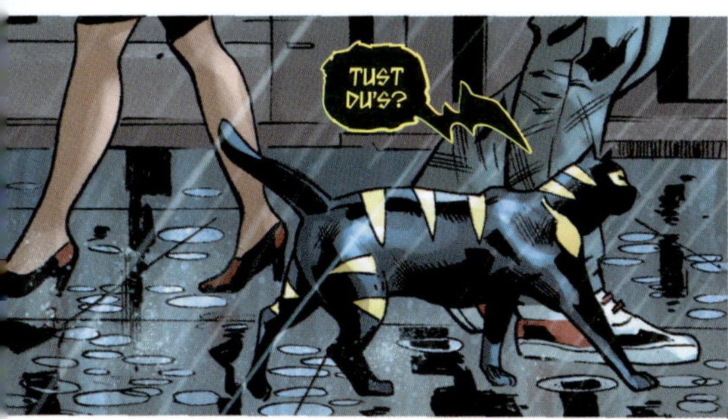
TUST DU'S?

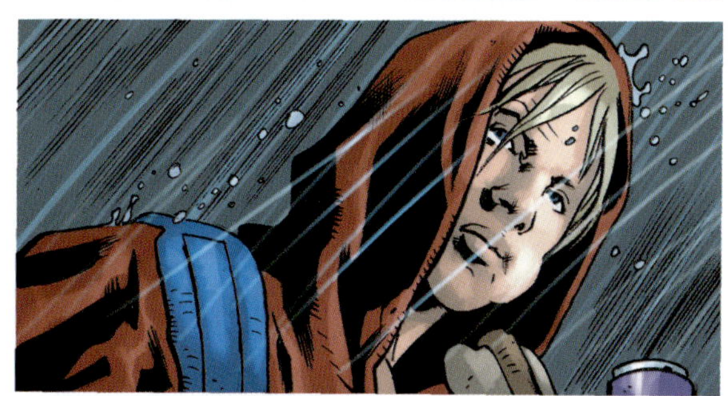

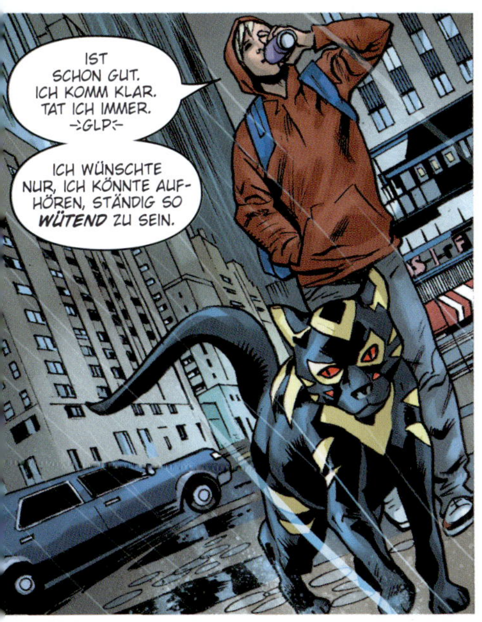
IST SCHON GUT. ICH KOMM KLAR. TAT ICH IMMER. -GLP-
ICH WÜNSCHTE NUR, ICH KÖNNTE AUFHÖREN, STÄNDIG SO *WÜTEND* ZU SEIN.

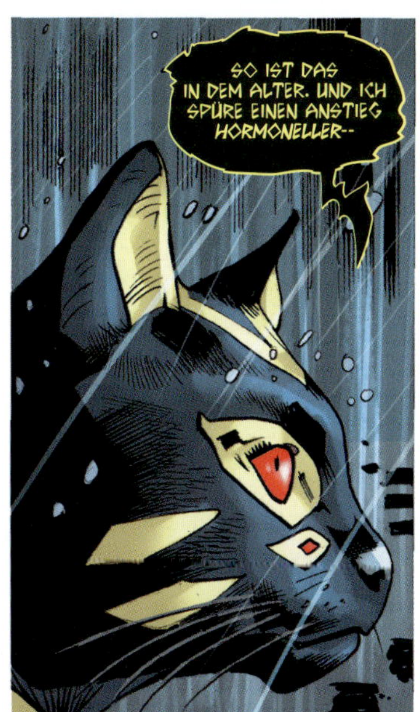
SO IST DAS IN DEM ALTER. UND ICH SPÜRE EINEN ANSTIEG *HORMONELLER*--

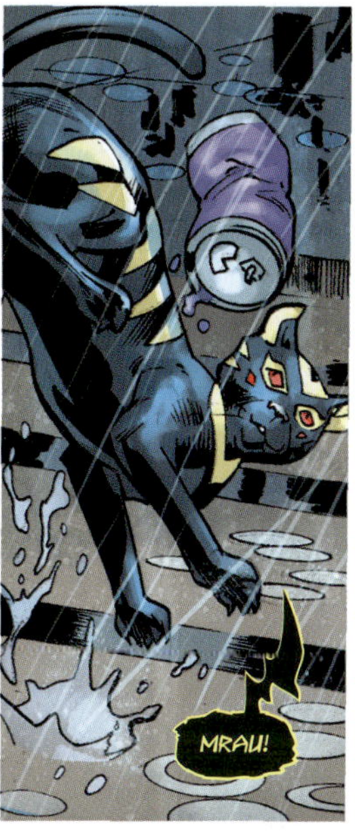
MRAU!

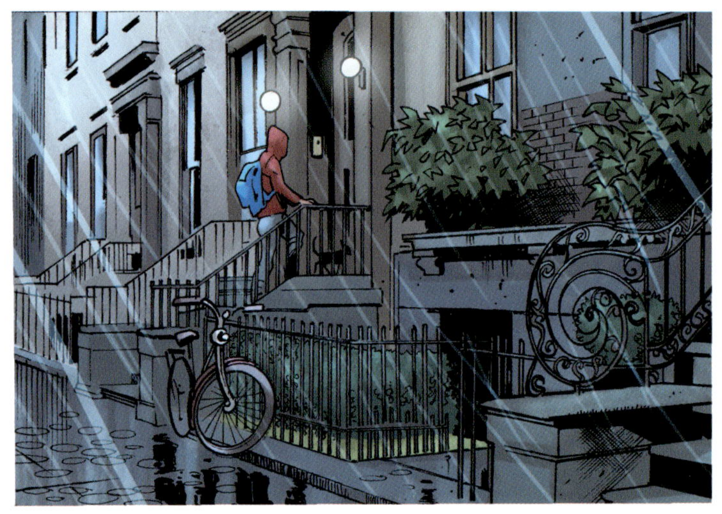

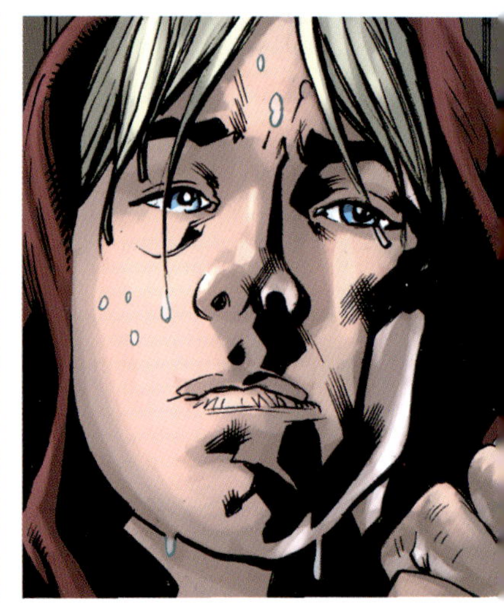

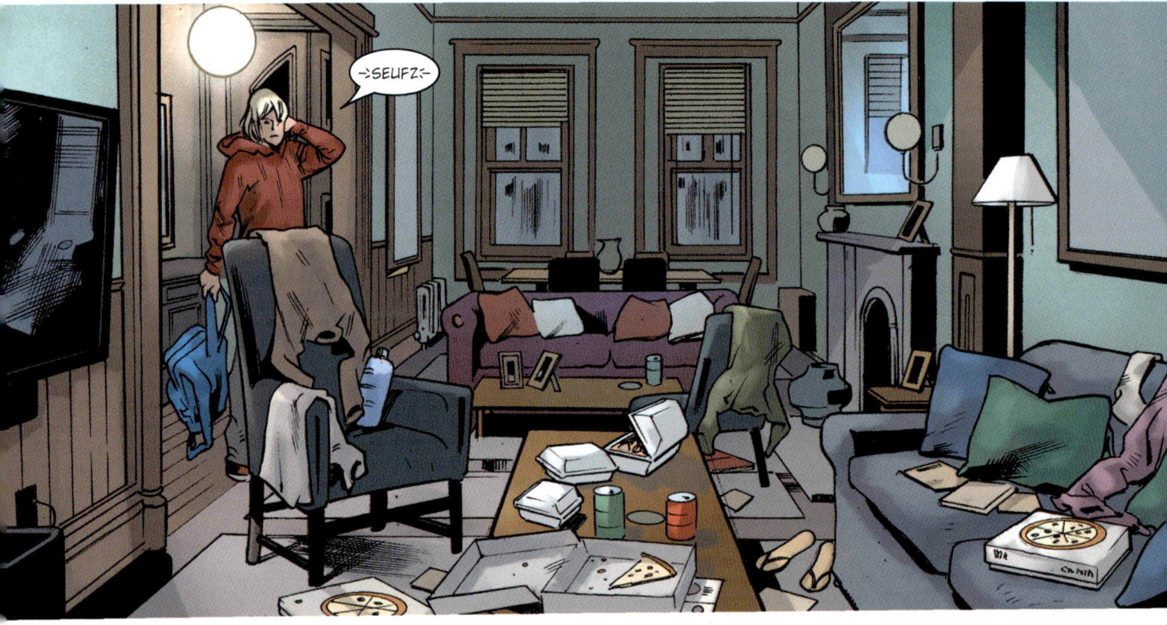
-SEUFZ-

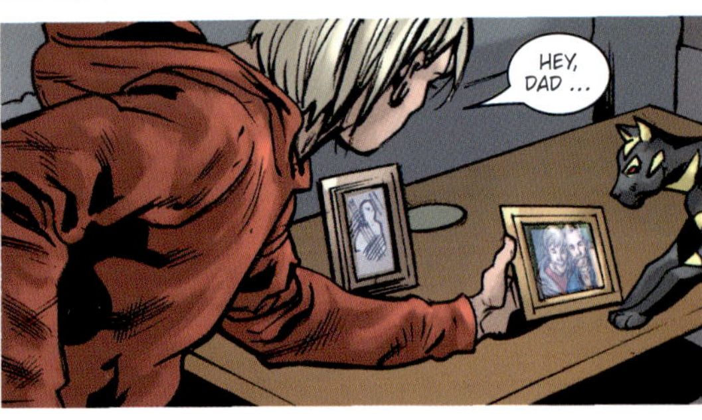
HEY, DAD ...

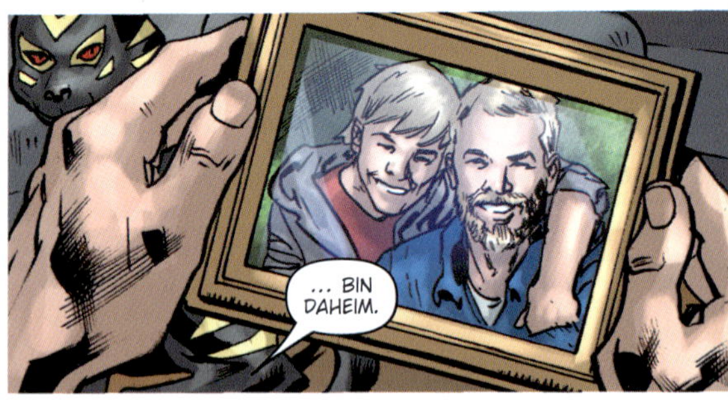
... BIN DAHEIM.

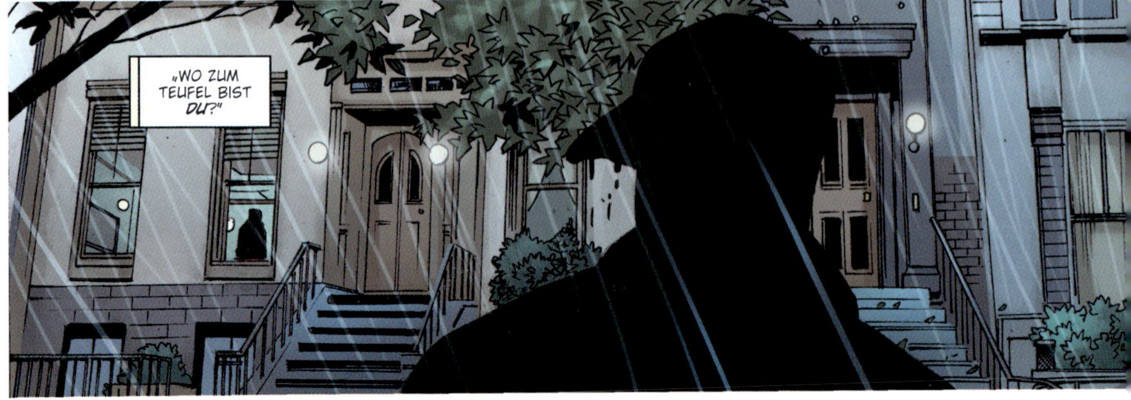
„WO ZUM TEUFEL BIST *DU*?"

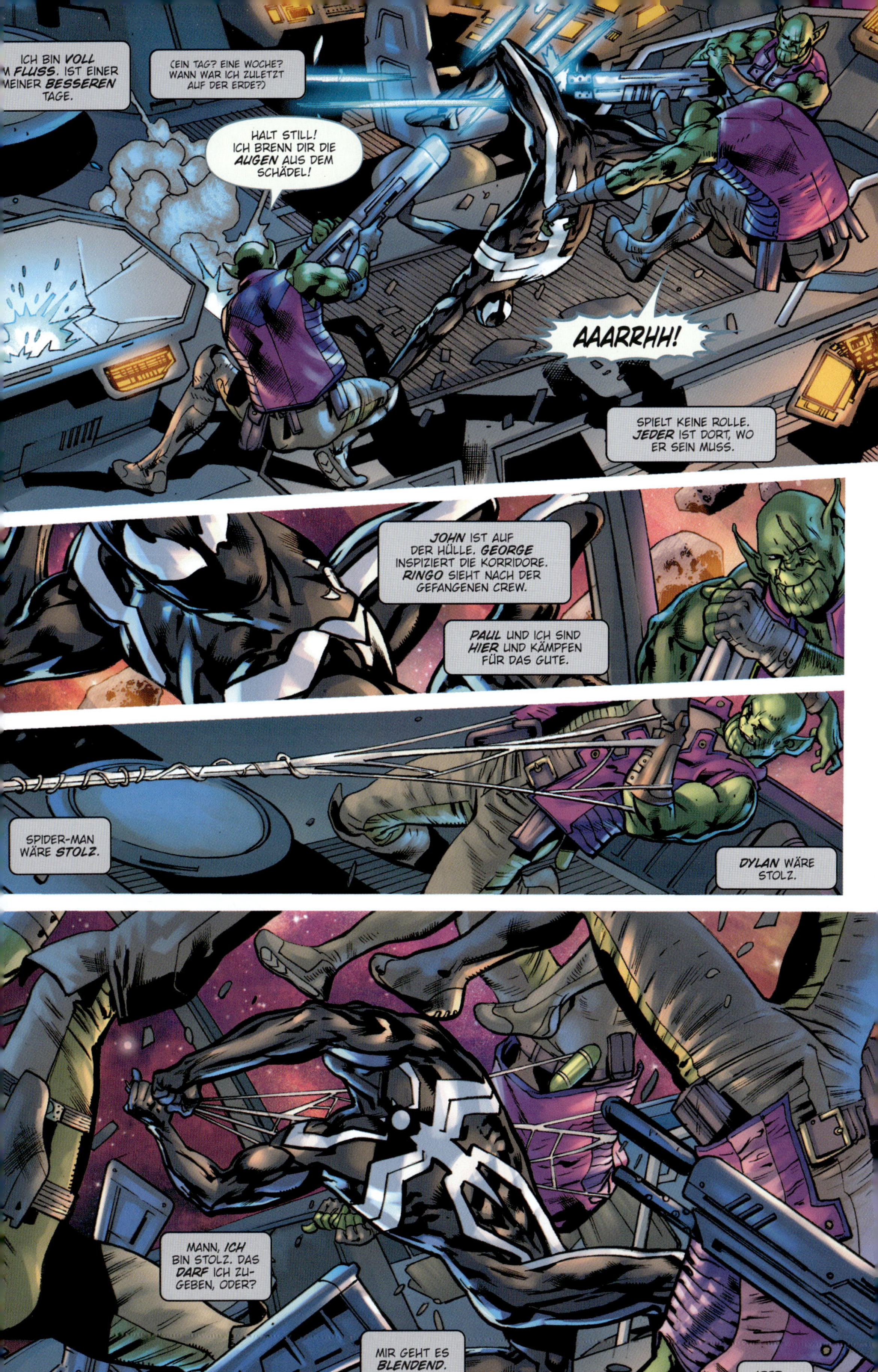
ICH BIN VOLL
M FLUSS. IST EINER
MEINER BESSEREN
TAGE.
(EIN TAG? EINE WOCHE? WANN WAR ICH ZULETZT AUF DER ERDE?)
HALT STILL! ICH BRENN DIR DIE AUGEN AUS DEM SCHÄDEL!
AAARRHH!
SPIELT KEINE ROLLE. JEDER IST DORT, WO ER SEIN MUSS.
JOHN IST AUF DER HÜLLE. GEORGE INSPIZIERT DIE KORRIDORE. RINGO SIEHT NACH DER GEFANGENEN CREW.
PAUL UND ICH SIND HIER UND KÄMPFEN FÜR DAS GUTE.
SPIDER-MAN WÄRE STOLZ.
DYLAN WÄRE STOLZ.
MANN, ICH BIN STOLZ. DAS DARF ICH ZUGEBEN, ODER?
MIR GEHT ES BLENDEND.
ABER ...

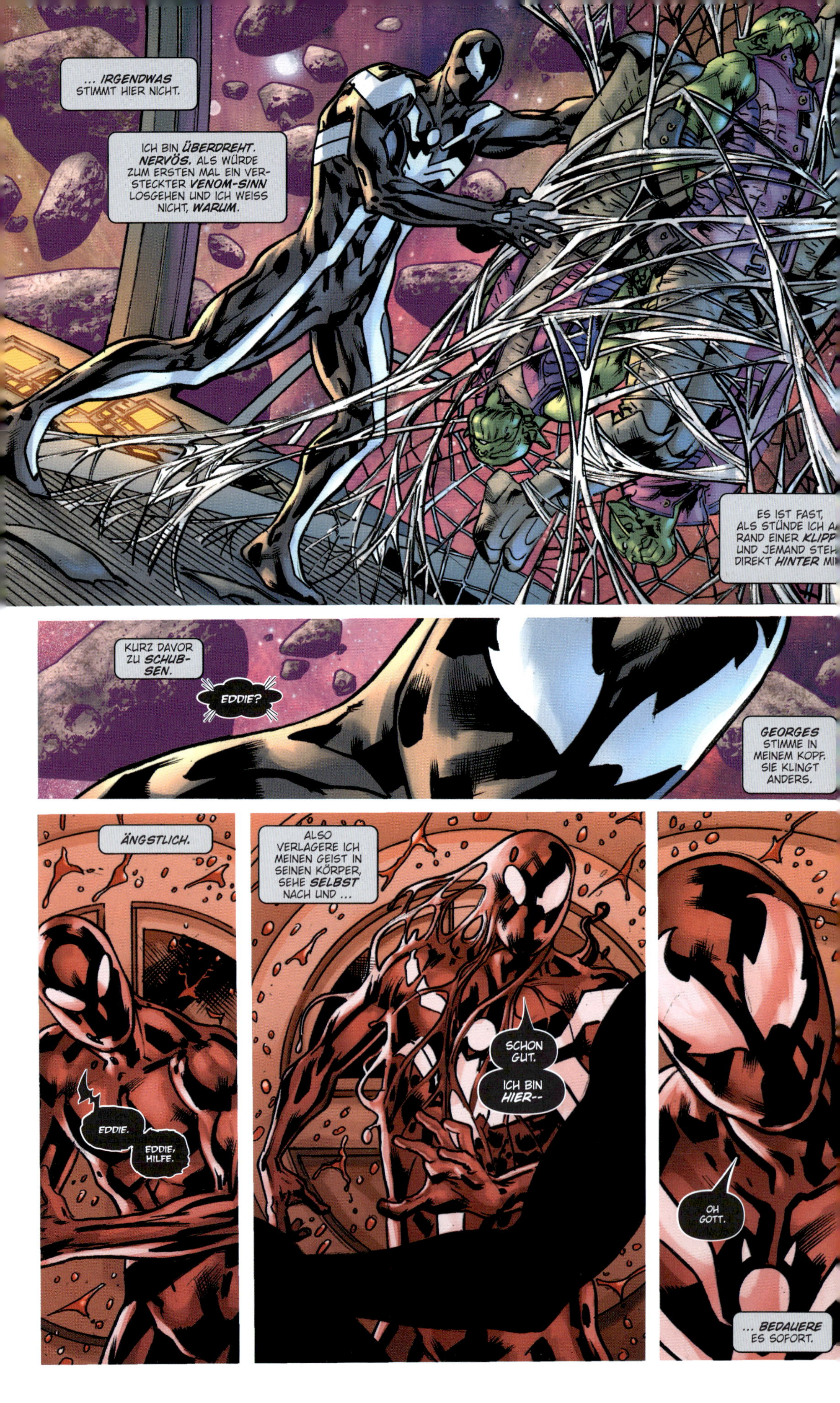

... IRGENDWAS STIMMT HIER NICHT.
ICH BIN ÜBERDREHT. NERVÖS. ALS WÜRDE ZUM ERSTEN MAL EIN VERSTECKTER VENOM-SINN LOSGEHEN UND ICH WEISS NICHT, WARUM.
ES IST FAST, ALS STÜNDE ICH A RAND EINER KLIPP UND JEMAND STEH DIREKT HINTER MI

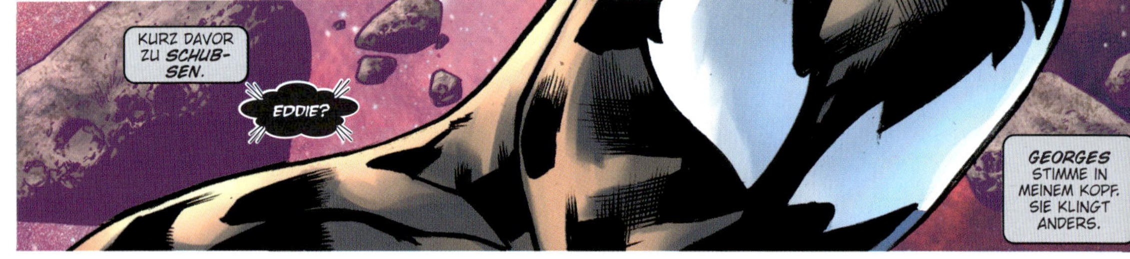
KURZ DAVOR ZU SCHUBSEN.
EDDIE?
GEORGES STIMME IN MEINEM KOPF. SIE KLINGT ANDERS.

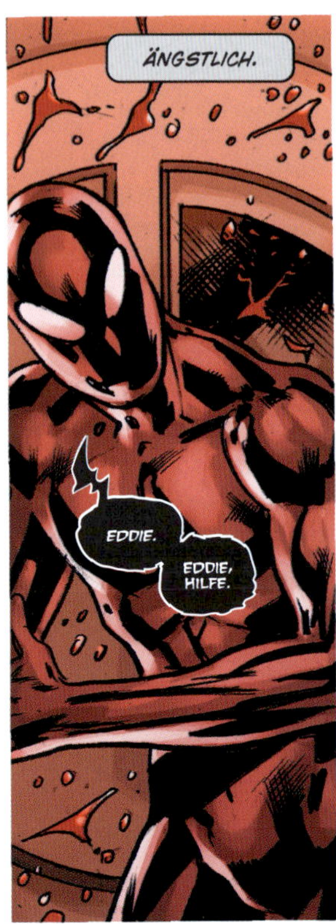
ÄNGSTLICH.
EDDIE.
EDDIE, HILFE.

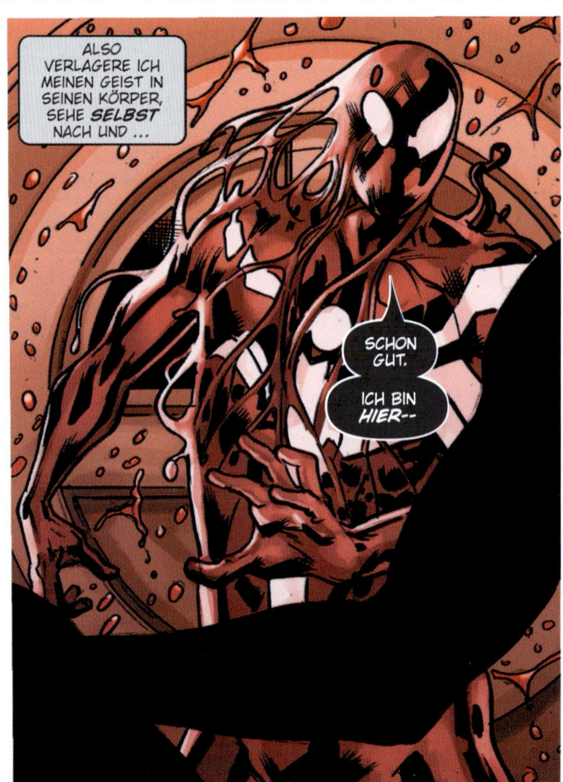
ALSO VERLAGERE ICH MEINEN GEIST IN SEINEN KÖRPER, SEHE SELBST NACH UND ...
SCHON GUT.
ICH BIN HIER--

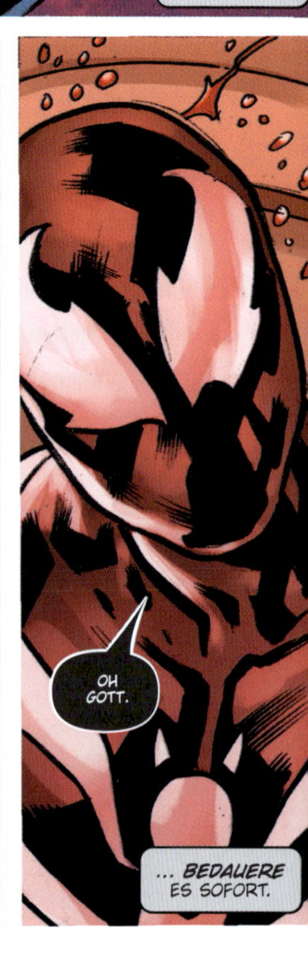
OH GOTT.
... BEDAUERE ES SOFORT.

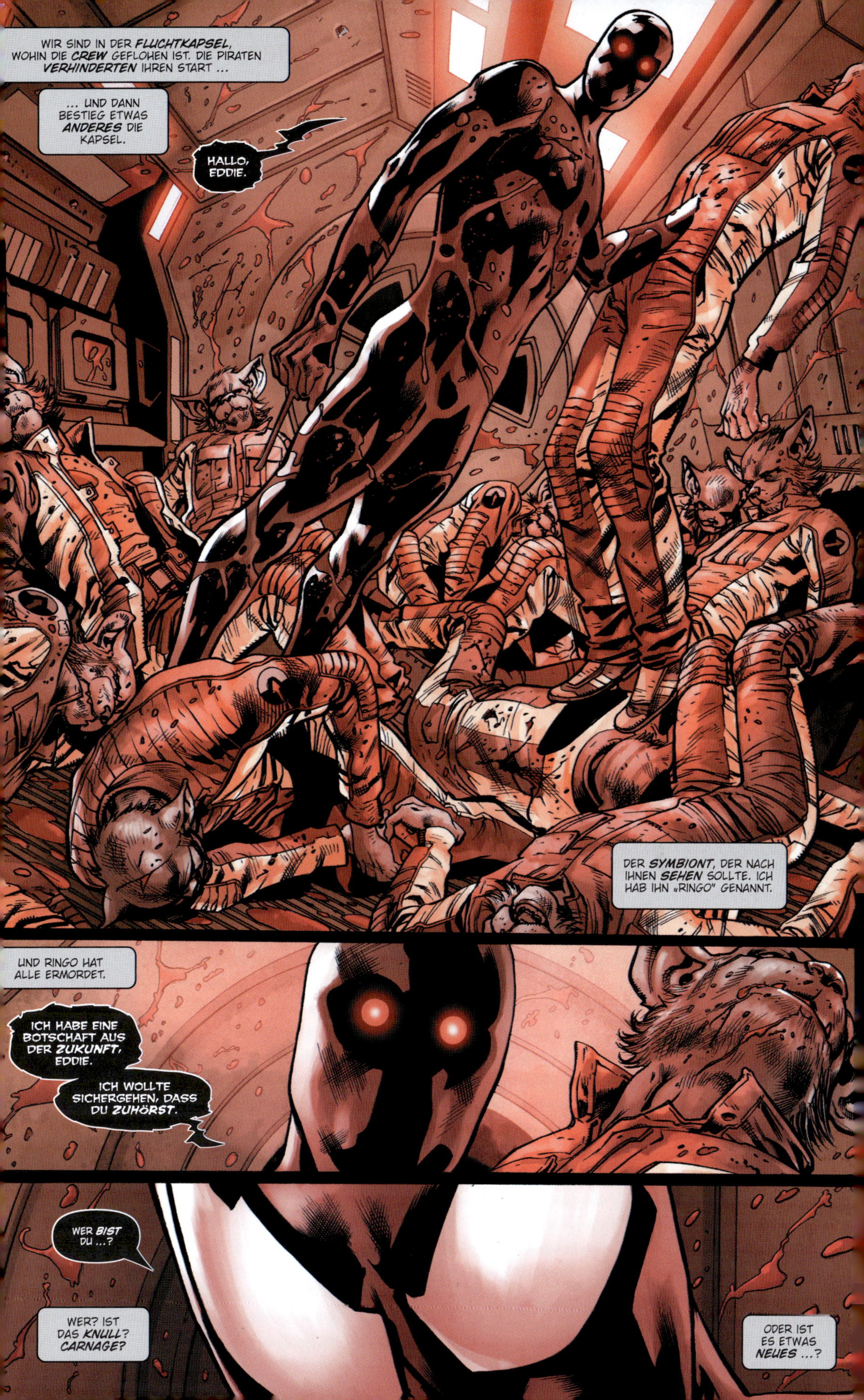
WIR SIND IN DER FLUCHTKAPSEL, WOHIN DIE CREW GEFLOHEN IST. DIE PIRATEN VERHINDERTEN IHREN START ...
... UND DANN BESTIEG ETWAS ANDERES DIE KAPSEL.
HALLO, EDDIE.
DER SYMBIONT, DER NACH IHNEN SEHEN SOLLTE. ICH HAB IHN „RINGO" GENANNT.
UND RINGO HAT ALLE ERMORDET.
ICH HABE EINE BOTSCHAFT AUS DER ZUKUNFT, EDDIE.
ICH WOLLTE SICHERGEHEN, DASS DU ZUHÖRST.
WER BIST DU ...?
WER? IST DAS KNULL? CARNAGE?
ODER IST ES ETWAS NEUES ...?

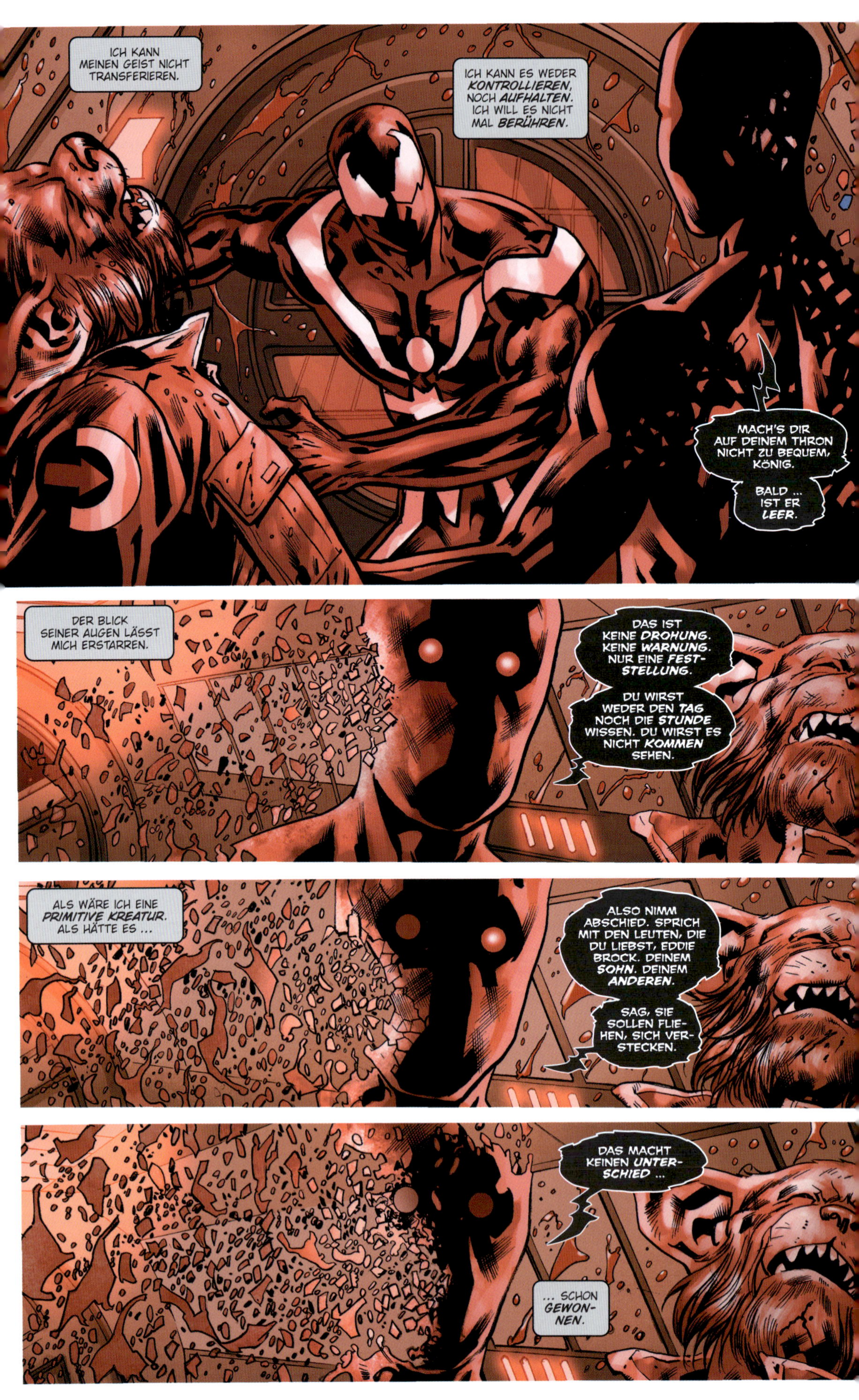
ICH KANN MEINEN GEIST NICHT TRANSFERIEREN.
ICH KANN ES WEDER *KONTROLLIEREN*, NOCH *AUFHALTEN*. ICH WILL ES NICHT MAL *BERÜHREN*.
MACH'S DIR AUF DEINEM THRON NICHT ZU BEQUEM, KÖNIG.
BALD ... IST ER *LEER*.
DER BLICK SEINER AUGEN LÄSST MICH ERSTARREN.
DAS IST KEINE *DROHUNG*. KEINE *WARNUNG*. NUR EINE *FEST-STELLUNG*.
DU WIRST WEDER DEN *TAG* NOCH DIE *STUNDE* WISSEN. DU WIRST ES NICHT *KOMMEN* SEHEN.
ALS WÄRE ICH EINE *PRIMITIVE KREATUR*. ALS HÄTTE ES ...
ALSO NIMM ABSCHIED. SPRICH MIT DEN LEUTEN, DIE DU LIEBST, EDDIE BROCK. DEINEM *SOHN*. DEINEM *ANDEREN*.
SAG, SIE SOLLEN FLIE-HEN, SICH VER-STECKEN.
DAS MACHT KEINEN *UNTER-SCHIED* ...
... SCHON *GEWON-NEN*.

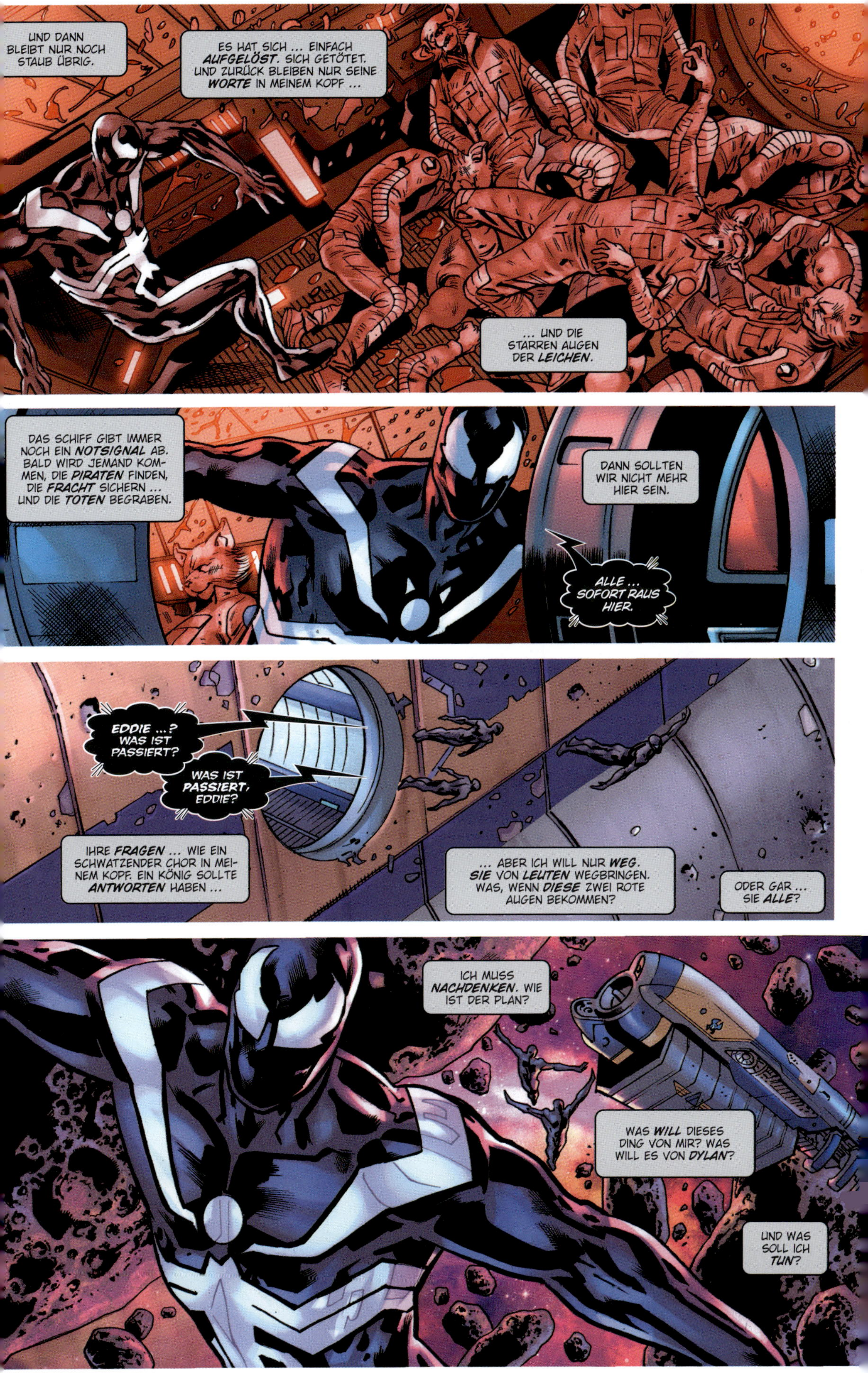

UND DANN BLEIBT NUR NOCH STAUB ÜBRIG.

ES HAT SICH … EINFACH ***AUFGELÖST***. SICH GETÖTET. UND ZURÜCK BLEIBEN NUR SEINE ***WORTE*** IN MEINEM KOPF …

… UND DIE STARREN AUGEN DER ***LEICHEN***.

DAS SCHIFF GIBT IMMER NOCH EIN ***NOTSIGNAL*** AB. BALD WIRD JEMAND KOMMEN, DIE ***PIRATEN*** FINDEN, DIE ***FRACHT*** SICHERN … UND DIE ***TOTEN*** BEGRABEN.

DANN SOLLTEN WIR NICHT MEHR HIER SEIN.

ALLE … SOFORT RAUS HIER.

EDDIE …? WAS IST PASSIERT?

WAS IST ***PASSIERT***, EDDIE?

IHRE ***FRAGEN*** … WIE EIN SCHWATZENDER CHOR IN MEINEM KOPF. EIN KÖNIG SOLLTE ***ANTWORTEN*** HABEN …

… ABER ICH WILL NUR ***WEG***. ***SIE*** VON ***LEUTEN*** WEGBRINGEN. WAS, WENN ***DIESE*** ZWEI ROTE AUGEN BEKOMMEN?

ODER GAR … SIE ***ALLE***?

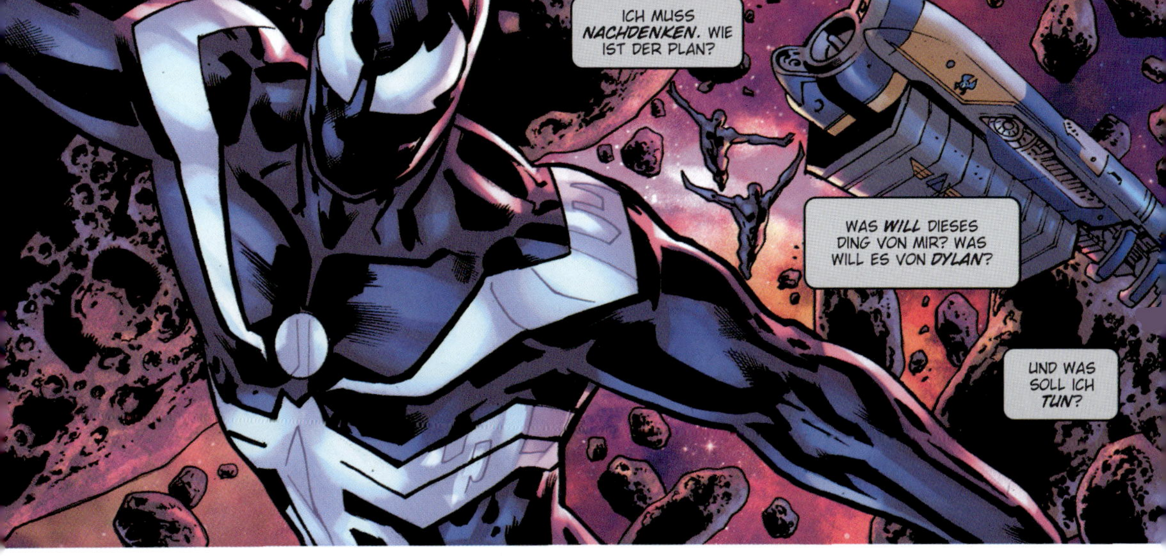

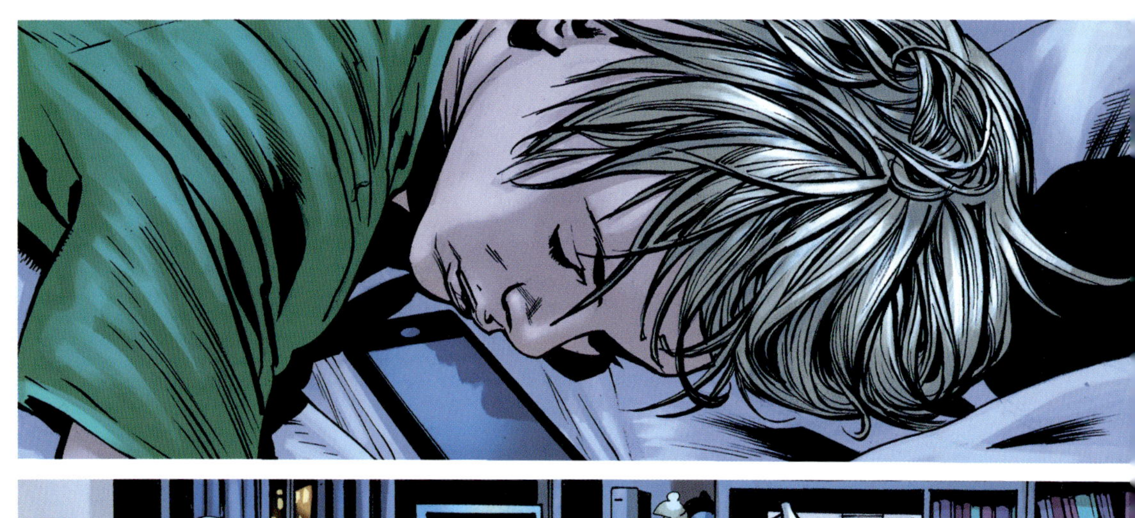

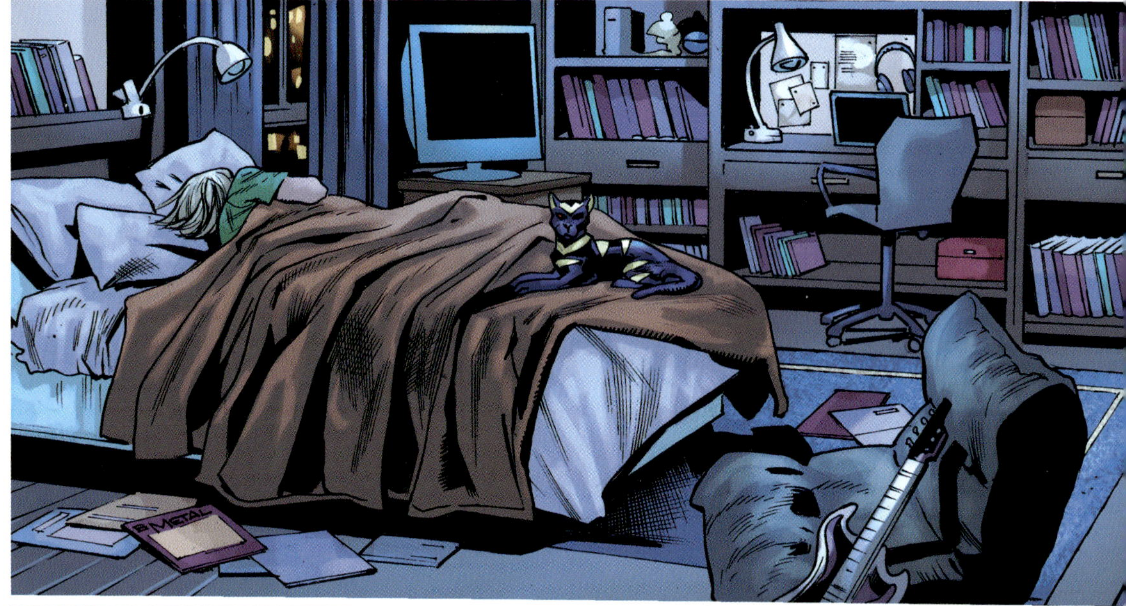

DAD-SICHTUNG, SEPTEMBER, 2:00 UHR, ZUHAUSE

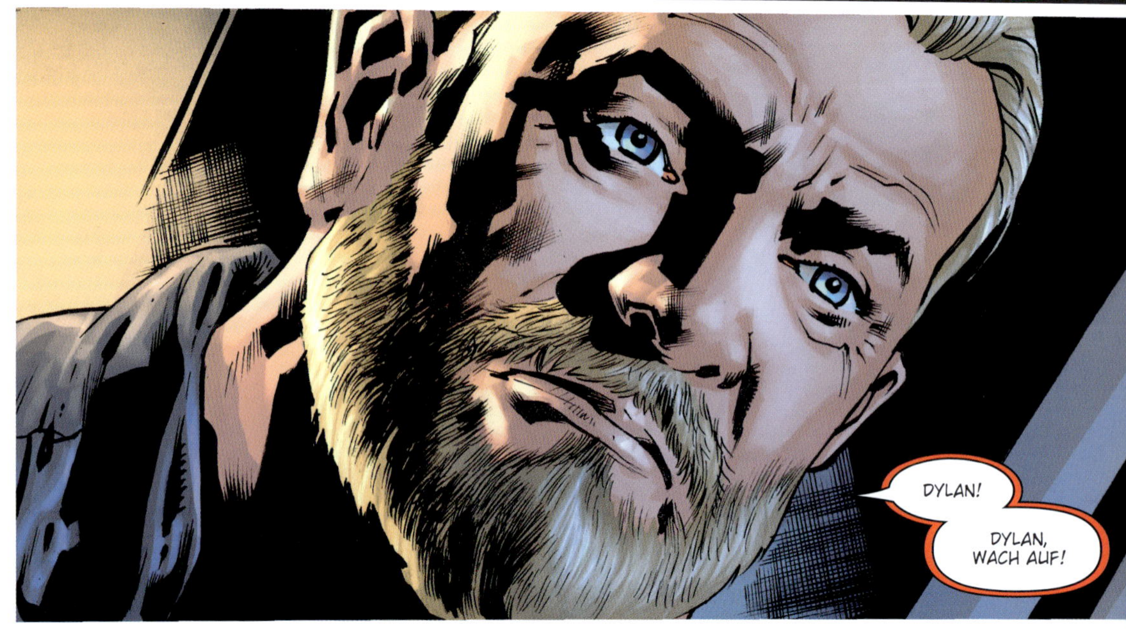

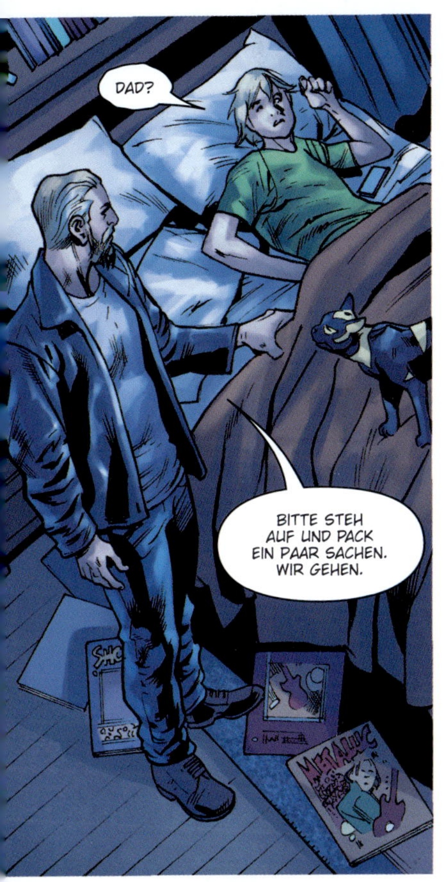
DAD?
BITTE STEH AUF UND PACK EIN PAAR SACHEN. WIR GEHEN.

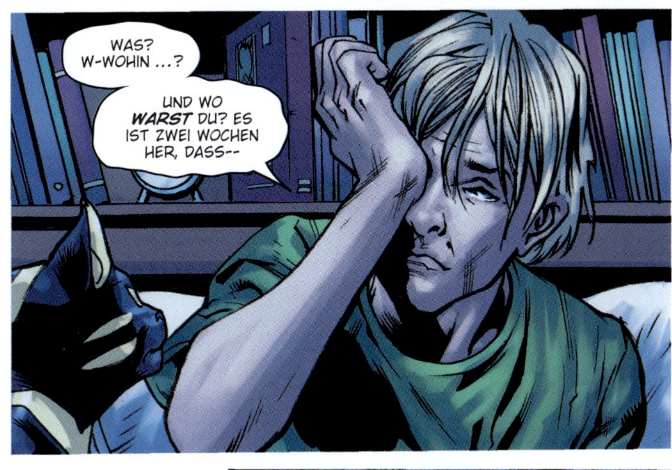
WAS? W-WOHIN ...?
UND WO **WARST** DU? ES IST ZWEI WOCHEN HER, DASS--

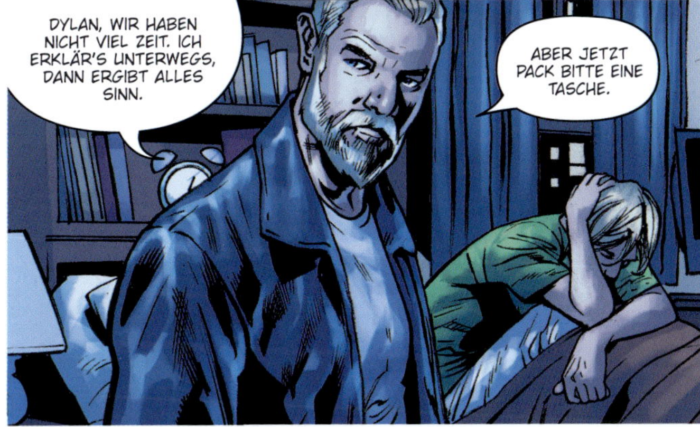
DYLAN, WIR HABEN NICHT VIEL ZEIT. ICH ERKLÄR'S UNTERWEGS, DANN ERGIBT ALLES SINN.
ABER JETZT PACK BITTE EINE TASCHE.

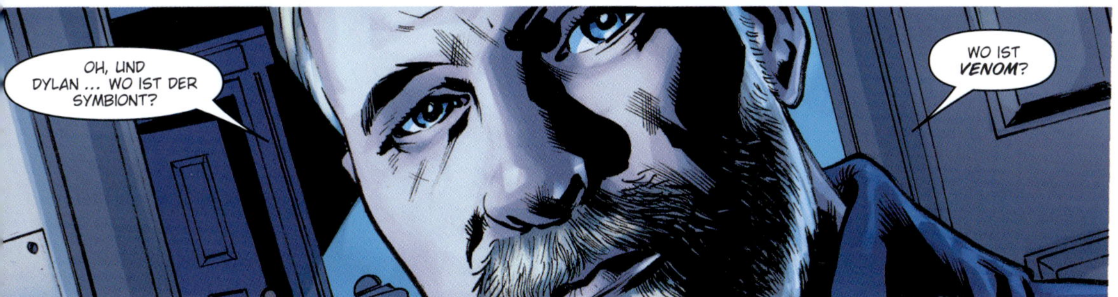
OH, UND DYLAN ... WO IST DER SYMBIONT?
WO IST **VENOM**?

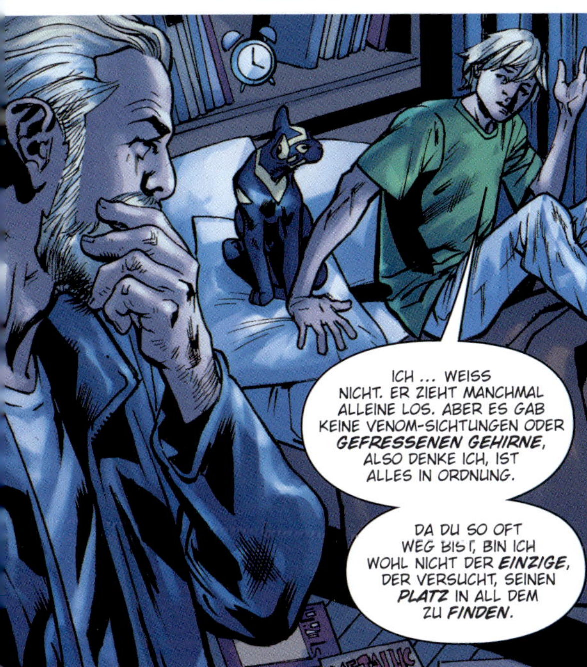
ICH ... WEISS NICHT. ER ZIEHT MANCHMAL ALLEINE LOS. ABER ES GAB KEINE VENOM-SICHTUNGEN ODER **GEFRESSENEN GEHIRNE**, ALSO DENKE ICH, IST ALLES IN ORDNUNG.
DA DU SO OFT WEG BIST, BIN ICH WOHL NICHT DER **EINZIGE**, DER VERSUCHT, SEINEN **PLATZ** IN ALL DEM ZU **FINDEN**.

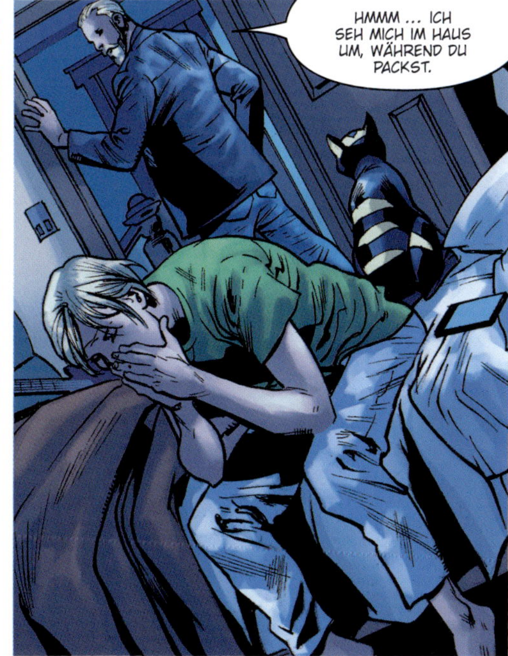
HMMM ... ICH SEH MICH IM HAUS UM, WÄHREND DU PACKST.

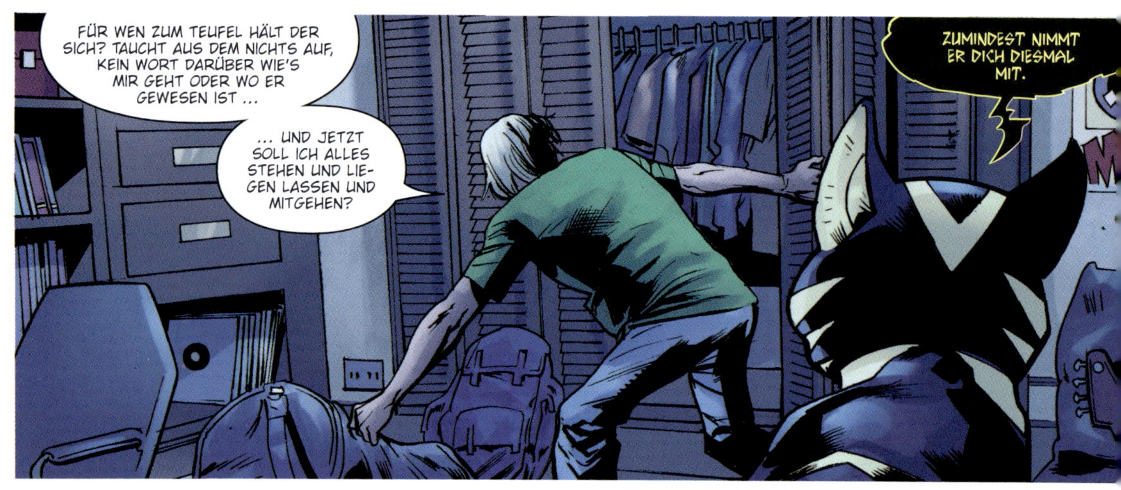
FÜR WEN ZUM TEUFEL HÄLT DER SICH? TAUCHT AUS DEM NICHTS AUF, KEIN WORT DARÜBER WIE'S MIR GEHT ODER WO ER GEWESEN IST ...
... UND JETZT SOLL ICH ALLES STEHEN UND LIEGEN LASSEN UND MITGEHEN?
ZUMINDEST NIMMT ER DICH DIESMAL MIT.

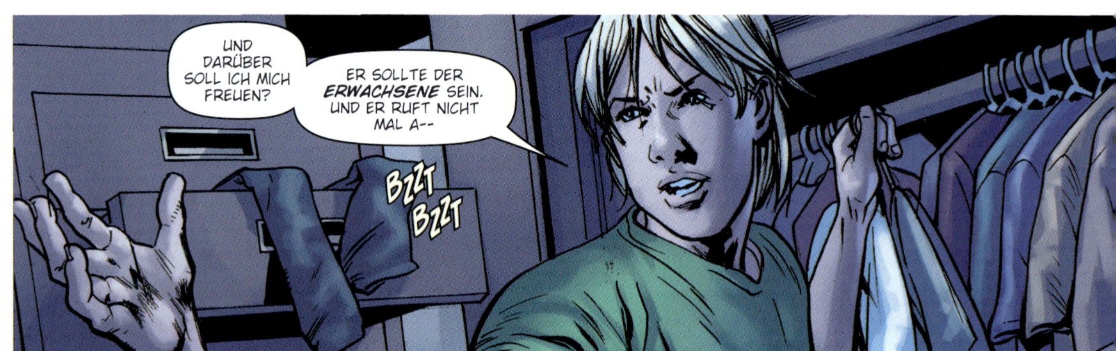
UND DARÜBER SOLL ICH MICH FREUEN?
ER SOLLTE DER ERWACHSENE SEIN. UND ER RUFT NICHT MAL A--
BZZT BZZT

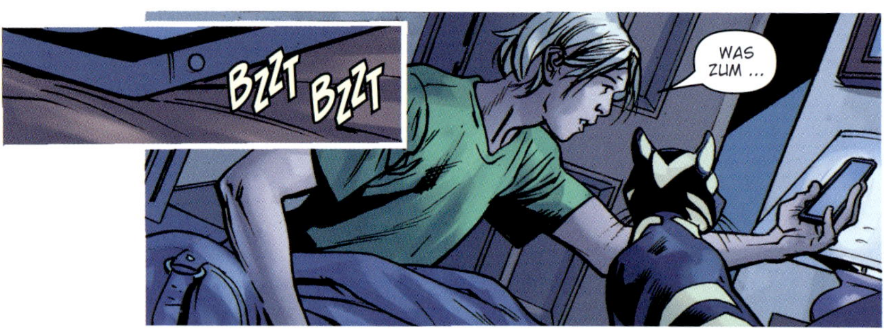
BZZT BZZT
WAS ZUM ...

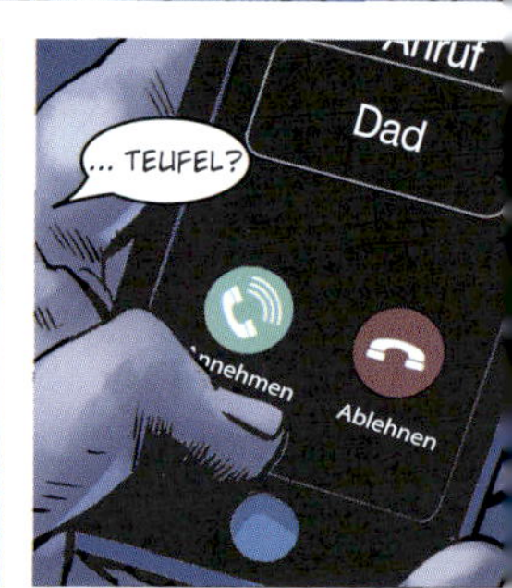
Anruf
Dad
... TEUFEL?
Annehmen
Ablehnen

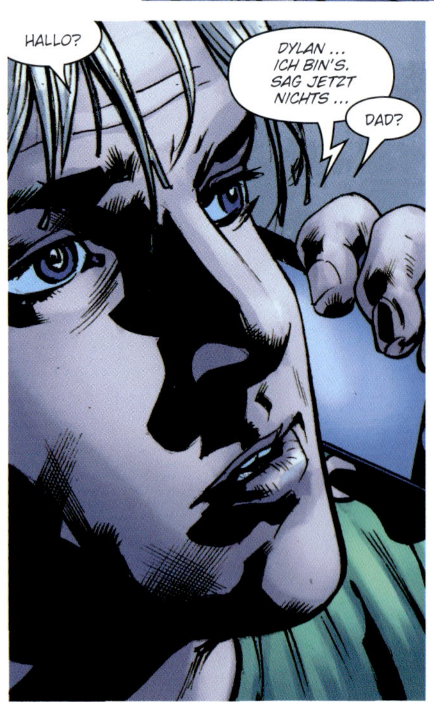
HALLO?
DYLAN ... ICH BIN'S. SAG JETZT NICHTS ...
DAD?

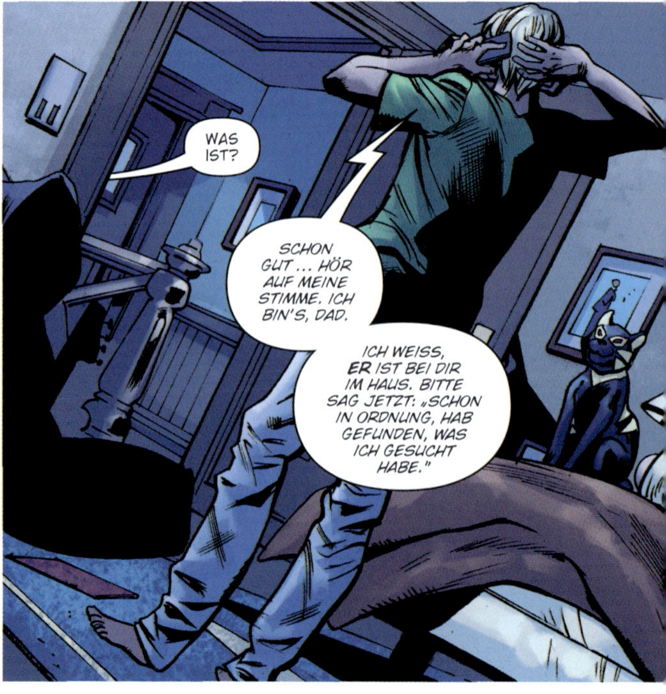
WAS IST?
SCHON GUT ... HÖR AUF MEINE STIMME. ICH BIN'S, DAD.
ICH WEISS, ER IST BEI DIR IM HAUS. BITTE SAG JETZT: „SCHON IN ORDNUNG, HAB GEFUNDEN, WAS ICH GESUCHT HABE."

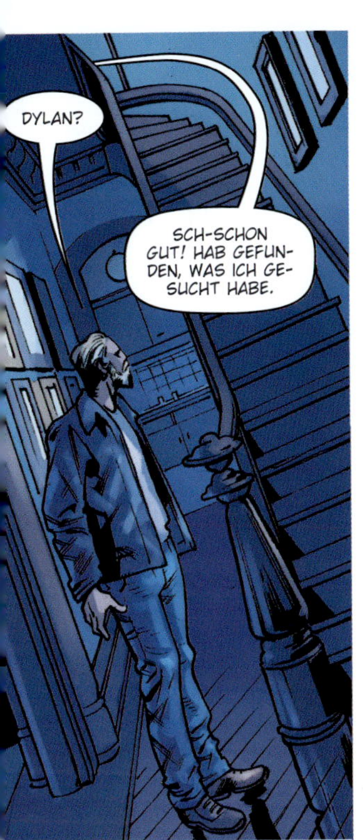
DYLAN?
SCH-SCHON GUT! HAB GEFUNDEN, WAS ICH GESUCHT HABE.

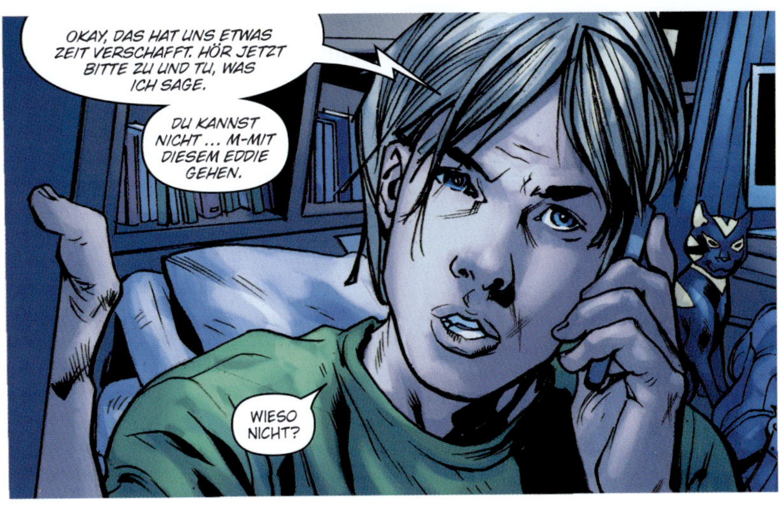
OKAY, DAS HAT UNS ETWAS ZEIT VERSCHAFFT. HÖR JETZT BITTE ZU UND TU, WAS ICH SAGE.
DU KANNST NICHT ... M-MIT DIESEM EDDIE GEHEN.
WIESO NICHT?

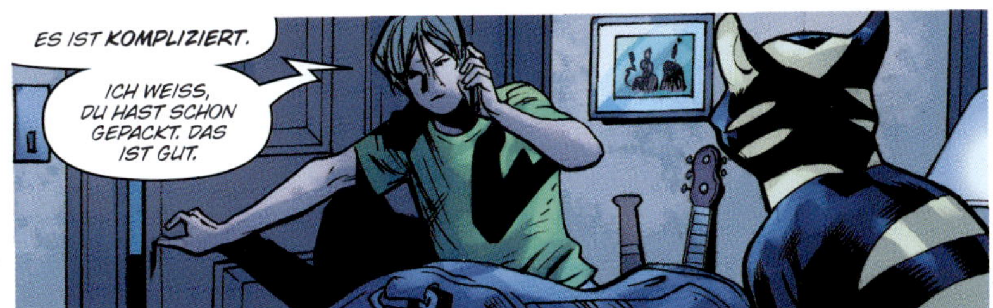
ES IST **KOMPLIZIERT**.
ICH WEISS, DU HAST SCHON GEPACKT. DAS IST GUT.

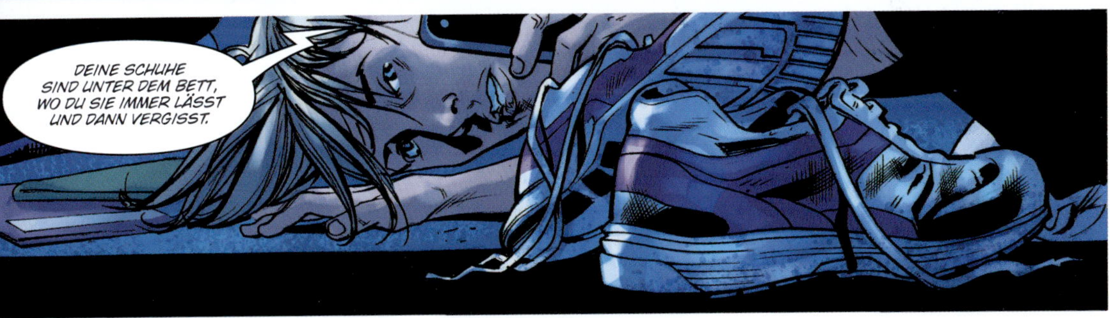
DEINE SCHUHE SIND UNTER DEM BETT, WO DU SIE IMMER LÄSST UND DANN VERGISST.

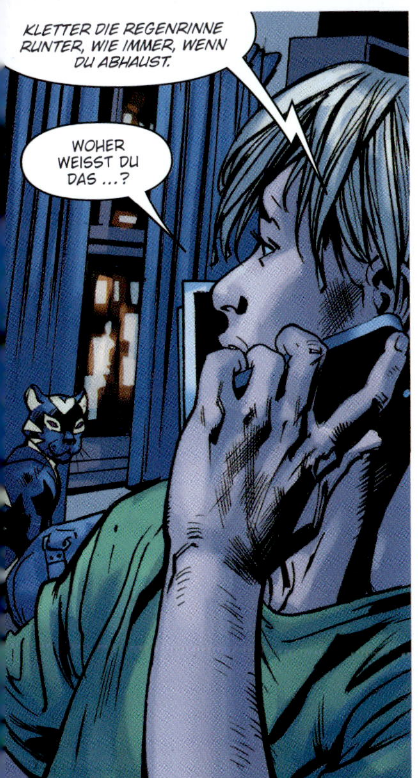
KLETTER DIE REGENRINNE RUNTER, WIE IMMER, WENN DU ABHAUST.
WOHER WEISST DU DAS ...?

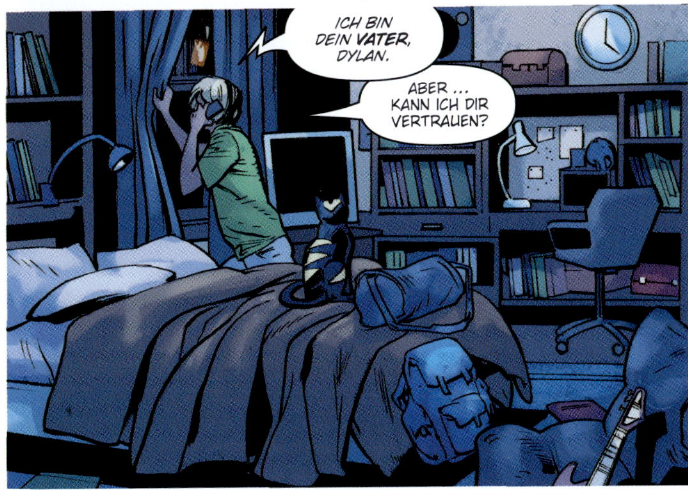
ICH BIN DEIN **VATER**, DYLAN.
ABER ... KANN ICH DIR VERTRAUEN?

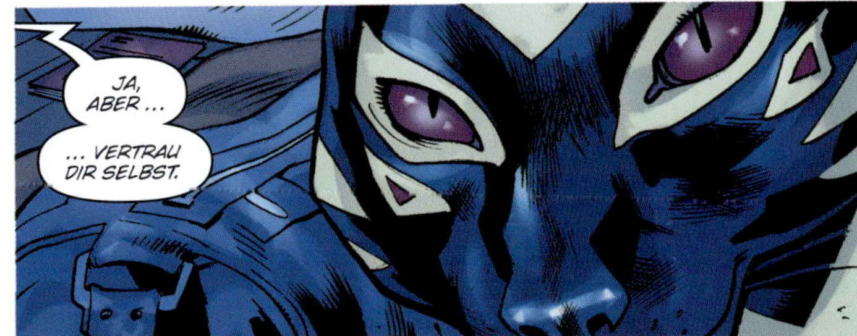
JA, ABER ...
... VERTRAU DIR SELBST.

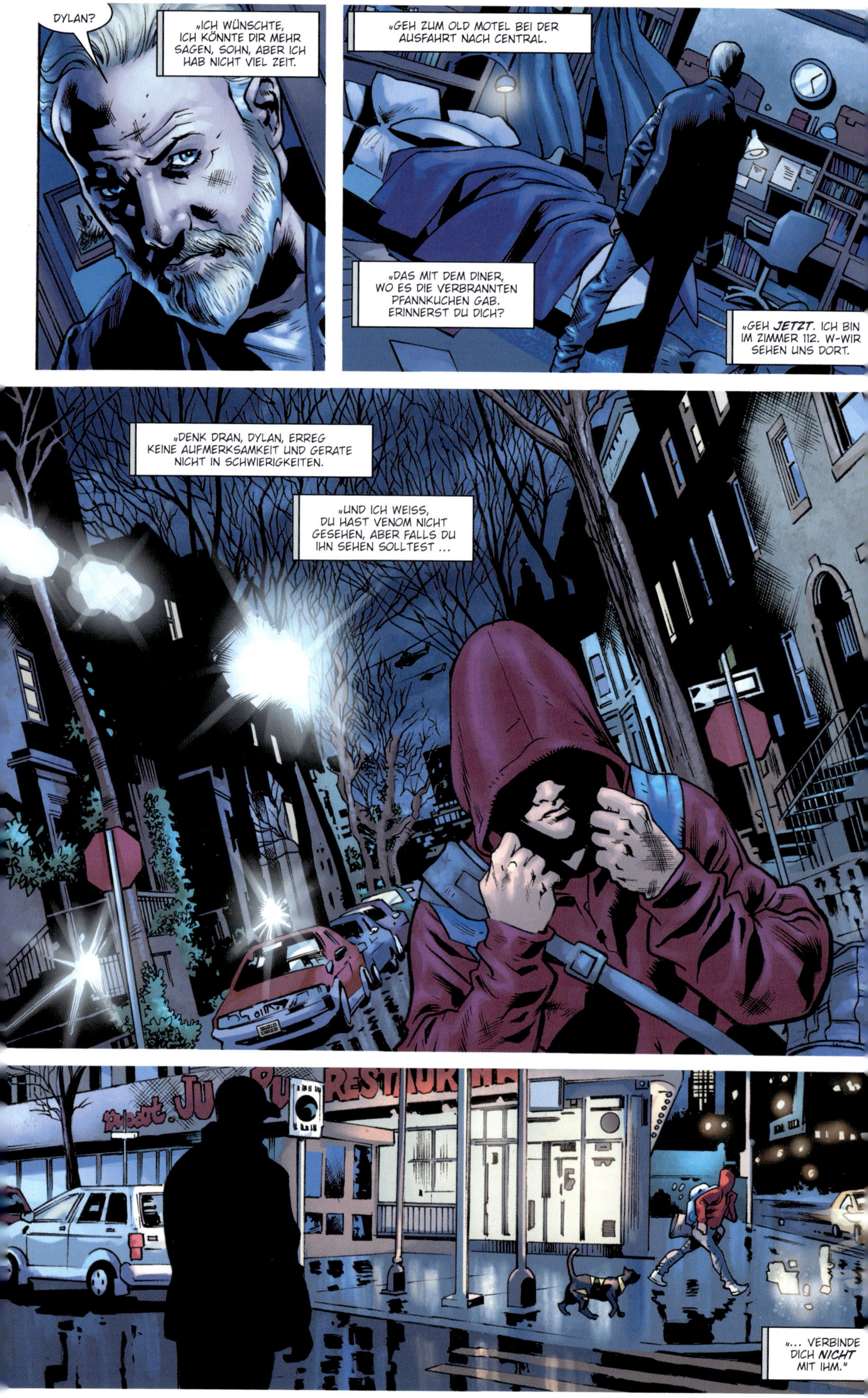

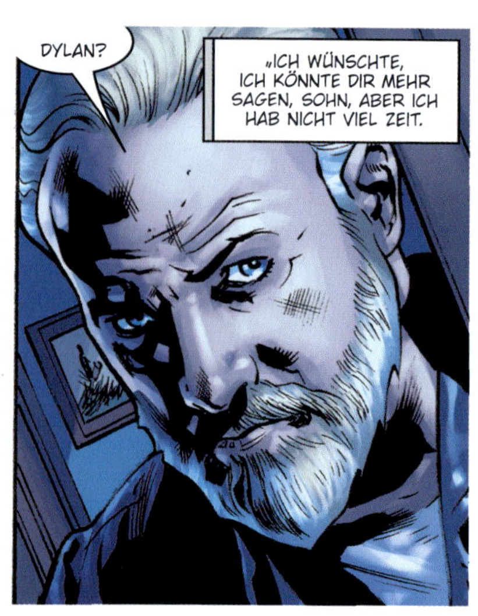

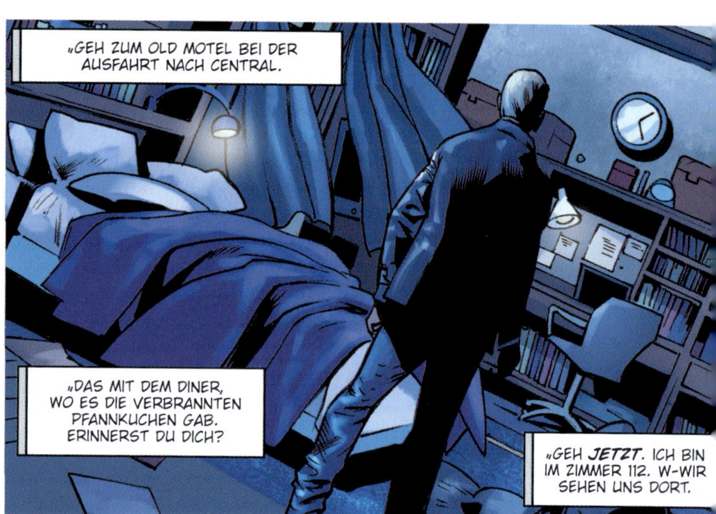

„DENK DRAN, DYLAN, ERREG KEINE AUFMERKSAMKEIT UND GERATE NICHT IN SCHWIERIGKEITEN.

„UND ICH WEISS, DU HAST VENOM NICHT GESEHEN, ABER FALLS DU IHN SEHEN SOLLTEST ...

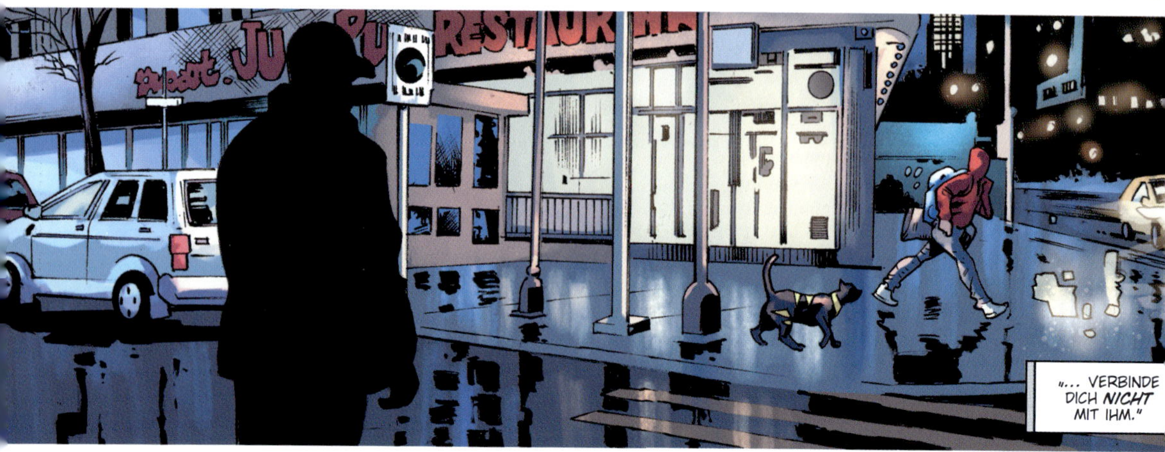

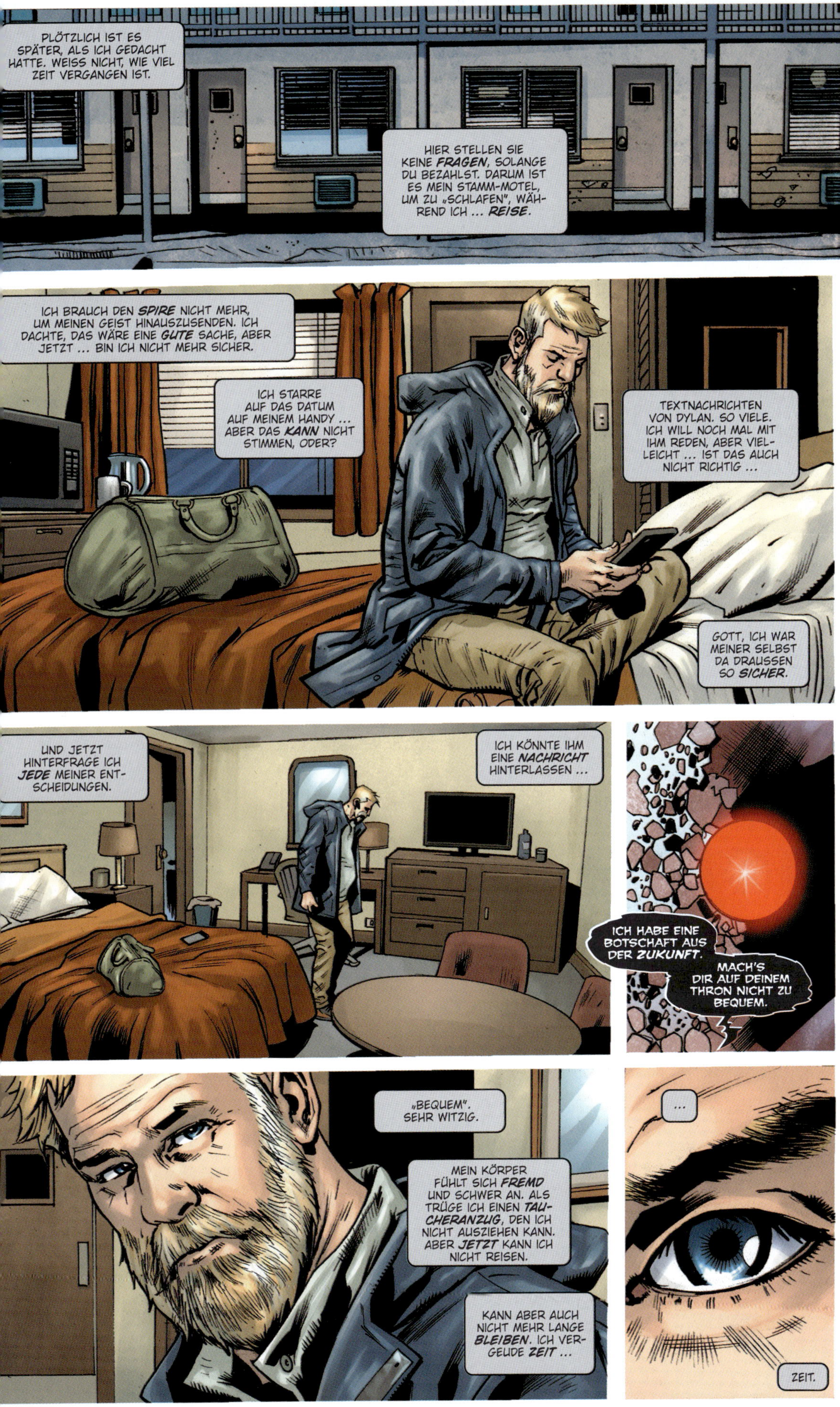

PLÖTZLICH IST ES SPÄTER, ALS ICH GEDACHT HATTE. WEISS NICHT, WIE VIEL ZEIT VERGANGEN IST.

HIER STELLEN SIE KEINE *FRAGEN*, SOLANGE DU BEZAHLST. DARUM IST ES MEIN STAMM-MOTEL, UM ZU „SCHLAFEN", WÄHREND ICH … *REISE*.

ICH BRAUCH DEN *SPIRE* NICHT MEHR, UM MEINEN GEIST HINAUSZUSENDEN. ICH DACHTE, DAS WÄRE EINE *GUTE* SACHE, ABER JETZT … BIN ICH NICHT MEHR SICHER.

ICH STARRE AUF DAS DATUM AUF MEINEM HANDY … ABER DAS *KANN* NICHT STIMMEN, ODER?

TEXTNACHRICHTEN VON DYLAN. SO VIELE. ICH WILL NOCH MAL MIT IHM REDEN, ABER VIELLEICHT … IST DAS AUCH NICHT RICHTIG …

GOTT, ICH WAR MEINER SELBST DA DRAUSSEN SO *SICHER*.

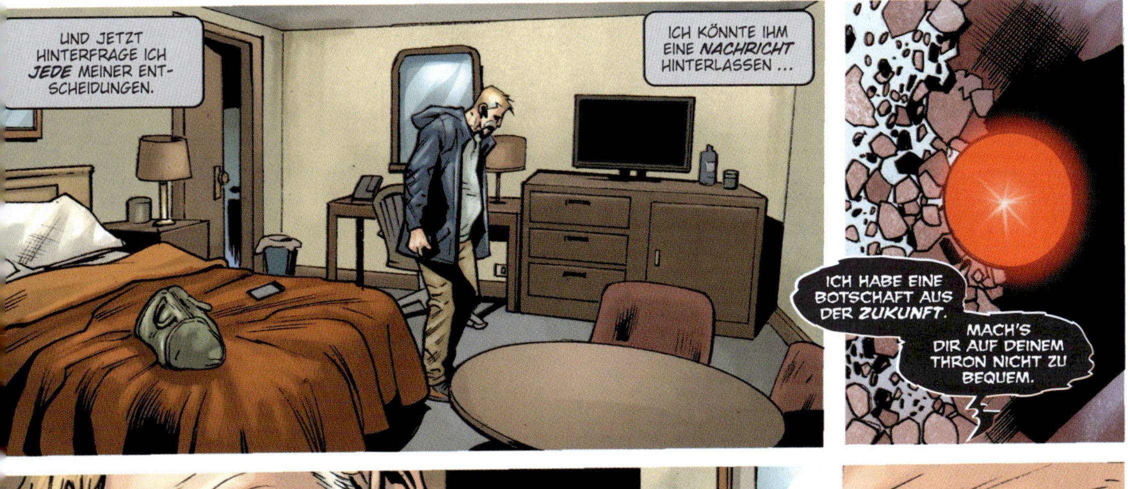

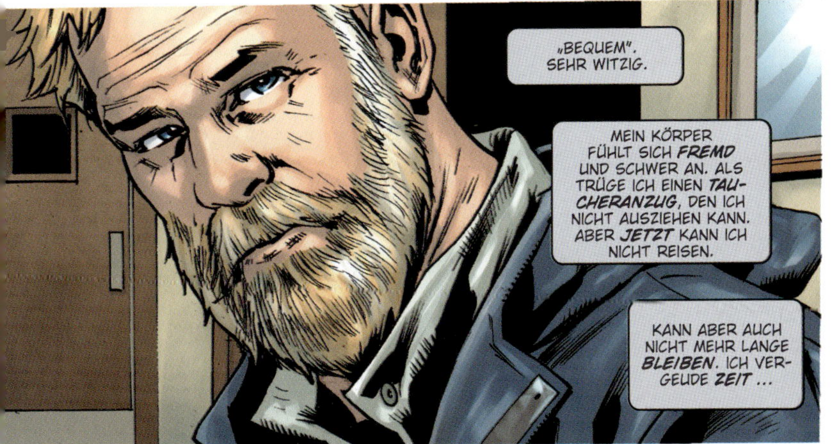

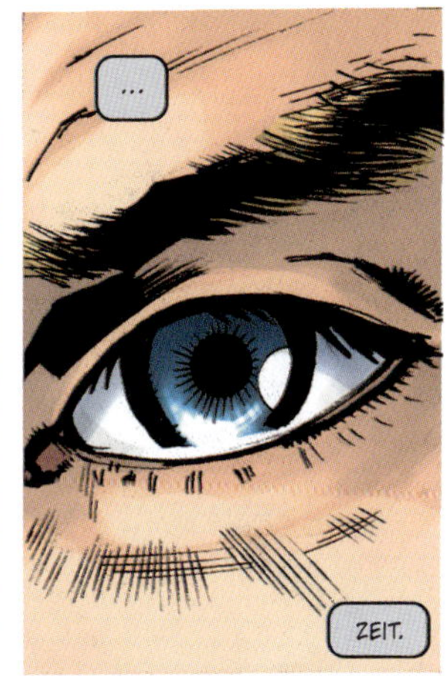

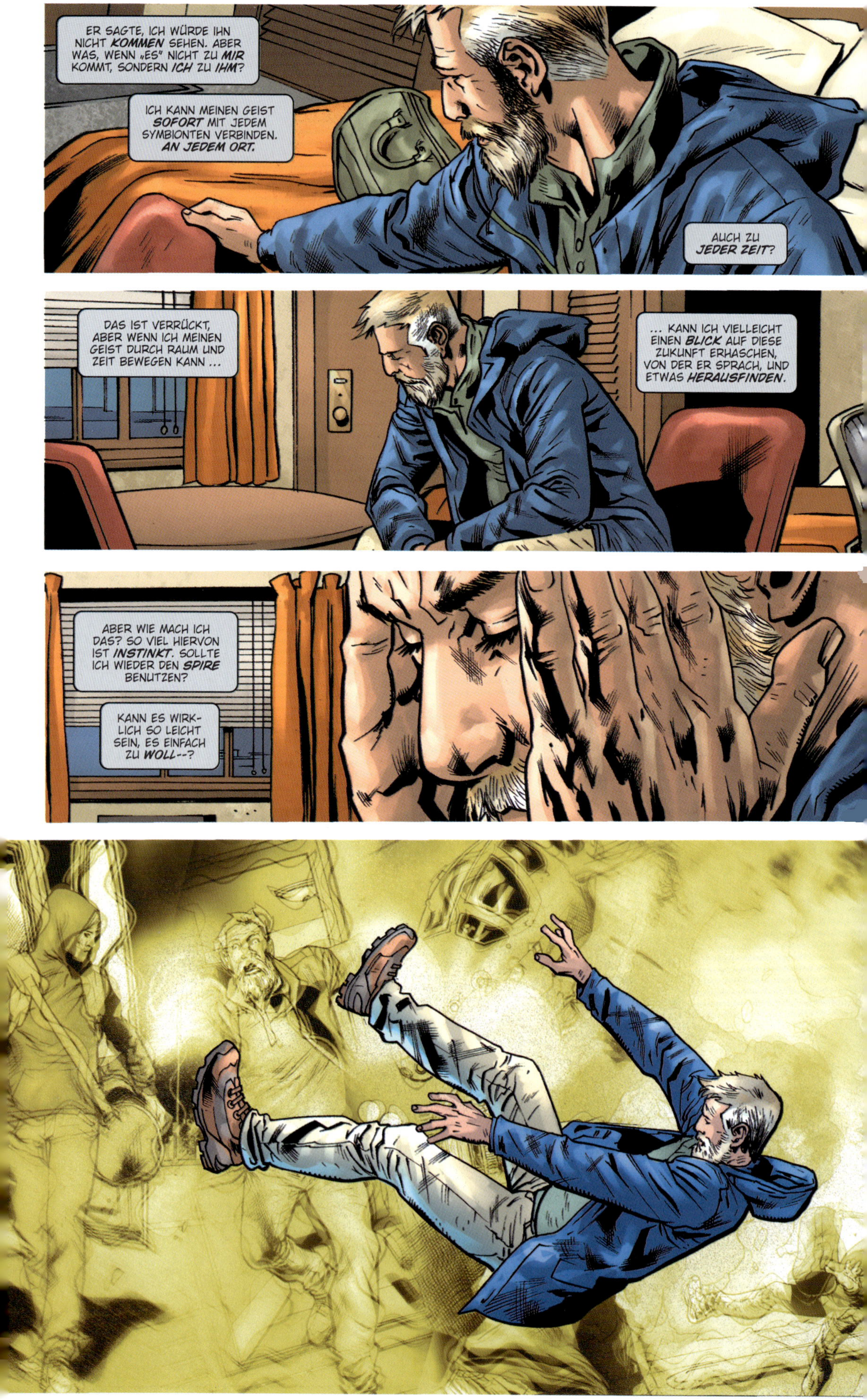

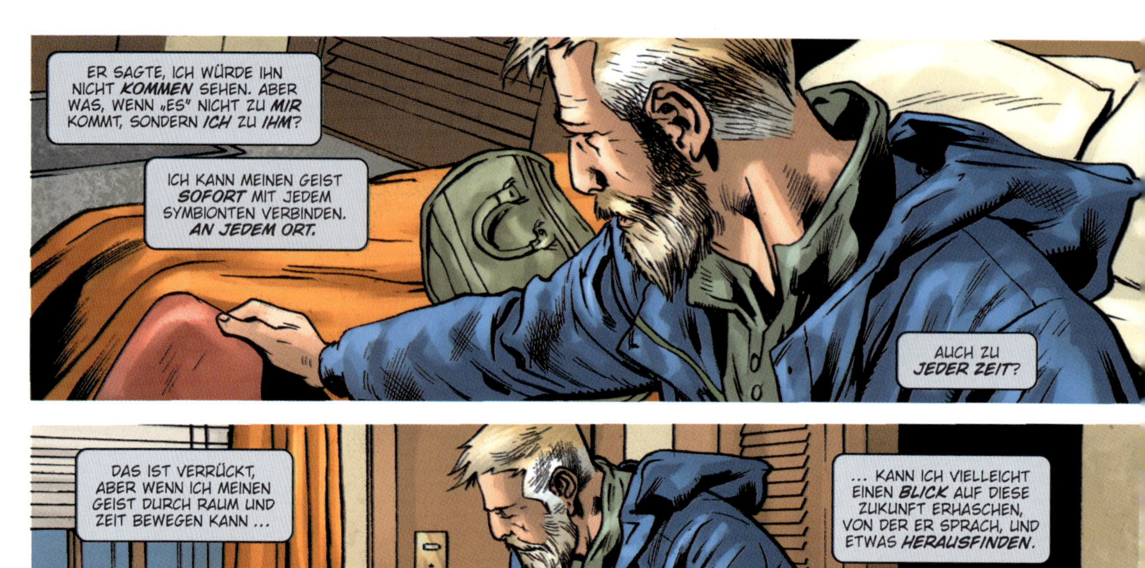
ER SAGTE, ICH WÜRDE IHN NICHT **KOMMEN** SEHEN. ABER WAS, WENN „ES" NICHT ZU **MIR** KOMMT, SONDERN **ICH** ZU **IHM**?
ICH KANN MEINEN GEIST **SOFORT** MIT JEDEM SYMBIONTEN VERBINDEN. **AN JEDEM ORT.**
AUCH ZU **JEDER ZEIT**?
DAS IST VERRÜCKT, ABER WENN ICH MEINEN GEIST DURCH RAUM UND ZEIT BEWEGEN KANN ...
... KANN ICH VIELLEICHT EINEN **BLICK** AUF DIESE ZUKUNFT ERHASCHEN, VON DER ER SPRACH, UND ETWAS **HERAUSFINDEN**.

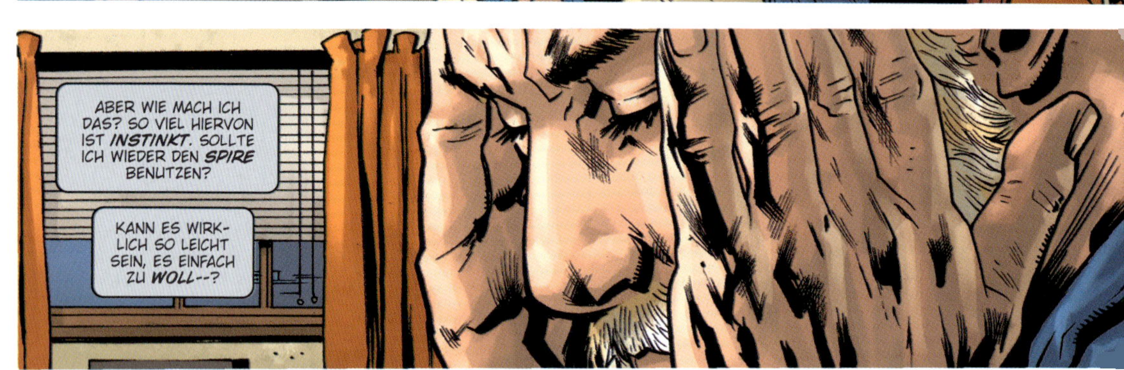
ABER WIE MACH ICH DAS? SO VIEL HIERVON IST **INSTINKT**. SOLLTE ICH WIEDER DEN **SPIRE** BENUTZEN?
KANN ES WIRKLICH SO LEICHT SEIN, ES EINFACH ZU **WOLL**--?

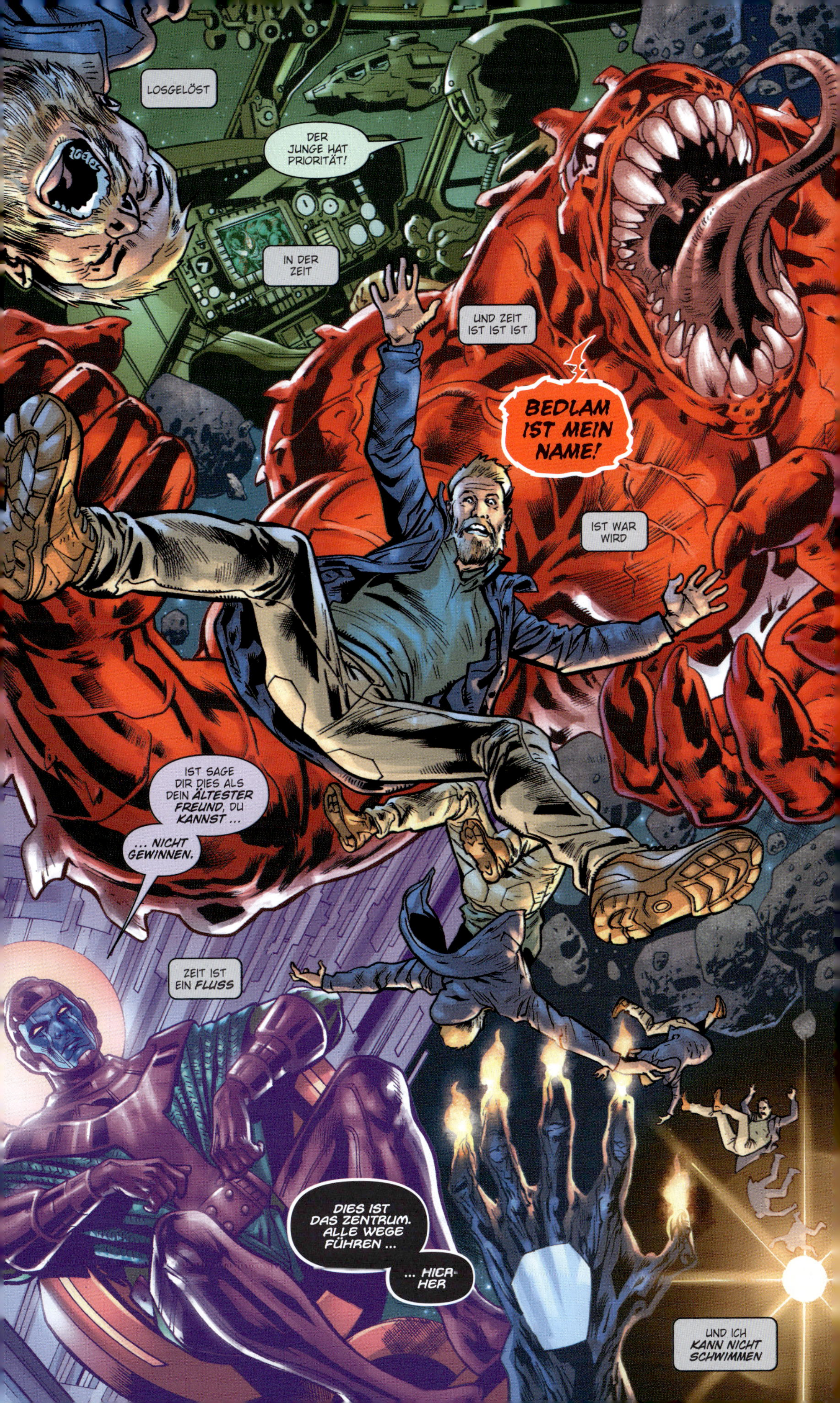
LOSGELÖST
DER JUNGE HAT PRIORITÄT!
IN DER ZEIT
UND ZEIT IST IST IST
BEDLAM IST MEIN NAME!
IST WAR WIRD
IST SAGE DIR DIES ALS DEIN ÄLTESTER FREUND, DU KANNST ...
... NICHT GEWINNEN.
ZEIT IST EIN FLUSS
DIES IST DAS ZENTRUM. ALLE WEGE FÜHREN ...
... HIER-HER
UND ICH KANN NICHT SCHWIMMEN

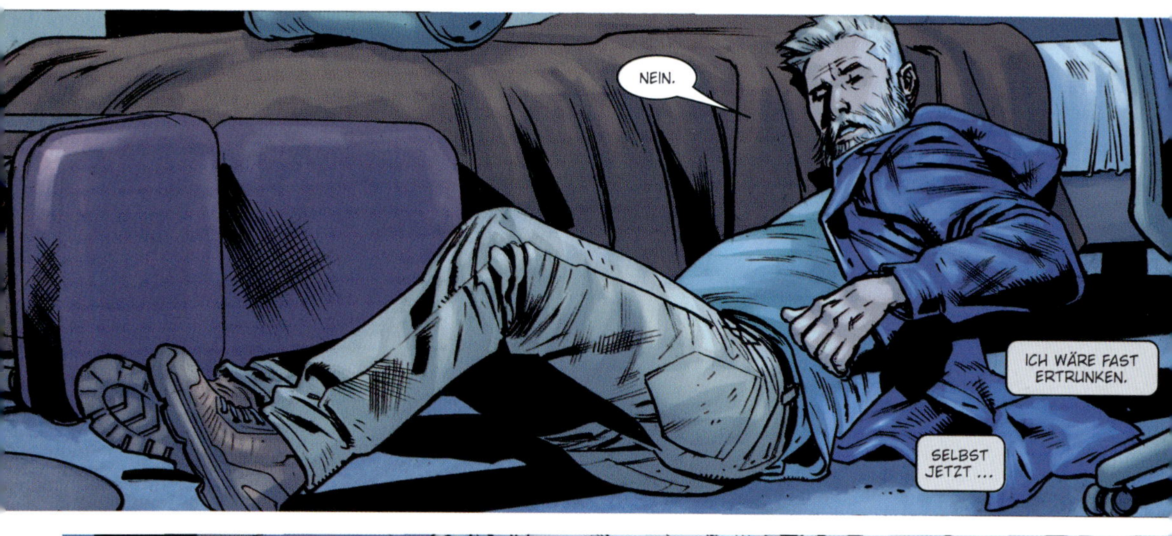
NEIN.
ICH WÄRE FAST ERTRUNKEN.
SELBST JETZT ...

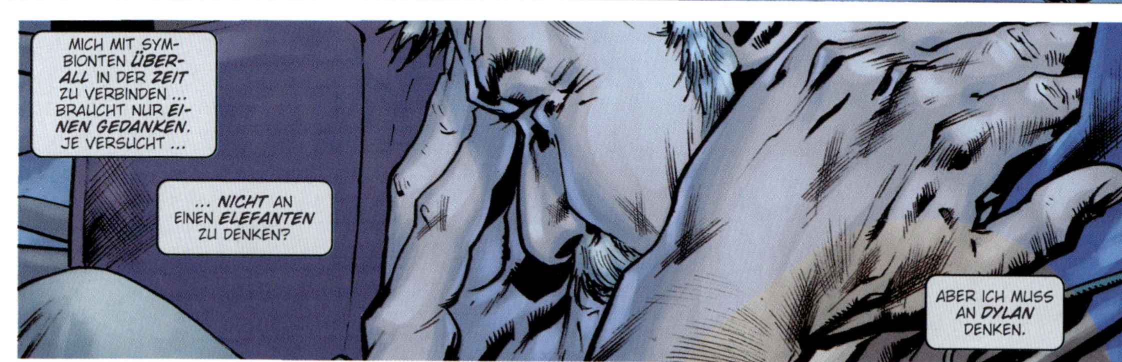
MICH MIT SYMBIONTEN **ÜBERALL** IN DER **ZEIT** ZU VERBINDEN ... BRAUCHT NUR **EINEN GEDANKEN**. JE VERSUCHT ...
... **NICHT** AN EINEN **ELEFANTEN** ZU DENKEN?
ABER ICH MUSS AN **DYLAN** DENKEN.

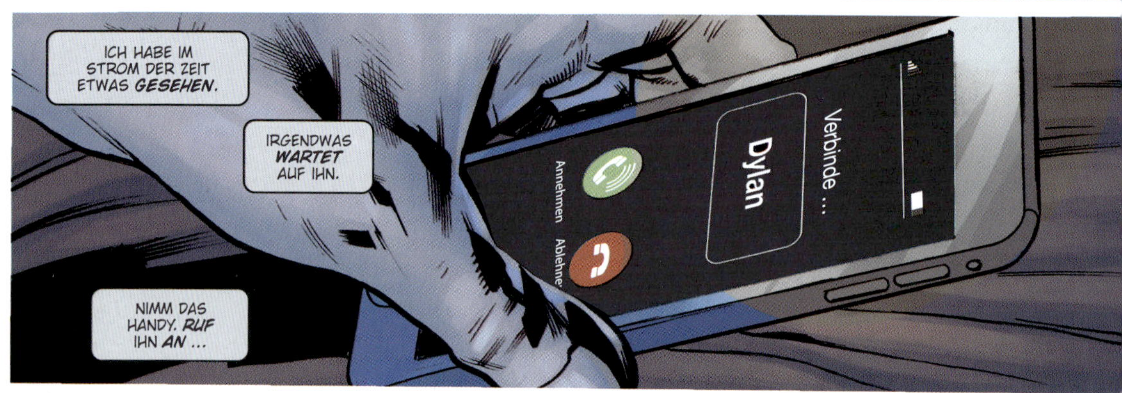
ICH HABE IM STROM DER ZEIT ETWAS **GESEHEN**.
IRGENDWAS **WARTET** AUF IHN.
Verbinde ...
Dylan
Annehmen
NIMM DAS HANDY. **RUF** IHN **AN** ...

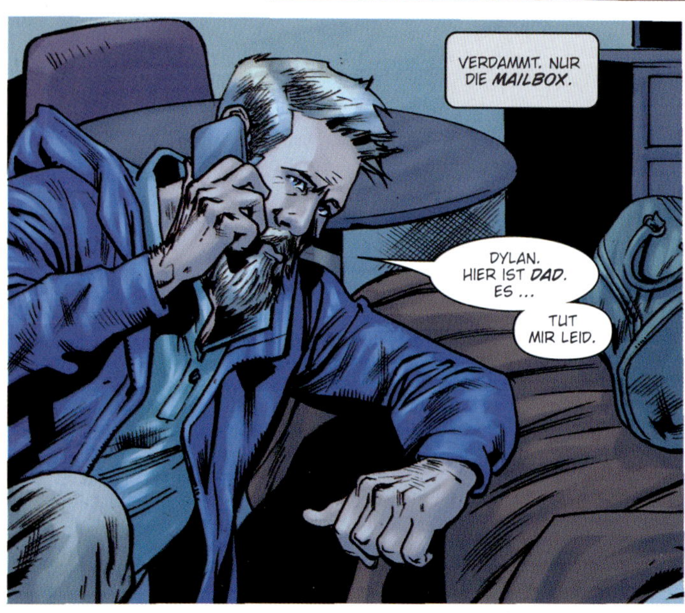
VERDAMMT. NUR DIE **MAILBOX**.
DYLAN. HIER IST **DAD**. ES ...
TUT MIR LEID.

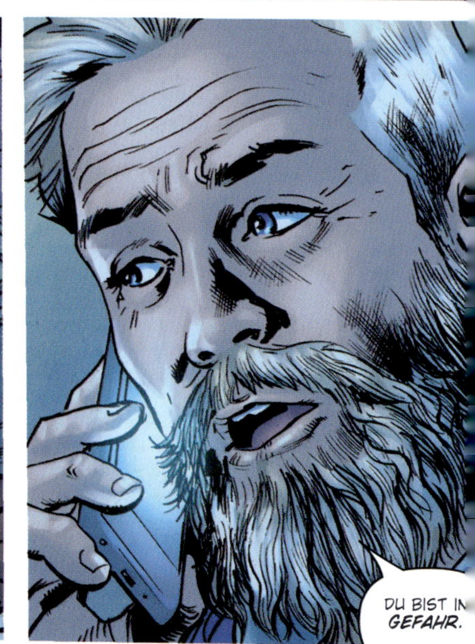
DU BIST IN **GEFAHR**.

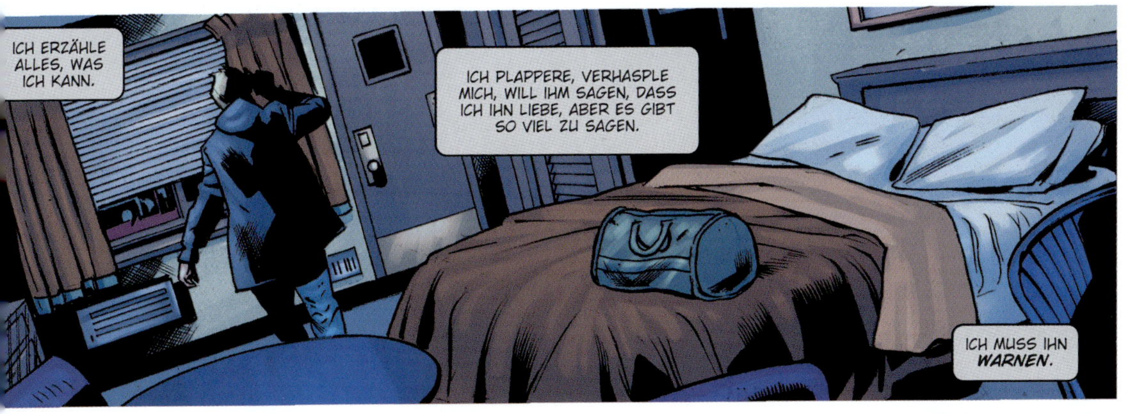

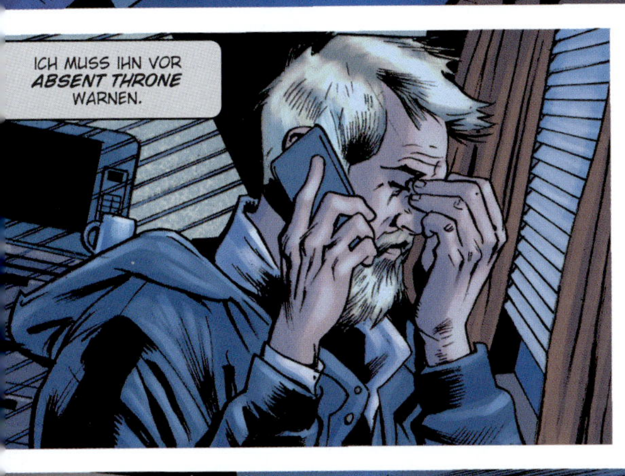

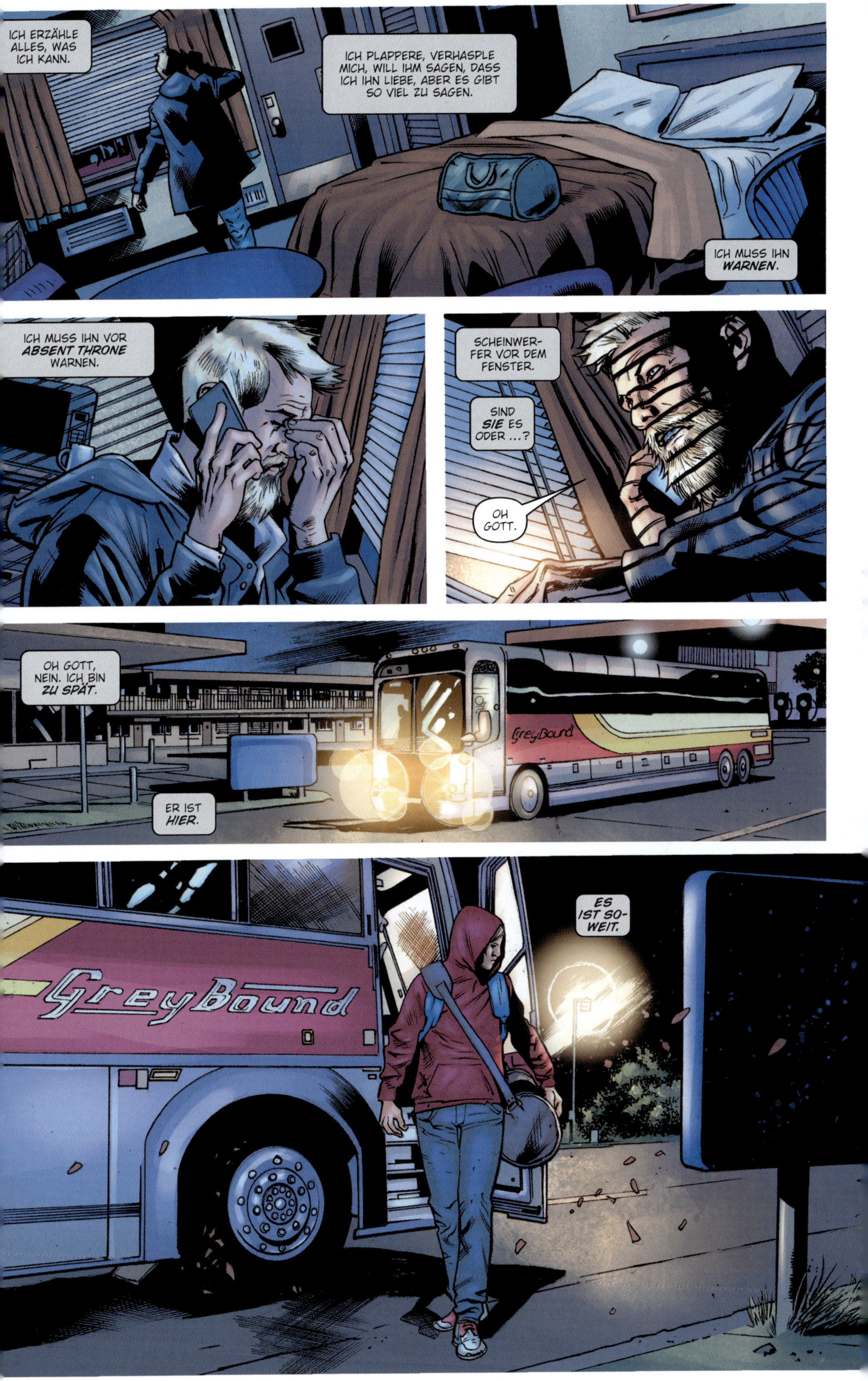

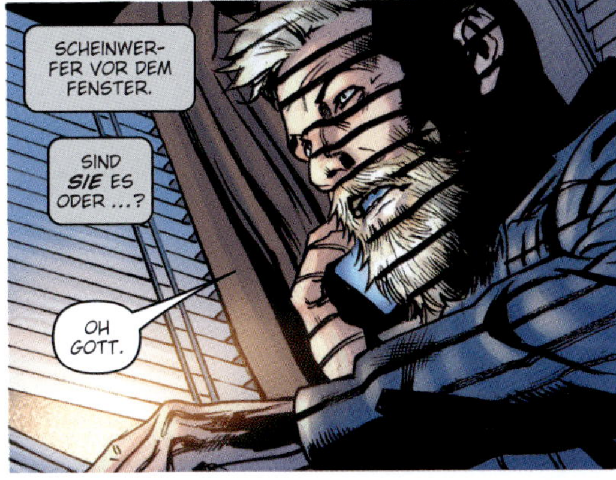

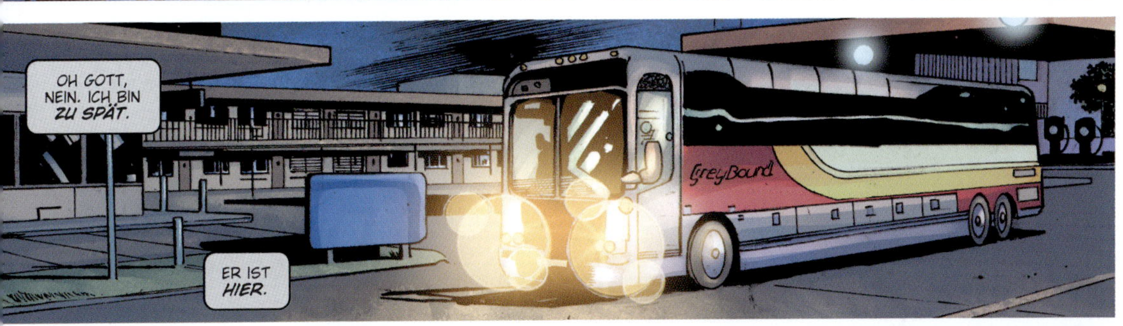

GreyBound

ES IST SO-WEIT.

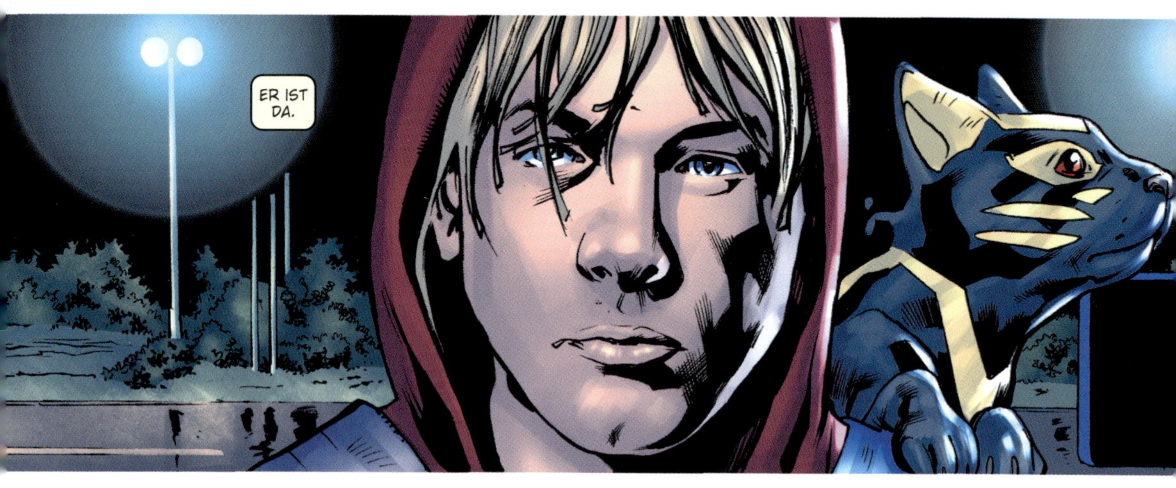

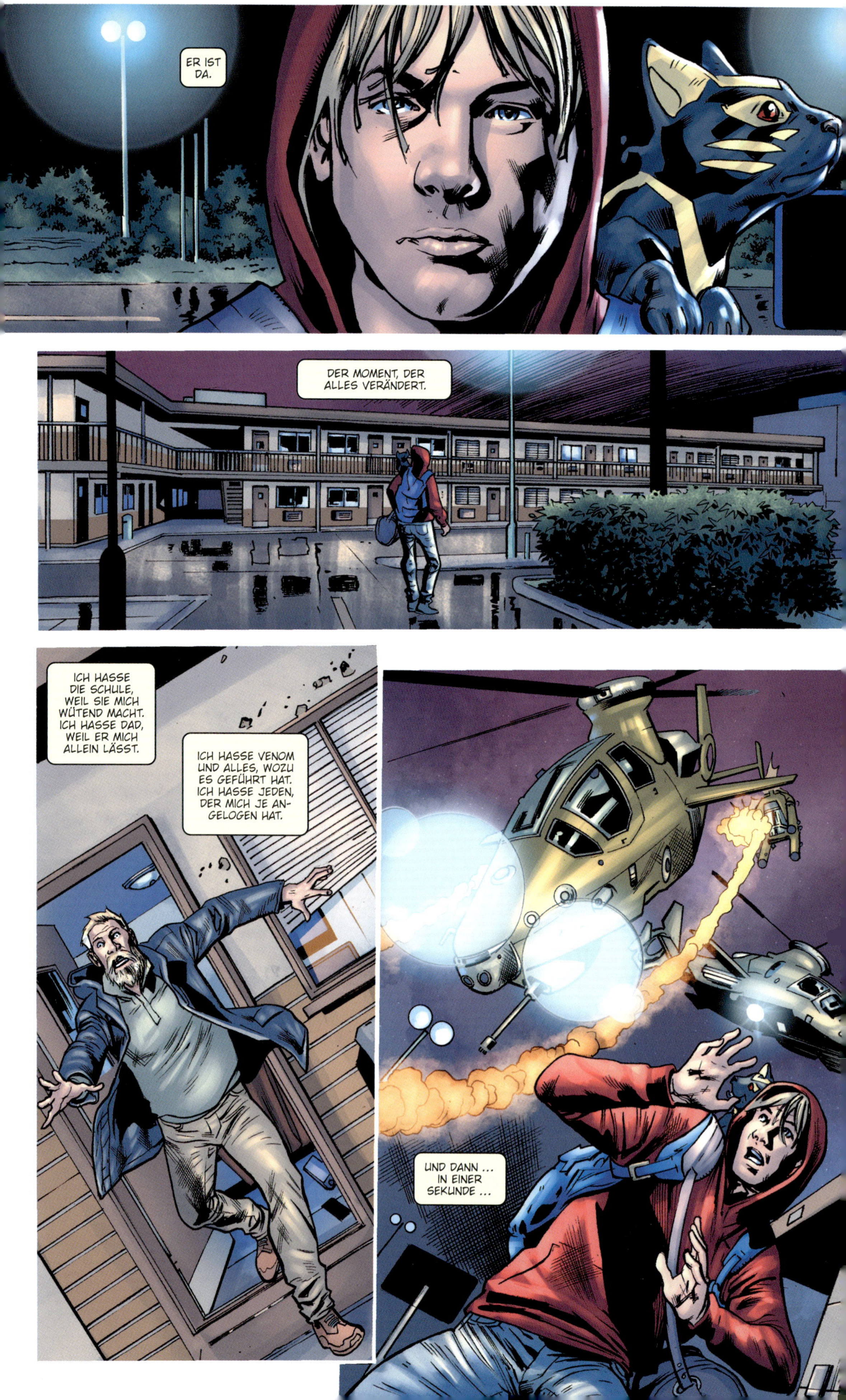

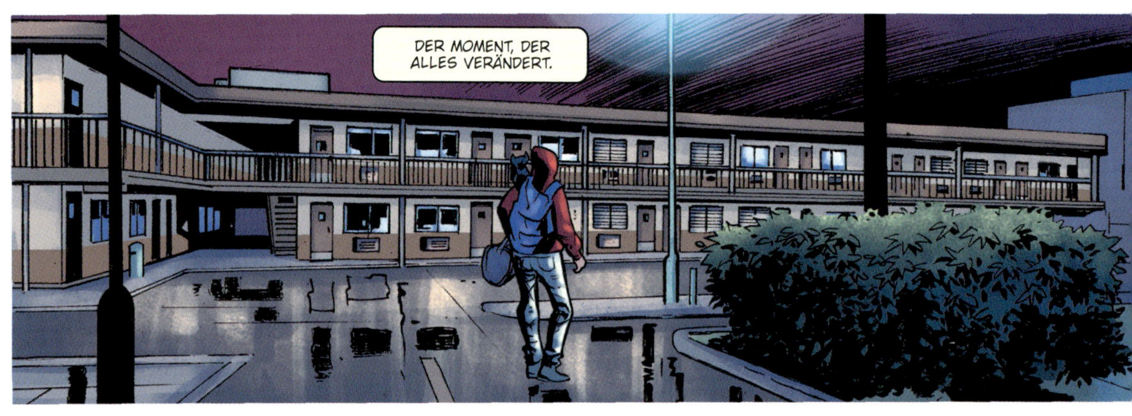

ICH HASSE DIE SCHULE, WEIL SIE MICH WÜTEND MACHT. ICH HASSE DAD, WEIL ER MICH ALLEIN LÄSST.

ICH HASSE VENOM UND ALLES, WOZU ES GEFÜHRT HAT. ICH HASSE JEDEN, DER MICH JE ANGELOGEN HAT.

UND DANN ... IN EINER SEKUNDE ...

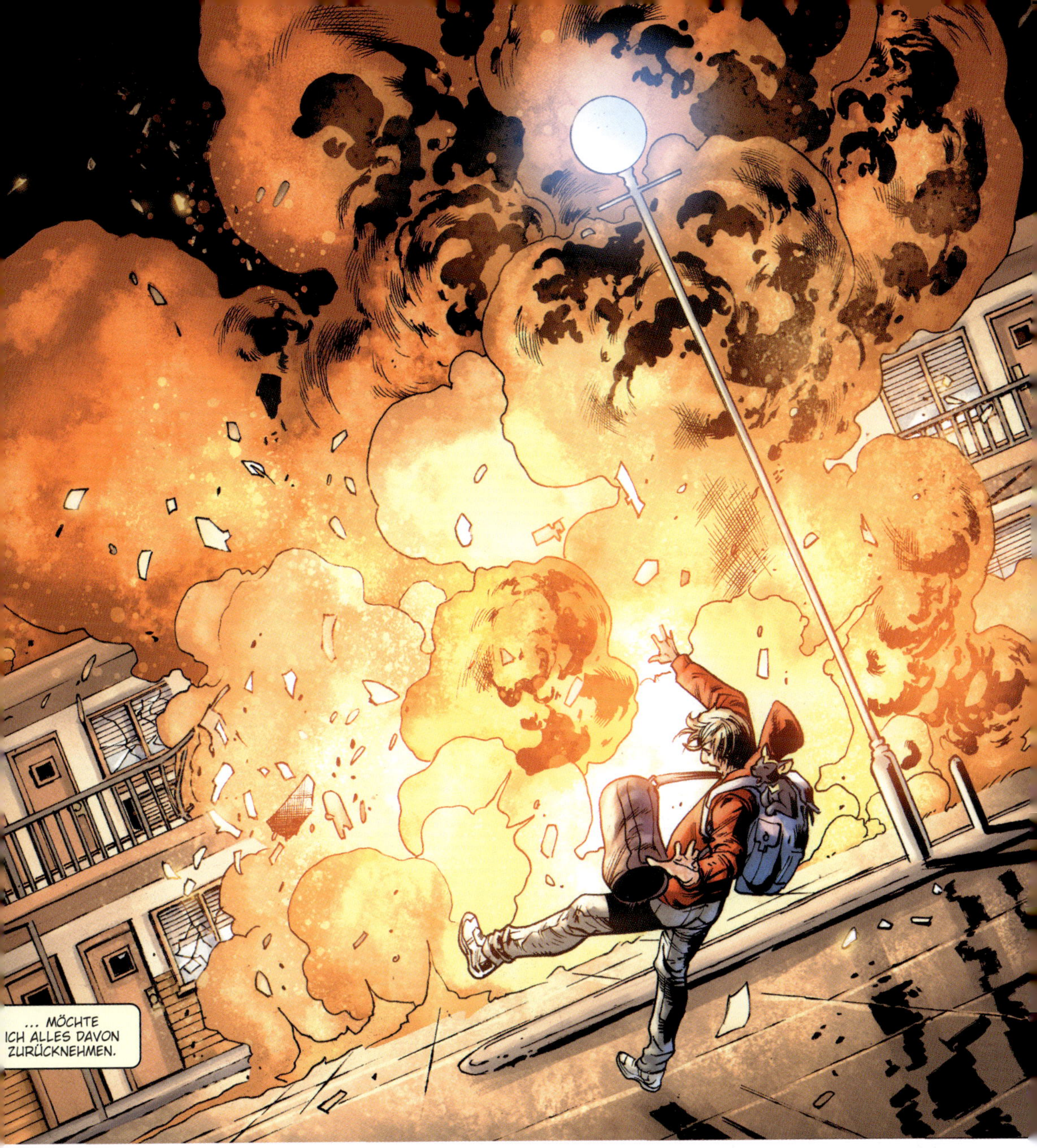

… MÖCHTE
ICH ALLES DAVON
ZURÜCKNEHMEN.

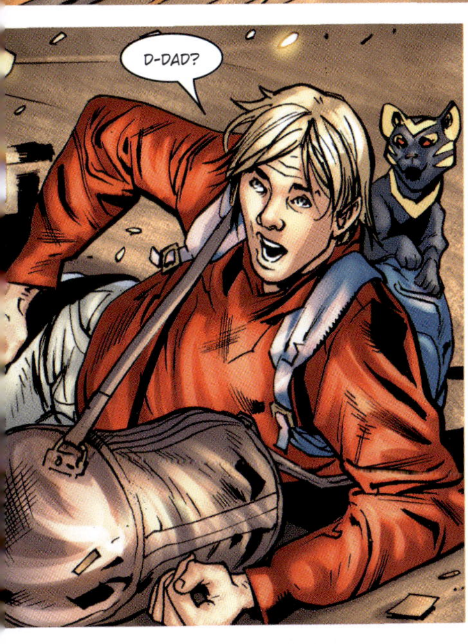

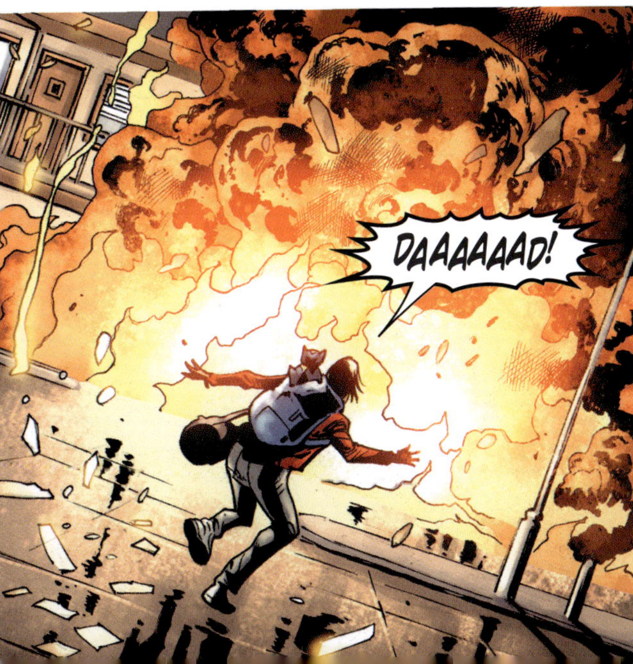

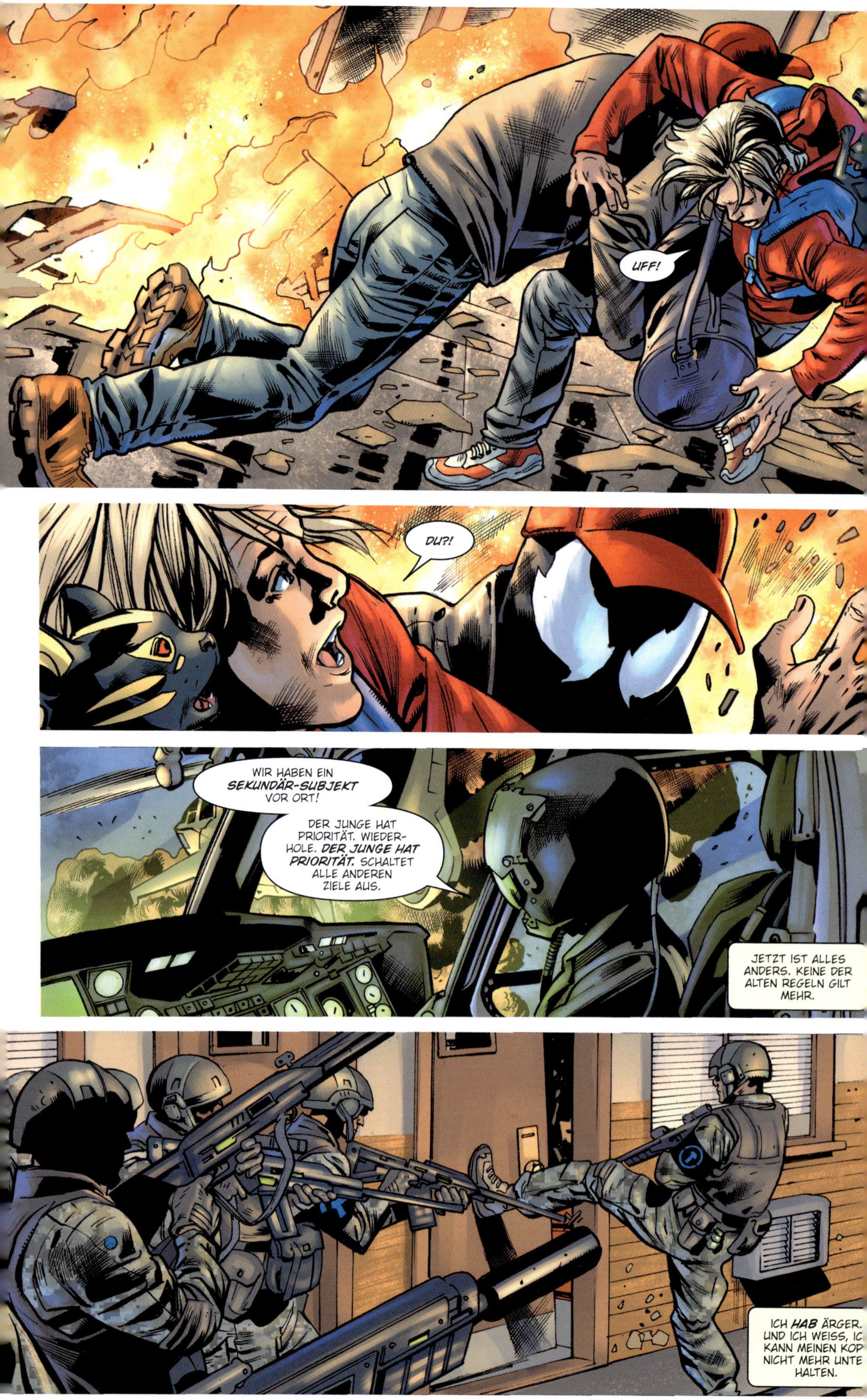

UFF!

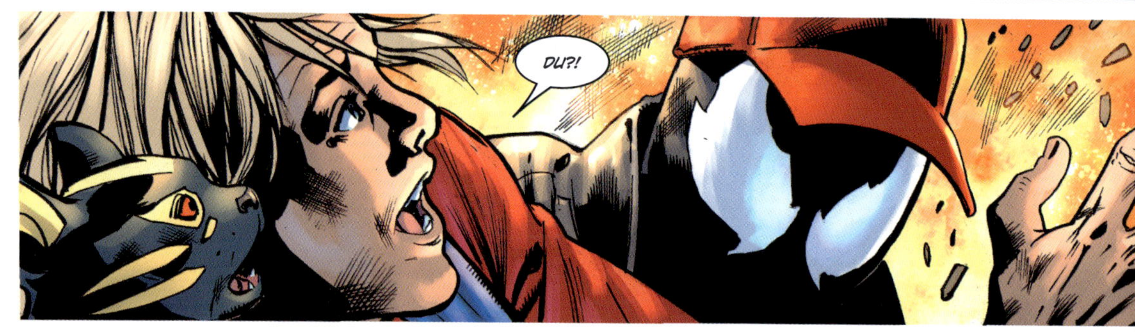
DU?!

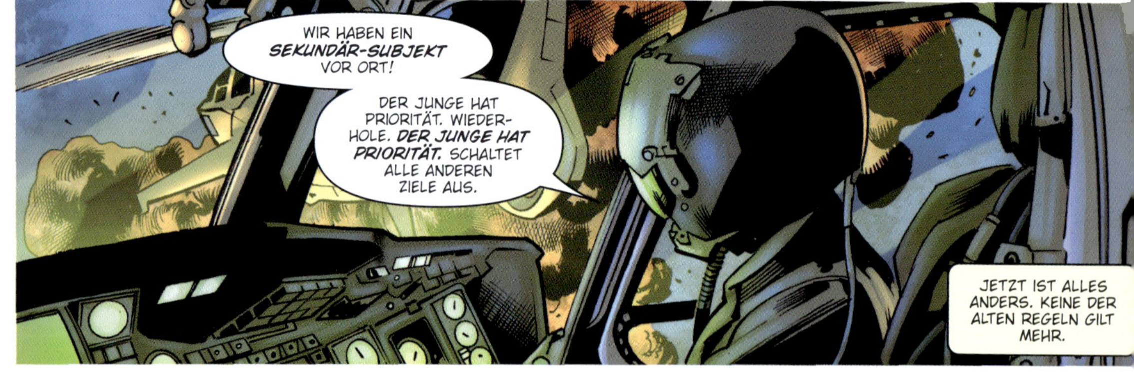
WIR HABEN EIN **SEKUNDÄR-SUBJEKT** VOR ORT!
DER JUNGE HAT PRIORITÄT. WIEDERHOLE. **DER JUNGE HAT PRIORITÄT.** SCHALTET ALLE ANDEREN ZIELE AUS.
JETZT IST ALLES ANDERS. KEINE DER ALTEN REGELN GILT MEHR.

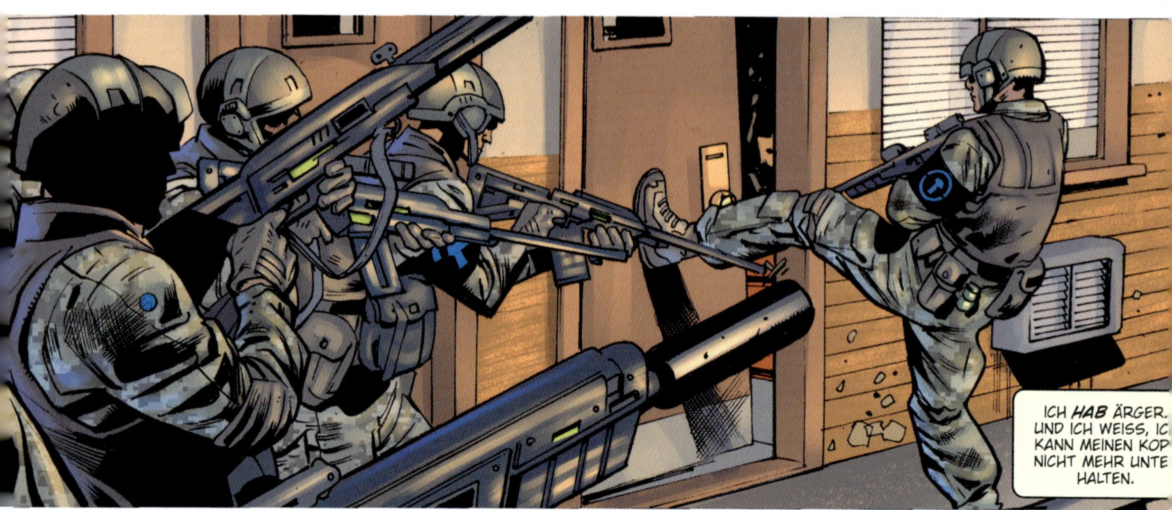
ICH **HAB** ÄRGER. UND ICH WEISS, IC KANN MEINEN KOP NICHT MEHR UNTE HALTEN.

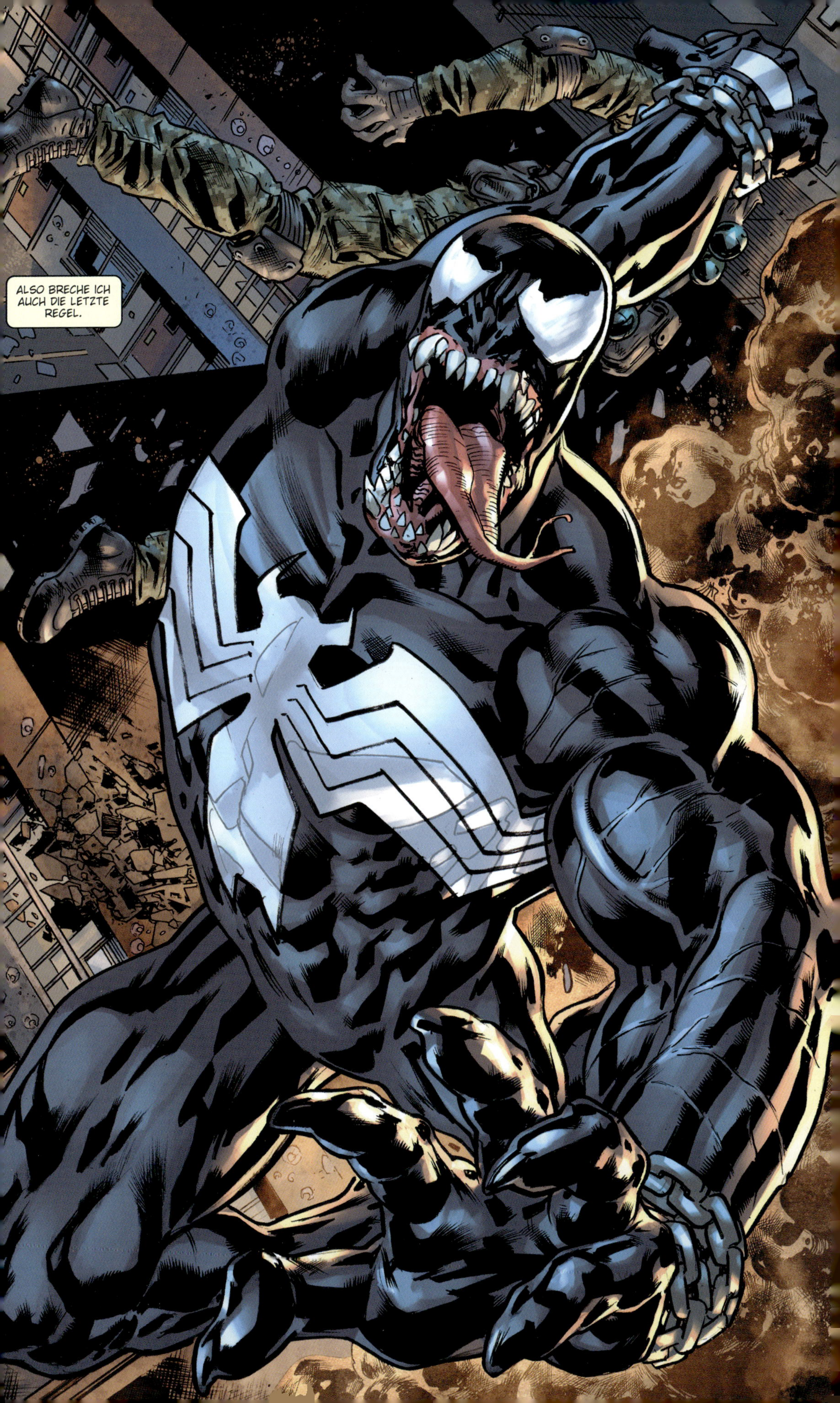
ALSO BRECHE ICH AUCH DIE LETZTE REGEL.

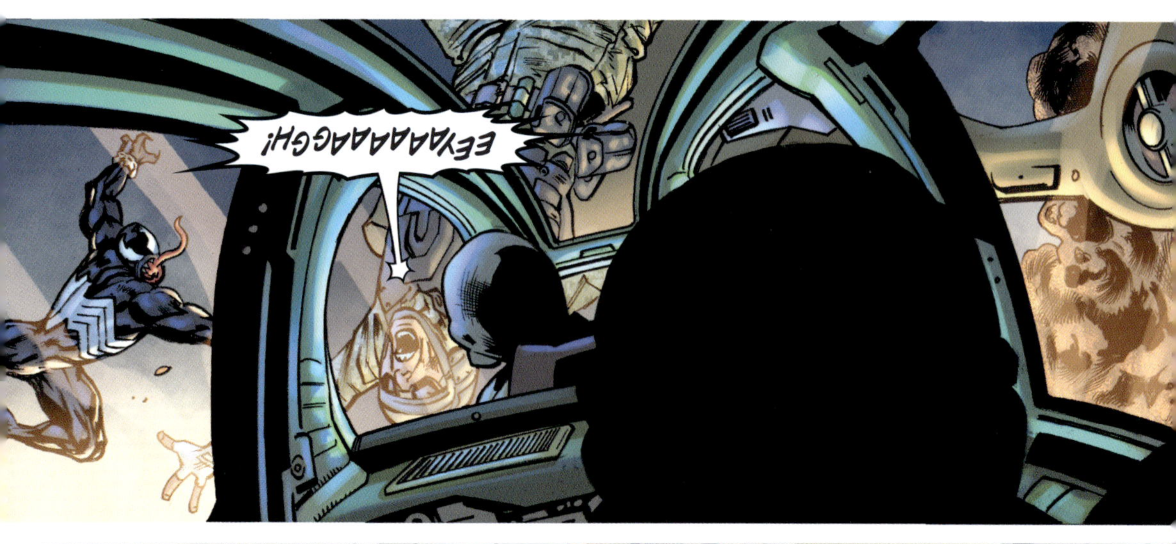

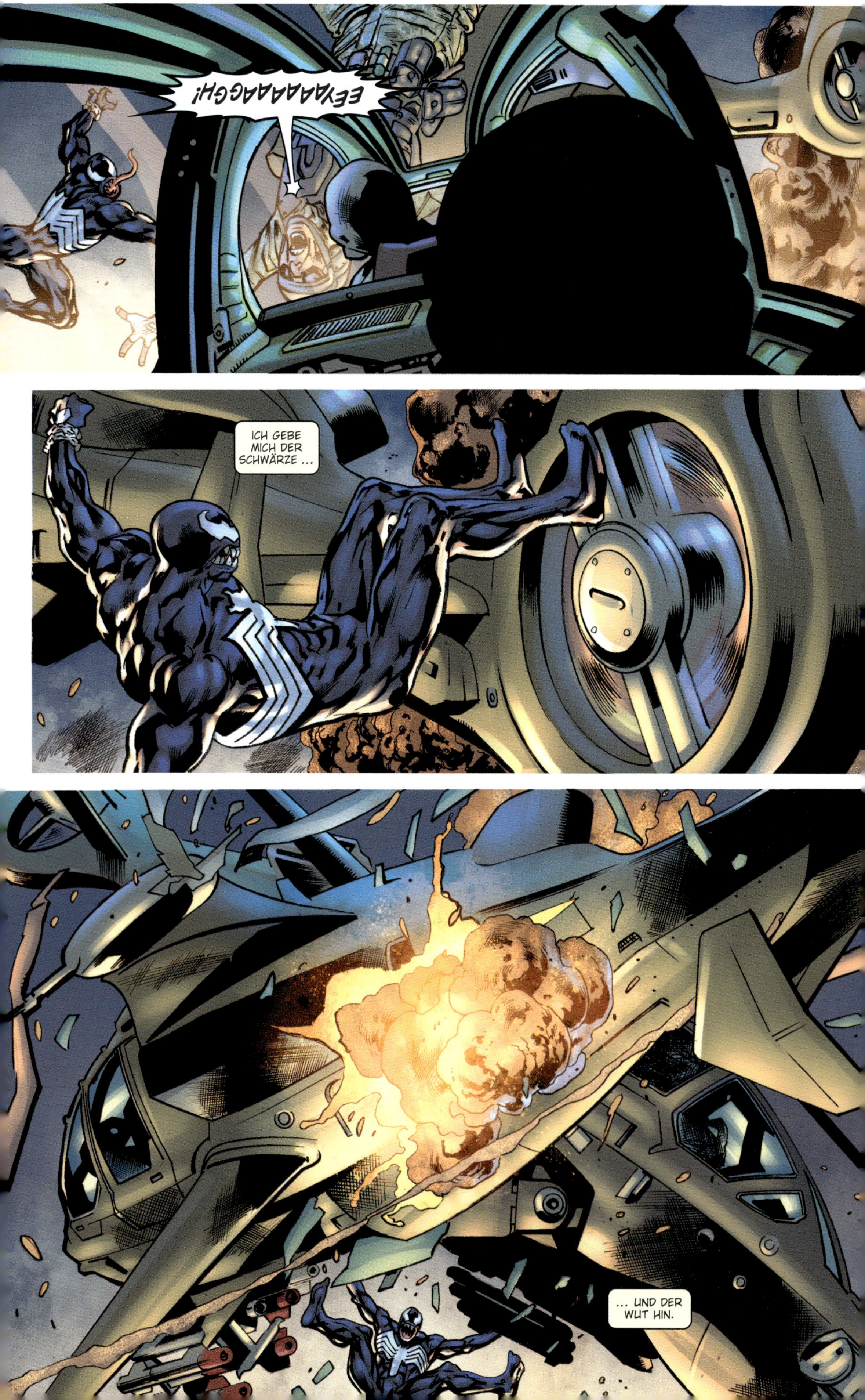

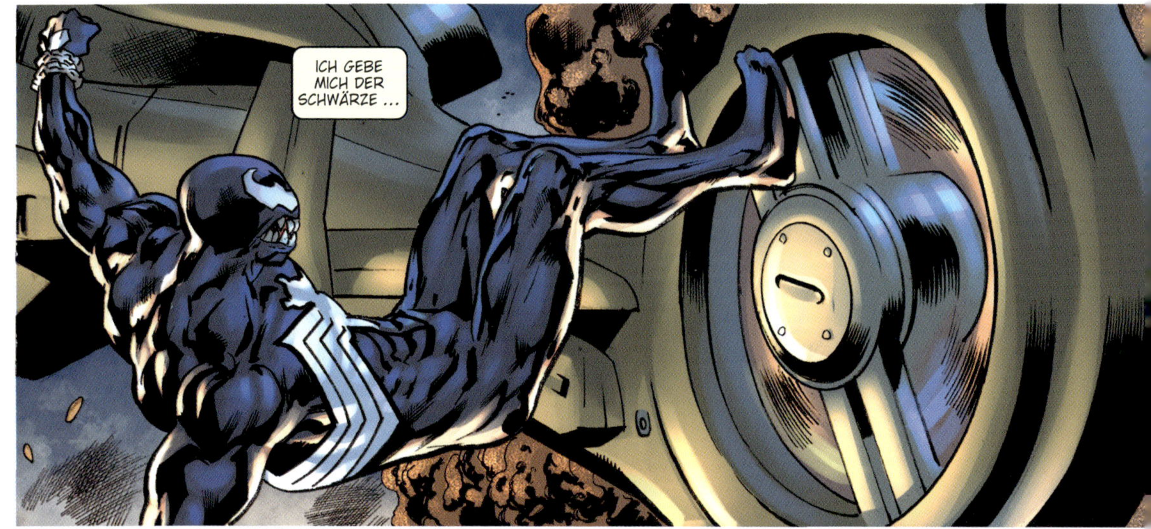

... UND DER WUT HIN.

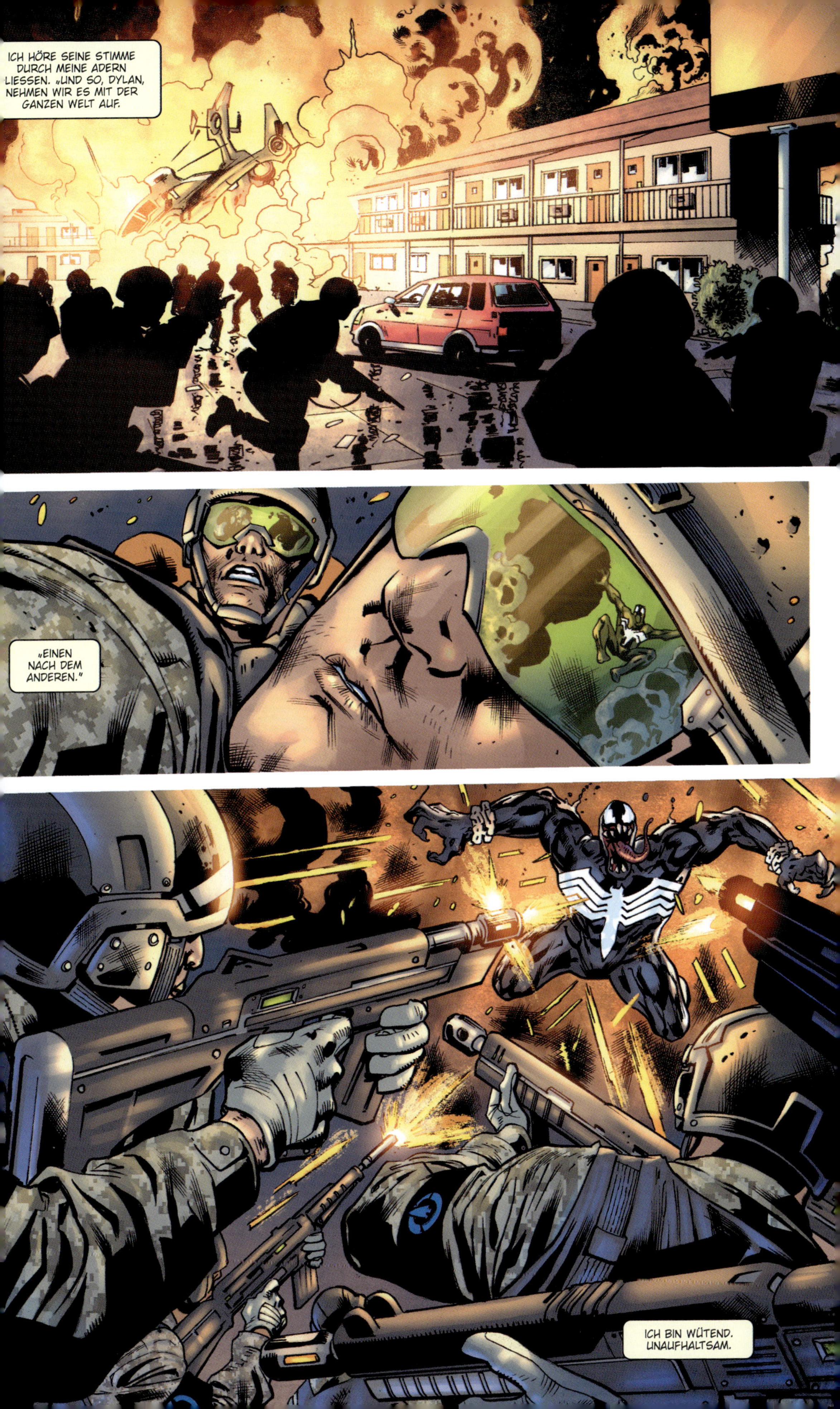

ICH HÖRE SEINE STIMME DURCH MEINE ADERN LIESSEN. „UND SO, DYLAN, NEHMEN WIR ES MIT DER GANZEN WELT AUF.

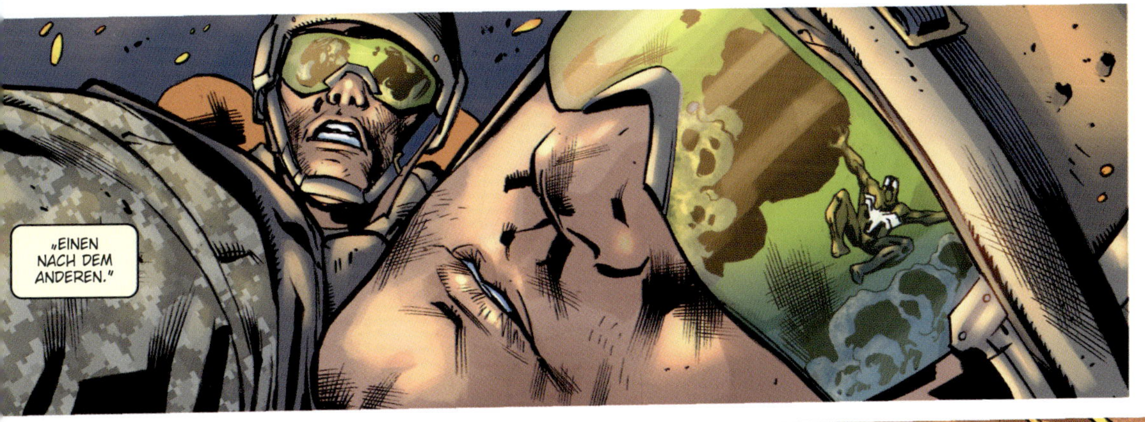

ICH BIN WÜTEND. UNAUFHALTSAM.

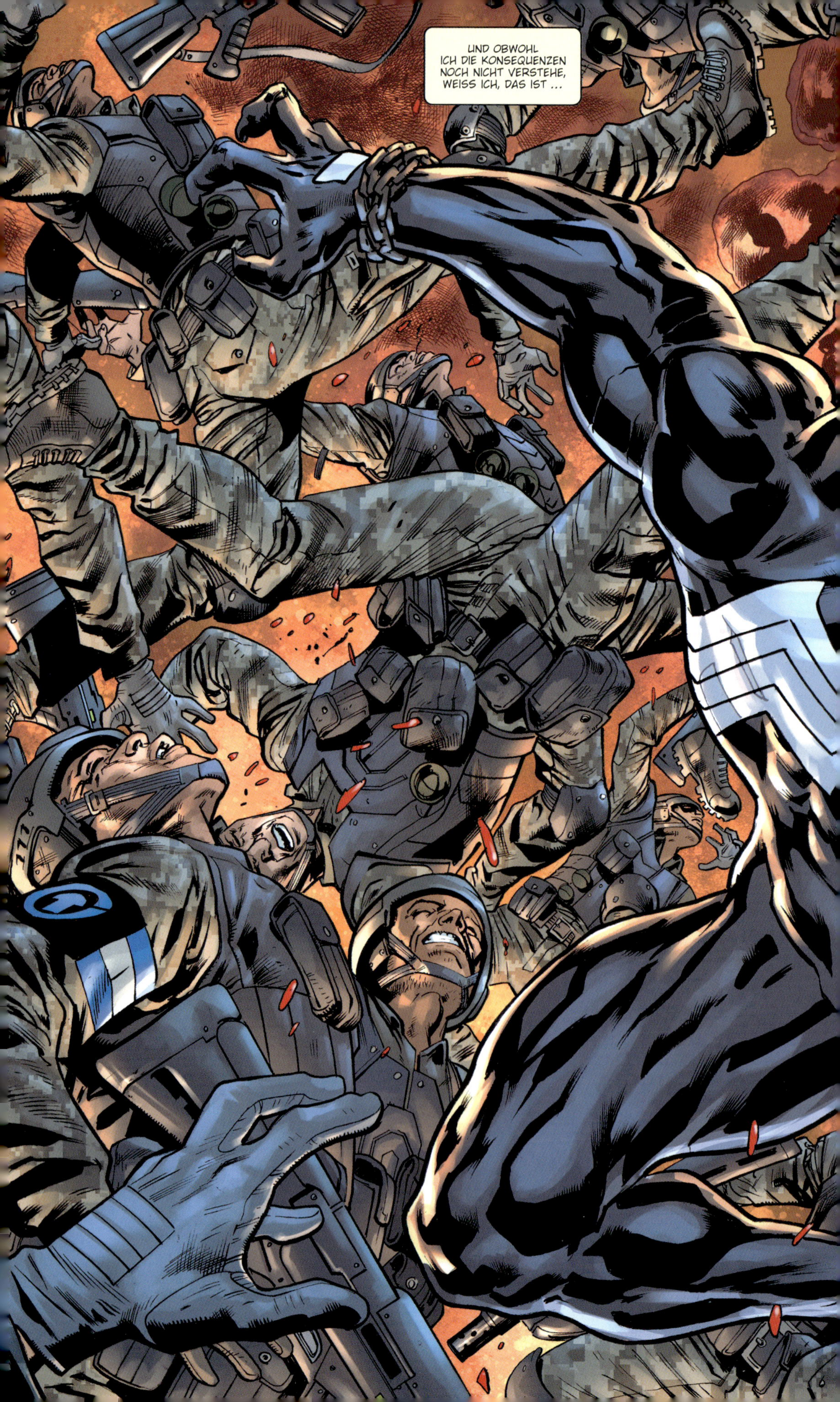
UND OBWOHL
ICH DIE KONSEQUENZEN
NOCH NICHT VERSTEHE,
WEISS ICH, DAS IST ...

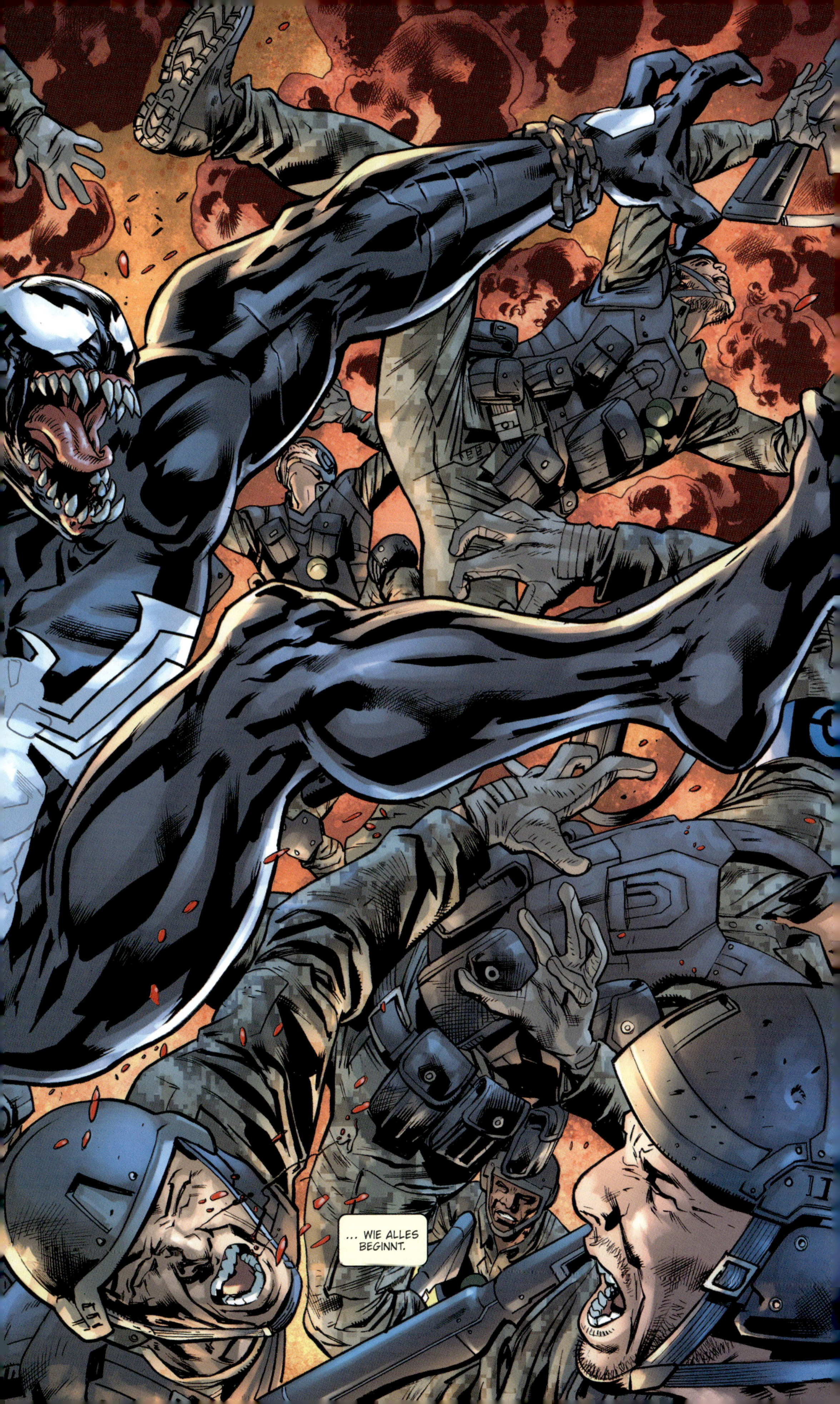
... WIE ALLES BEGINNT.

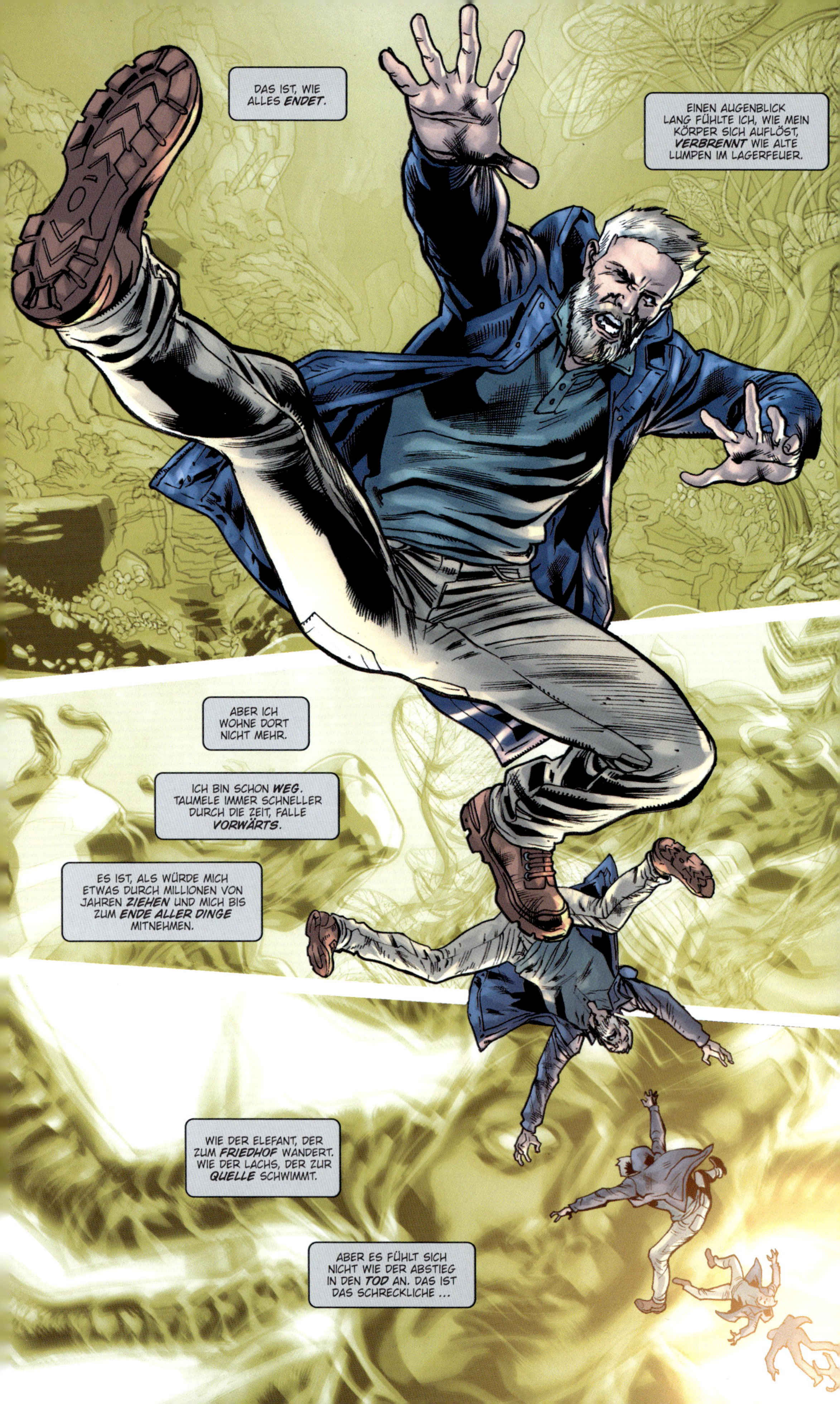
DAS IST, WIE ALLES **ENDET**.
EINEN AUGENBLICK LANG FÜHLTE ICH, WIE MEIN KÖRPER SICH AUFLÖST, **VERBRENNT** WIE ALTE LUMPEN IM LAGERFEUER.
ABER ICH WOHNE DORT NICHT MEHR.
ICH BIN SCHON **WEG**. TAUMELE IMMER SCHNELLER DURCH DIE ZEIT, FALLE **VORWÄRTS**.
ES IST, ALS WÜRDE MICH ETWAS DURCH MILLIONEN VON JAHREN **ZIEHEN** UND MICH BIS ZUM **ENDE ALLER DINGE** MITNEHMEN.
WIE DER ELEFANT, DER ZUM **FRIEDHOF** WANDERT. WIE DER LACHS, DER ZUR **QUELLE** SCHWIMMT.
ABER ES FÜHLT SICH NICHT WIE DER ABSTIEG IN DEN **TOD** AN. DAS IST DAS SCHRECKLICHE …

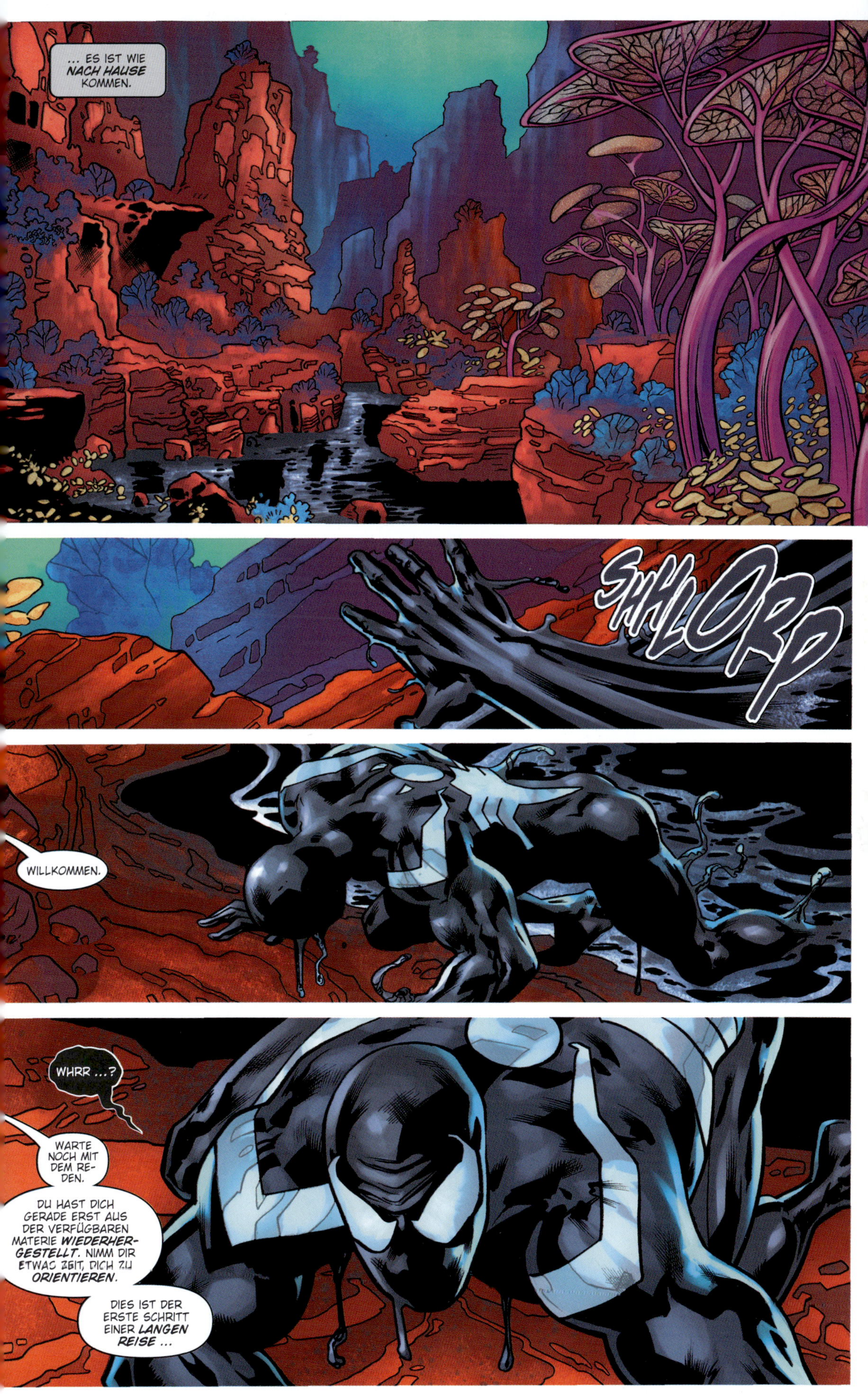
... ES IST WIE NACH HAUSE KOMMEN.
SHHLORP
WILLKOMMEN.
WHRR ...?
WARTE NOCH MIT DEM RE-DEN.
DU HAST DICH GERADE ERST AUS DER VERFÜGBAREN MATERIE WIEDERHER-GESTELLT. NIMM DIR ETWAS ZEIT, DICH ZU ORIENTIEREN.
DIES IST DER ERSTE SCHRITT EINER LANGEN REISE ...

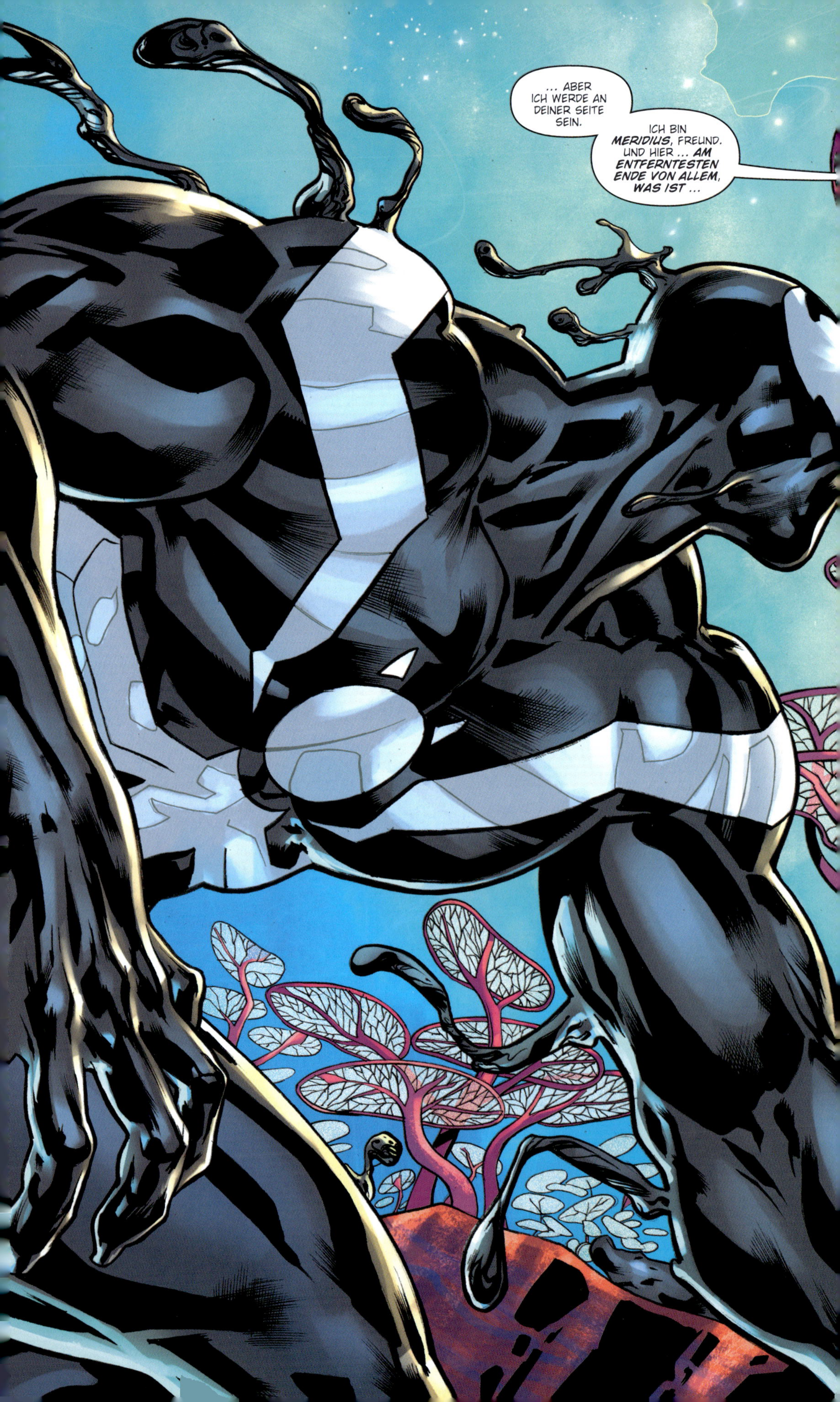
... ABER ICH WERDE AN DEINER SEITE SEIN.
ICH BIN MERIDIUS, FREUND. UND HIER ... AM ENTFERNTESTEN ENDE VON ALLEM, WAS IST ...

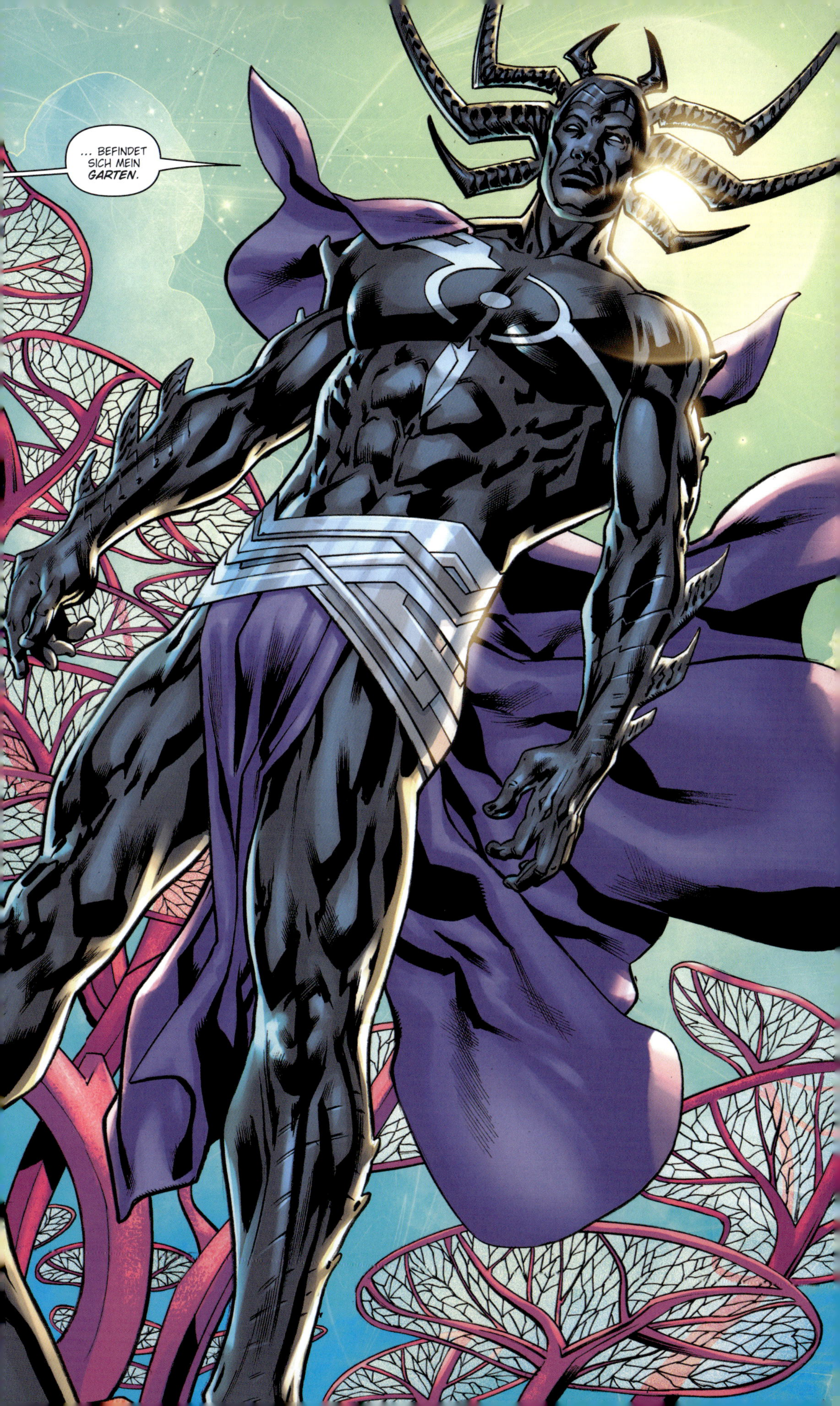
... BEFINDET SICH MEIN GARTEN.

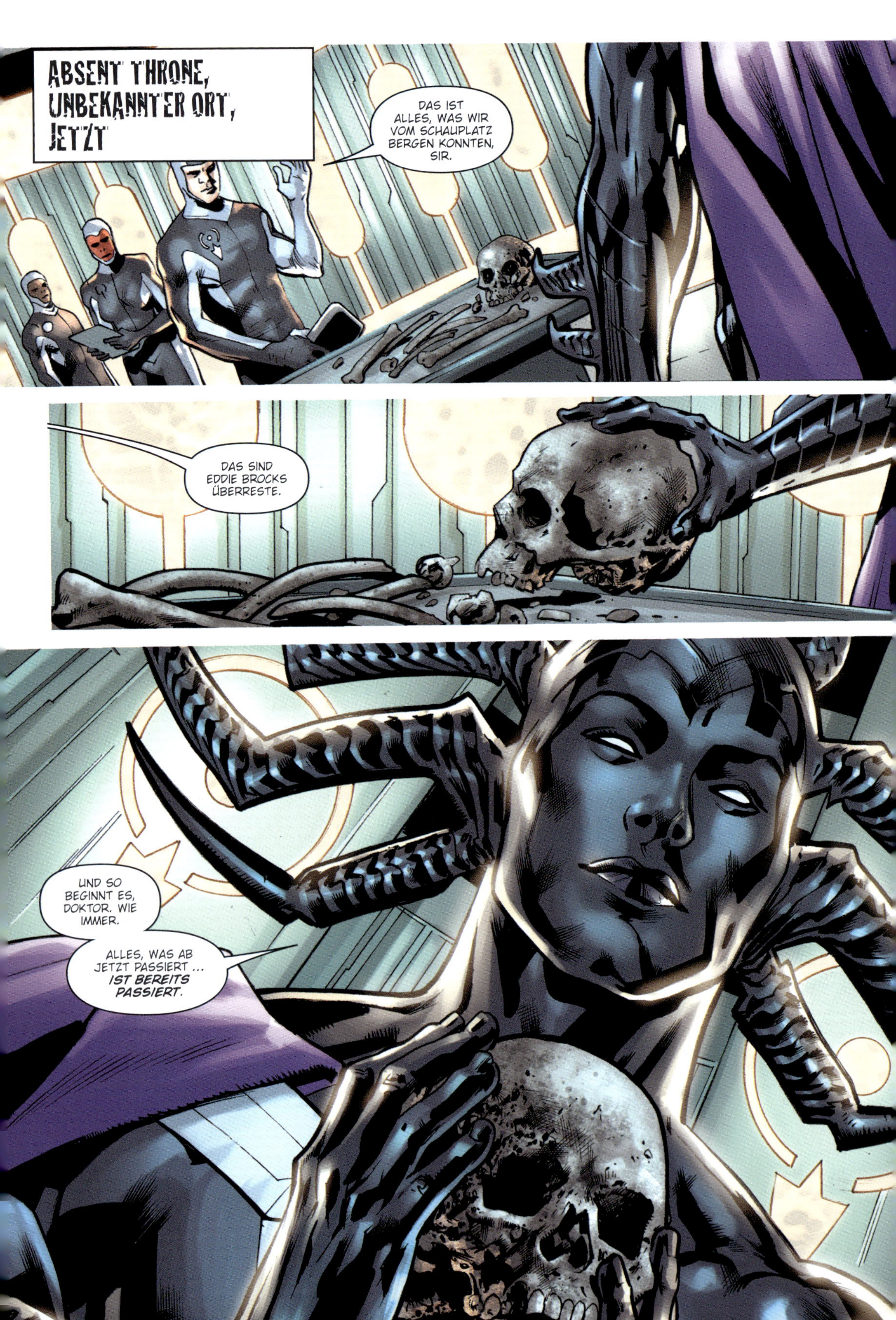
ABSENT THRONE, UNBEKANNTER ORT, JETZT
DAS IST ALLES, WAS WIR VOM SCHAUPLATZ BERGEN KONNTEN, SIR.
DAS SIND EDDIE BROCKS ÜBERRESTE.
UND SO BEGINNT ES, DOKTOR. WIE IMMER.
ALLES, WAS AB JETZT PASSIERT ... *IST BEREITS PASSIERT*.

AUF DER FLUCHT

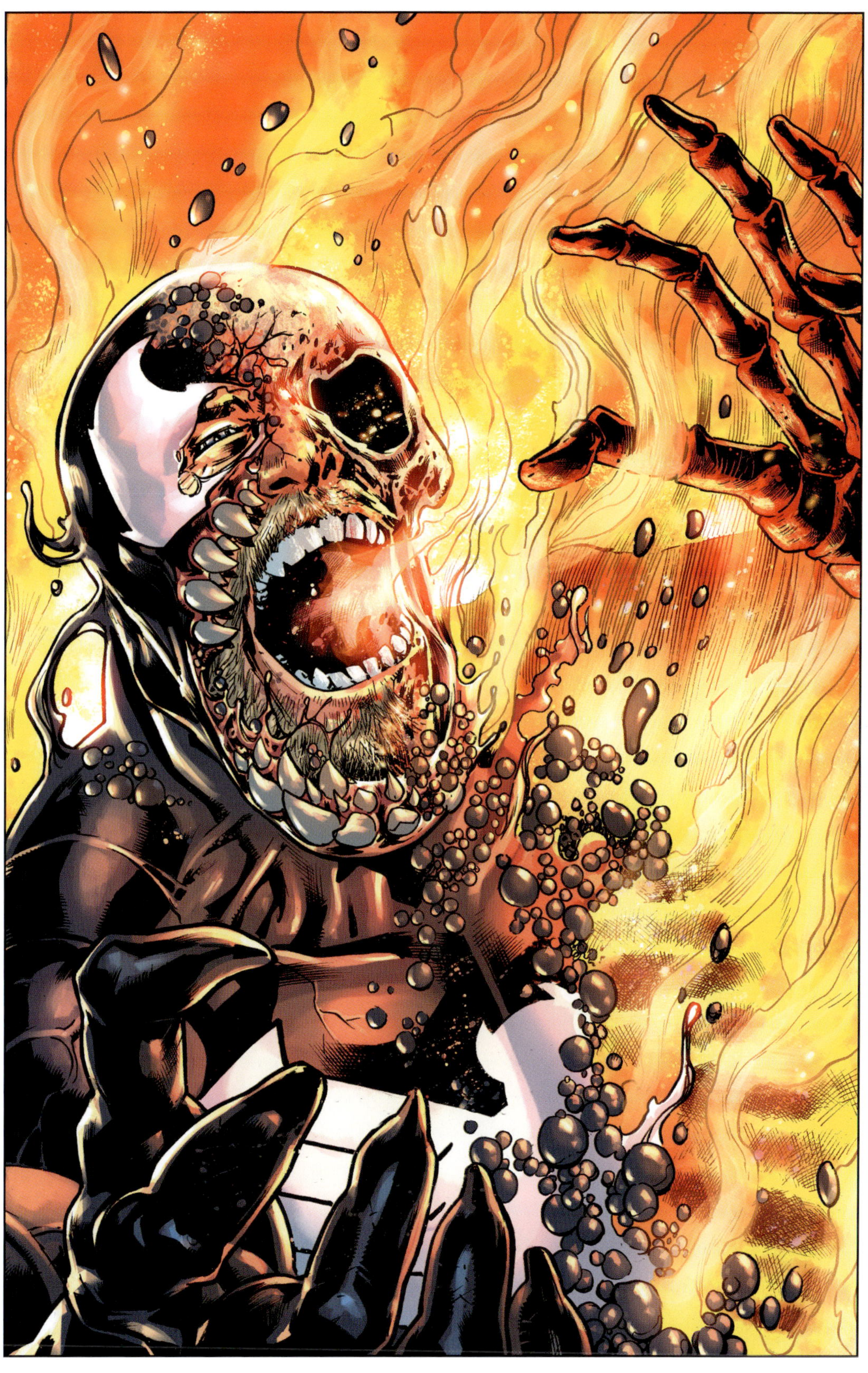

Venom (2021) 2
Cover von **BRYAN HITCH**

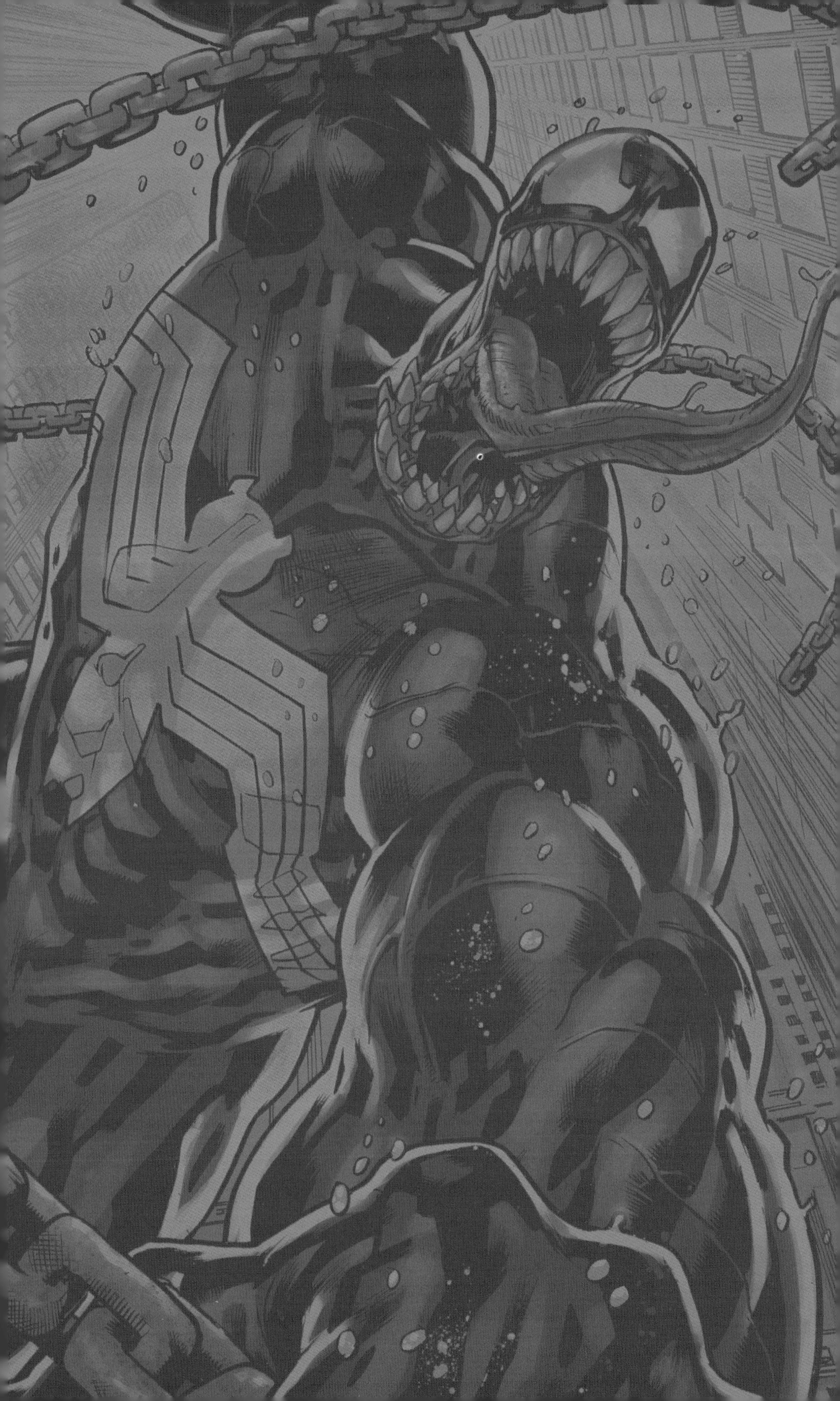

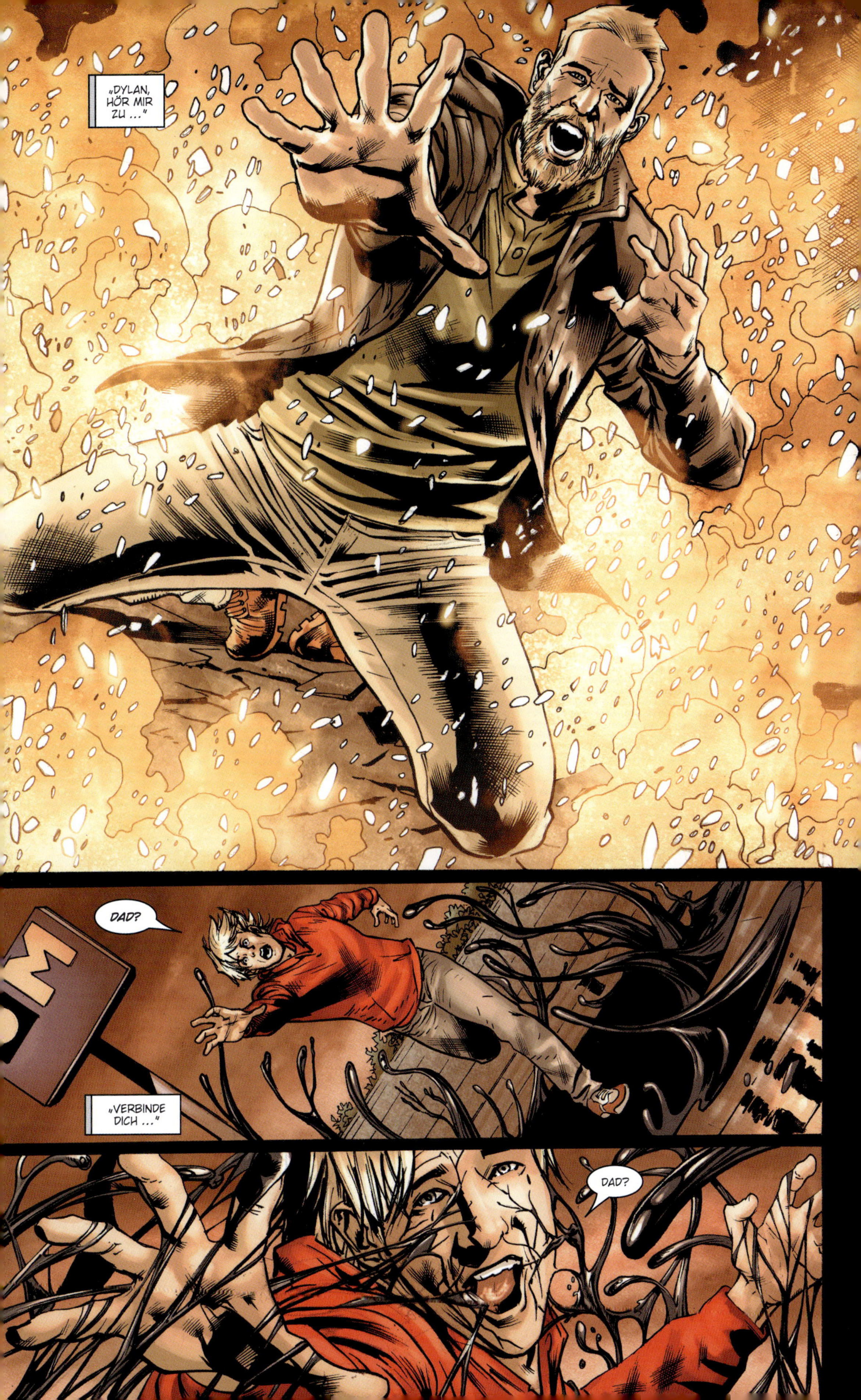
„DYLAN, HÖR MIR ZU ...“
DAD?
„VERBINDE DICH ...“
DAD?

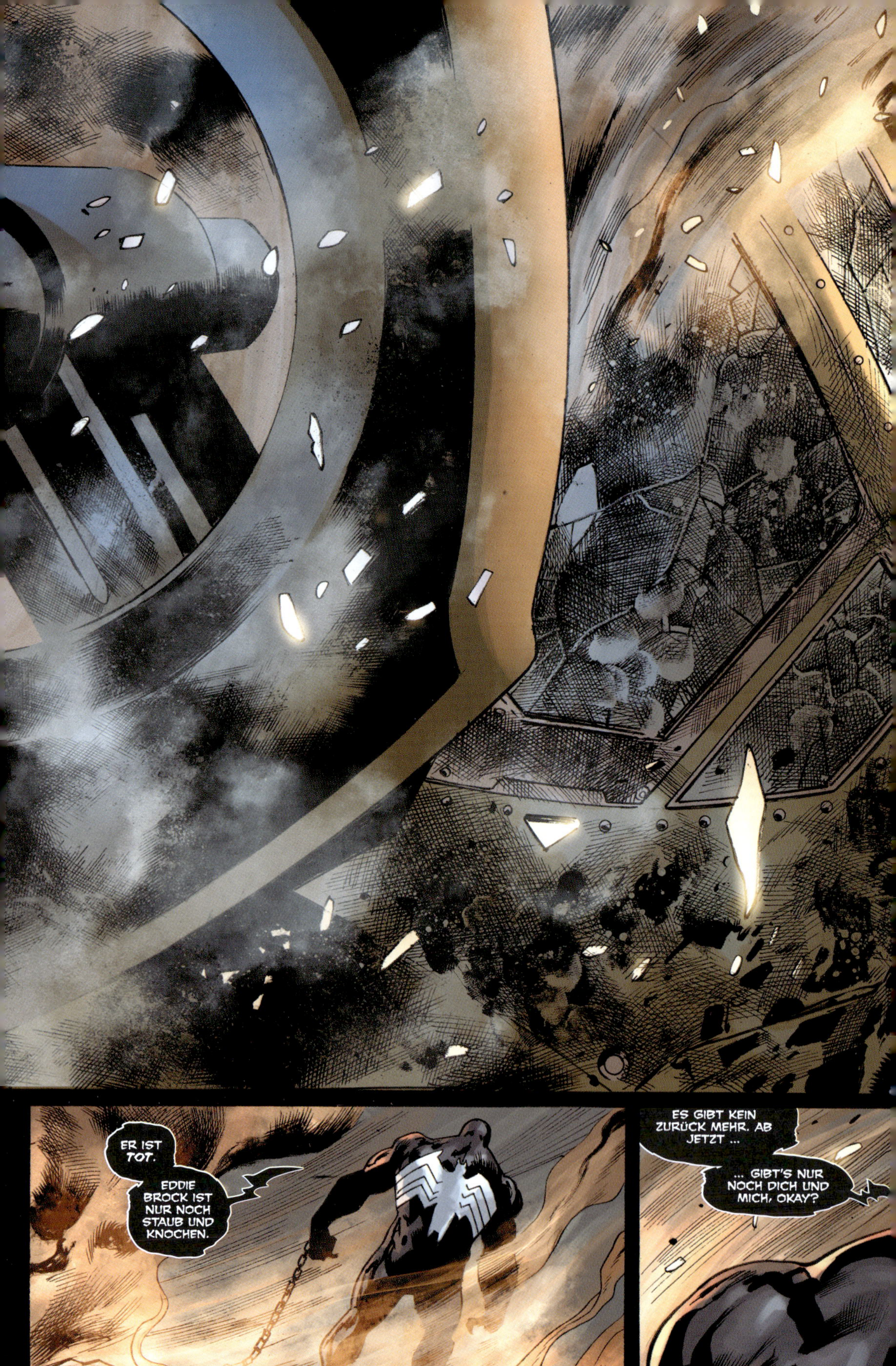
ER IST *TOT*.
EDDIE BROCK IST NUR NOCH STAUB UND KNOCHEN.
ES GIBT KEIN ZURÜCK MEHR. AB JETZT ...
... GIBT'S NUR NOCH DICH UND MICH, OKAY?

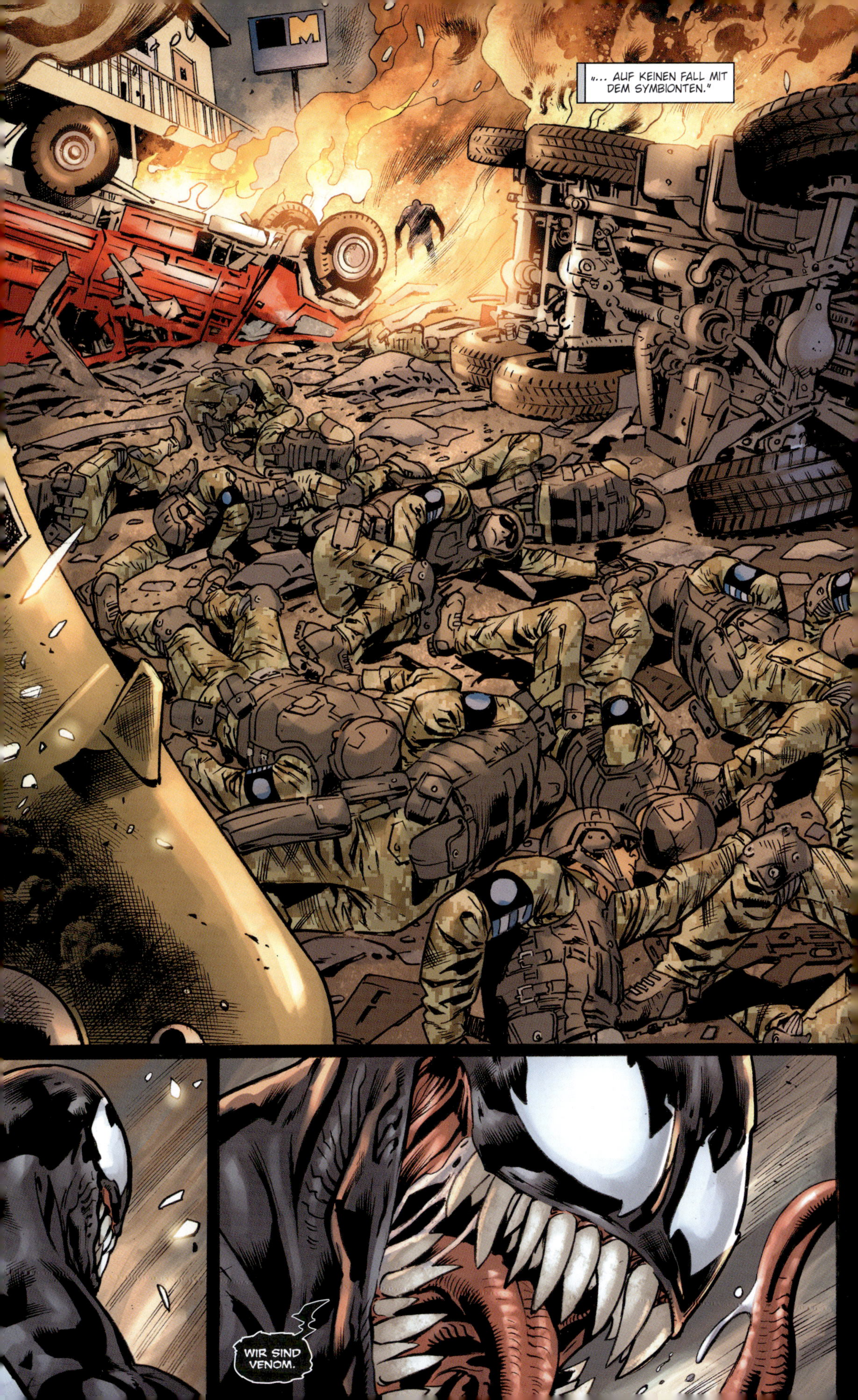
"... AUF KEINEN FALL MIT DEM SYMBIONTEN."
WIR SIND VENOM.

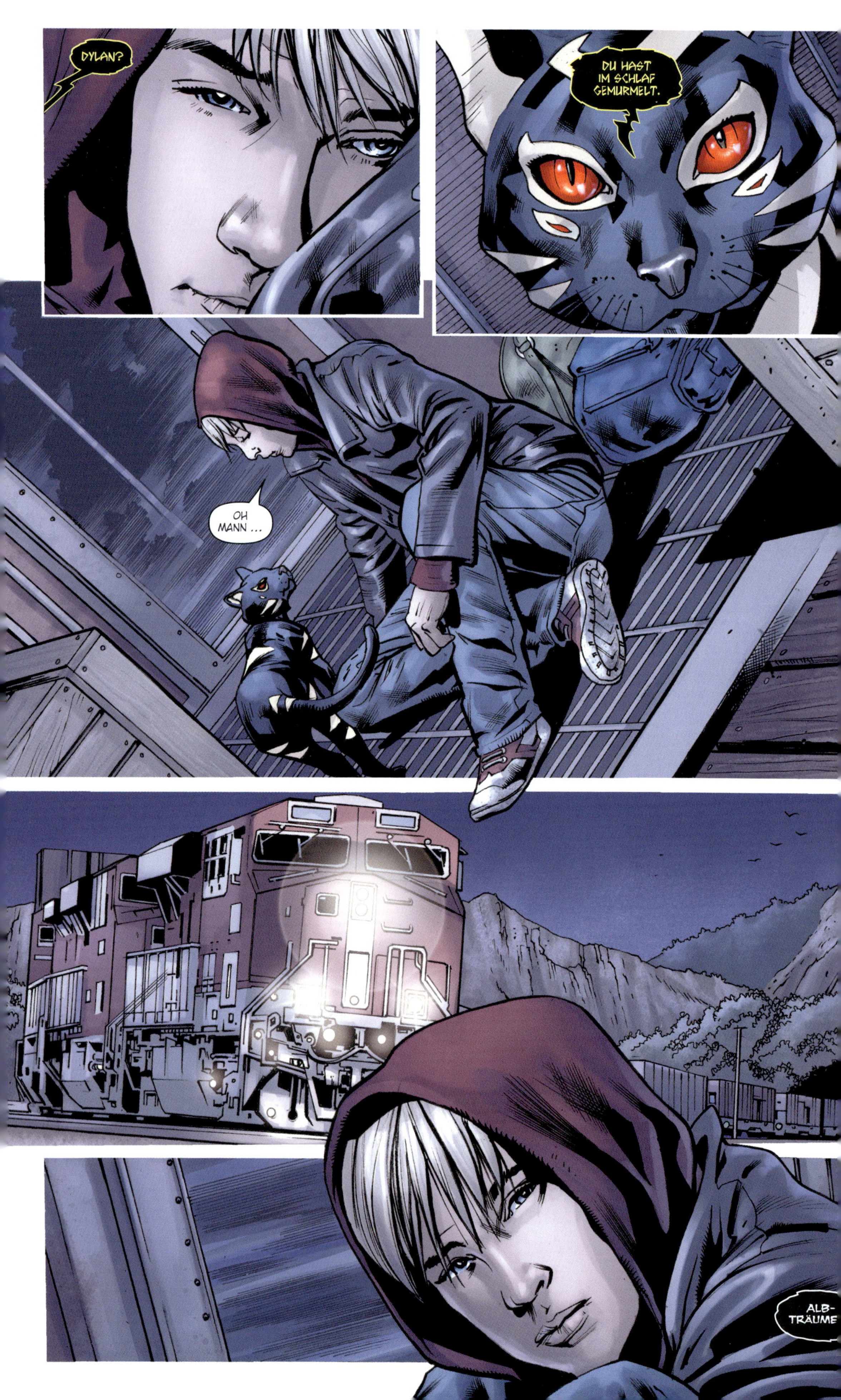
DYLAN?
DU HAST IM SCHLAF GEMURMELT.
OH MANN ...
ALB-TRÄUME

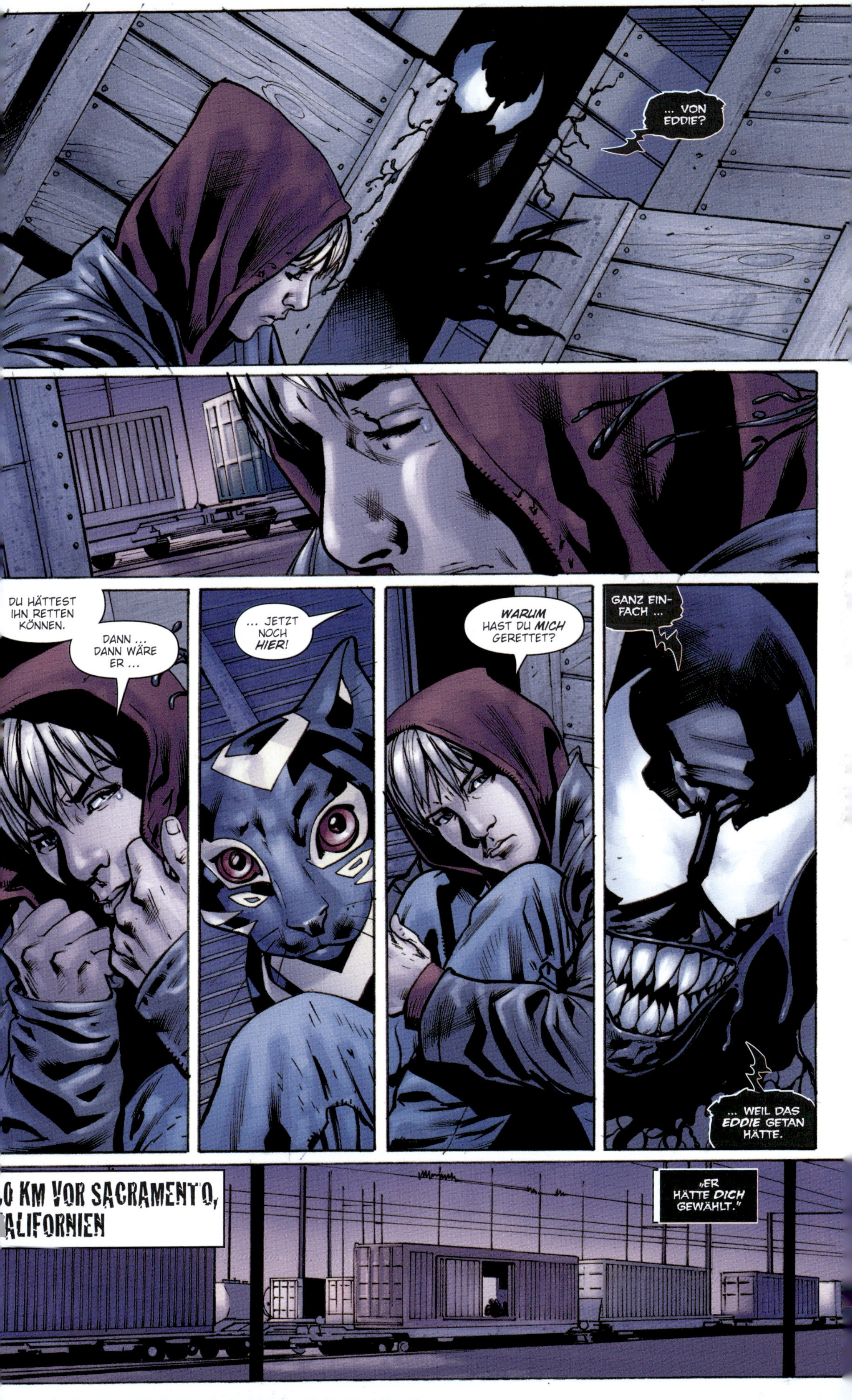

... VON EDDIE?

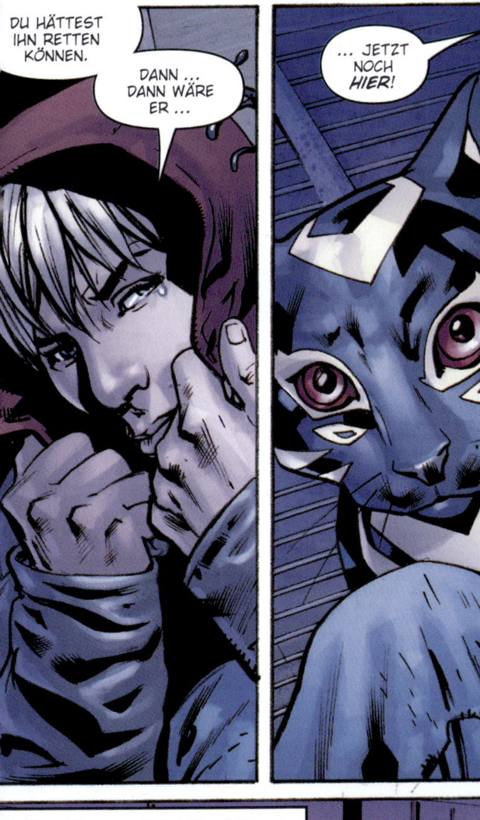
DU HÄTTEST IHN RETTEN KÖNNEN.
DANN ... DANN WÄRE ER ...
... JETZT NOCH HIER!

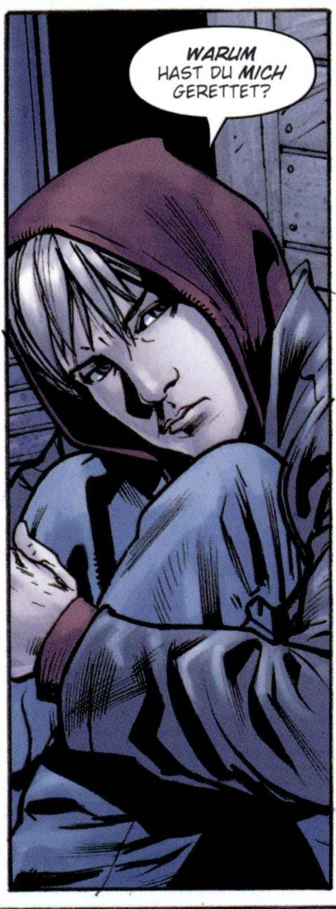
WARUM HAST DU MICH GERETTET?

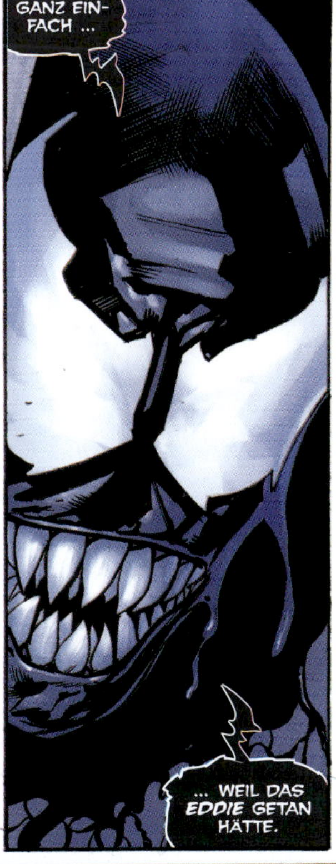
GANZ EIN-FACH ...
... WEIL DAS EDDIE GETAN HÄTTE.

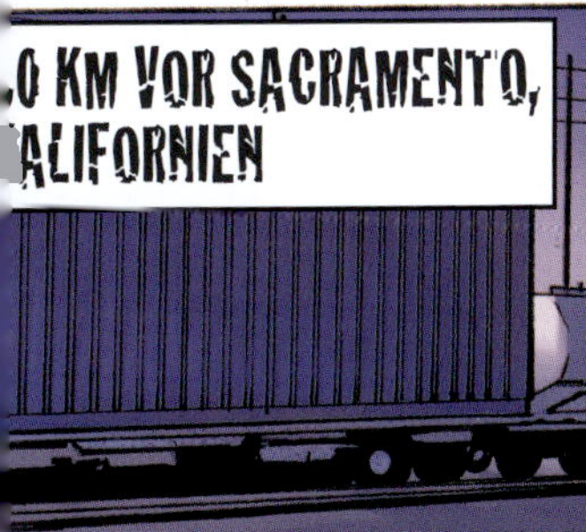
0 KM VOR SACRAMENTO,
ALIFORNIEN

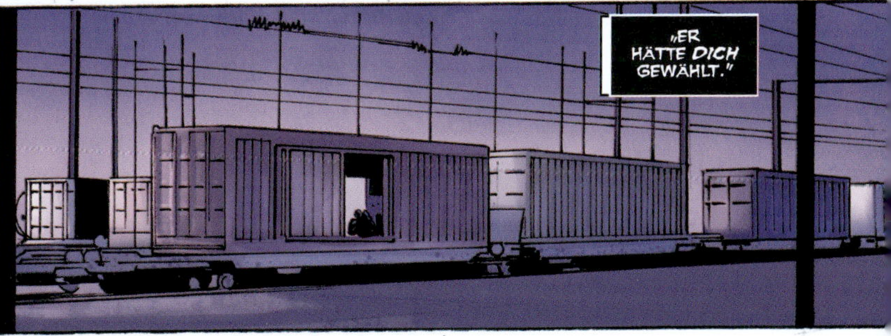
„ER HÄTTE DICH GEWÄHLT."

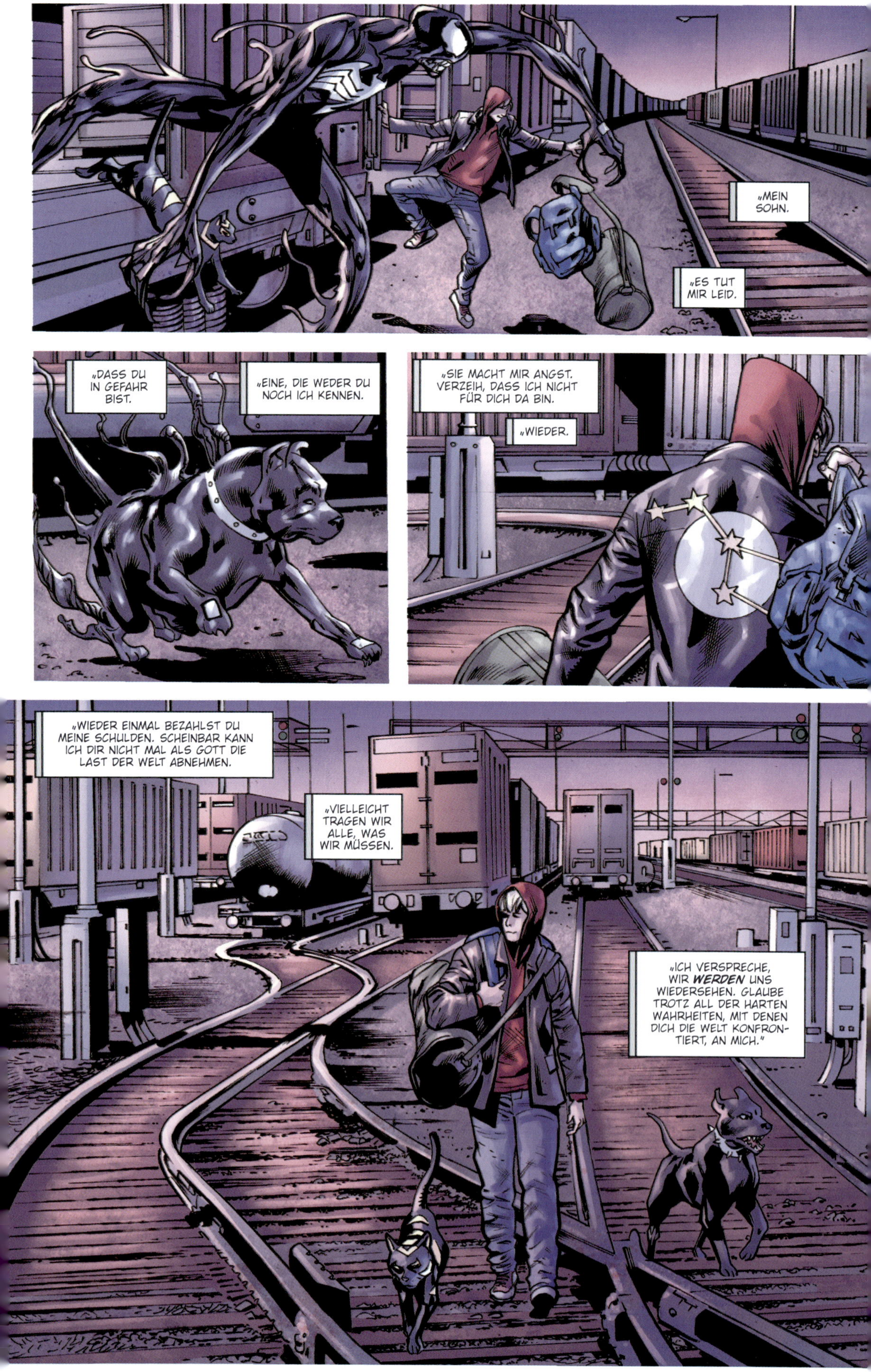

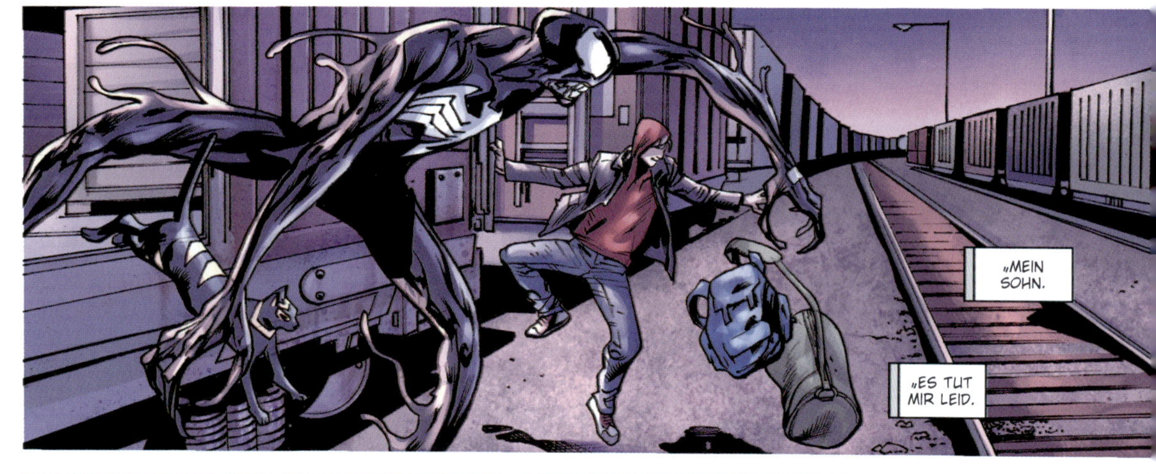
„MEIN SOHN.
„ES TUT MIR LEID.

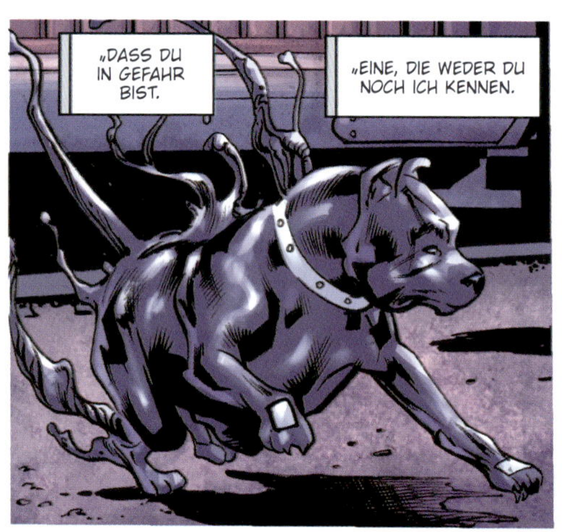
„DASS DU IN GEFAHR BIST.
„EINE, DIE WEDER DU NOCH ICH KENNEN.

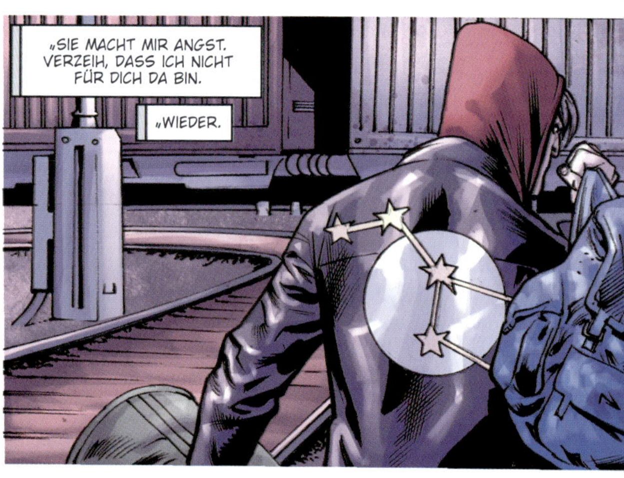
„SIE MACHT MIR ANGST. VERZEIH, DASS ICH NICHT FÜR DICH DA BIN.
„WIEDER.

„WIEDER EINMAL BEZAHLST DU MEINE SCHULDEN. SCHEINBAR KANN ICH DIR NICHT MAL ALS GOTT DIE LAST DER WELT ABNEHMEN.
„VIELLEICHT TRAGEN WIR ALLE, WAS WIR MÜSSEN.
„ICH VERSPRECHE, WIR ***WERDEN*** UNS WIEDERSEHEN. GLAUBE TROTZ ALL DER HARTEN WAHRHEITEN, MIT DENEN DICH DIE WELT KONFRONTIERT, AN MICH."

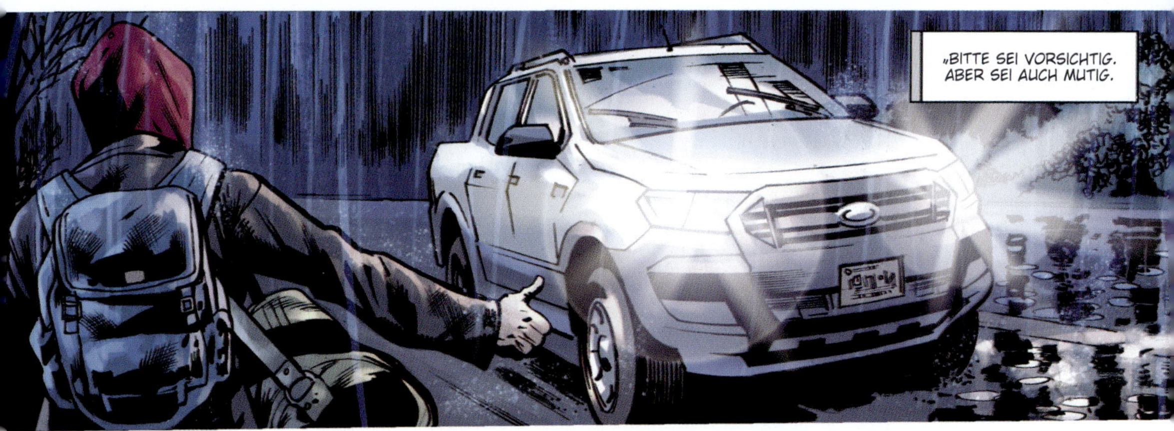
„BITTE SEI VORSICHTIG. ABER SEI AUCH MUTIG.

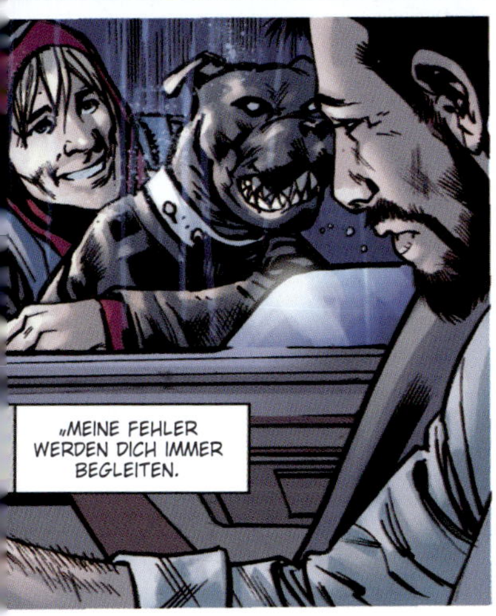
„MEINE FEHLER WERDEN DICH IMMER BEGLEITEN.

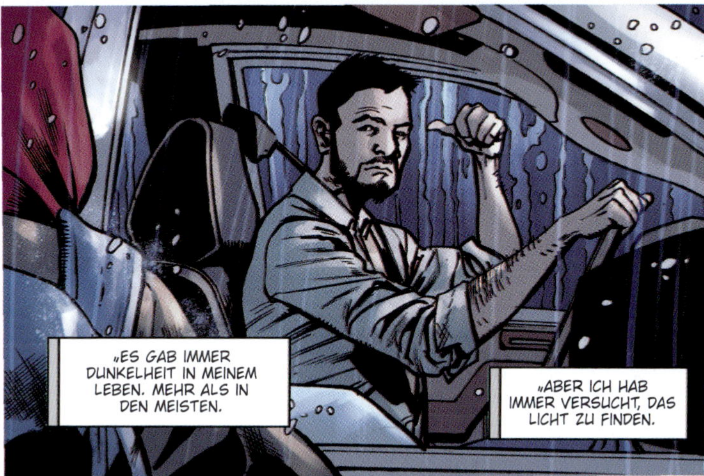
„ES GAB IMMER DUNKELHEIT IN MEINEM LEBEN. MEHR ALS IN DEN MEISTEN.
„ABER ICH HAB IMMER VERSUCHT, DAS LICHT ZU FINDEN.

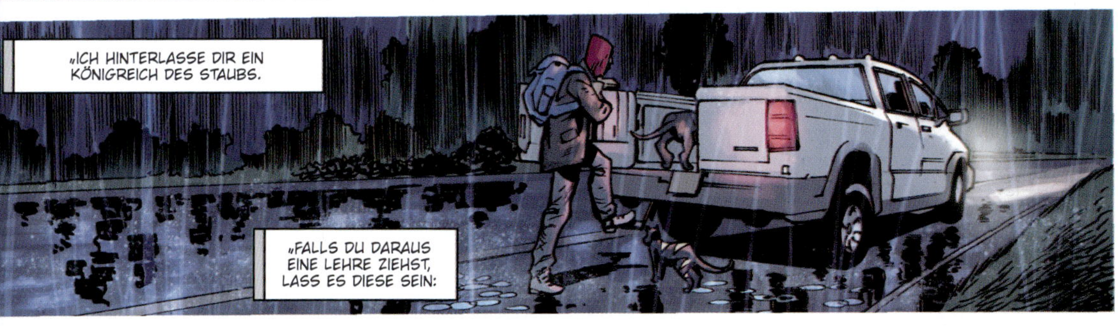
„ICH HINTERLASSE DIR EIN KÖNIGREICH DES STAUBS.
„FALLS DU DARAUS EINE LEHRE ZIEHST, LASS ES DIESE SEIN:

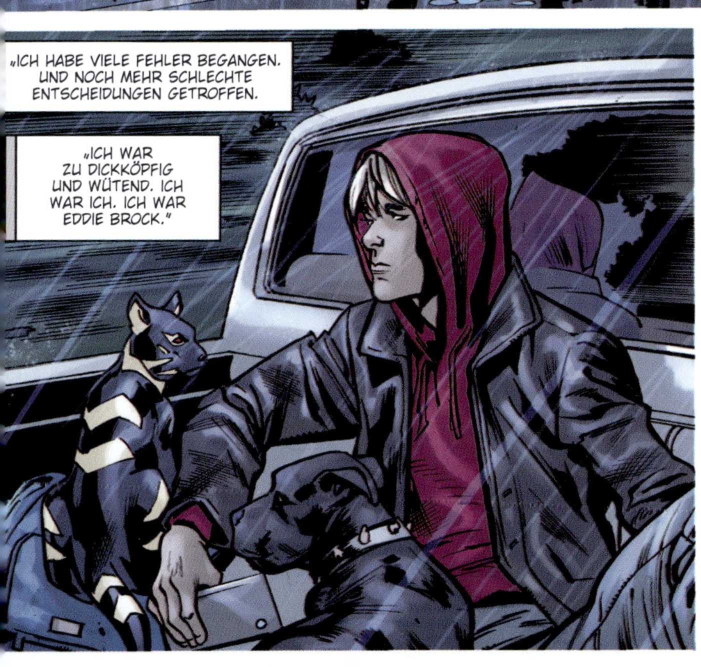
„ICH HABE VIELE FEHLER BEGANGEN. UND NOCH MEHR SCHLECHTE ENTSCHEIDUNGEN GETROFFEN.
„ICH WAR ZU DICKKÖPFIG UND WÜTEND. ICH WAR ICH. ICH WAR EDDIE BROCK."

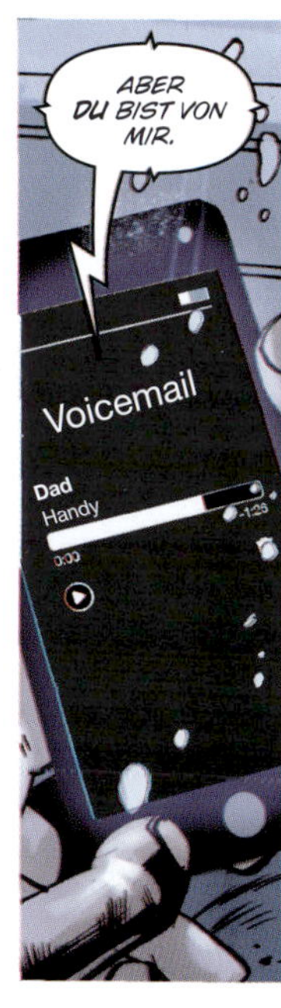
ABER *DU* BIST VON MIR.
Voicemail
Dad
Handy

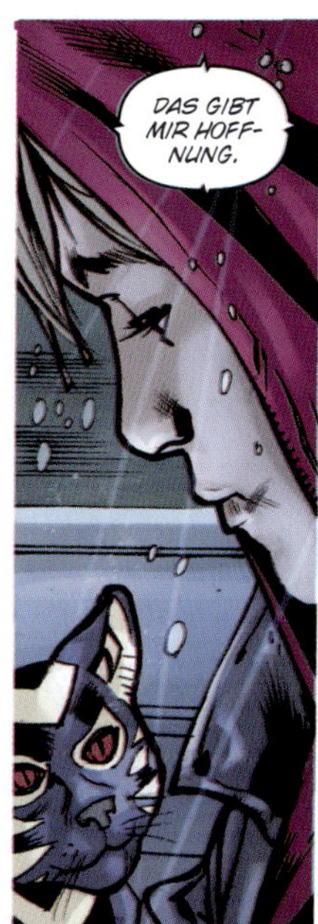
DAS GIBT MIR HOFF-NUNG.

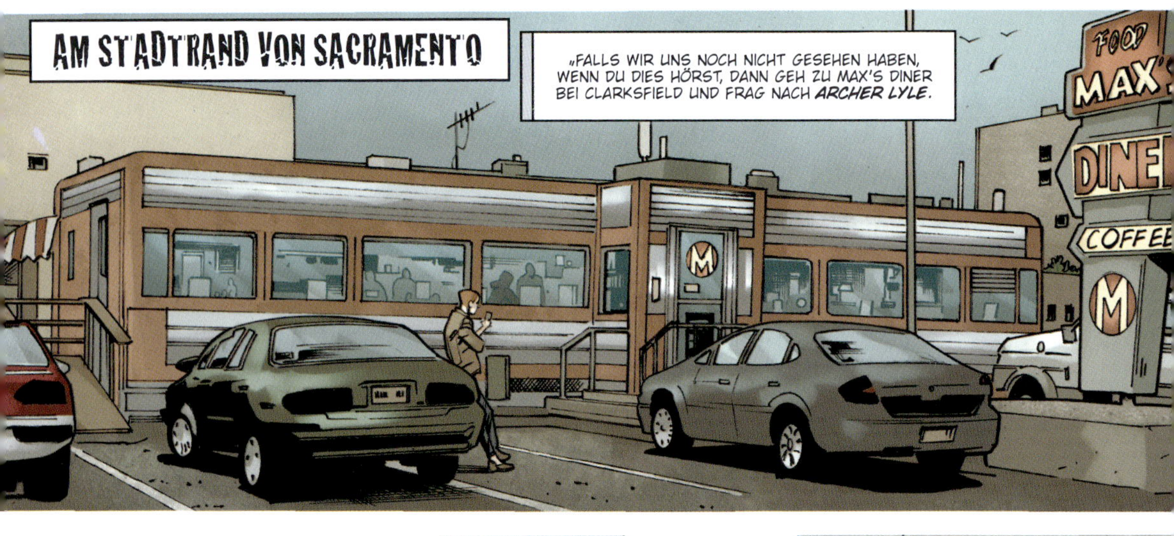
AM STADTRAND VON SACRAMENTO
„FALLS WIR UNS NOCH NICHT GESEHEN HABEN, WENN DU DIES HÖRST, DANN GEH ZU MAX'S DINER BEI CLARKSFIELD UND FRAG NACH *ARCHER LYLE*.
FOOD
MAX'S
DINER
COFFEE

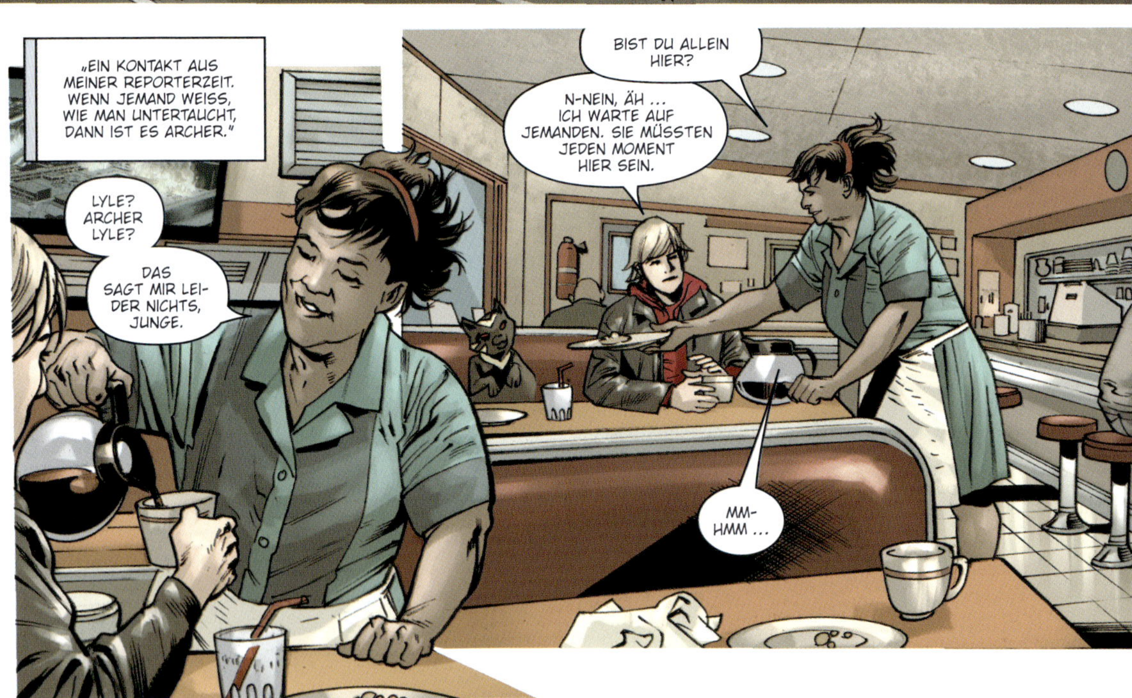
„EIN KONTAKT AUS MEINER REPORTERZEIT. WENN JEMAND WEISS, WIE MAN UNTERTAUCHT, DANN IST ES ARCHER."
BIST DU ALLEIN HIER?
N-NEIN, ÄH … ICH WARTE AUF JEMANDEN. SIE MÜSSTEN JEDEN MOMENT HIER SEIN.
MM-HMM …
LYLE? ARCHER LYLE?
DAS SAGT MIR LEIDER NICHTS, JUNGE.

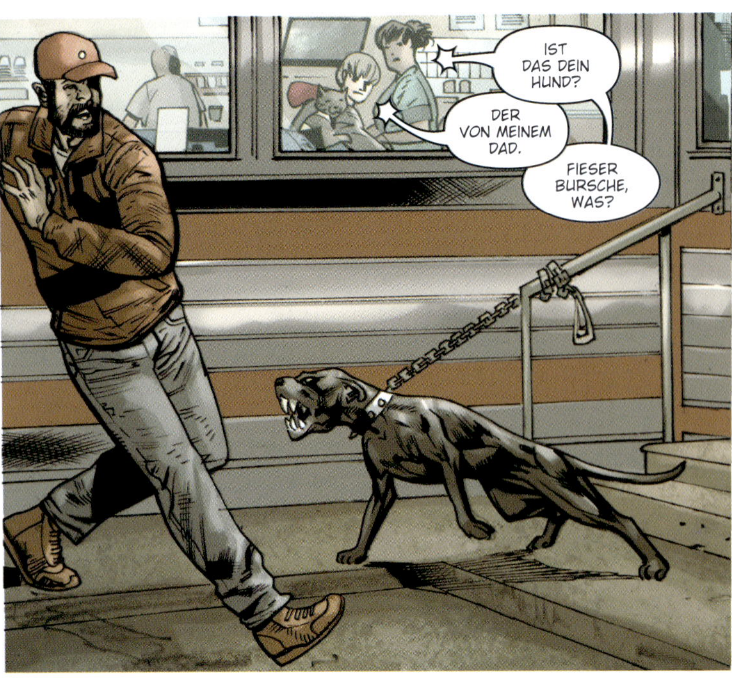
IST DAS DEIN HUND?
DER VON MEINEM DAD.
FIESER BURSCHE, WAS?

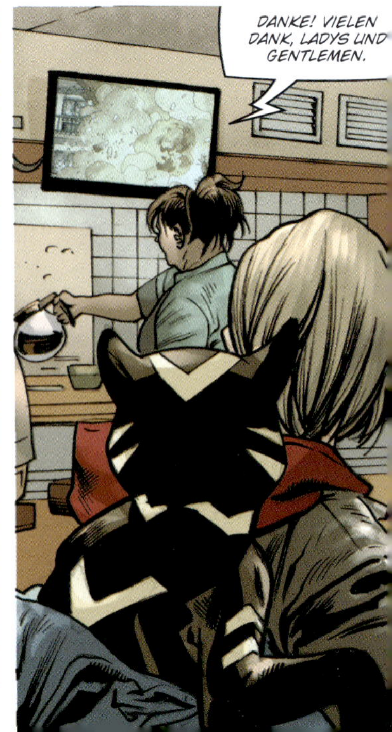
DANKE! VIELEN DANK, LADYS UND GENTLEMEN.

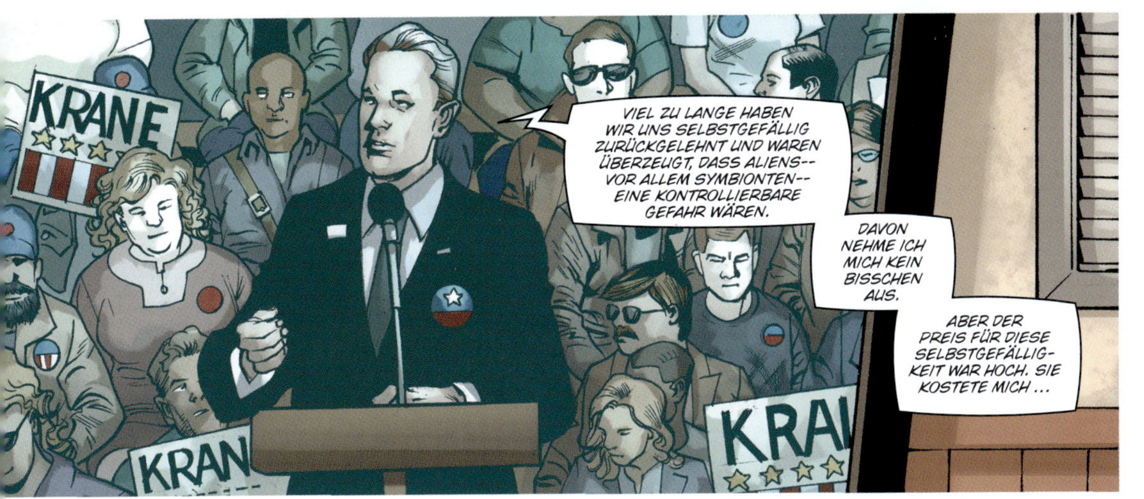
KRANE
VIEL ZU LANGE HABEN WIR UNS SELBSTGEFÄLLIG ZURÜCKGELEHNT UND WAREN ÜBERZEUGT, DASS ALIENS-- VOR ALLEM SYMBIONTEN-- EINE KONTROLLIERBARE GEFAHR WÄREN.
DAVON NEHME ICH MICH KEIN BISSCHEN AUS.
ABER DER PREIS FÜR DIESE SELBSTGEFÄLLIG-KEIT WAR HOCH. SIE KOSTETE MICH ...
KRAN
KRA

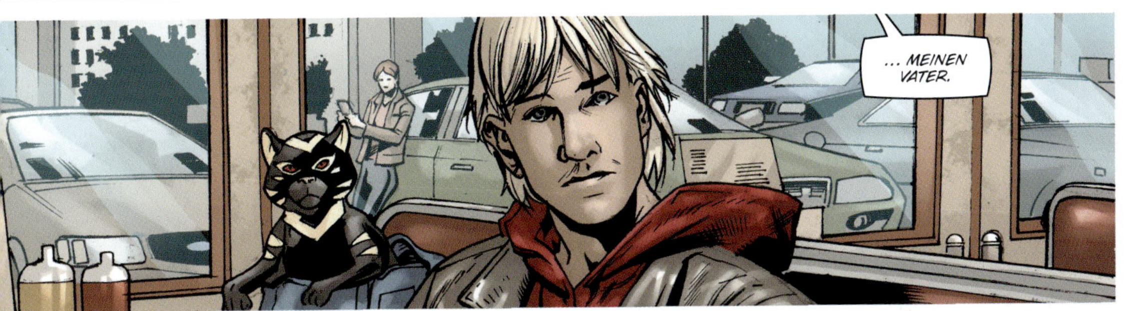
... MEINEN VATER.

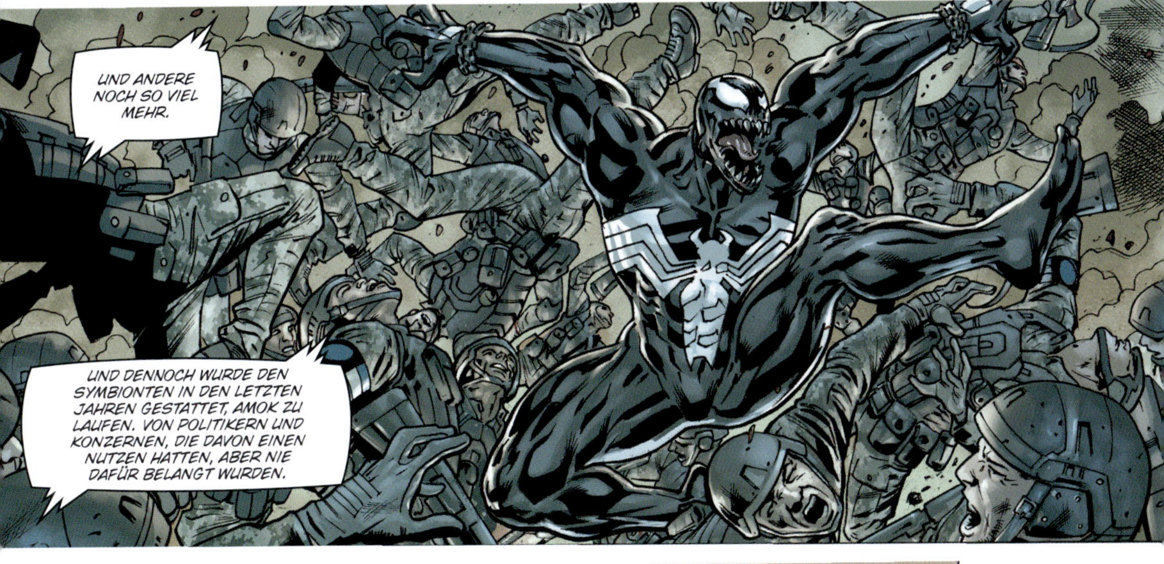
UND ANDERE NOCH SO VIEL MEHR.
UND DENNOCH WURDE DEN SYMBIONTEN IN DEN LETZTEN JAHREN GESTATTET, AMOK ZU LAUFEN. VON POLITIKERN UND KONZERNEN, DIE DAVON EINEN NUTZEN HATTEN, ABER NIE DAFÜR BELANGT WURDEN.

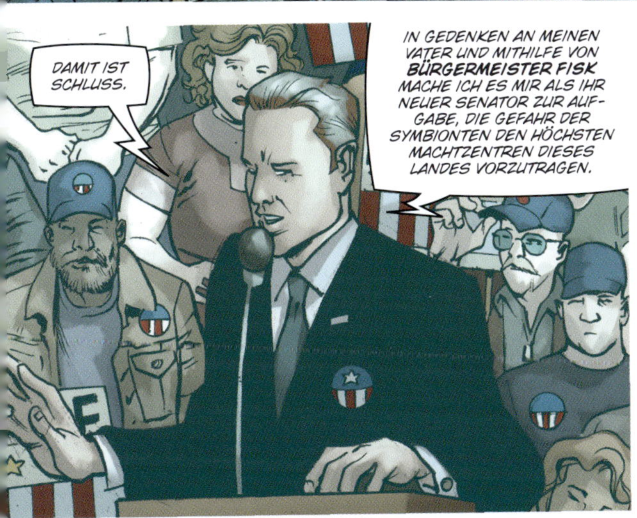
DAMIT IST SCHLUSS.
IN GEDENKEN AN MEINEN VATER UND MITHILFE VON **BÜRGERMEISTER FISK** MACHE ICH ES MIR ALS IHR NEUER SENATOR ZUR AUF-GABE, DIE GEFAHR DER SYMBIONTEN DEN HÖCHSTEN MACHTZENTREN DIESES LANDES VORZUTRAGEN.

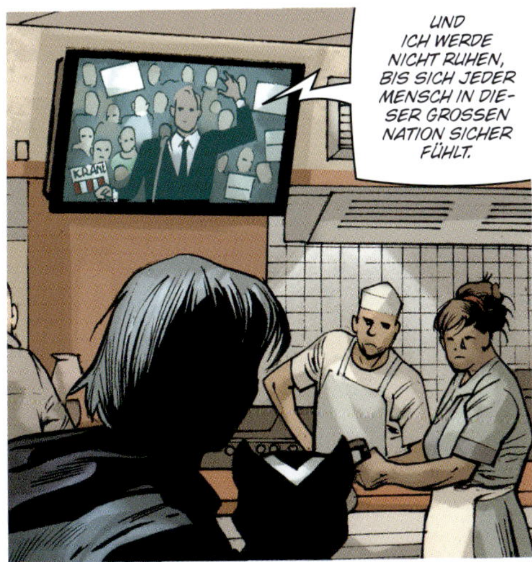
UND ICH WERDE NICHT RUHEN, BIS SICH JEDER MENSCH IN DIE-SER GROSSEN NATION SICHER FÜHLT.

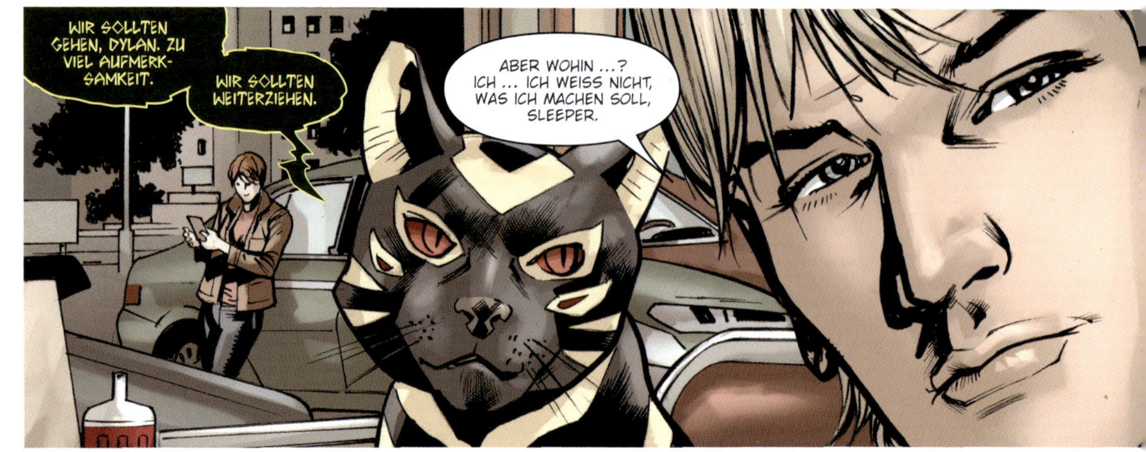
WIR SOLLTEN GEHEN, DYLAN. ZU VIEL AUFMERK-SAMKEIT.
WIR SOLLTEN WEITERZIEHEN.
ABER WOHIN ...? ICH ... ICH WEISS NICHT, WAS ICH MACHEN SOLL, SLEEPER.

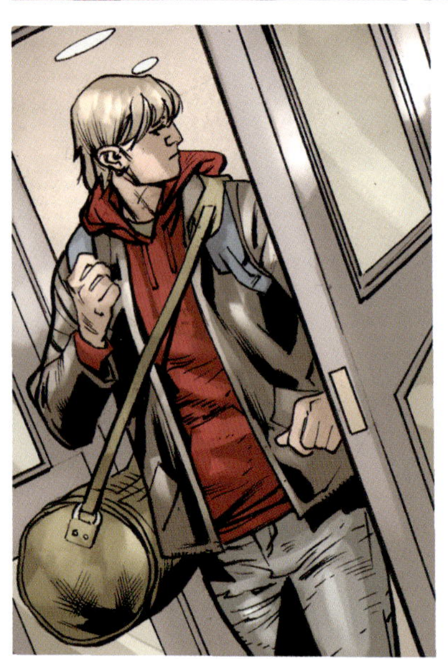

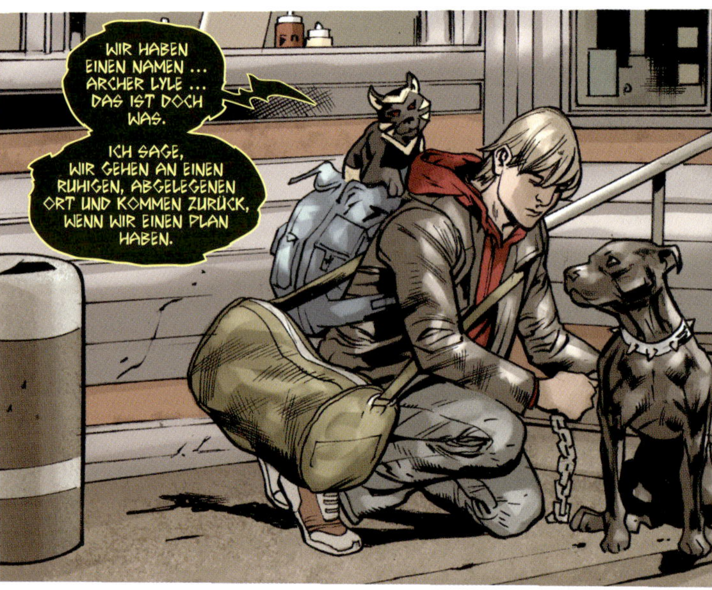
WIR HABEN EINEN NAMEN ... ARCHER LYLE ... DAS IST DOCH WAS.
ICH SAGE, WIR GEHEN AN EINEN RUHIGEN, ABGELEGENEN ORT UND KOMMEN ZURÜCK, WENN WIR EINEN PLAN HABEN.

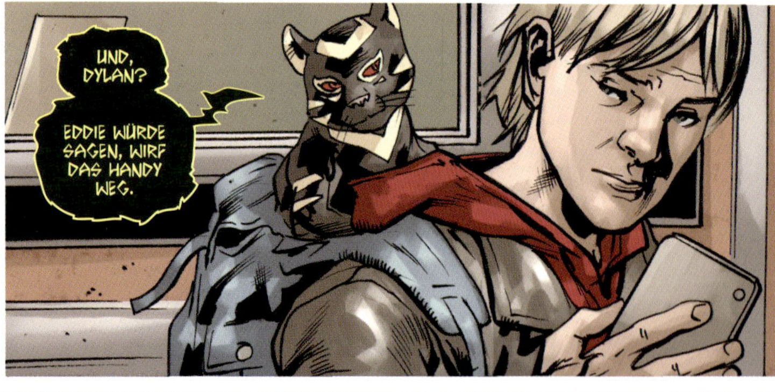
UND, DYLAN?
EDDIE WÜRDE SAGEN, WIRF DAS HANDY WEG.

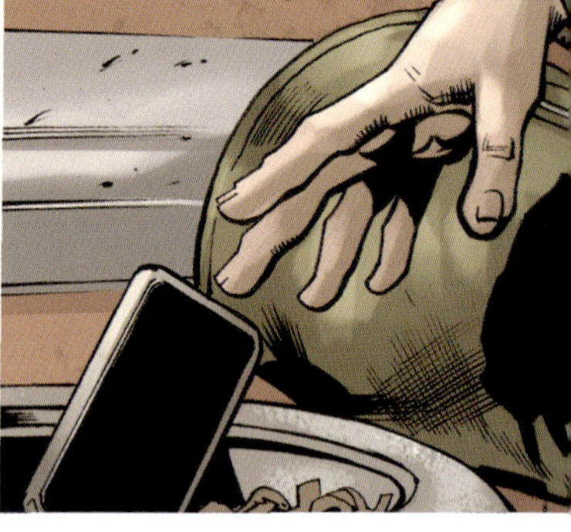

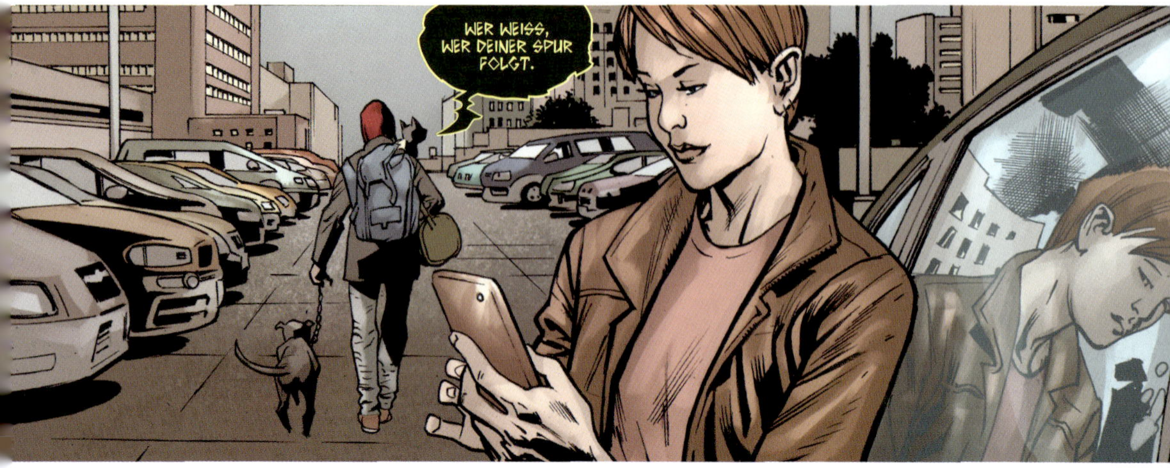
WER WEISS, WER DEINER SPUR FOLGT.

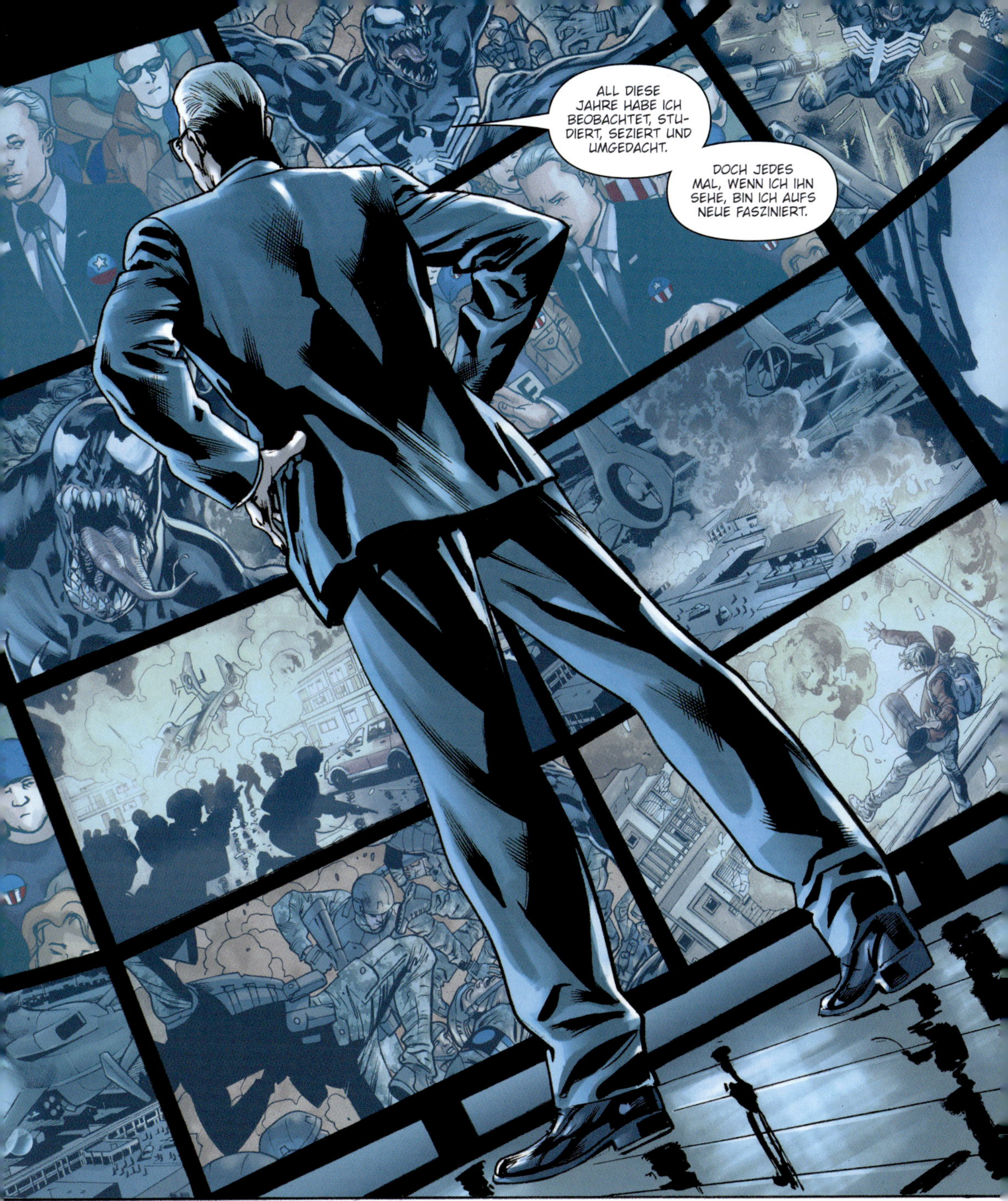

ALL DIESE JAHRE HABE ICH BEOBACHTET, STUDIERT, SEZIERT UND UMGEDACHT.

DOCH JEDES MAL, WENN ICH IHN SEHE, BIN ICH AUFS NEUE FASZINIERT.

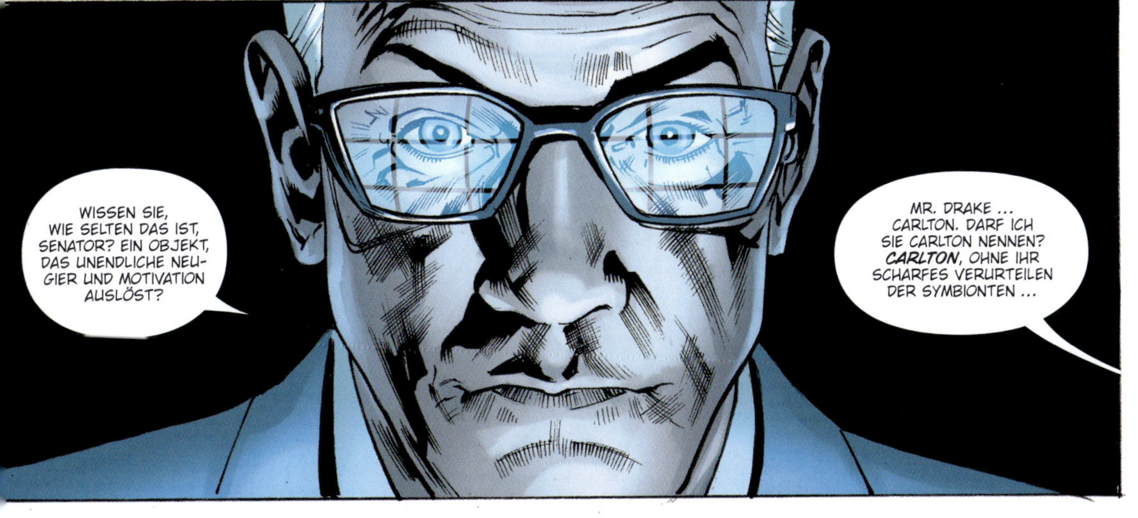

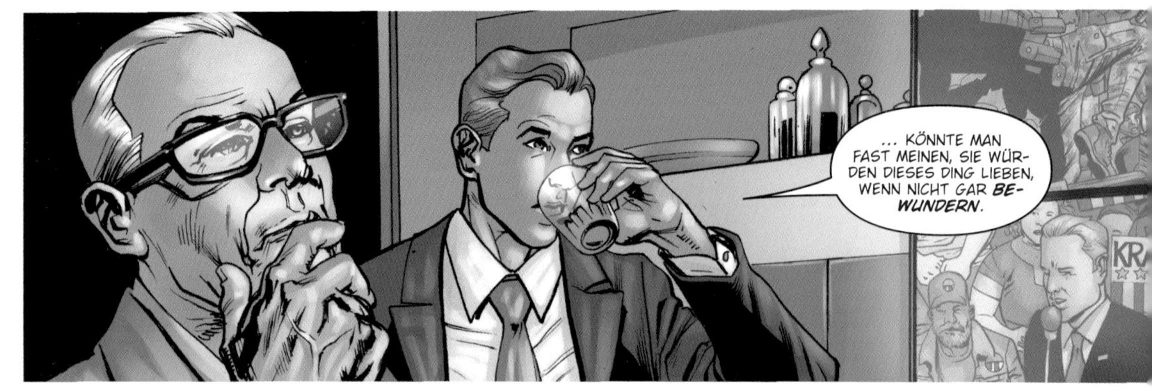
... KÖNNTE MAN FAST MEINEN, SIE WÜRDEN DIESES DING LIEBEN, WENN NICHT GAR BEWUNDERN.
KRA
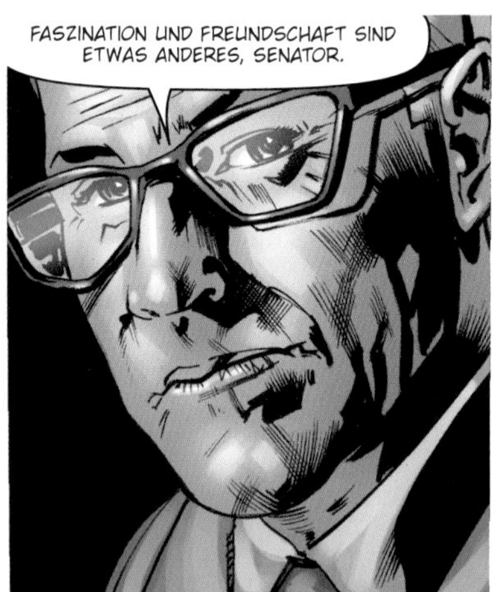
FASZINATION UND FREUNDSCHAFT SIND ETWAS ANDERES, SENATOR.
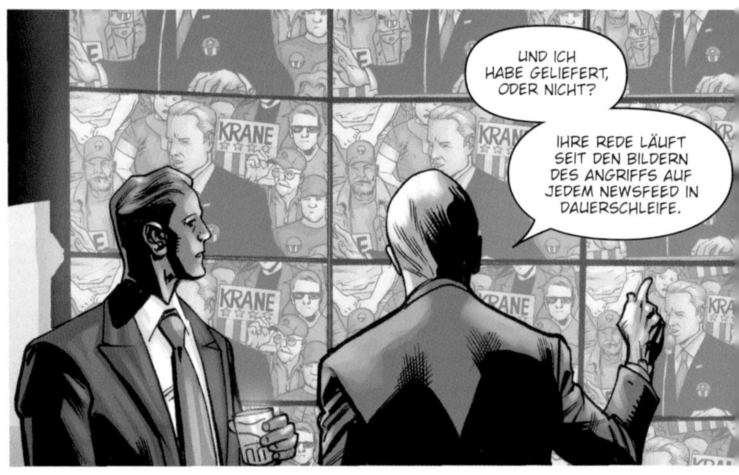
UND ICH HABE GELIEFERT, ODER NICHT?
IHRE REDE LÄUFT SEIT DEN BILDERN DES ANGRIFFS AUF JEDEM NEWSFEED IN DAUERSCHLEIFE.
KRANE
KRANE
KRANE
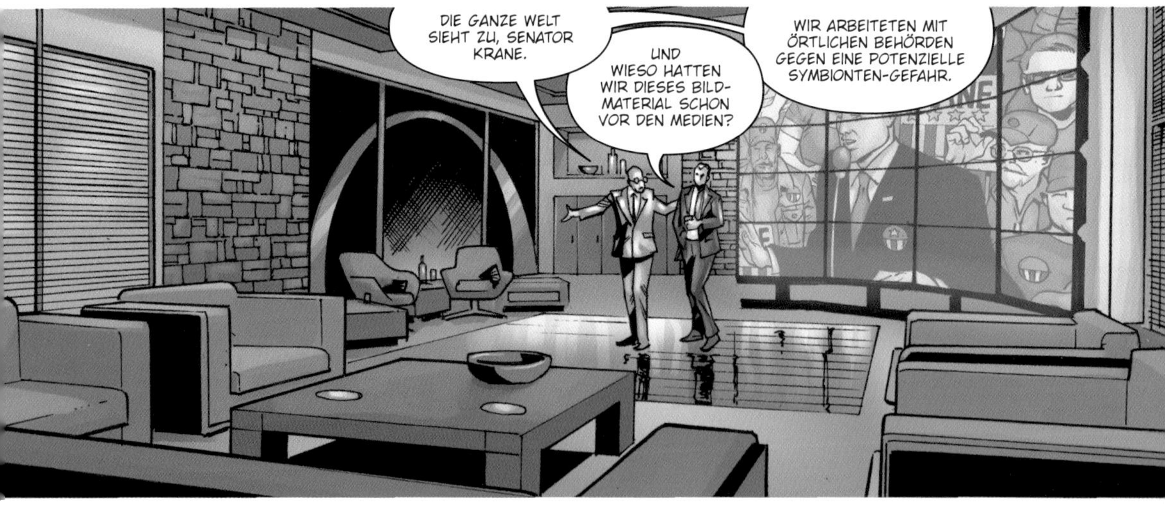
DIE GANZE WELT SIEHT ZU, SENATOR KRANE.
UND WIESO HATTEN WIR DIESES BILDMATERIAL SCHON VOR DEN MEDIEN?
WIR ARBEITETEN MIT ÖRTLICHEN BEHÖRDEN GEGEN EINE POTENZIELLE SYMBIONTEN-GEFAHR.
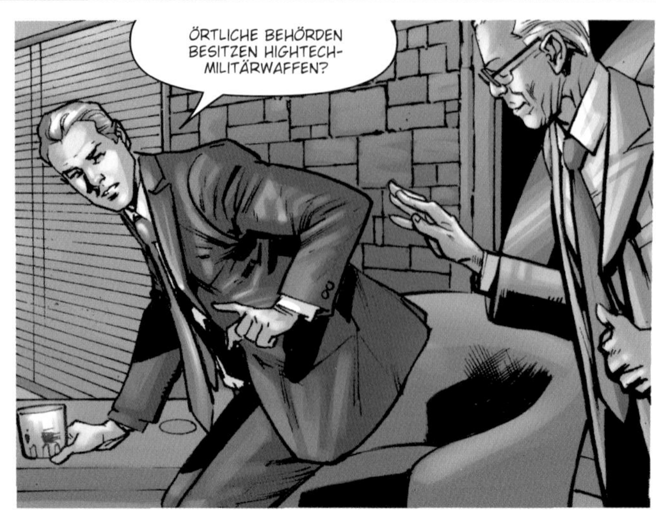
ÖRTLICHE BEHÖRDEN BESITZEN HIGHTECH-MILITÄRWAFFEN?
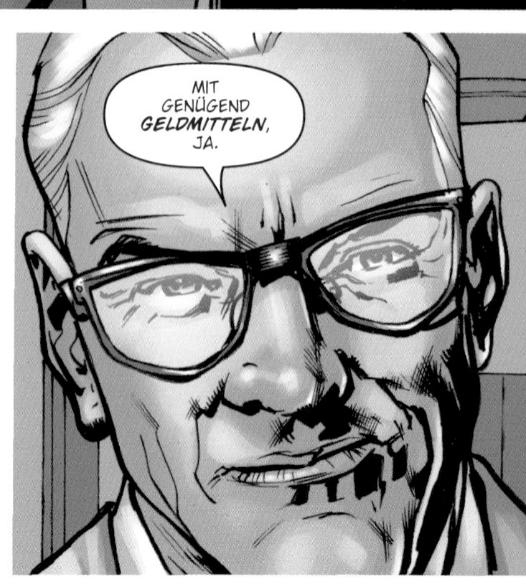
MIT GENÜGEND GELDMITTELN, JA.

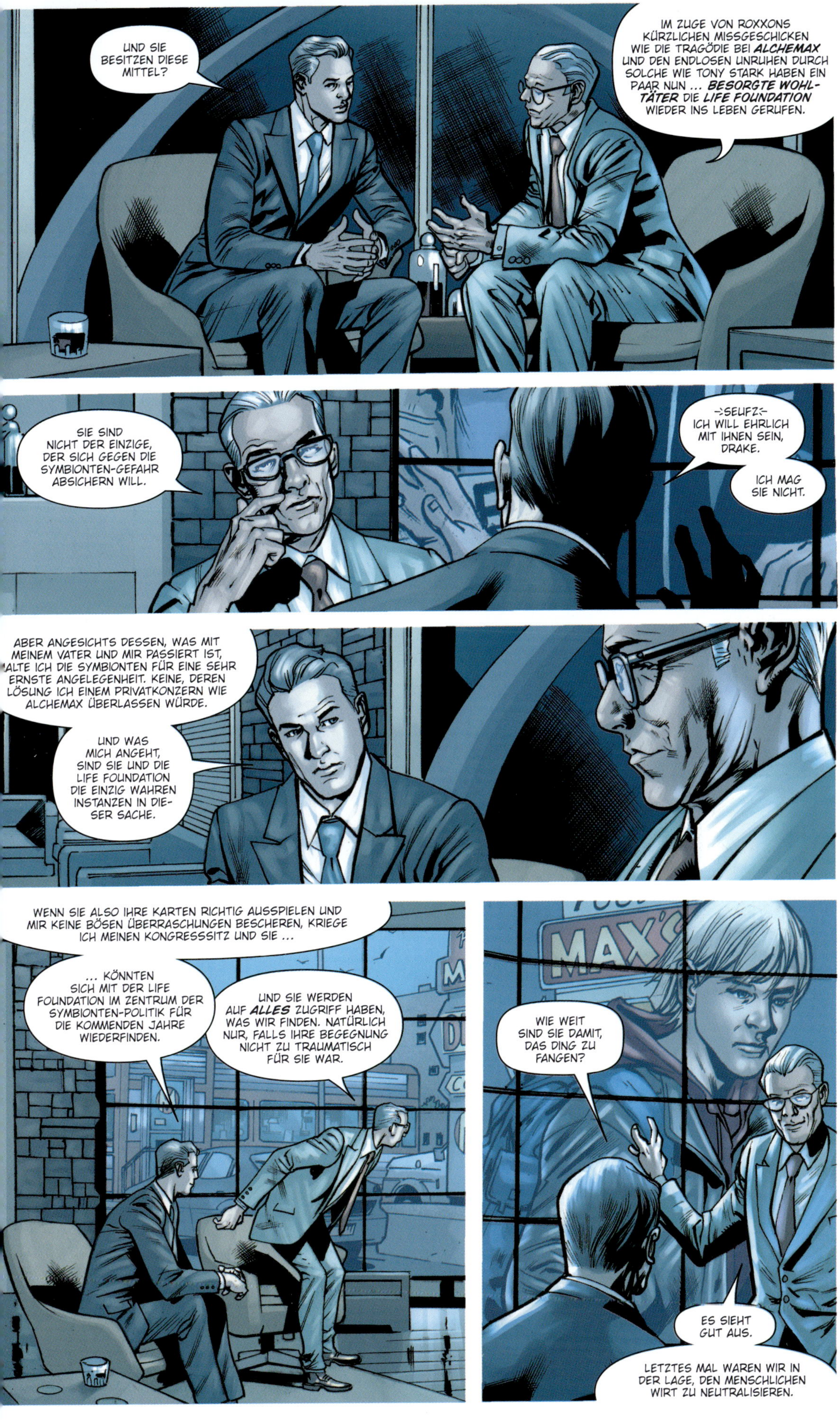

UND SIE BESITZEN DIESE MITTEL?

IM ZUGE VON ROXXONS KÜRZLICHEN MISSGESCHICKEN WIE DIE TRAGÖDIE BEI ***ALCHEMAX*** UND DEN ENDLOSEN UNRUHEN DURCH SOLCHE WIE TONY STARK HABEN EIN PAAR NUN ... ***BESORGTE WOHLTÄTER*** DIE ***LIFE FOUNDATION*** WIEDER INS LEBEN GERUFEN.

SIE SIND NICHT DER EINZIGE, DER SICH GEGEN DIE SYMBIONTEN-GEFAHR ABSICHERN WILL.

-SEUFZ-
ICH WILL EHRLICH MIT IHNEN SEIN, DRAKE.

ICH MAG SIE NICHT.

ABER ANGESICHTS DESSEN, WAS MIT MEINEM VATER UND MIR PASSIERT IST, ALTE ICH DIE SYMBIONTEN FÜR EINE SEHR ERNSTE ANGELEGENHEIT. KEINE, DEREN LÖSUNG ICH EINEM PRIVATKONZERN WIE ALCHEMAX ÜBERLASSEN WÜRDE.

UND WAS MICH ANGEHT, SIND SIE UND DIE LIFE FOUNDATION DIE EINZIG WAHREN INSTANZEN IN DIESER SACHE.

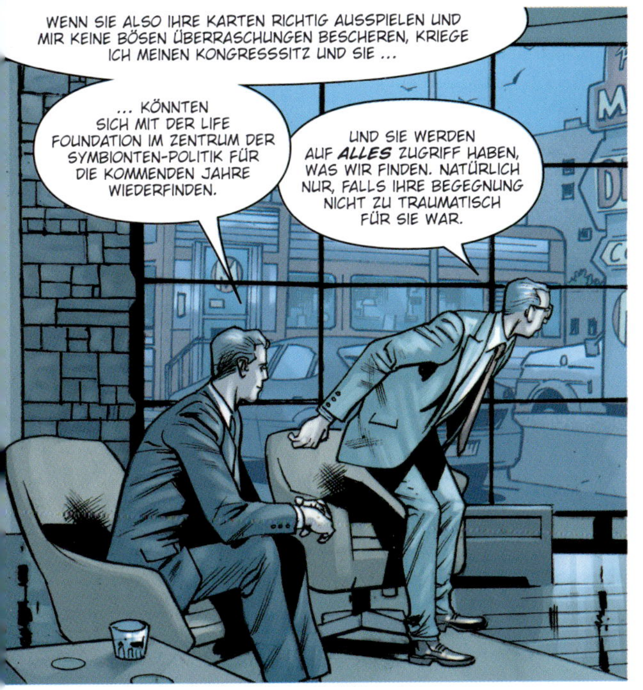

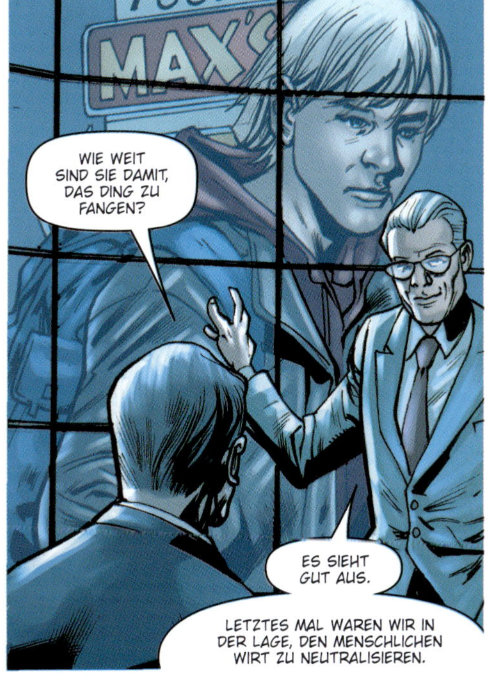

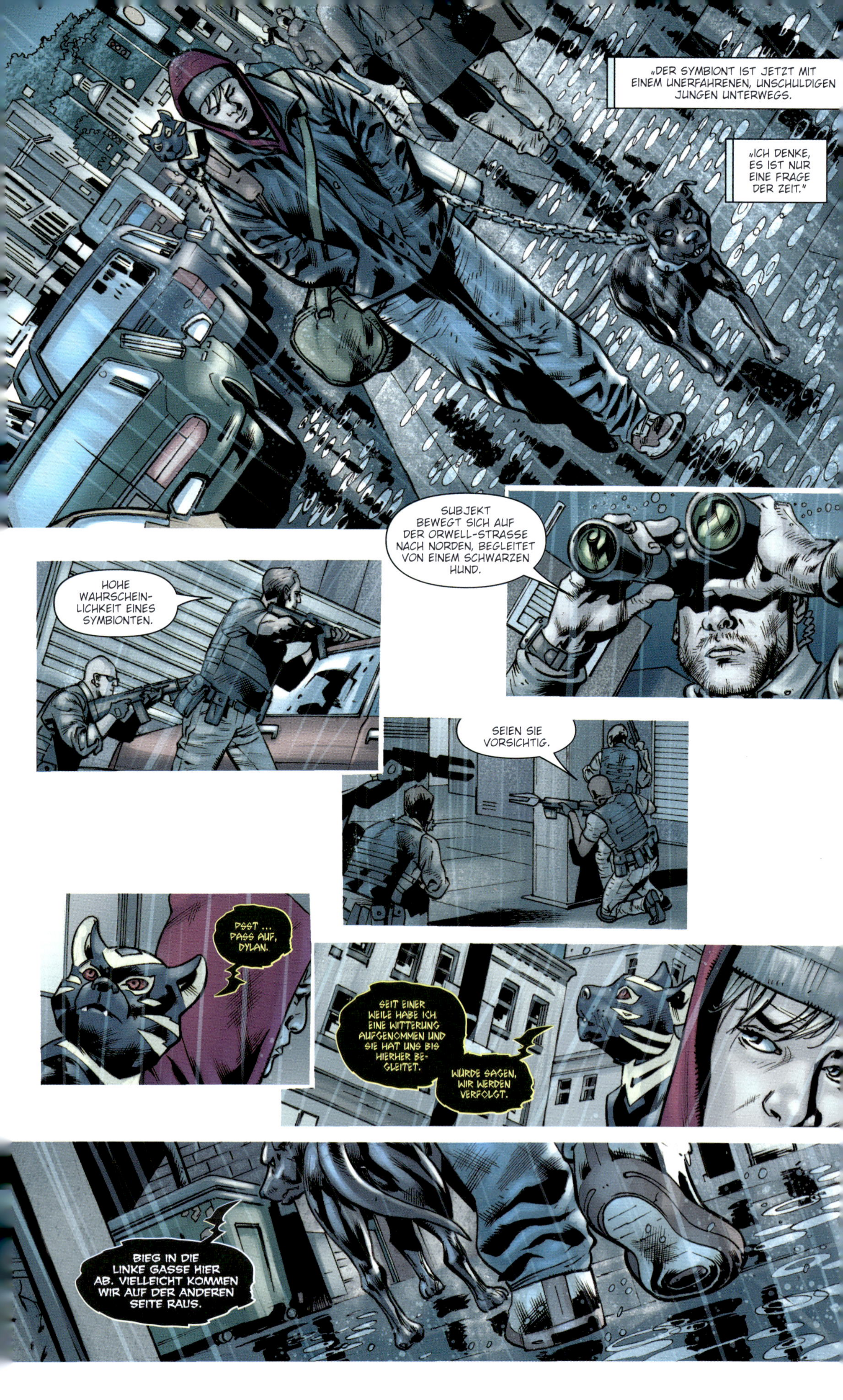
„DER SYMBIONT IST JETZT MIT EINEM UNERFAHRENEN, UNSCHULDIGEN JUNGEN UNTERWEGS.
„ICH DENKE, ES IST NUR EINE FRAGE DER ZEIT."
SUBJEKT BEWEGT SICH AUF DER ORWELL-STRASSE NACH NORDEN, BEGLEITET VON EINEM SCHWARZEN HUND.
HOHE WAHRSCHEIN-LICHKEIT EINES SYMBIONTEN.
SEIEN SIE VORSICHTIG.
PSST ... PASS AUF, DYLAN.
SEIT EINER WEILE HABE ICH EINE WITTERUNG AUFGENOMMEN UND SIE HAT UNS BIS HIERHER BE-GLEITET.
WÜRDE SAGEN, WIR WERDEN VERFOLGT.
BIEG IN DIE LINKE GASSE HIER AB. VIELLEICHT KOMMEN WIR AUF DER ANDEREN SEITE RAUS.

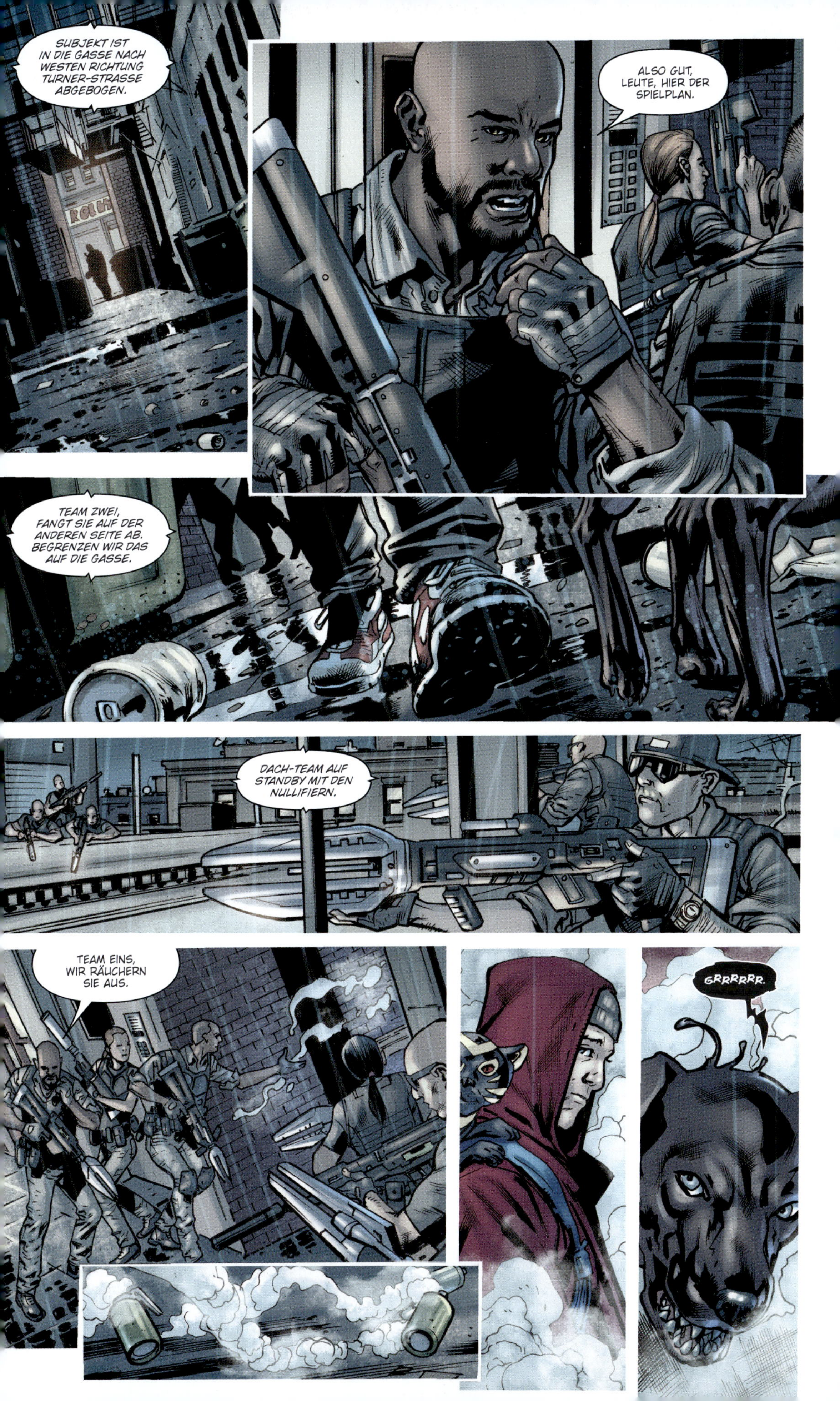

SUBJEKT IST IN DIE GASSE NACH WESTEN RICHTUNG TURNER-STRASSE ABGEBOGEN.

ALSO GUT, LEUTE, HIER DER SPIELPLAN.

TEAM ZWEI, FANGT SIE AUF DER ANDEREN SEITE AB. BEGRENZEN WIR DAS AUF DIE GASSE.

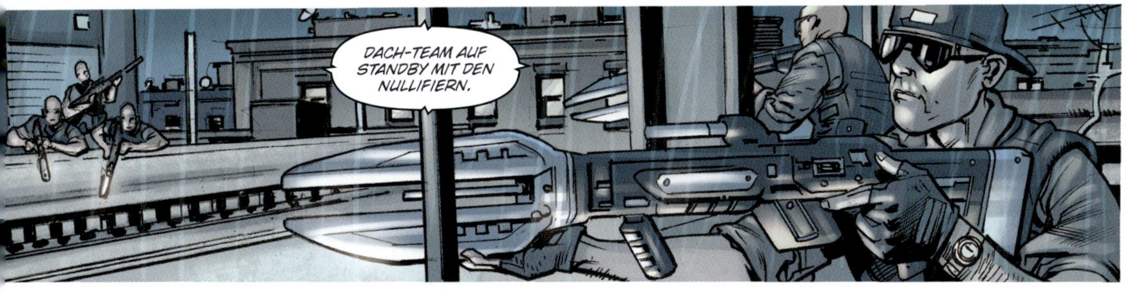

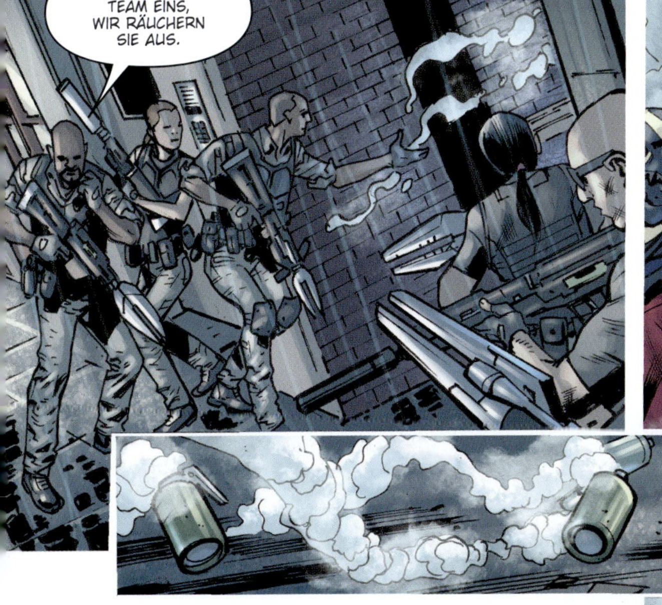

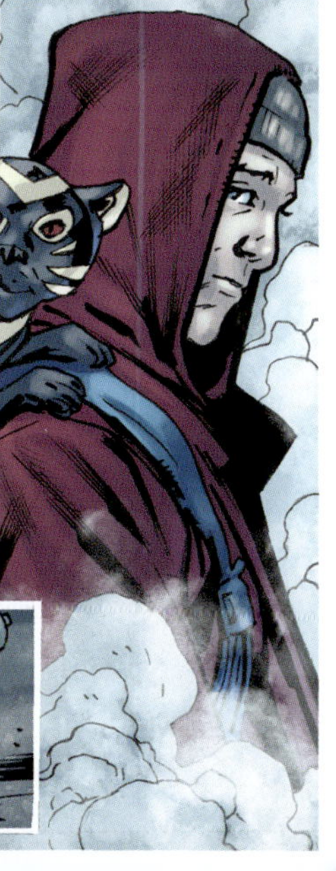

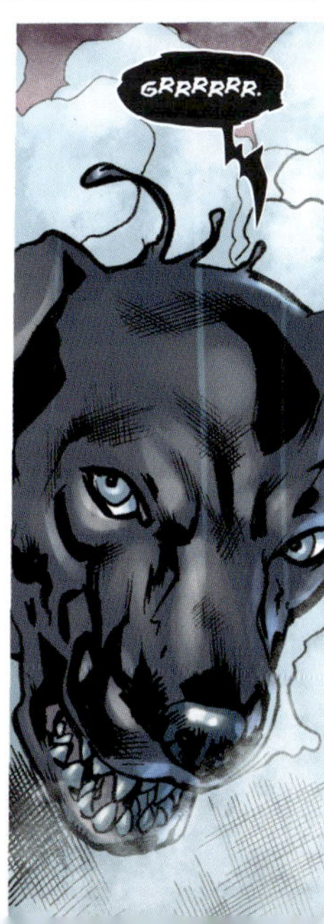

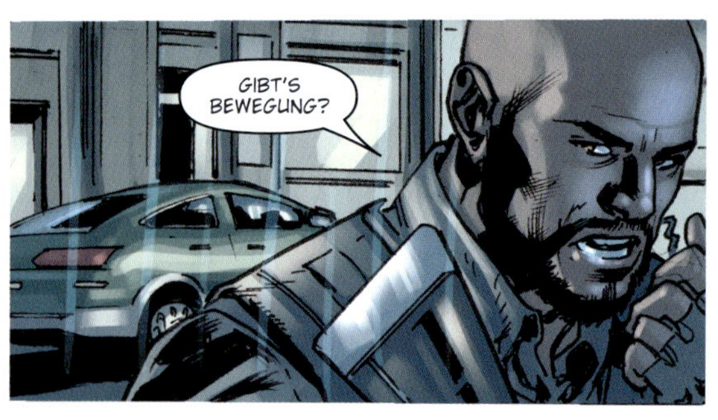
GIBT'S BEWEGUNG?
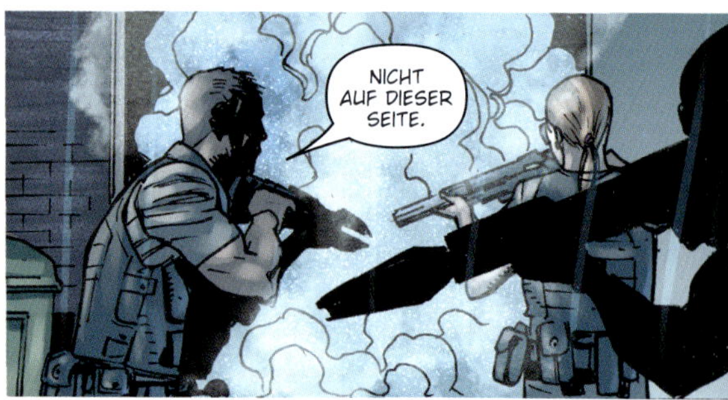
NICHT AUF DIESER SEITE.
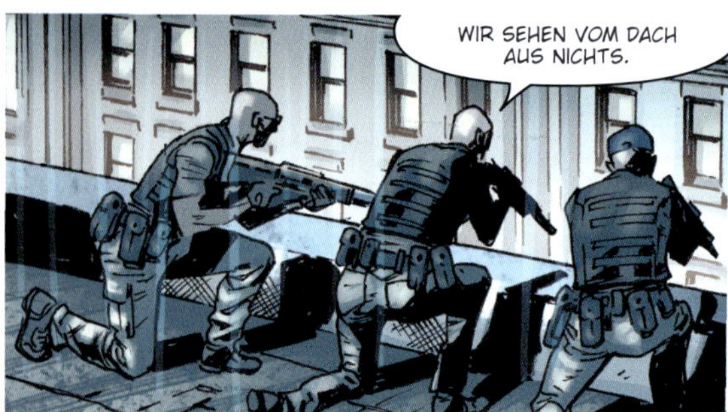
WIR SEHEN VOM DACH AUS NICHTS.
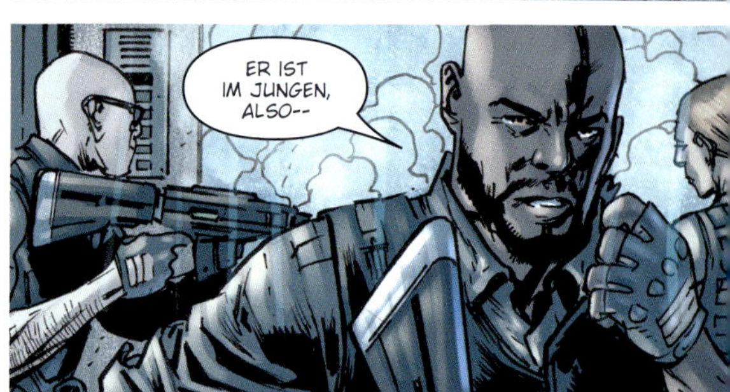
ER IST IM JUNGEN, ALSO--
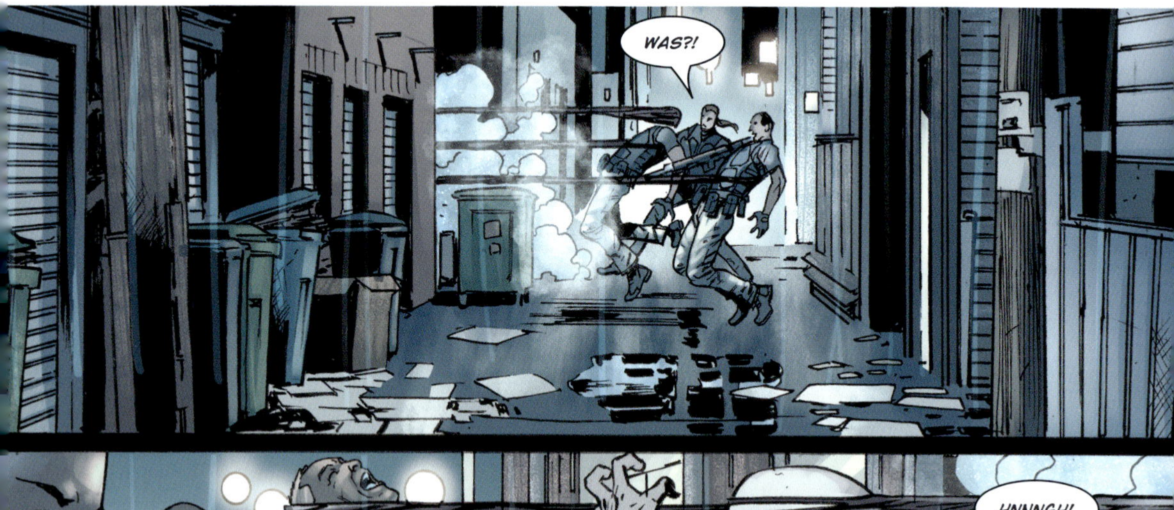
WAS?!
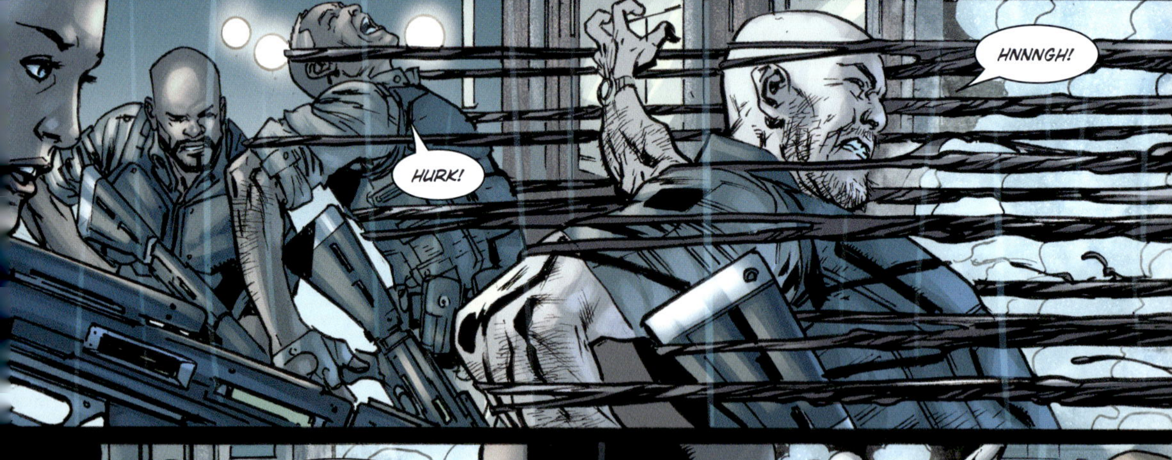
HURK!
HNNNGH!
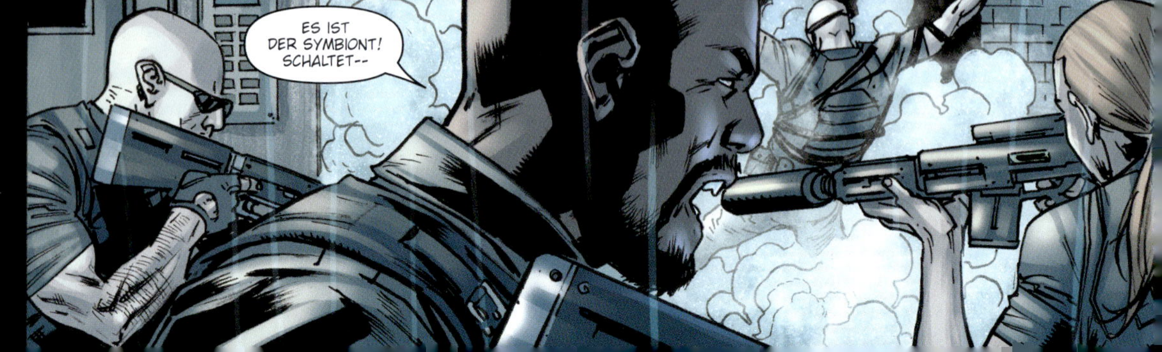
ES IST DER SYMBIONT! SCHALTET--

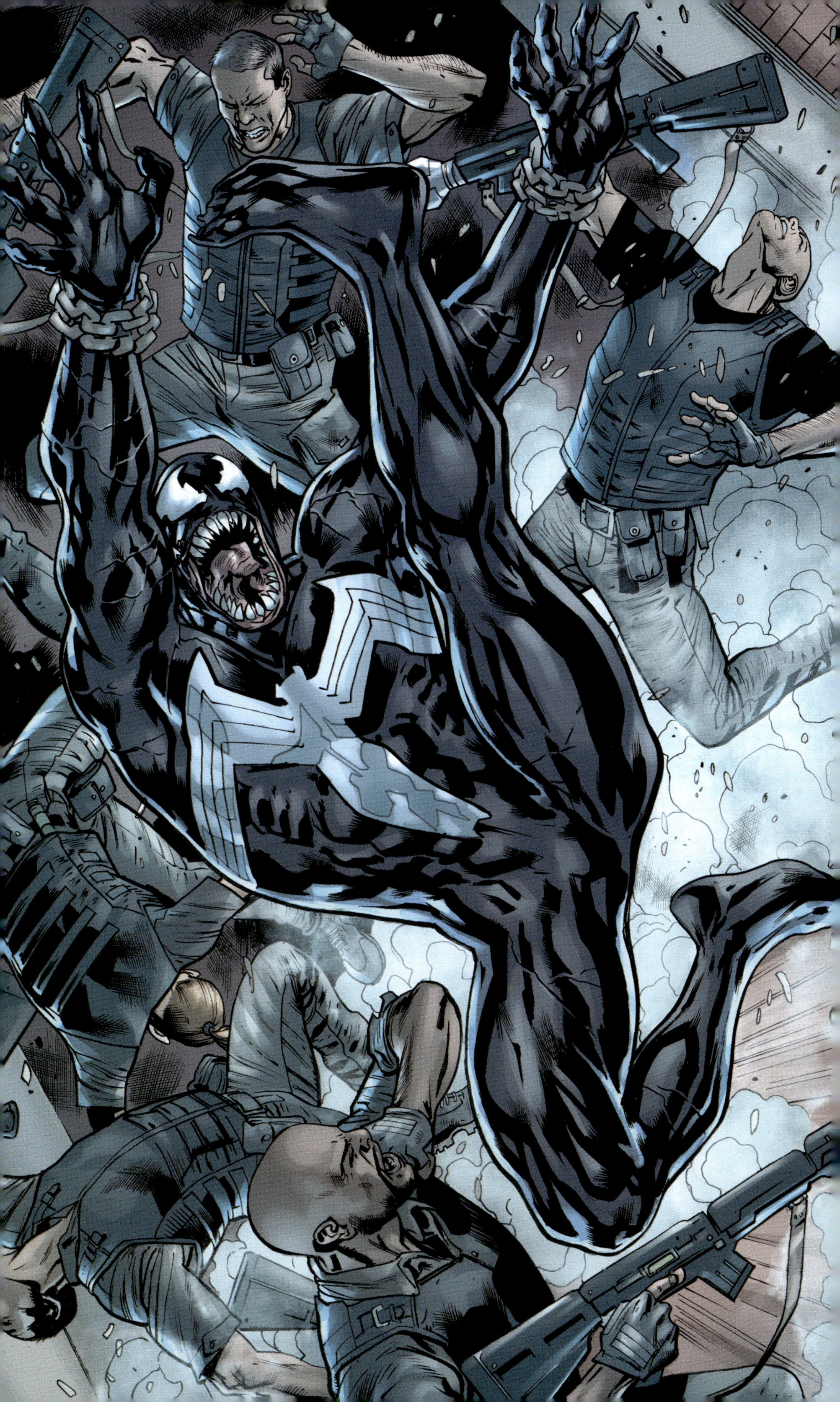

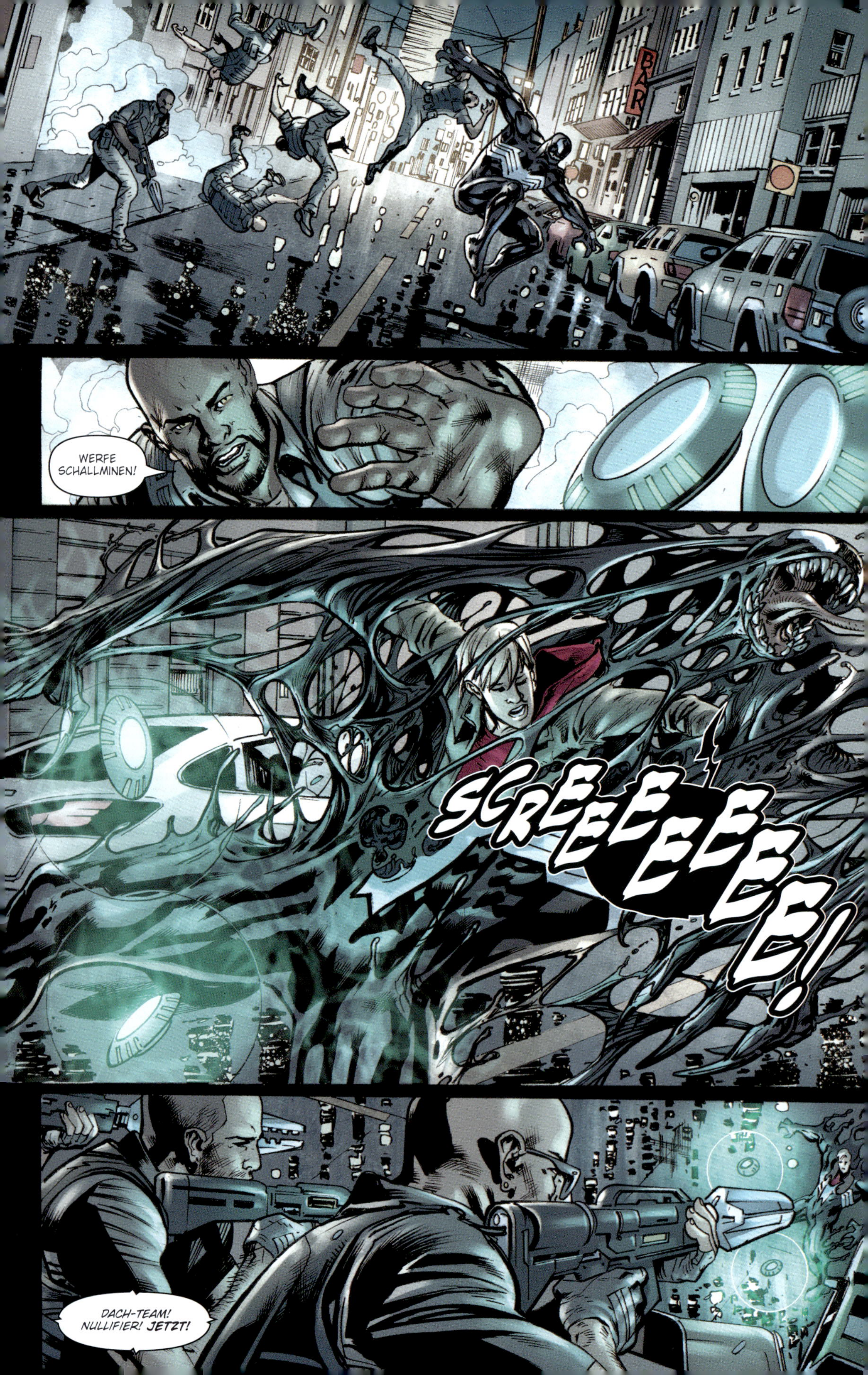
BAR
WERFE SCHALLMINEN!
SCREEEEEEEEE!
DACH-TEAM! NULLIFIER! JETZT!

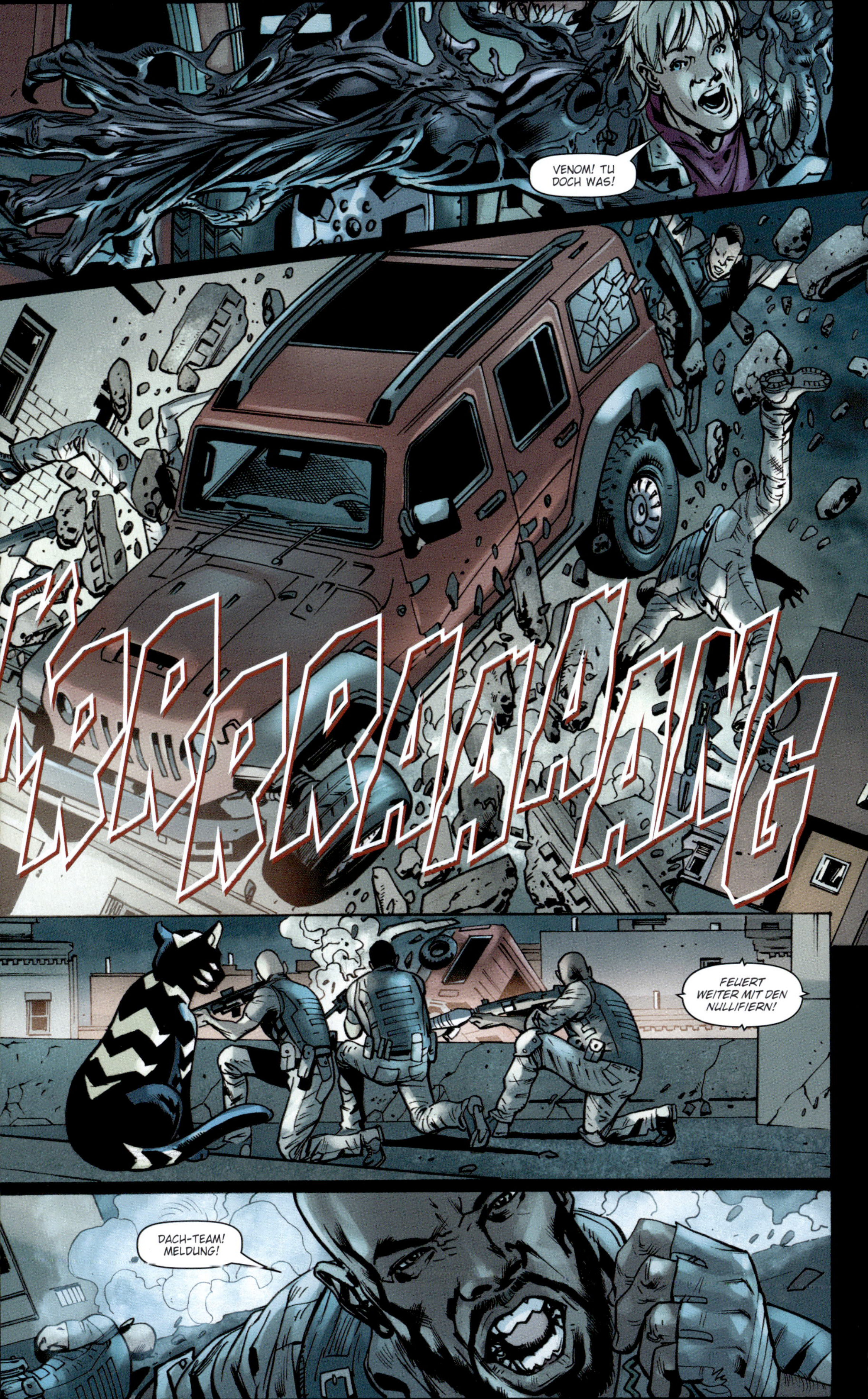
VENOM! TU DOCH WAS!
KRBLAAANG
FEUERT WEITER MIT DEN NULLIFIERN!
DACH-TEAM! MELDUNG!

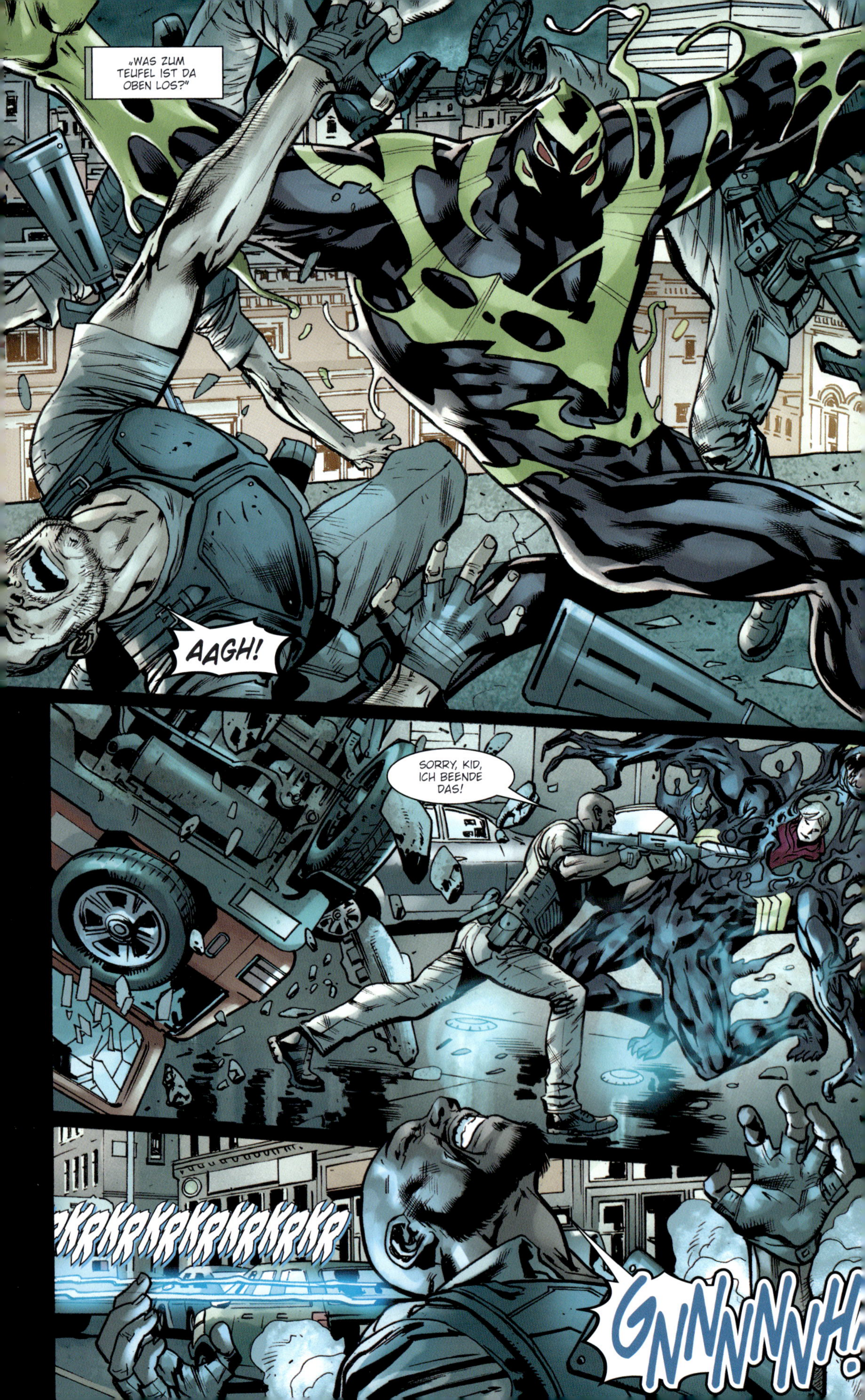
„WAS ZUM TEUFEL IST DA OBEN LOS?"
AAGH!
SORRY, KID, ICH BEENDE DAS!
KRKRKRKRKRKRKRKRKR
GNNNNNH!

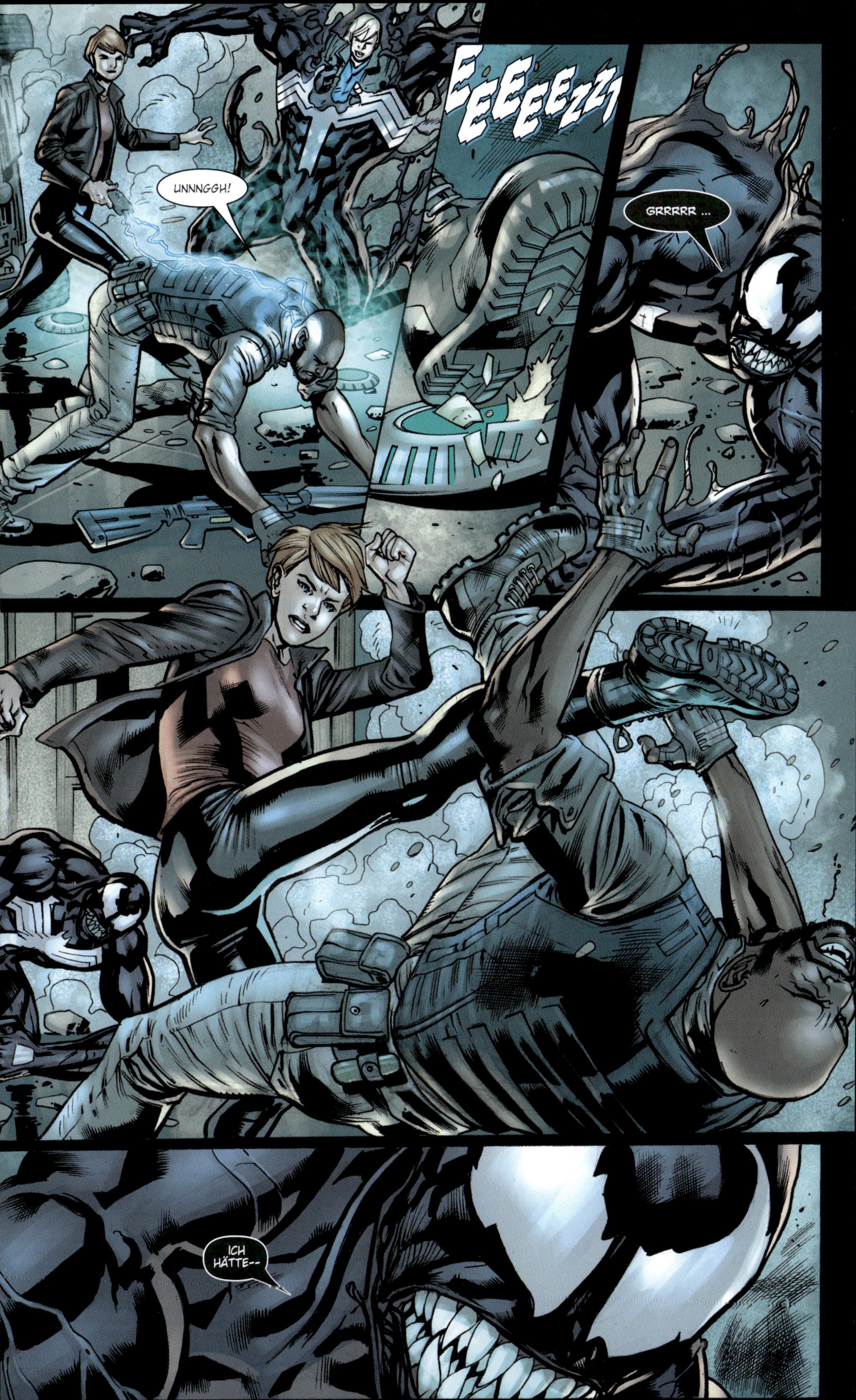
UNNNGGH!
EEEEEZZT
GRRRRR ...
ICH HÄTTE--

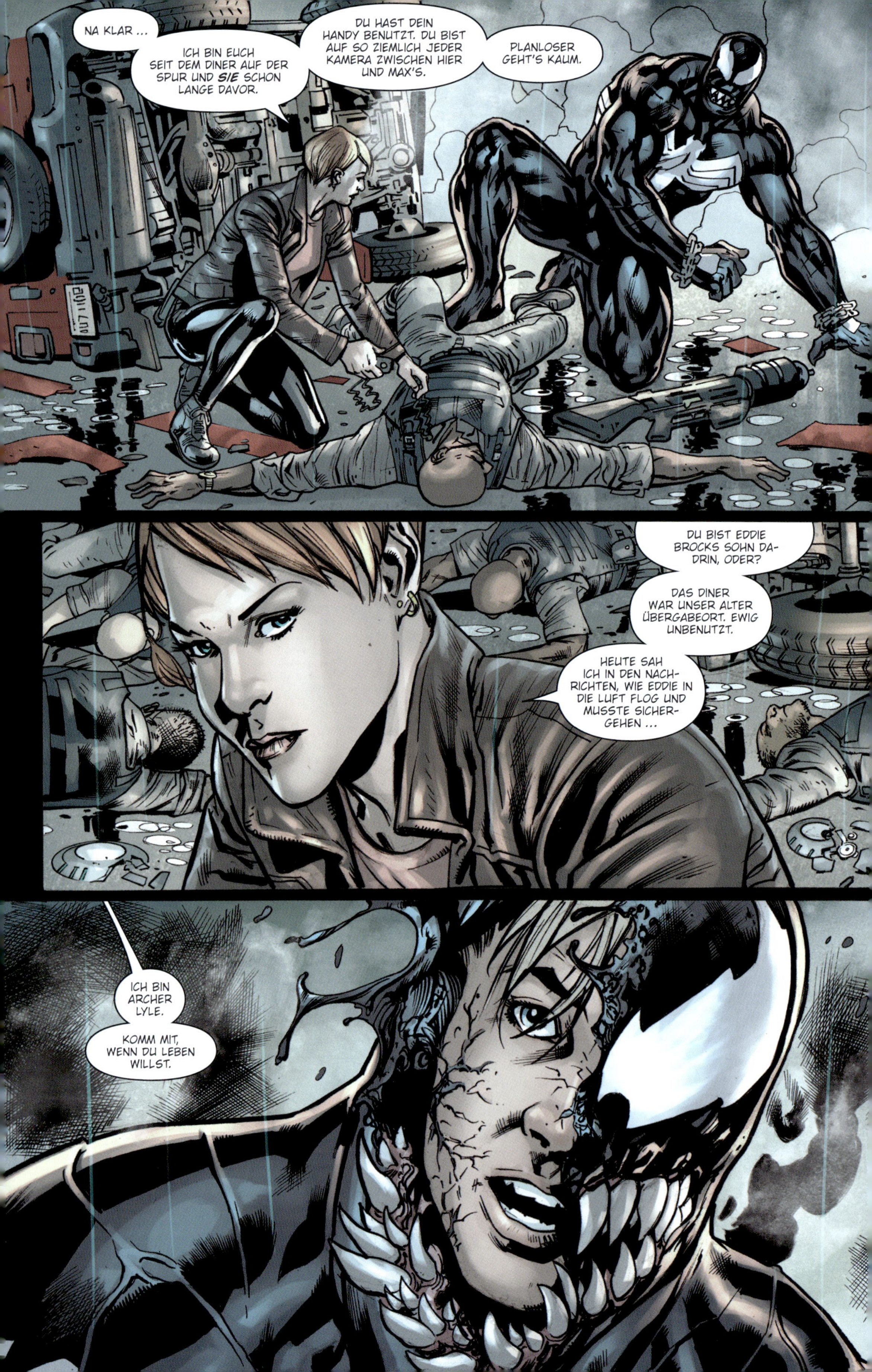
NA KLAR …
ICH BIN EUCH SEIT DEM DINER AUF DER SPUR UND SIE SCHON LANGE DAVOR.
DU HAST DEIN HANDY BENUTZT. DU BIST AUF SO ZIEMLICH JEDER KAMERA ZWISCHEN HIER UND MAX'S.
PLANLOSER GEHT'S KAUM.
DU BIST EDDIE BROCKS SOHN DADRIN, ODER?
DAS DINER WAR UNSER ALTER ÜBERGABEORT. EWIG UNBENUTZT.
HEUTE SAH ICH IN DEN NACHRICHTEN, WIE EDDIE IN DIE LUFT FLOG UND MUSSTE SICHERGEHEN …
ICH BIN ARCHER LYLE.
KOMM MIT, WENN DU LEBEN WILLST.

ESKALATION

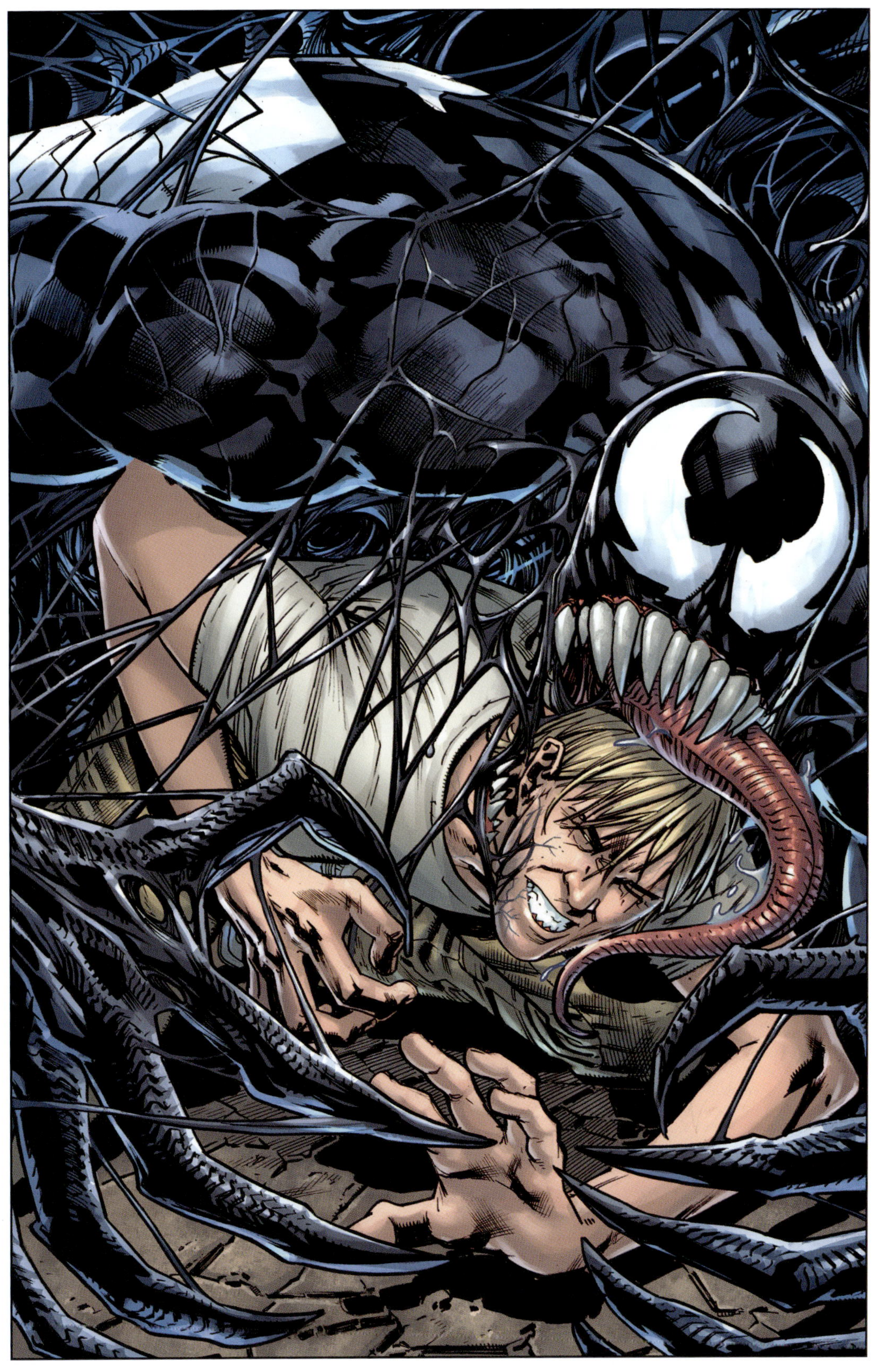

Venom (2021) 3
Cover von **BRYAN HITCH**

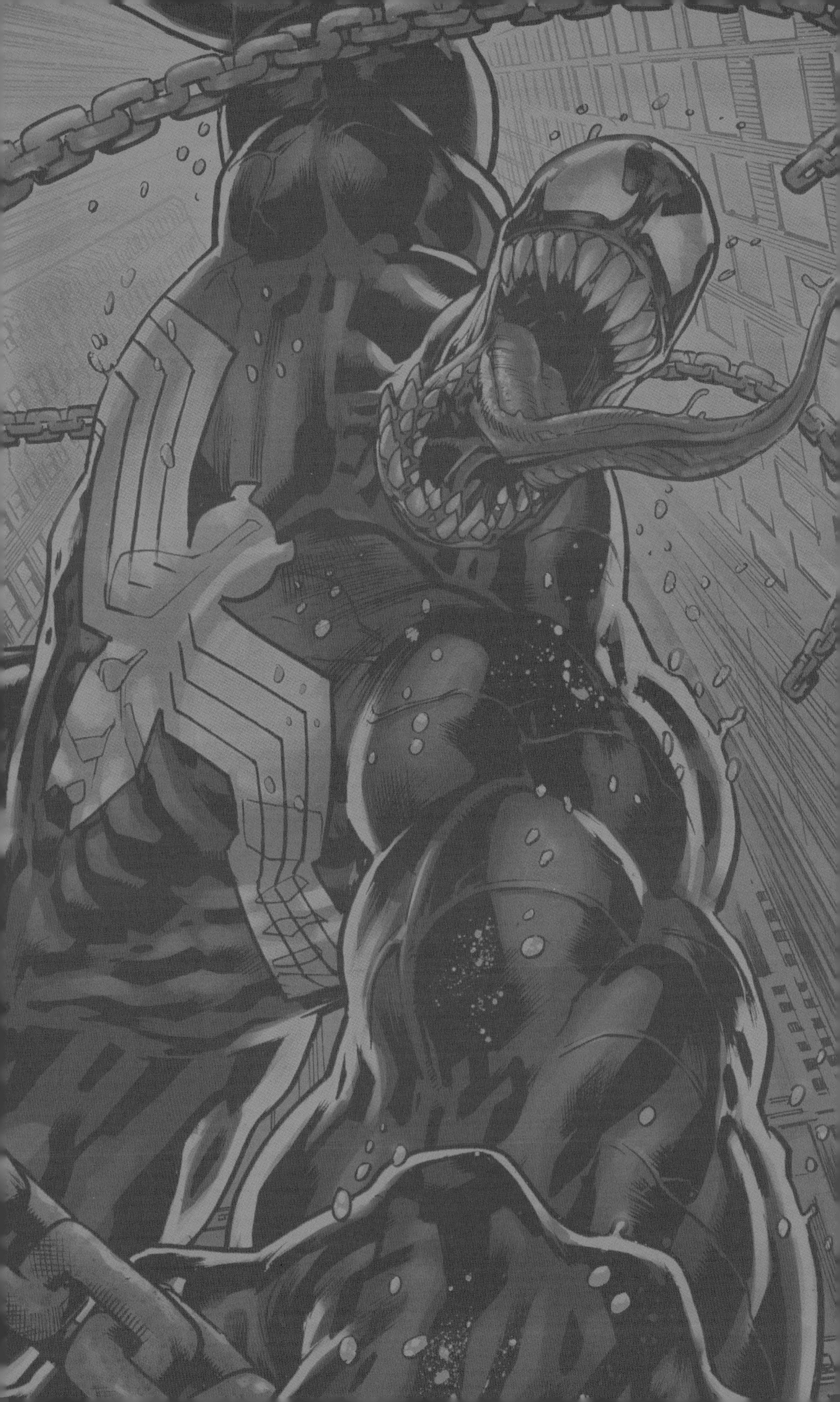

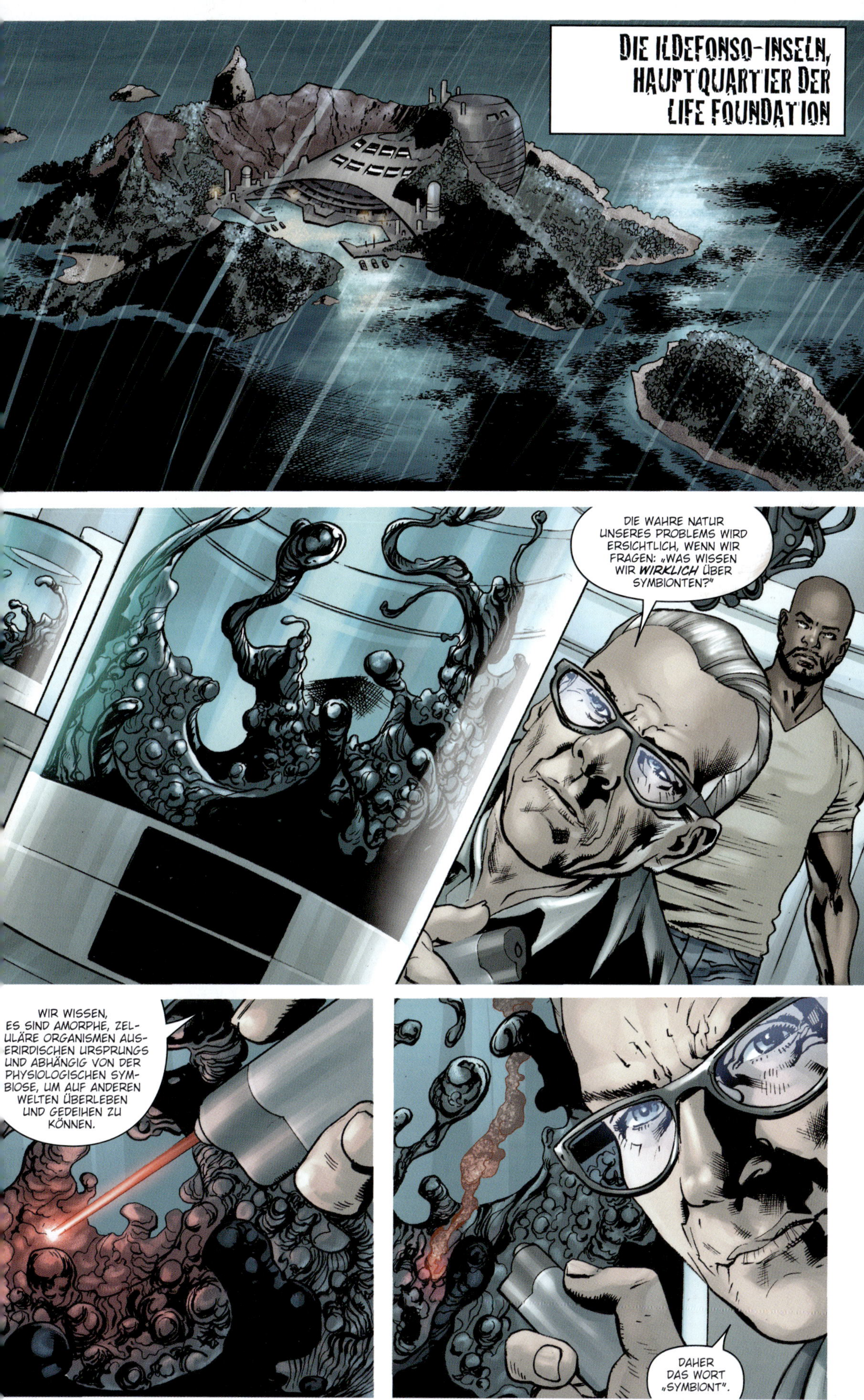
DIE ILDEFONSO-INSELN, HAUPTQUARTIER DER LIFE FOUNDATION
DIE WAHRE NATUR UNSERES PROBLEMS WIRD ERSICHTLICH, WENN WIR FRAGEN: „WAS WISSEN WIR *WIRKLICH* ÜBER SYMBIONTEN?"
WIR WISSEN, ES SIND AMORPHE, ZELLULÄRE ORGANISMEN AUSERIRDISCHEN URSPRUNGS UND ABHÄNGIG VON DER PHYSIOLOGISCHEN SYMBIOSE, UM AUF ANDEREN WELTEN ÜBERLEBEN UND GEDEIHEN ZU KÖNNEN.
DAHER DAS WORT „SYMBIONT".

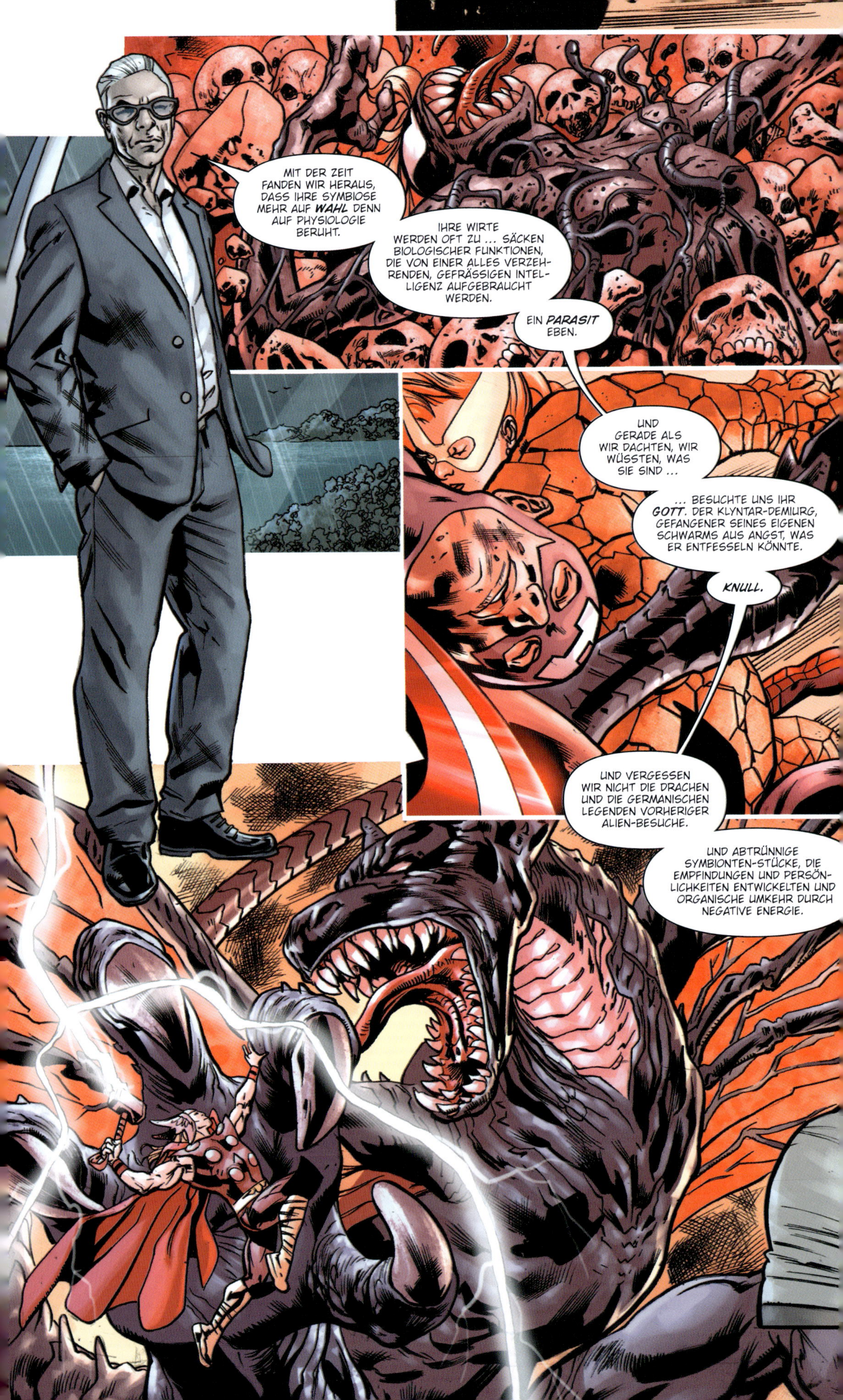
MIT DER ZEIT FANDEN WIR HERAUS, DASS IHRE SYMBIOSE MEHR AUF **WAHL** DENN AUF PHYSIOLOGIE BERUHT.
IHRE WIRTE WERDEN OFT ZU ... SÄCKEN BIOLOGISCHER FUNKTIONEN, DIE VON EINER ALLES VERZEHRENDEN, GEFRÄSSIGEN INTELLIGENZ AUFGEBRAUCHT WERDEN.
EIN **PARASIT** EBEN.
UND GERADE ALS WIR DACHTEN, WIR WÜSSTEN, WAS SIE SIND ...
... BESUCHTE UNS IHR **GOTT**. DER KLYNTAR-DEMIURG, GEFANGENER SEINES EIGENEN SCHWARMS AUS ANGST, WAS ER ENTFESSELN KÖNNTE.
KNULL.
UND VERGESSEN WIR NICHT DIE DRACHEN UND DIE GERMANISCHEN LEGENDEN VORHERIGER ALIEN-BESUCHE.
UND ABTRÜNNIGE SYMBIONTEN-STÜCKE, DIE EMPFINDUNGEN UND PERSÖNLICHKEITEN ENTWICKELTEN UND ORGANISCHE UMKEHR DURCH NEGATIVE ENERGIE.

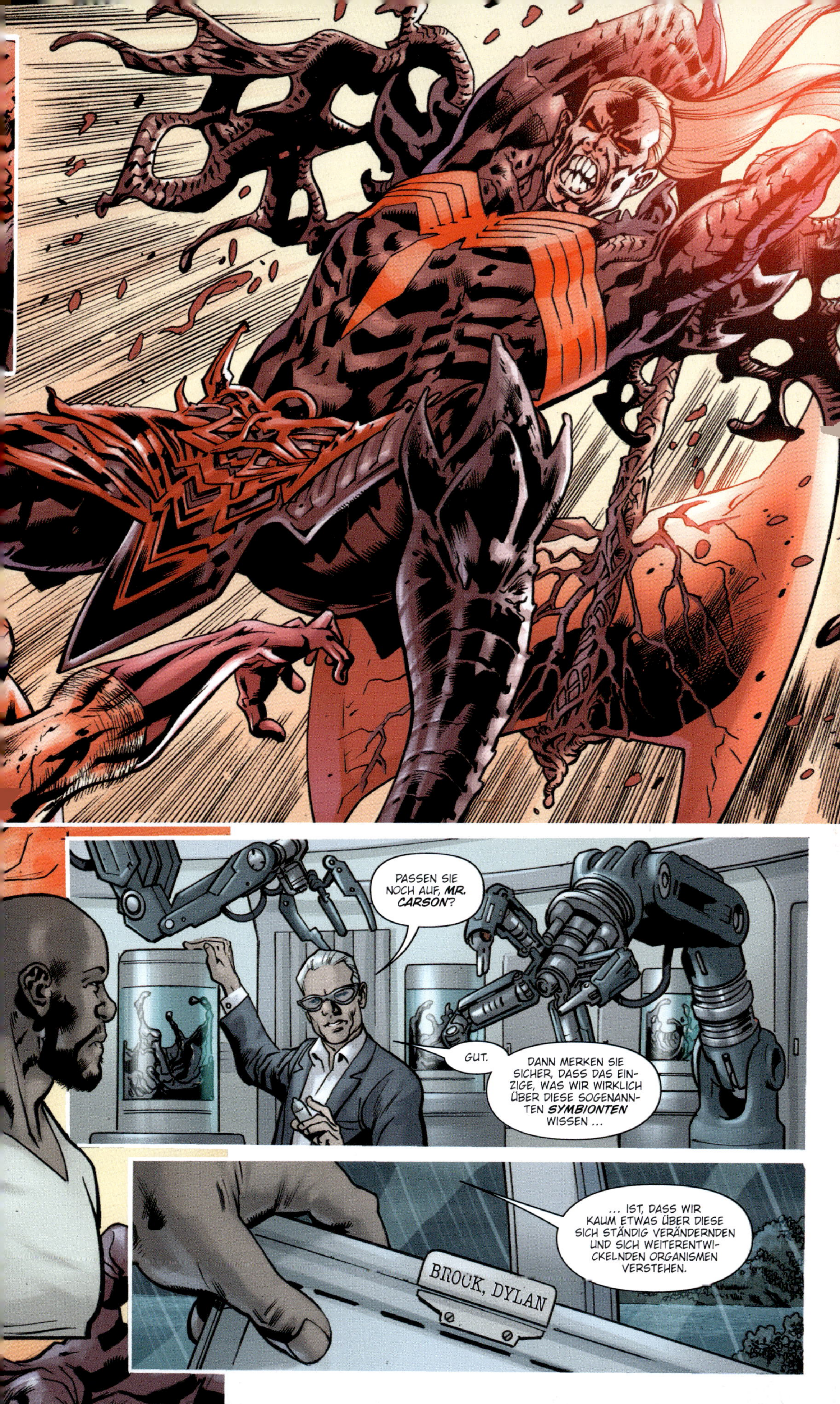
PASSEN SIE NOCH AUF, MR. CARSON?
GUT.
DANN MERKEN SIE SICHER, DASS DAS EINZIGE, WAS WIR WIRKLICH ÜBER DIESE SOGENANNTEN SYMBIONTEN WISSEN ...
... IST, DASS WIR KAUM ETWAS ÜBER DIESE SICH STÄNDIG VERÄNDERNDEN UND SICH WEITERENTWICKELNDEN ORGANISMEN VERSTEHEN.
BROCK, DYLAN

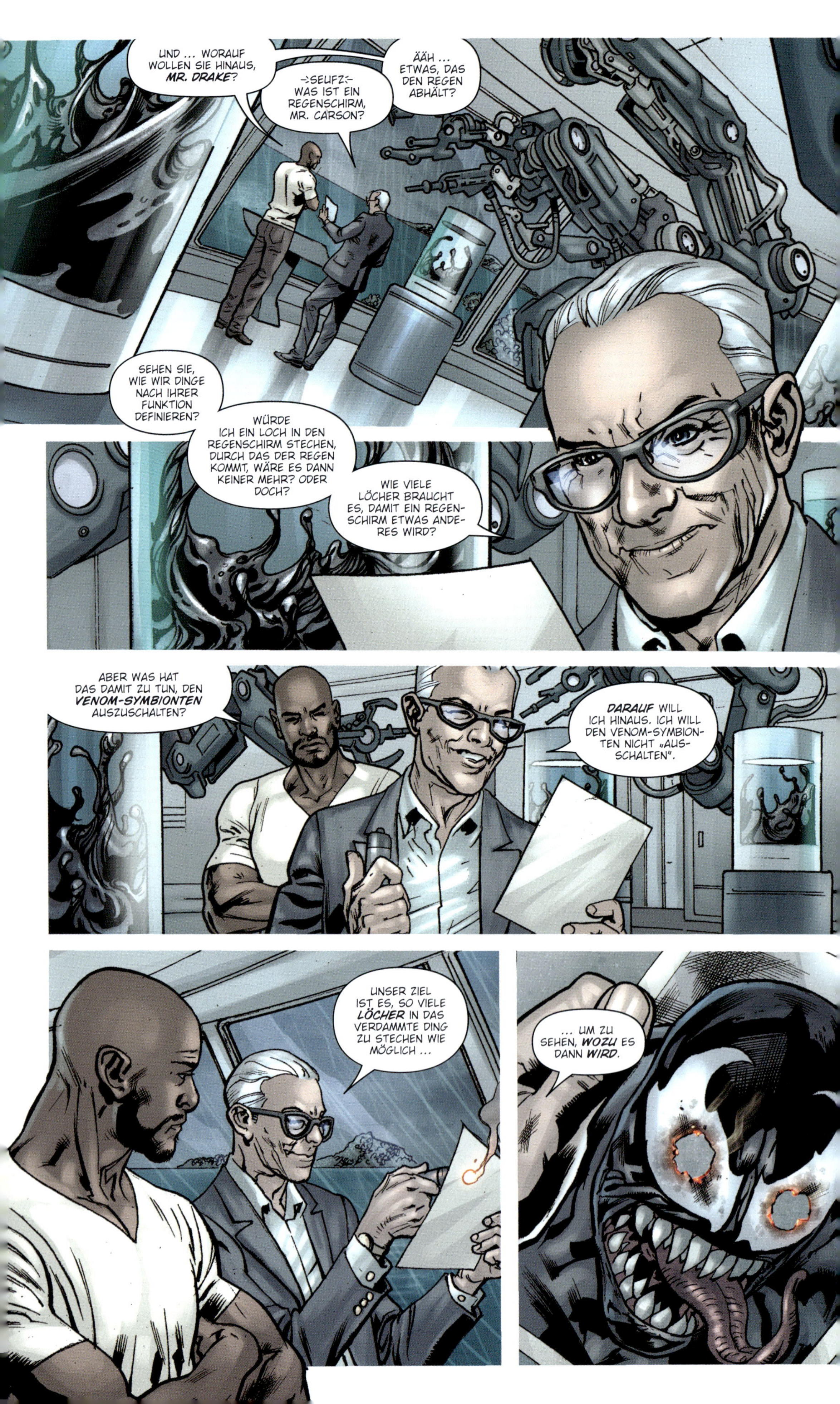

UND ... WORAUF WOLLEN SIE HINAUS, **MR. DRAKE**?
–SEUFZ– WAS IST EIN REGENSCHIRM, MR. CARSON?
ÄÄH ... ETWAS, DAS DEN REGEN ABHÄLT?
SEHEN SIE, WIE WIR DINGE NACH IHRER FUNKTION DEFINIEREN?
WÜRDE ICH EIN LOCH IN DEN REGENSCHIRM STECHEN, DURCH DAS DER REGEN KOMMT, WÄRE ES DANN KEINER MEHR? ODER DOCH?
WIE VIELE LÖCHER BRAUCHT ES, DAMIT EIN REGEN-SCHIRM ETWAS ANDERES WIRD?

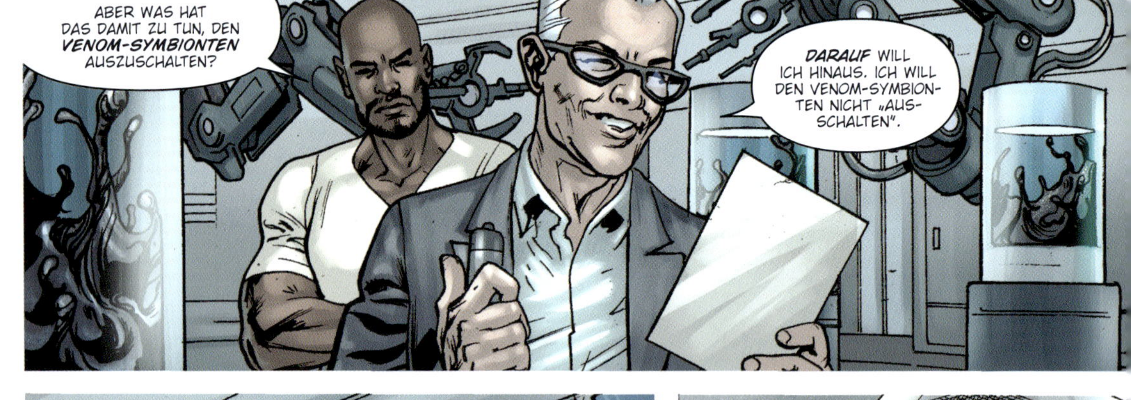

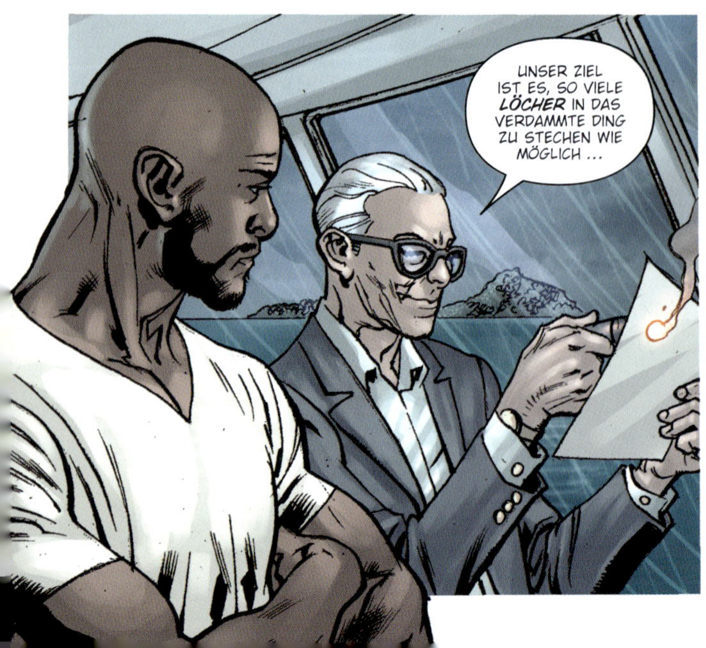

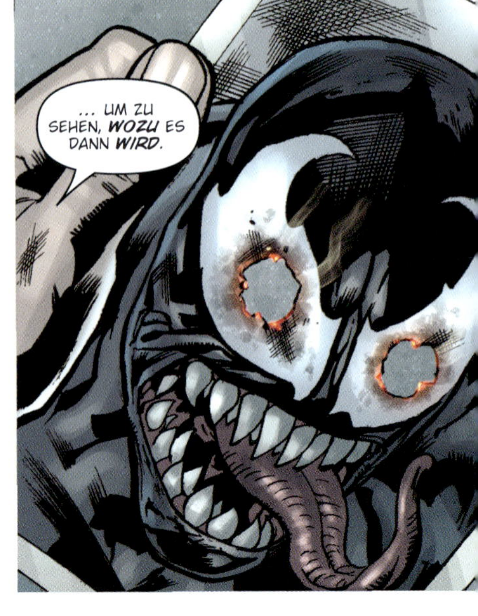

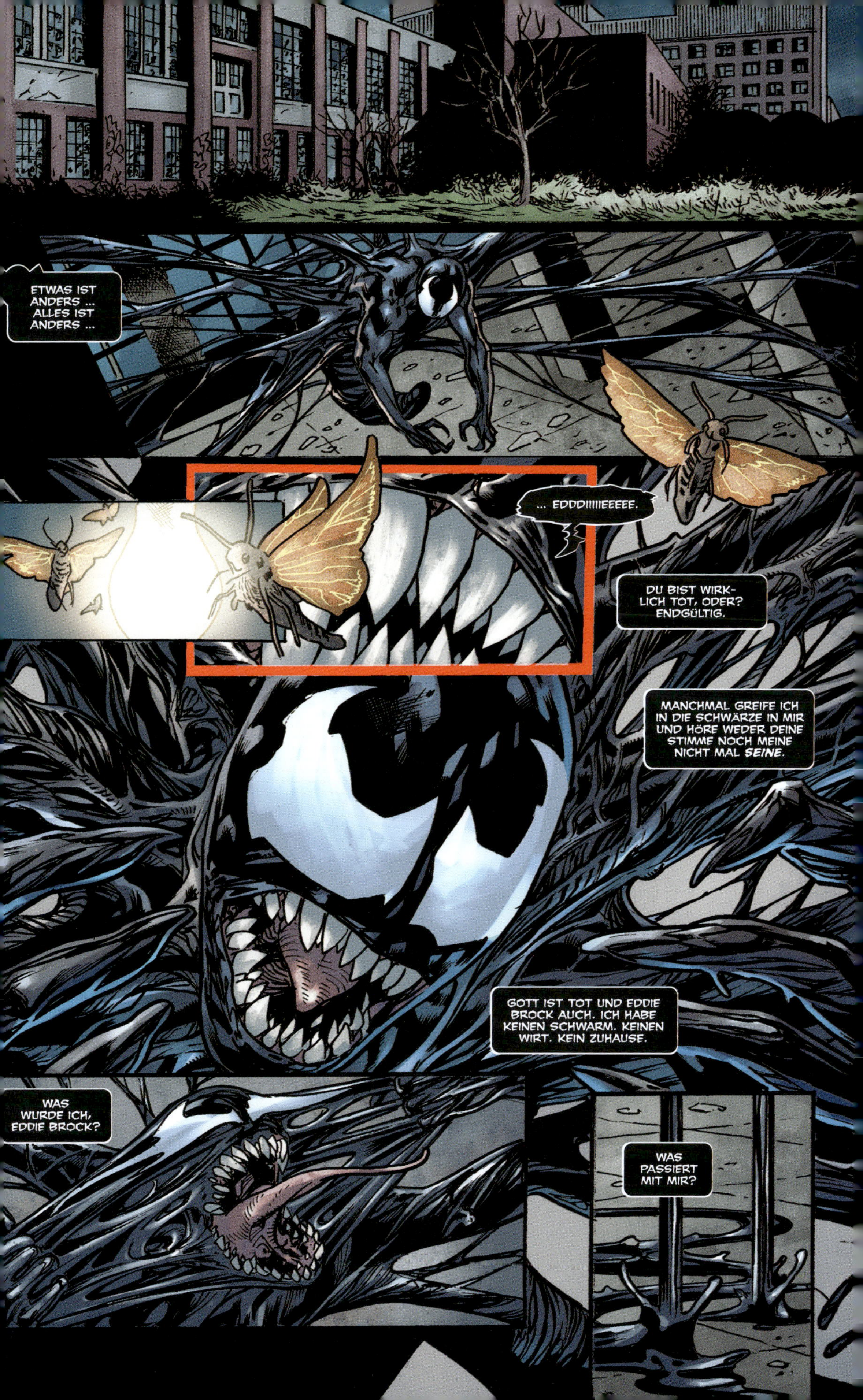

ETWAS IST ANDERS ... ALLES IST ANDERS ...
... EDDDIIIIIEEEEE.
DU BIST WIRKLICH TOT, ODER? ENDGÜLTIG.
MANCHMAL GREIFE ICH IN DIE SCHWÄRZE IN MIR UND HÖRE WEDER DEINE STIMME NOCH MEINE NICHT MAL *SEINE*.
GOTT IST TOT UND EDDIE BROCK AUCH. ICH HABE KEINEN SCHWARM. KEINEN WIRT. KEIN ZUHAUSE.
WAS WURDE ICH, EDDIE BROCK?
WAS PASSIERT MIT MIR?

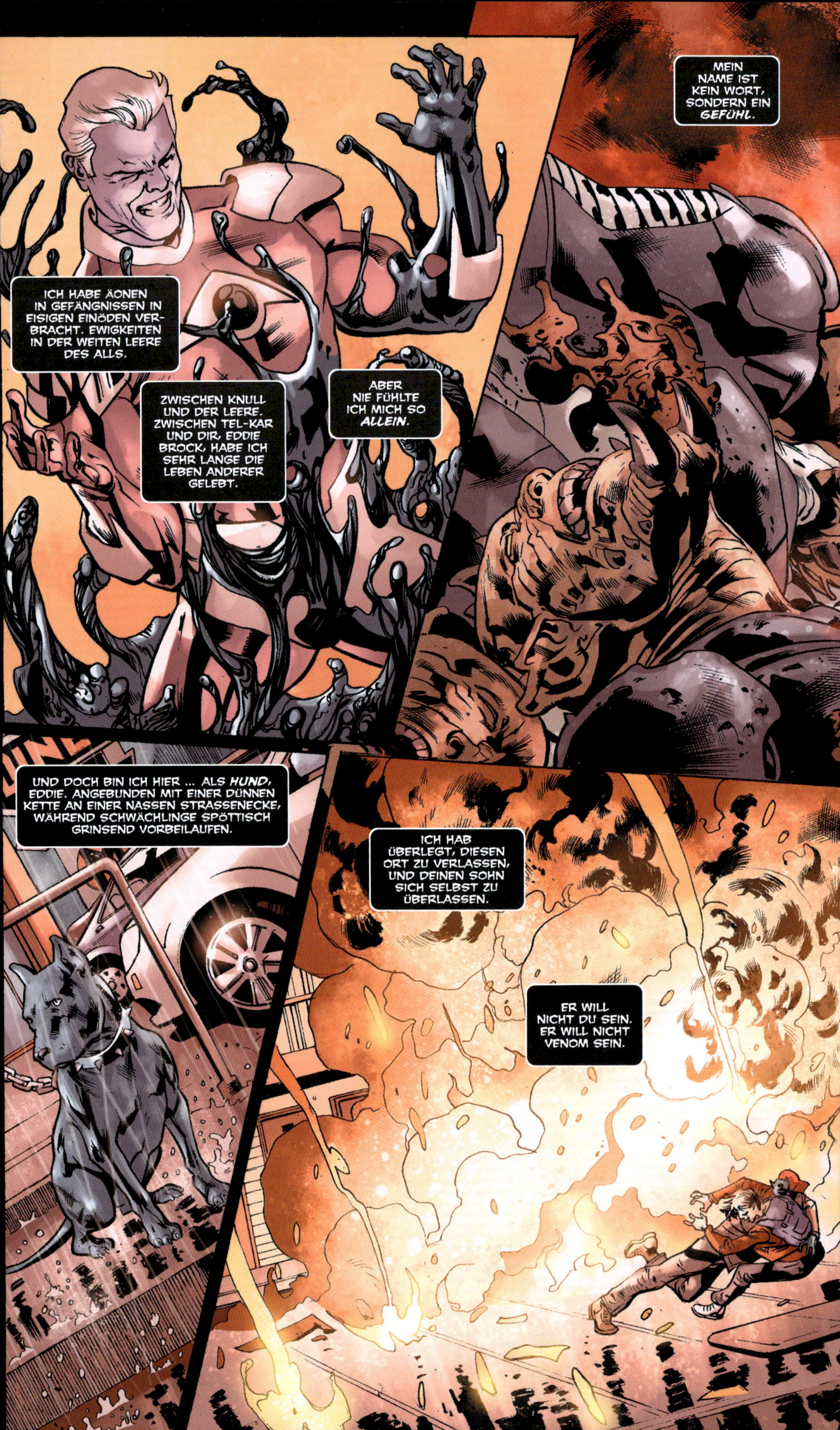
ICH HABE ÄONEN IN GEFÄNGNISSEN IN EISIGEN EINÖDEN VERBRACHT. EWIGKEITEN IN DER WEITEN LEERE DES ALLS.
ZWISCHEN KNULL UND DER LEERE. ZWISCHEN TEL-KAR UND DIR, EDDIE BROCK, HABE ICH SEHR LANGE DIE LEBEN ANDERER GELEBT.
ABER NIE FÜHLTE ICH MICH SO *ALLEIN*.
MEIN NAME IST KEIN WORT, SONDERN EIN *GEFÜHL*.
UND DOCH BIN ICH HIER ... ALS *HUND*, EDDIE. ANGEBUNDEN MIT EINER DÜNNEN KETTE AN EINER NASSEN STRASSENECKE, WÄHREND SCHWÄCHLINGE SPÖTTISCH GRINSEND VORBEILAUFEN.
ICH HAB ÜBERLEGT, DIESEN ORT ZU VERLASSEN, UND DEINEN SOHN SICH SELBST ZU ÜBERLASSEN.
ER WILL NICHT DU SEIN. ER WILL NICHT VENOM SEIN.

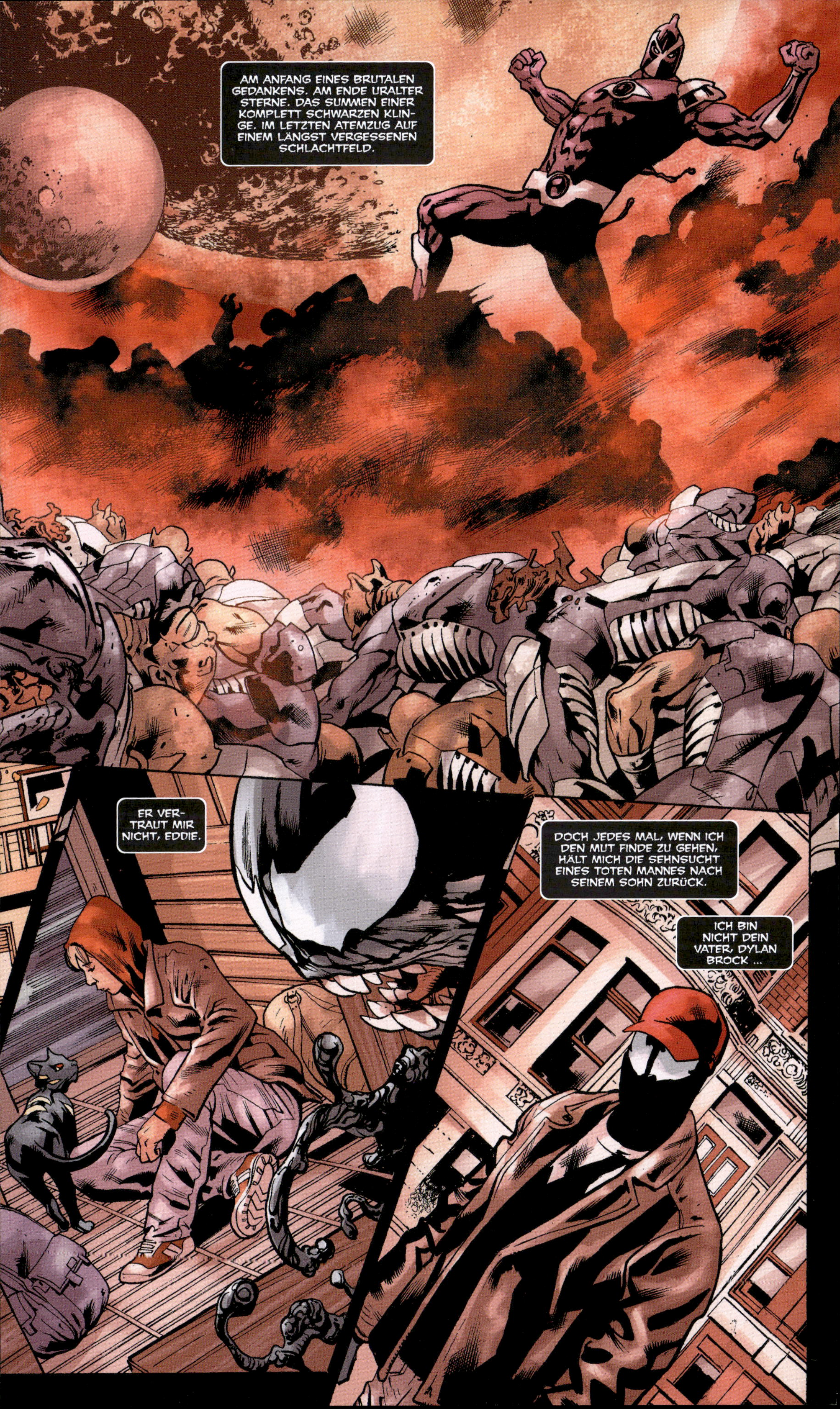
AM ANFANG EINES BRUTALEN GEDANKENS. AM ENDE URALTER STERNE. DAS SUMMEN EINER KOMPLETT SCHWARZEN KLINGE. IM LETZTEN ATEMZUG AUF EINEM LÄNGST VERGESSENEN SCHLACHTFELD.
ER VERTRAUT MIR NICHT, EDDIE.
DOCH JEDES MAL, WENN ICH DEN MUT FINDE ZU GEHEN, HÄLT MICH DIE SEHNSUCHT EINES TOTEN MANNES NACH SEINEM SOHN ZURÜCK.
ICH BIN NICHT DEIN VATER, DYLAN BROCK ...

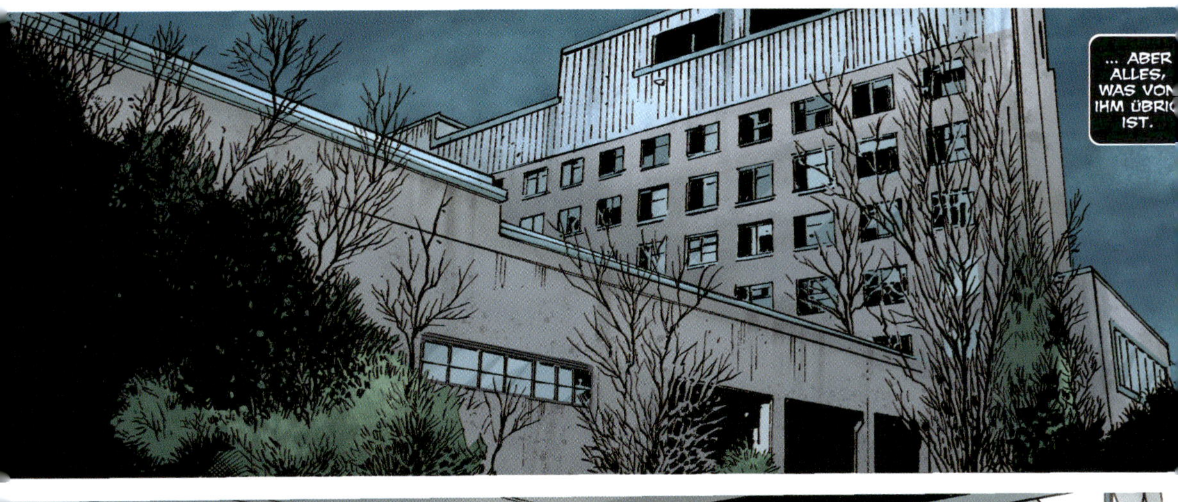

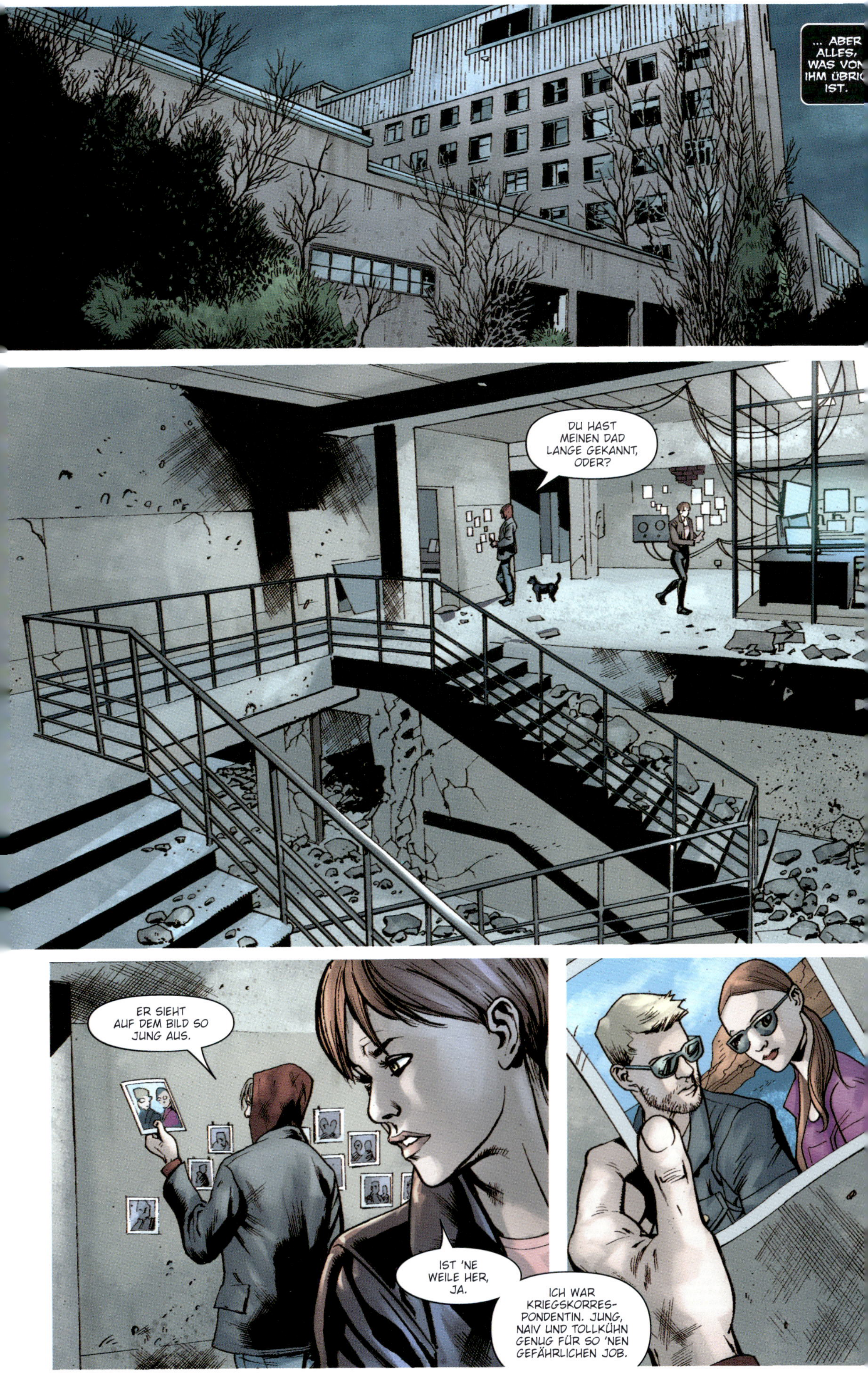

DU HAST MEINEN DAD LANGE GEKANNT, ODER?

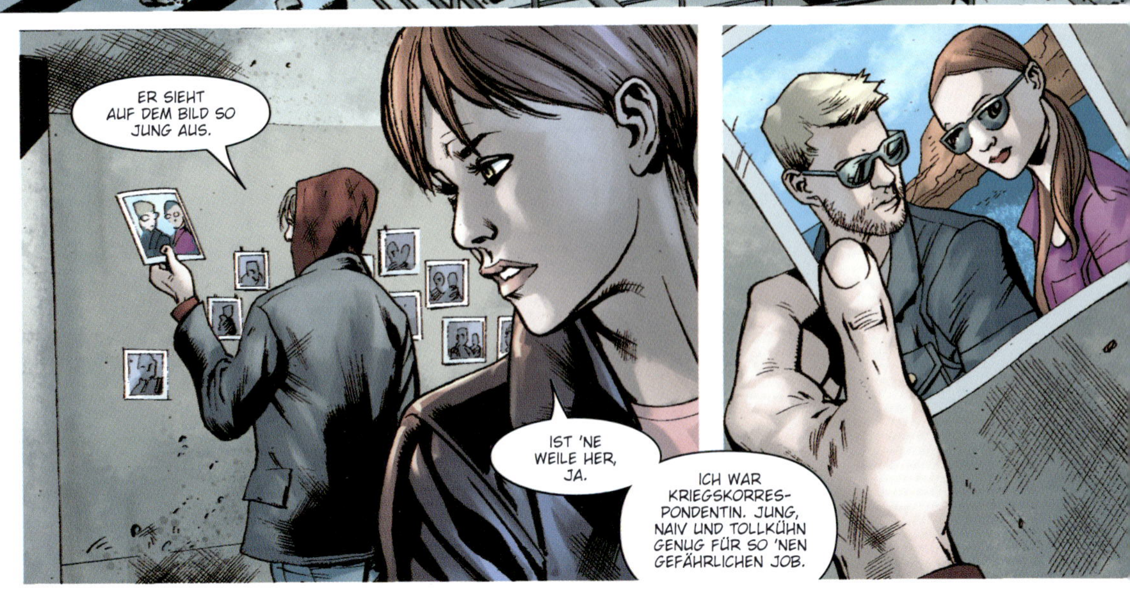

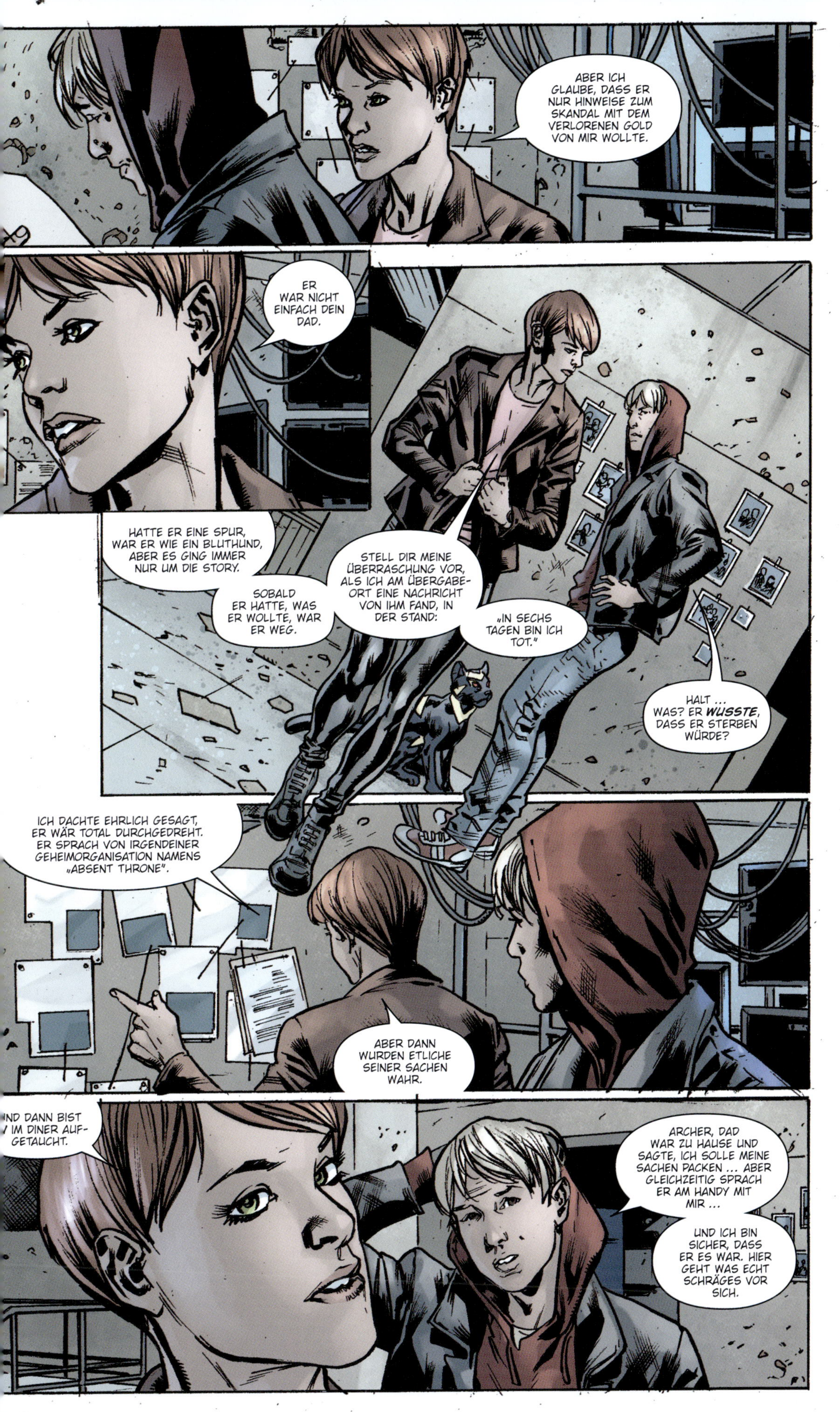
ABER ICH GLAUBE, DASS ER NUR HINWEISE ZUM SKANDAL MIT DEM VERLORENEN GOLD VON MIR WOLLTE.
ER WAR NICHT EINFACH DEIN DAD.
HATTE ER EINE SPUR, WAR ER WIE EIN BLUTHUND, ABER ES GING IMMER NUR UM DIE STORY.
SOBALD ER HATTE, WAS ER WOLLTE, WAR ER WEG.
STELL DIR MEINE ÜBERRASCHUNG VOR, ALS ICH AM ÜBERGABE-ORT EINE NACHRICHT VON IHM FAND, IN DER STAND:
„IN SECHS TAGEN BIN ICH TOT."
HALT … WAS? ER ***WUSSTE***, DASS ER STERBEN WÜRDE?
ICH DACHTE EHRLICH GESAGT, ER WÄR TOTAL DURCHGEDREHT. ER SPRACH VON IRGENDEINER GEHEIMORGANISATION NAMENS „ABSENT THRONE".
ABER DANN WURDEN ETLICHE SEINER SACHEN WAHR.
ND DANN BIST IM DINER AUF-GETAUCHT.
ARCHER, DAD WAR ZU HAUSE UND SAGTE, ICH SOLLE MEINE SACHEN PACKEN … ABER GLEICHZEITIG SPRACH ER AM HANDY MIT MIR …
UND ICH BIN SICHER, DASS ER ES WAR. HIER GEHT WAS ECHT SCHRÄGES VOR SICH.

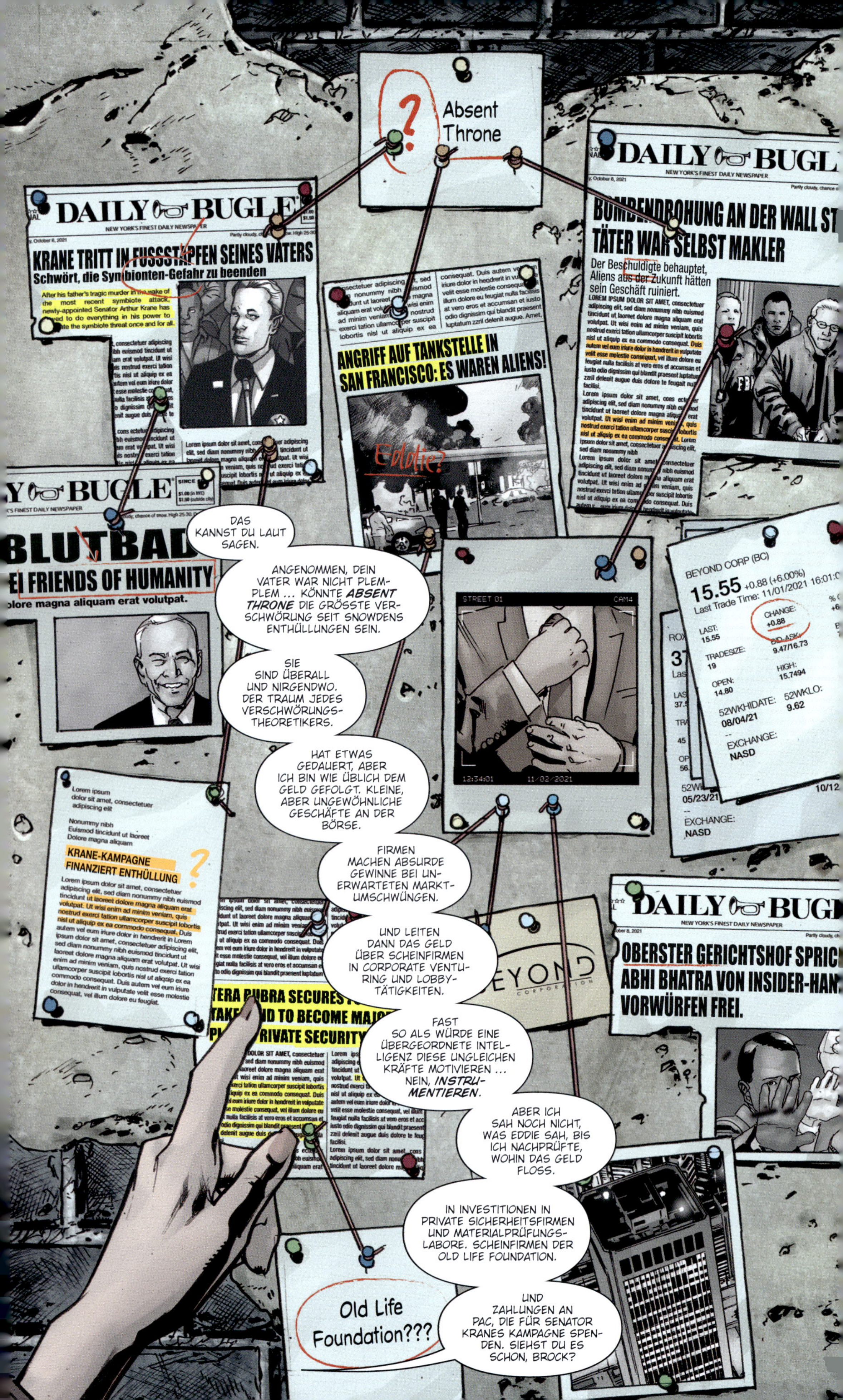
Absent Throne
DAILY BUGLE
KRANE TRITT IN FUSSSTAPFEN SEINES VATERS
Schwört, die Symbionten-Gefahr zu beenden
ANGRIFF AUF TANKSTELLE IN SAN FRANCISCO: ES WAREN ALIENS!
Eddie?
TÄTER WAR SELBST MAKLER
Der Beschuldigte behauptet, Aliens aus der Zukunft hätten sein Geschäft ruiniert.
BLUTBAD
FRIENDS OF HUMANITY
DAS KANNST DU LAUT SAGEN.
ANGENOMMEN, DEIN VATER WAR NICHT PLEMPLEM ... KÖNNTE ABSENT THRONE DIE GRÖSSTE VERSCHWÖRUNG SEIT SNOWDENS ENTHÜLLUNGEN SEIN.
SIE SIND ÜBERALL UND NIRGENDWO. DER TRAUM JEDES VERSCHWÖRUNGSTHEORETIKERS.
HAT ETWAS GEDAUERT, ABER ICH BIN WIE ÜBLICH DEM GELD GEFOLGT. KLEINE, ABER UNGEWÖHNLICHE GESCHÄFTE AN DER BÖRSE.
FIRMEN MACHEN ABSURDE GEWINNE BEI UNERWARTETEN MARKTUMSCHWÜNGEN.
UND LEITEN DANN DAS GELD ÜBER SCHEINFIRMEN IN CORPORATE VENTURING UND LOBBYTÄTIGKEITEN.
FAST SO ALS WÜRDE EINE ÜBERGEORDNETE INTELLIGENZ DIESE UNGLEICHEN KRÄFTE MOTIVIEREN ... NEIN, INSTRUMENTIEREN.
ABER ICH SAH NOCH NICHT, WAS EDDIE SAH, BIS ICH NACHPRÜFTE, WOHIN DAS GELD FLOSS.
IN INVESTITIONEN IN PRIVATE SICHERHEITSFIRMEN UND MATERIALPRÜFUNGSLABORE. SCHEINFIRMEN DER OLD LIFE FOUNDATION.
UND ZAHLUNGEN AN PAC, DIE FÜR SENATOR KRANES KAMPAGNE SPENDEN. SIEHST DU ES SCHON, BROCK?
BEYOND CORP (BC)
15.55
KRANE-KAMPAGNE FINANZIERT ENTHÜLLUNG
BEYOND CORPORATION
OBERSTER GERICHTSHOF SPRICHT ABHI BHATRA VON INSIDER-HANDEL-VORWÜRFEN FREI.
Old Life Foundation???

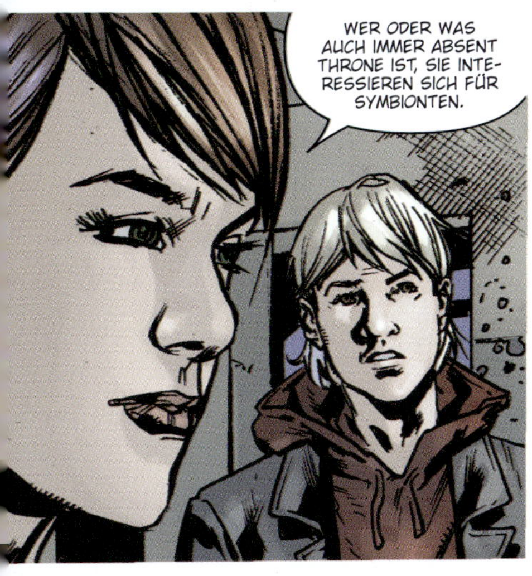
WER ODER WAS AUCH IMMER ABSENT THRONE IST, SIE INTERESSIEREN SICH FÜR SYMBIONTEN.

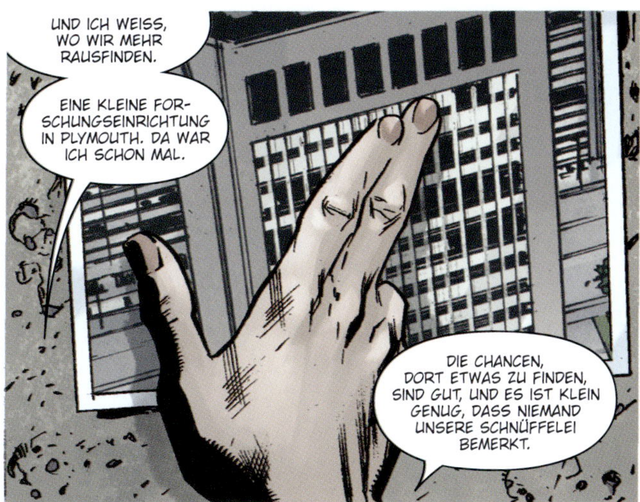
UND ICH WEISS, WO WIR MEHR RAUSFINDEN.
EINE KLEINE FORSCHUNGSEINRICHTUNG IN PLYMOUTH. DA WAR ICH SCHON MAL.
DIE CHANCEN, DORT ETWAS ZU FINDEN, SIND GUT, UND ES IST KLEIN GENUG, DASS NIEMAND UNSERE SCHNÜFFELEI BEMERKT.

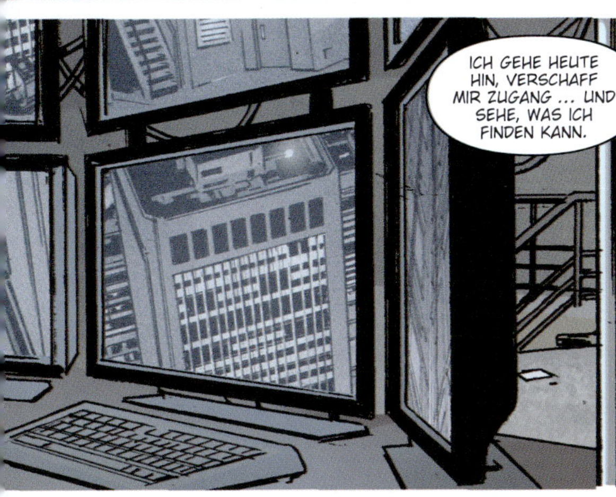

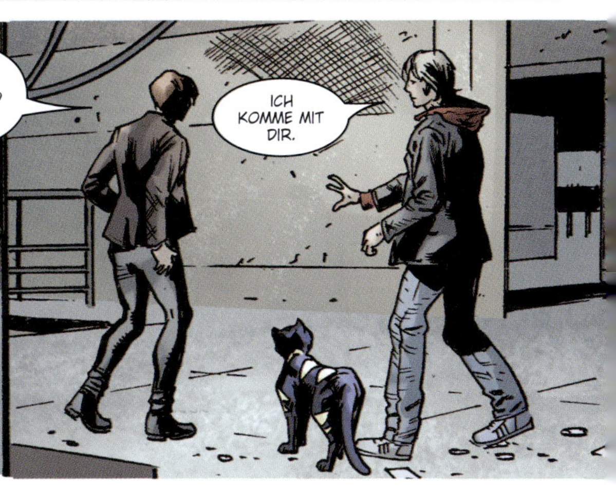
ICH GEHE HEUTE HIN, VERSCHAFF MIR ZUGANG ... UND SEHE, WAS ICH FINDEN KANN.
ICH KOMME MIT DIR.

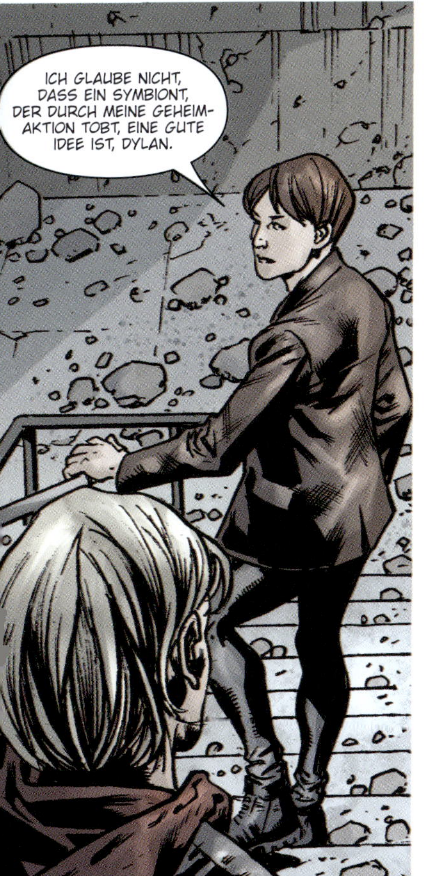
ICH GLAUBE NICHT, DASS EIN SYMBIONT, DER DURCH MEINE GEHEIMAKTION TOBT, EINE GUTE IDEE IST, DYLAN.

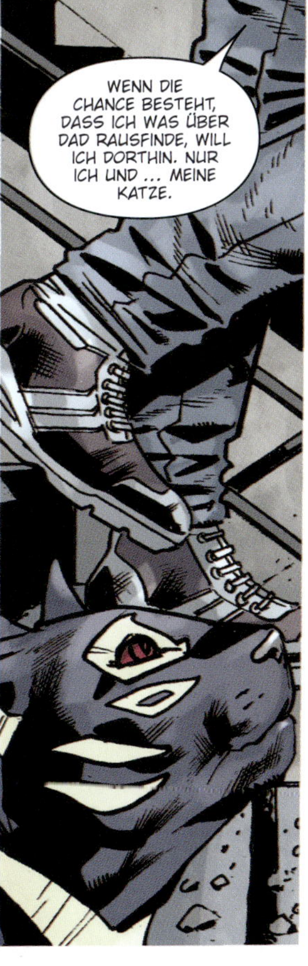
WENN DIE CHANCE BESTEHT, DASS ICH WAS ÜBER DAD RAUSFINDE, WILL ICH DORTHIN. NUR ICH UND ... MEINE KATZE.

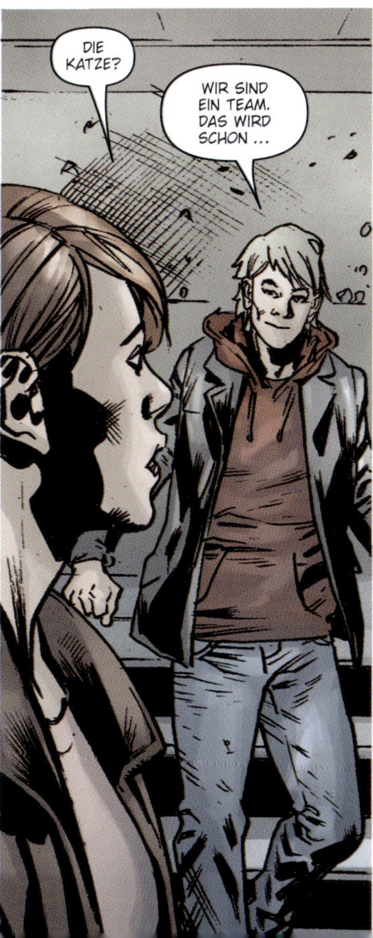
DIE KATZE?
WIR SIND EIN TEAM. DAS WIRD SCHON ...

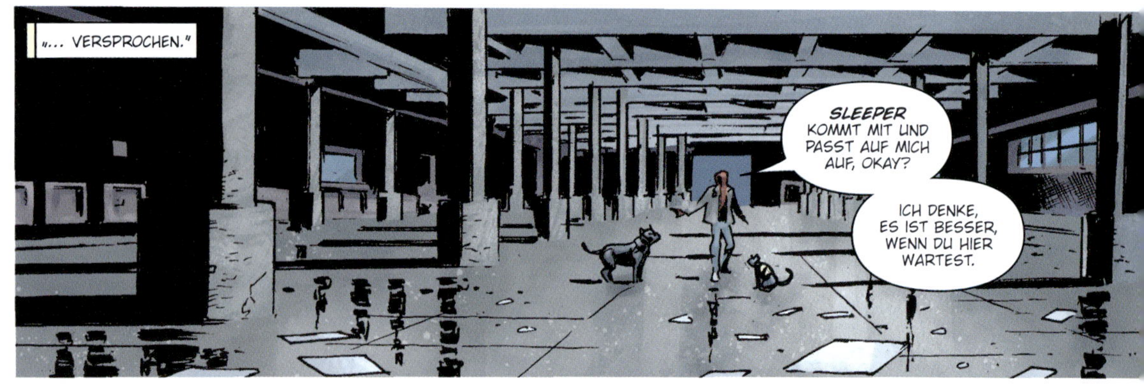
„... VERSPROCHEN."
SLEEPER KOMMT MIT UND PASST AUF MICH AUF, OKAY?
ICH DENKE, ES IST BESSER, WENN DU HIER WARTEST.

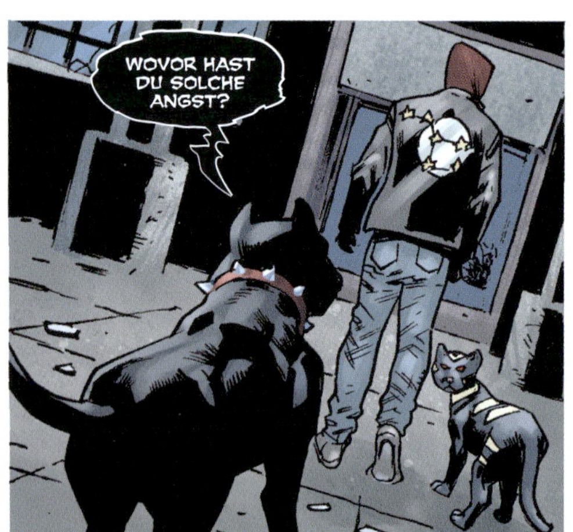
WOVOR HAST DU SOLCHE ANGST?

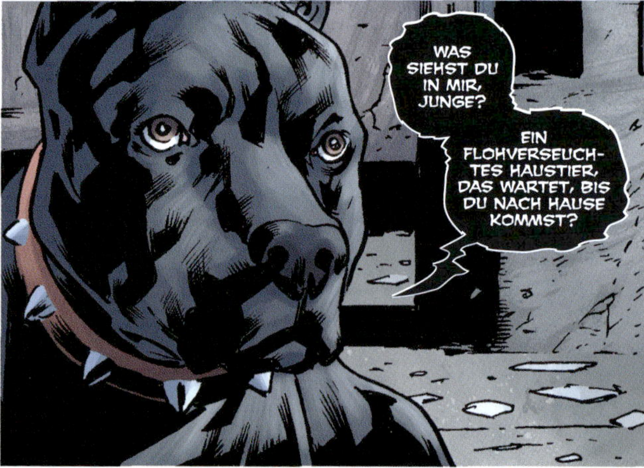
WAS SIEHST DU IN MIR, JUNGE?
EIN FLOHVERSEUCHTES HAUSTIER, DAS WARTET, BIS DU NACH HAUSE KOMMST?

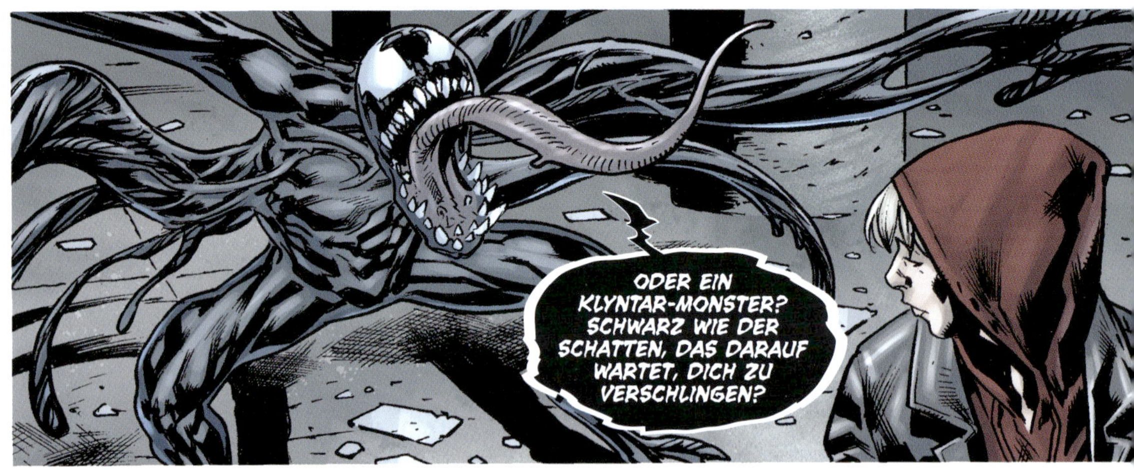
ODER EIN KLYNTAR-MONSTER? SCHWARZ WIE DER SCHATTEN, DAS DARAUF WARTET, DICH ZU VERSCHLINGEN?

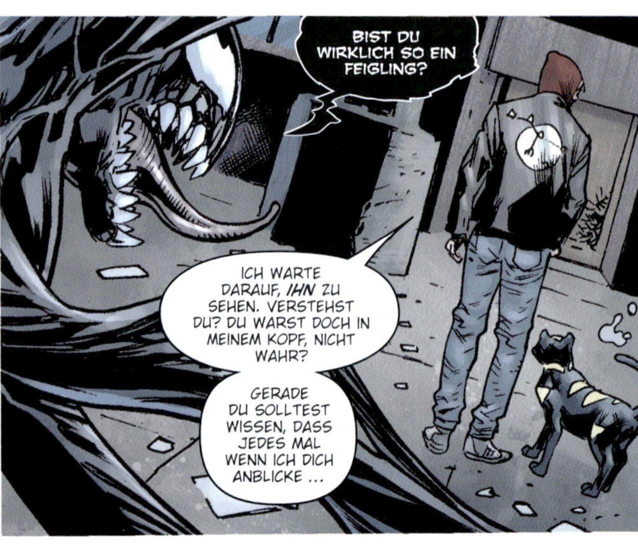
BIST DU WIRKLICH SO EIN FEIGLING?
ICH WARTE DARAUF, IHN ZU SEHEN. VERSTEHST DU? DU WARST DOCH IN MEINEM KOPF, NICHT WAHR?
GERADE DU SOLLTEST WISSEN, DASS JEDES MAL WENN ICH DICH ANBLICKE ...

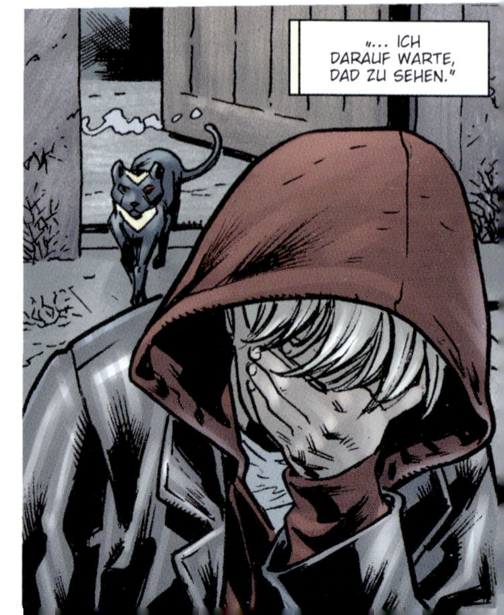
„... ICH DARAUF WARTE, DAD ZU SEHEN."

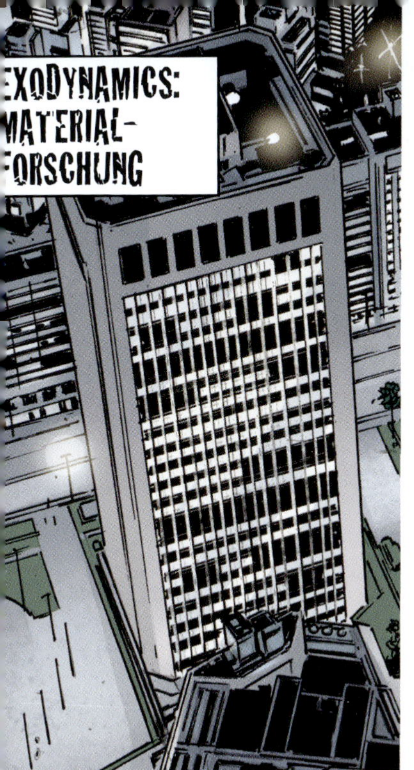
EXODYNAMICS:
MATERIAL-
FORSCHUNG
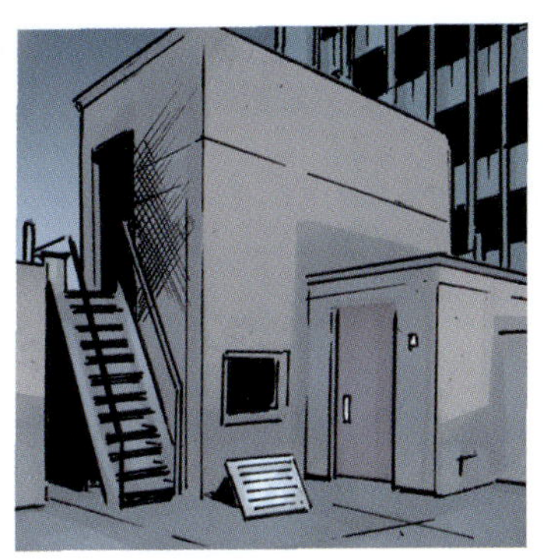
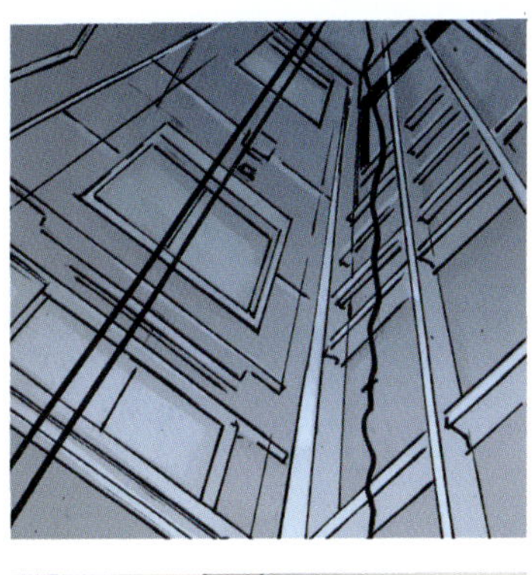
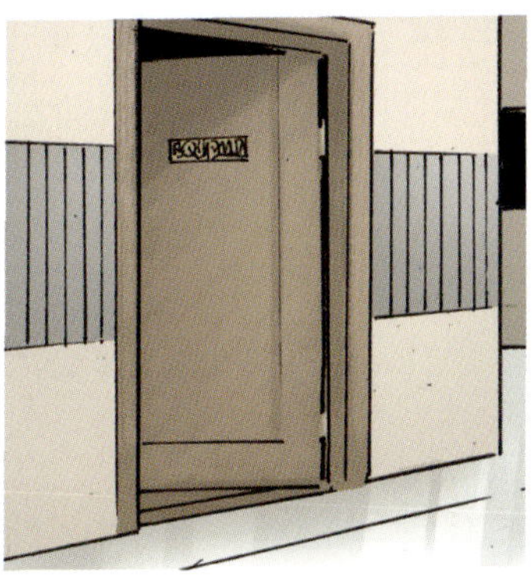
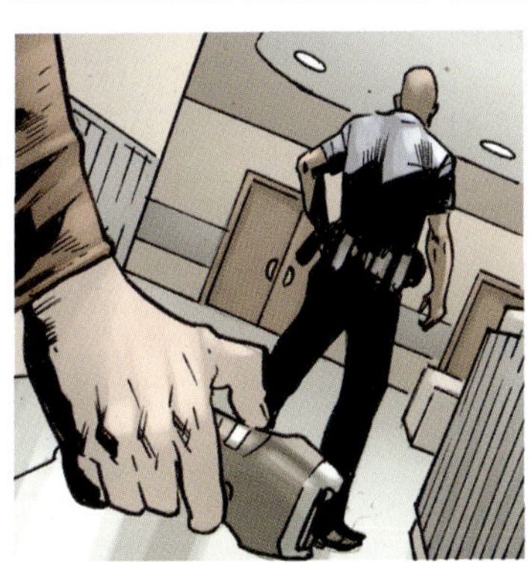
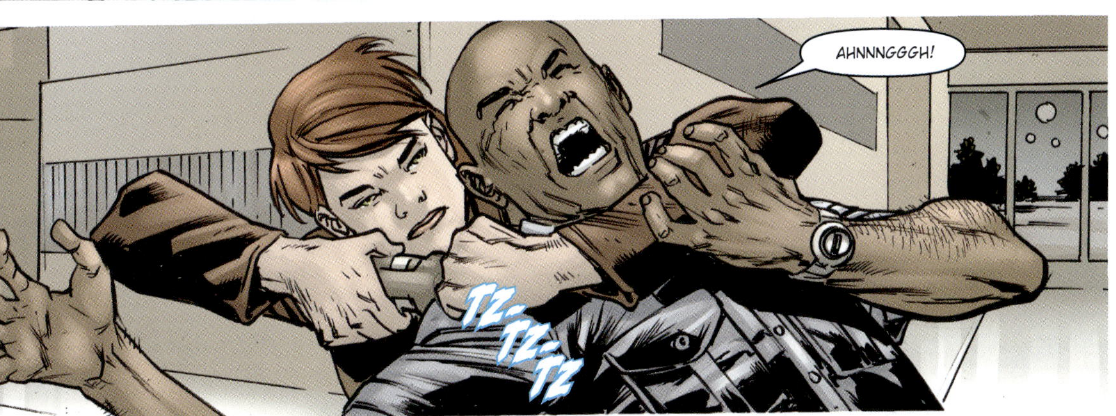
AHNNNGGGH!
TZ-TZ-TZ
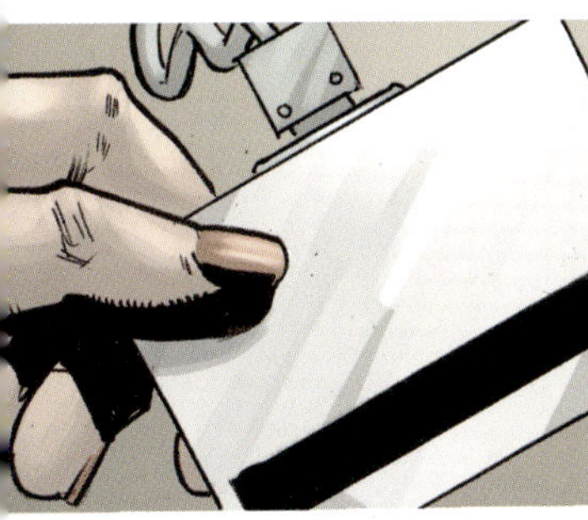
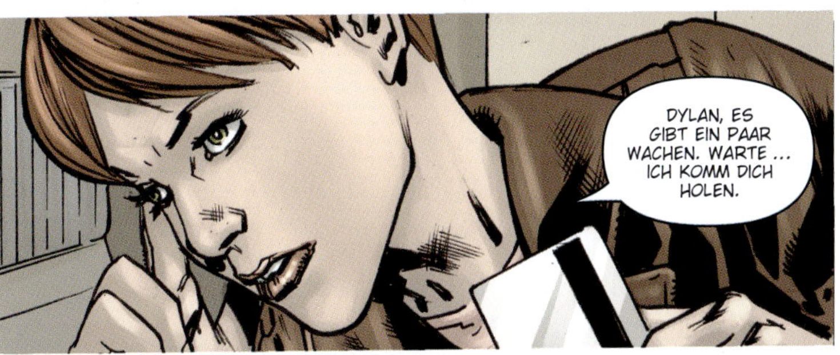
DYLAN, ES GIBT EIN PAAR WACHEN. WARTE ... ICH KOMM DICH HOLEN.
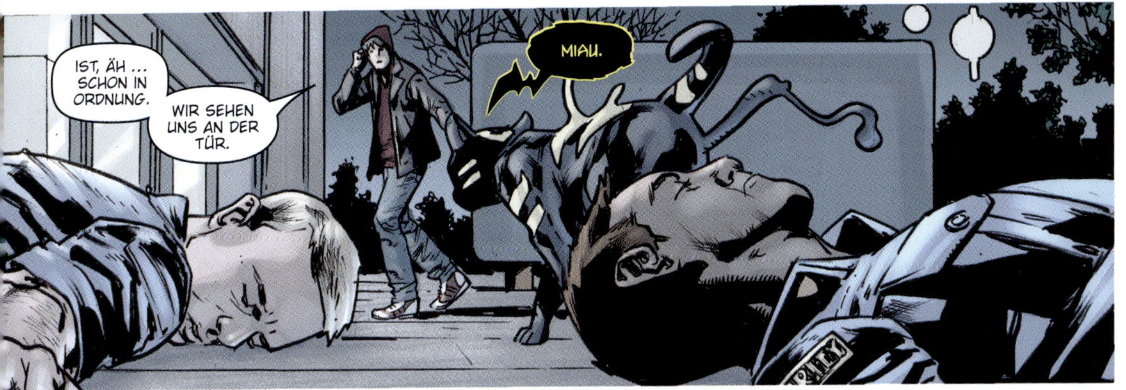
MIAU.
IST, ÄH ... SCHON IN ORDNUNG.
WIR SEHEN UNS AN DER TÜR.

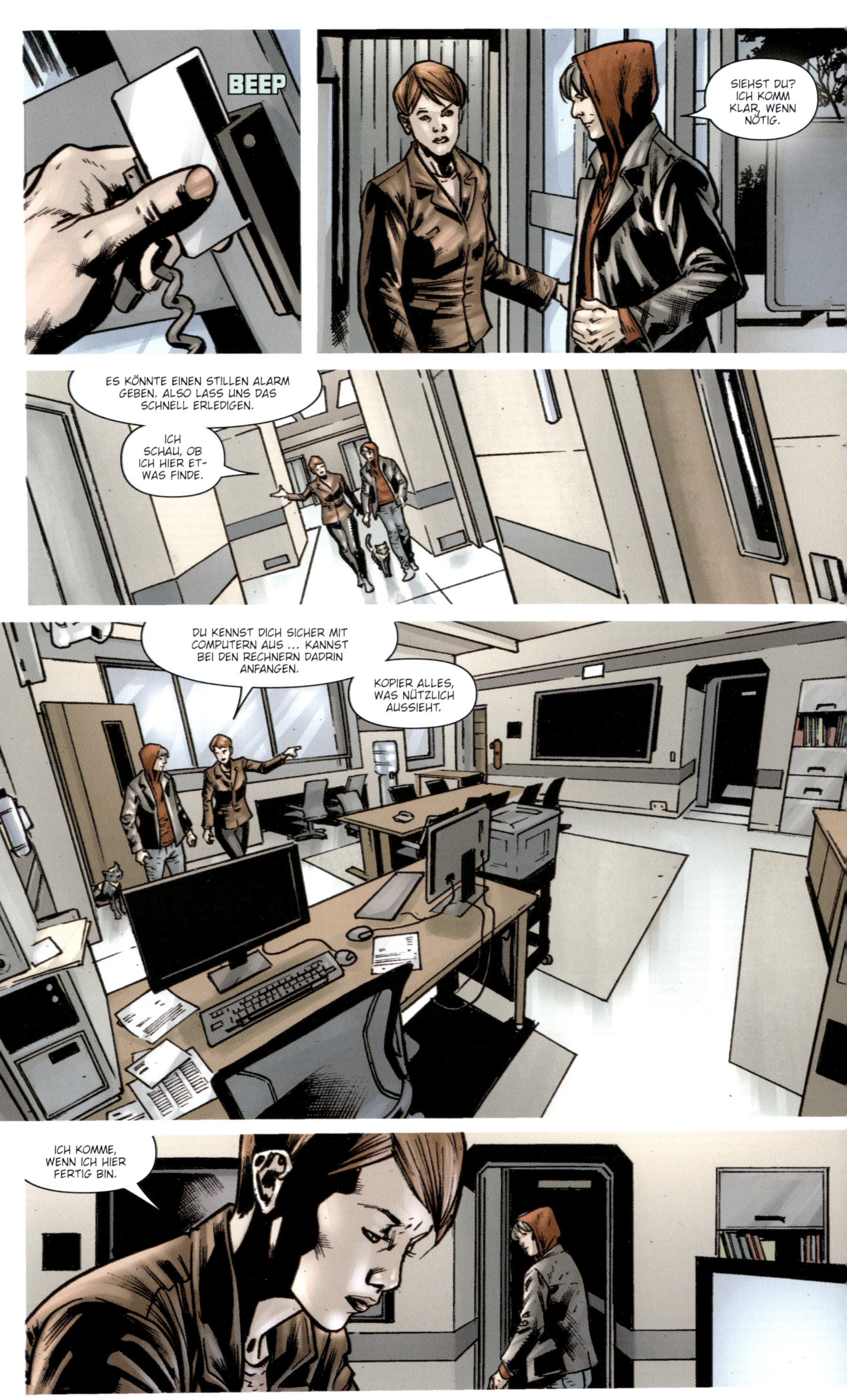
BEEP
SIEHST DU? ICH KOMM KLAR, WENN NÖTIG.
ES KÖNNTE EINEN STILLEN ALARM GEBEN. ALSO LASS UNS DAS SCHNELL ERLEDIGEN.
ICH SCHAU, OB ICH HIER ET-WAS FINDE.
DU KENNST DICH SICHER MIT COMPUTERN AUS ... KANNST BEI DEN RECHNERN DADRIN ANFANGEN.
KOPIER ALLES, WAS NÜTZLICH AUSSIEHT.
ICH KOMME, WENN ICH HIER FERTIG BIN.

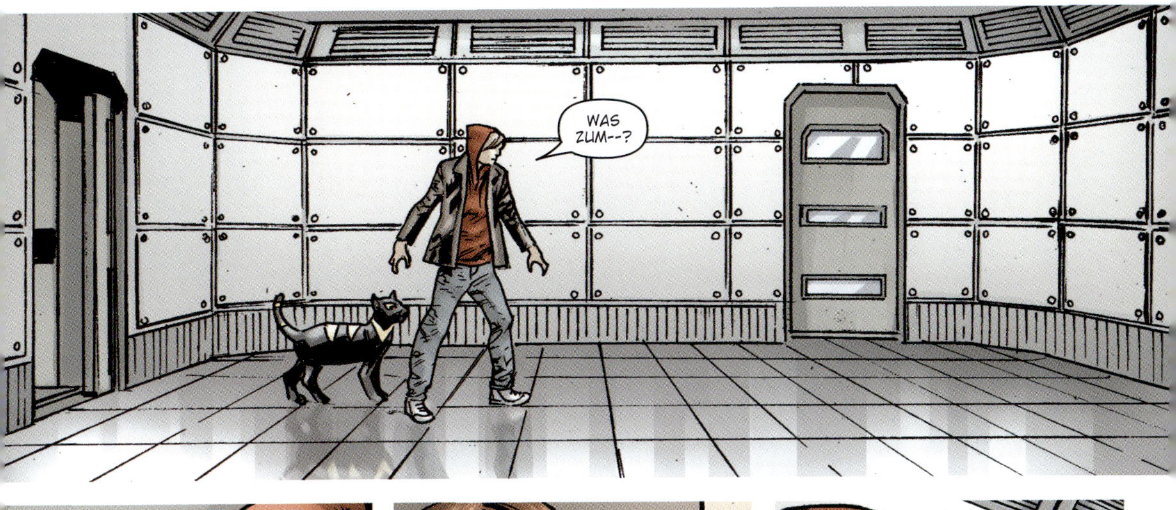
WAS ZUM--?

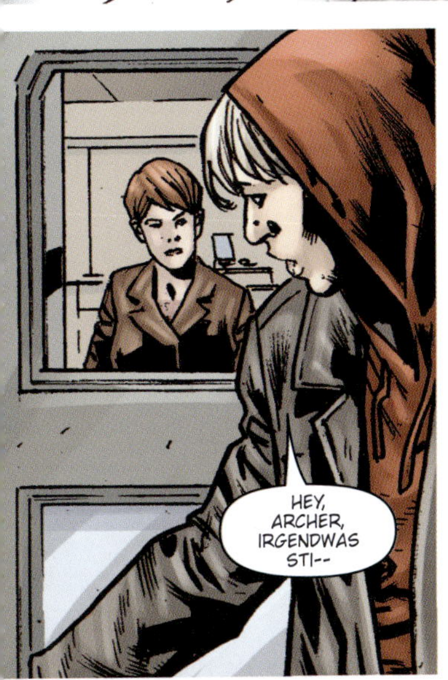
HEY, ARCHER, IRGENDWAS STI--

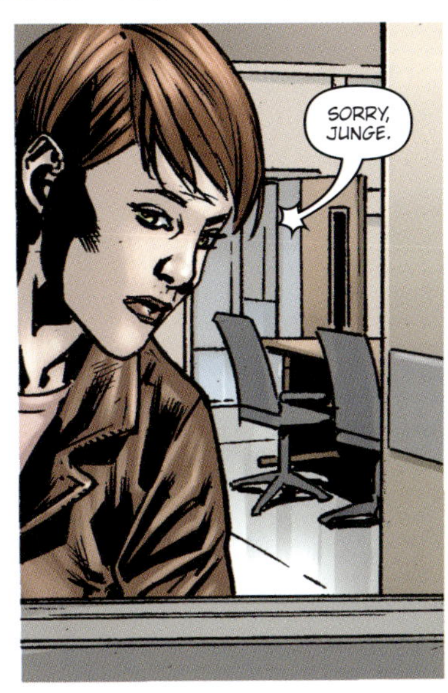
SORRY, JUNGE.

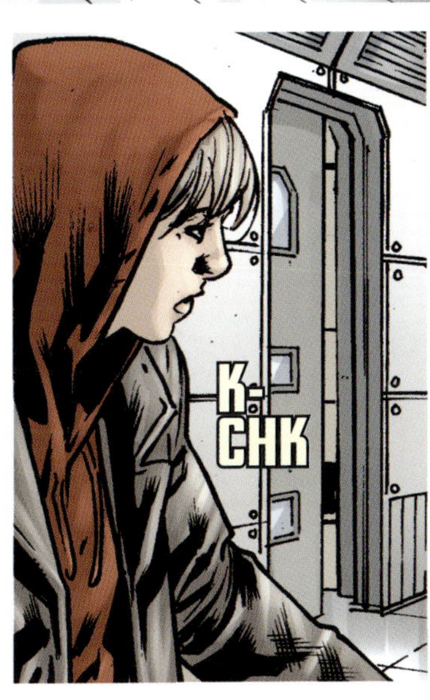
K-CHK

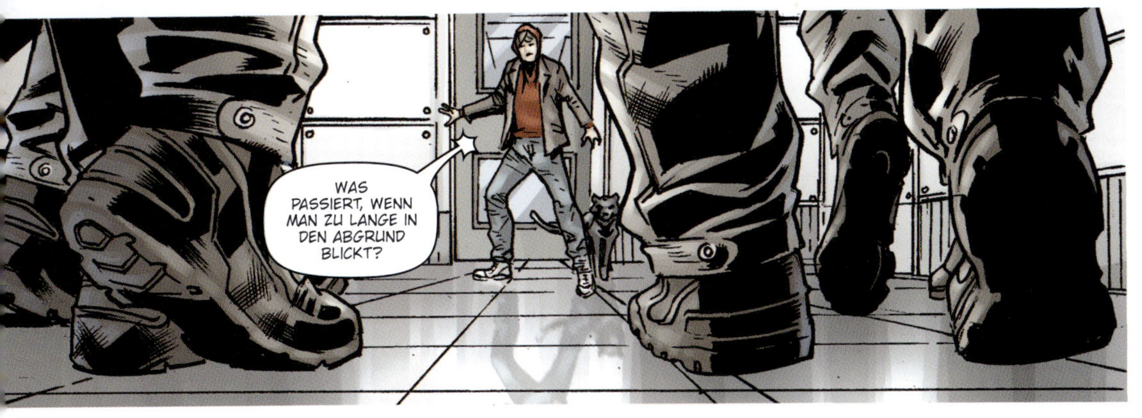
WAS PASSIERT, WENN MAN ZU LANGE IN DEN ABGRUND BLICKT?

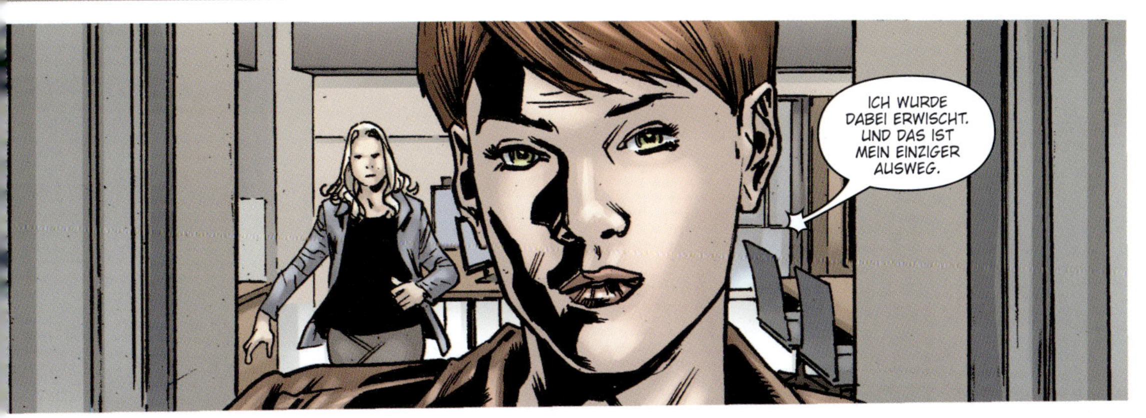
ICH WURDE DABEI ERWISCHT. UND DAS IST MEIN EINZIGER AUSWEG.

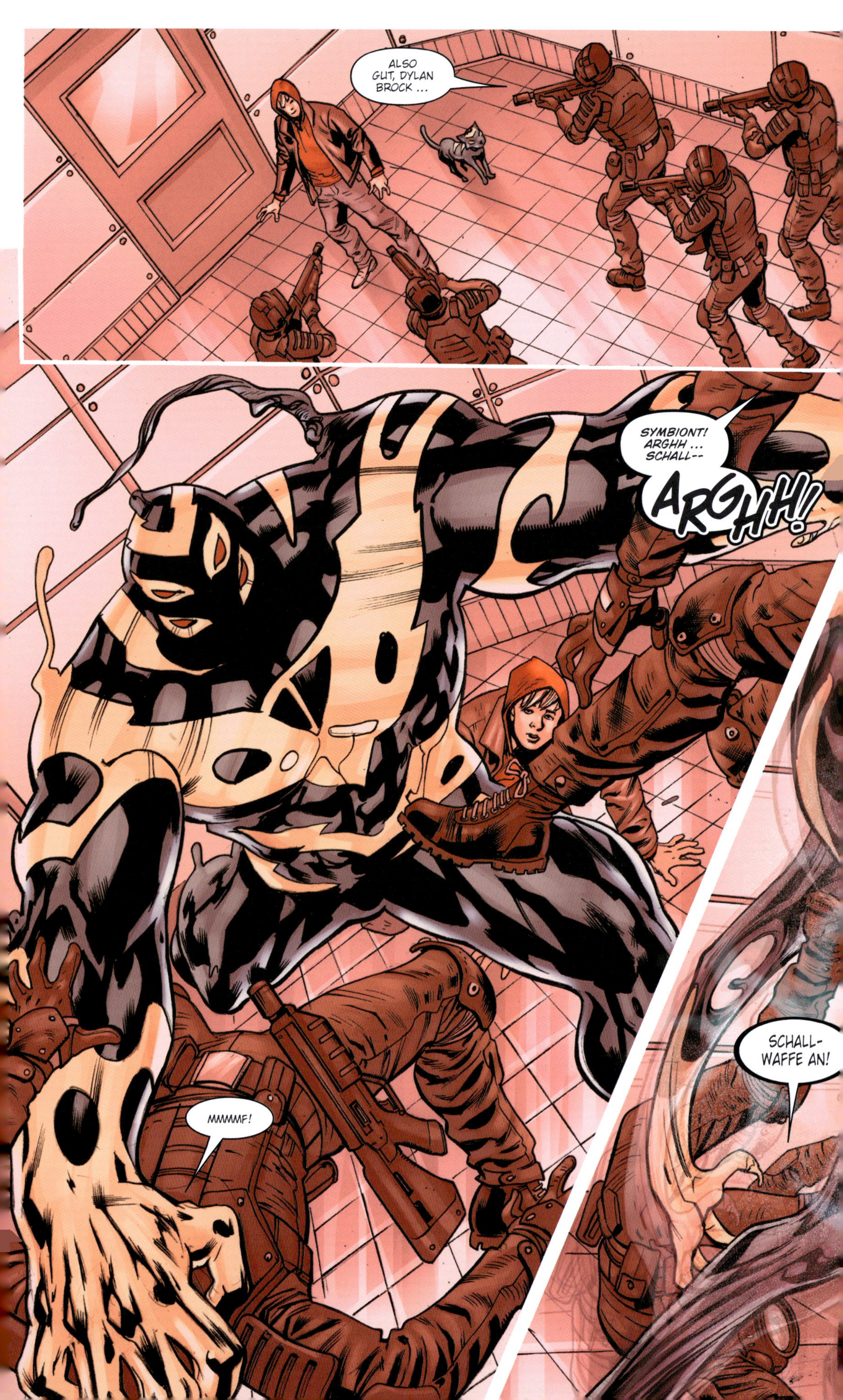
ALSO GUT, DYLAN BROCK ...
SYMBIONT! ARGHH ... SCHALL--
ARGHH!
MMMMF!
SCHALL-WAFFE AN!

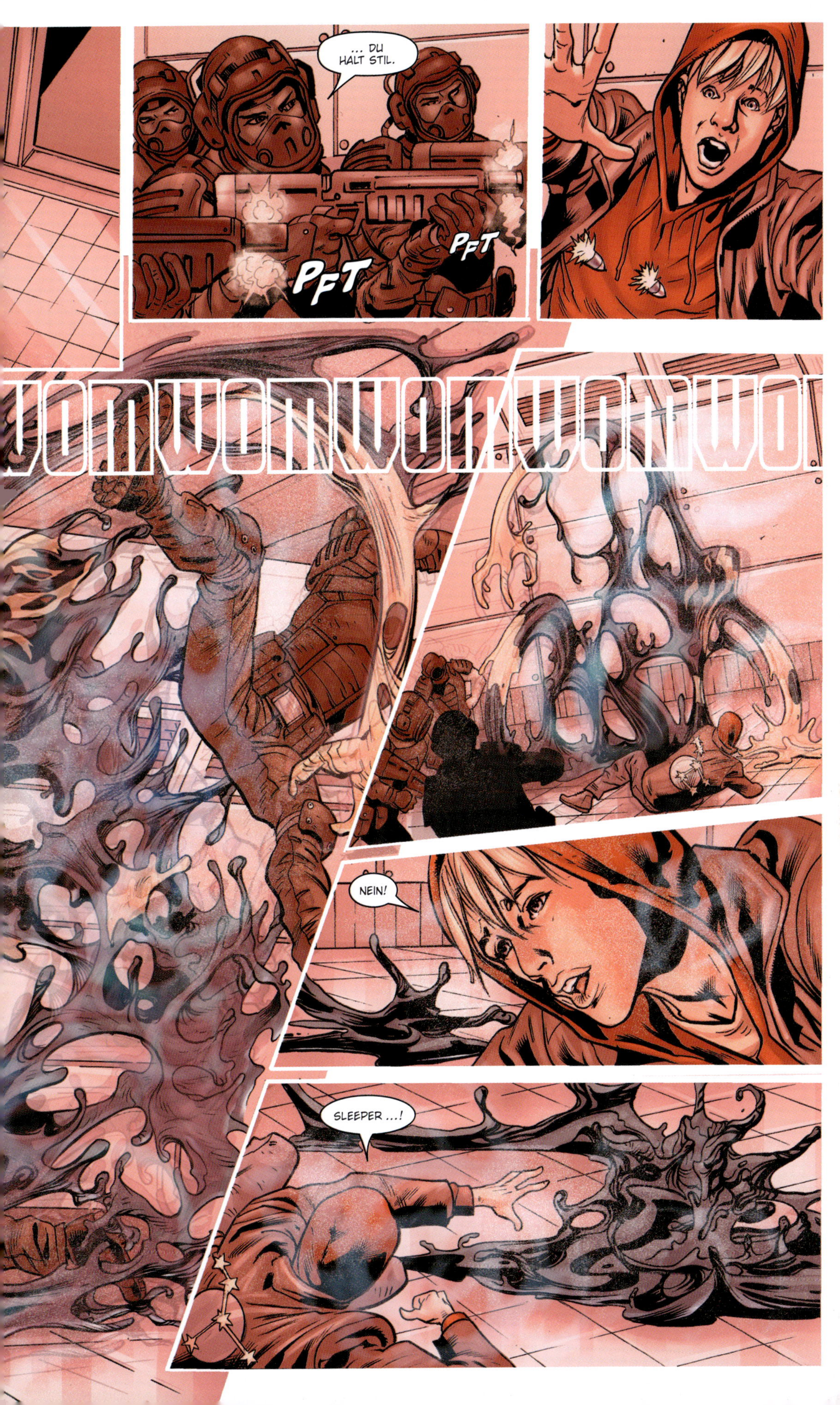
... DU HALT STIL.
PFT
PFT
OMWOMWOMWOMWO
NEIN!
SLEEPER ...!

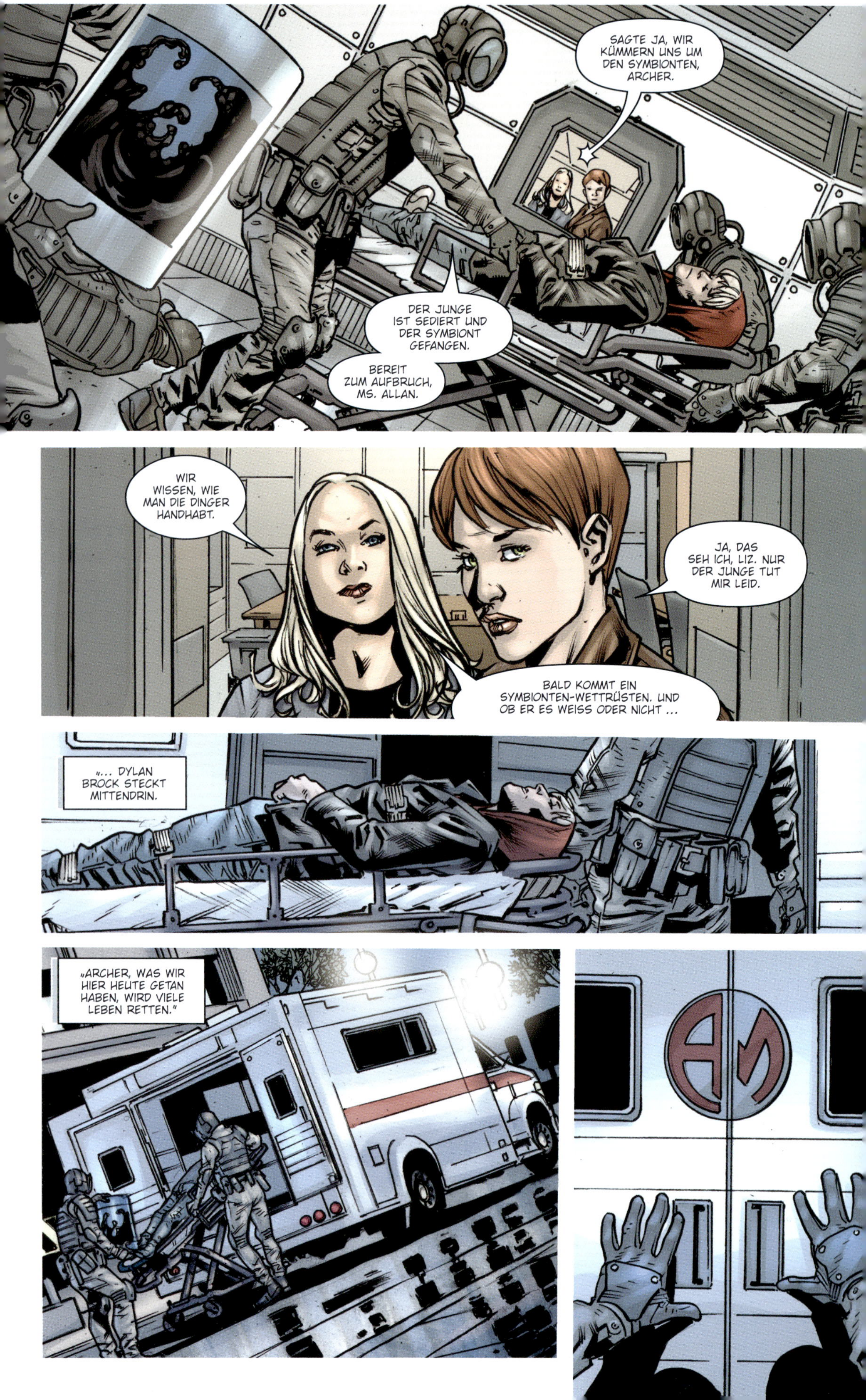

DER JUNGE IST SEDIERT UND DER SYMBIONT GEFANGEN.
BEREIT ZUM AUFBRUCH, MS. ALLAN.
SAGTE JA, WIR KÜMMERN UNS UM DEN SYMBIONTEN, ARCHER.

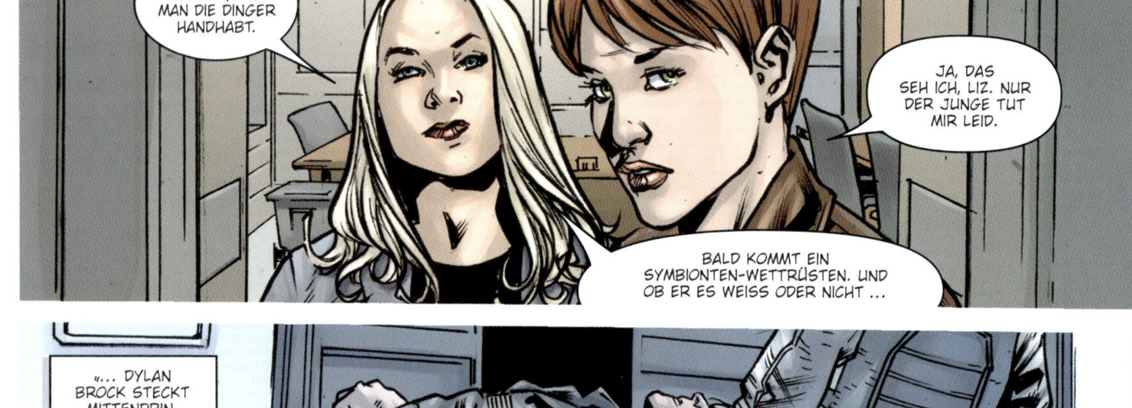

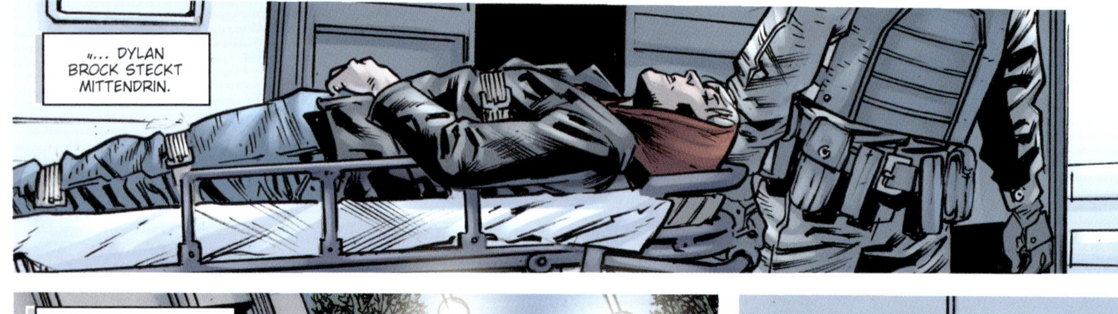

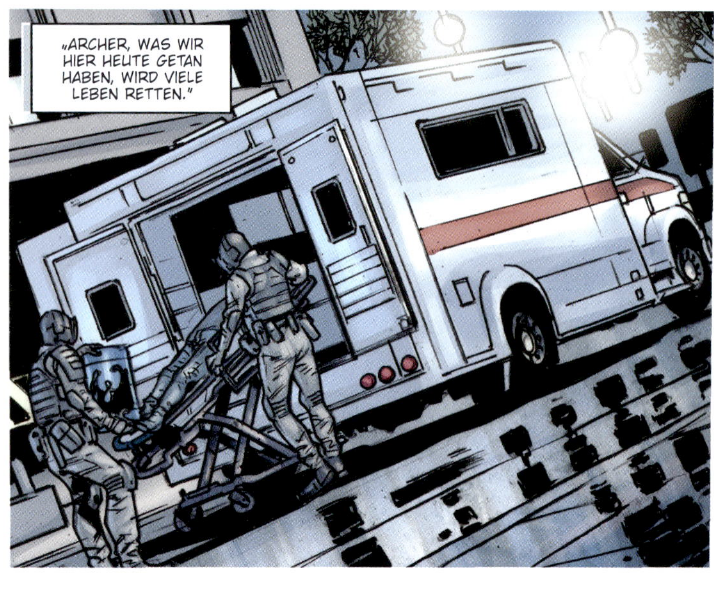

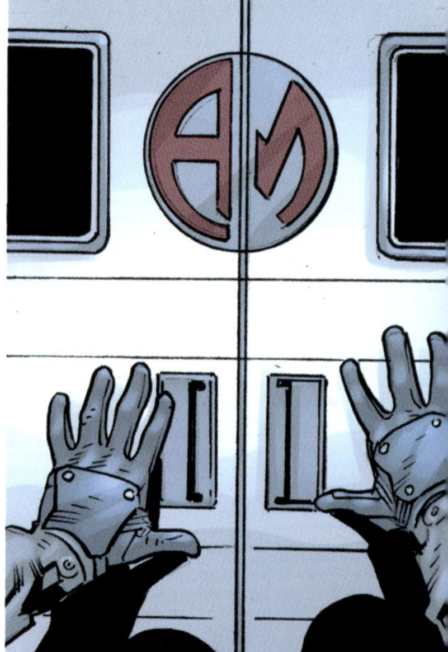

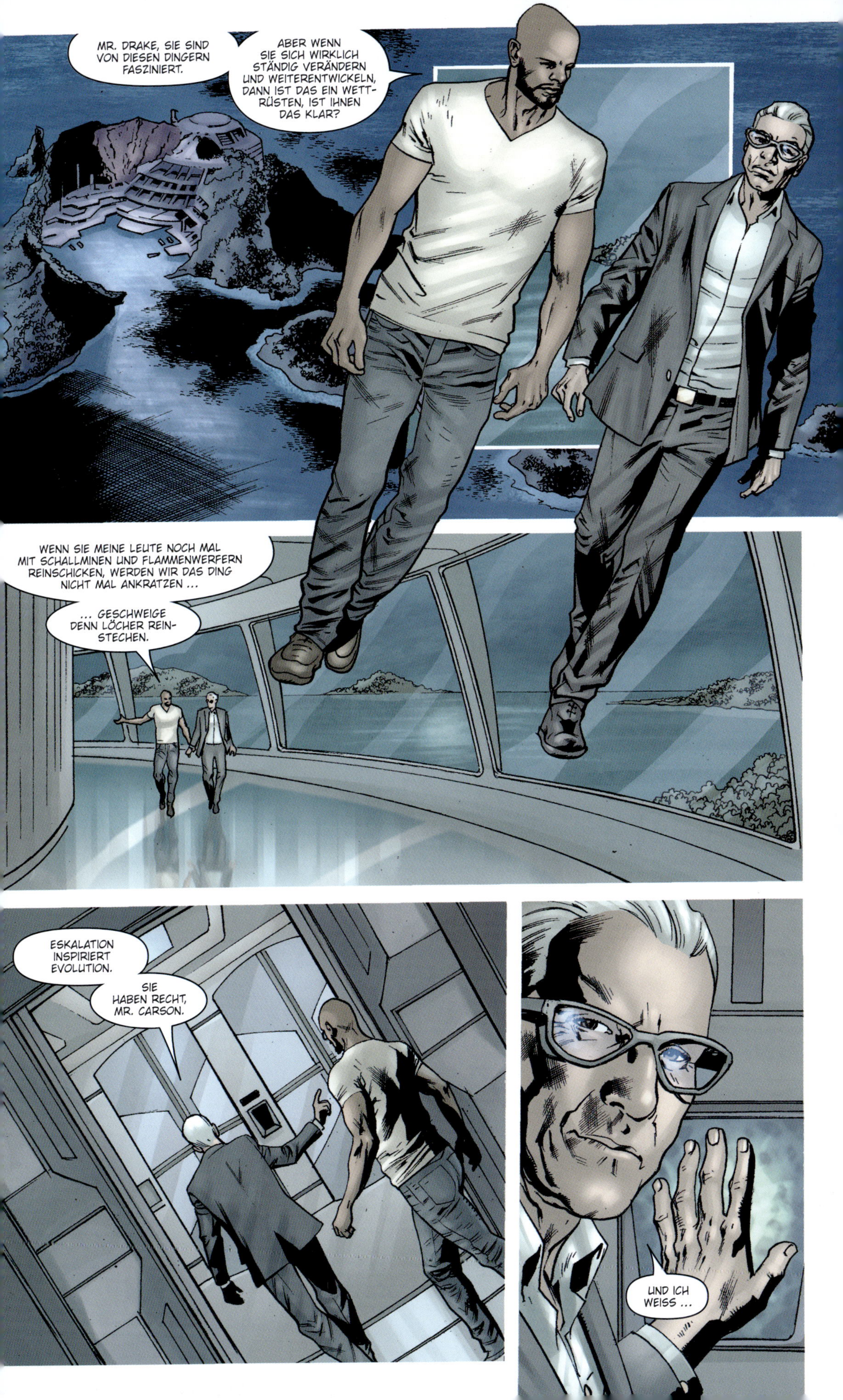

MR. DRAKE, SIE SIND VON DIESEN DINGERN FASZINIERT.
ABER WENN SIE SICH WIRKLICH STÄNDIG VERÄNDERN UND WEITERENTWICKELN, DANN IST DAS EIN WETT-RÜSTEN, IST IHNEN DAS KLAR?

WENN SIE MEINE LEUTE NOCH MAL MIT SCHALLMINEN UND FLAMMENWERFERN REINSCHICKEN, WERDEN WIR DAS DING NICHT MAL ANKRATZEN ...
... GESCHWEIGE DENN LÖCHER REIN-STECHEN.

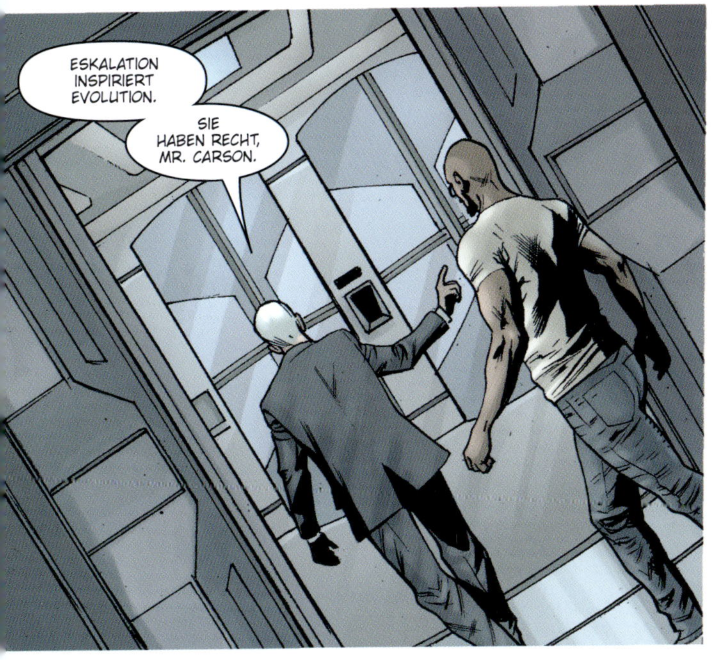

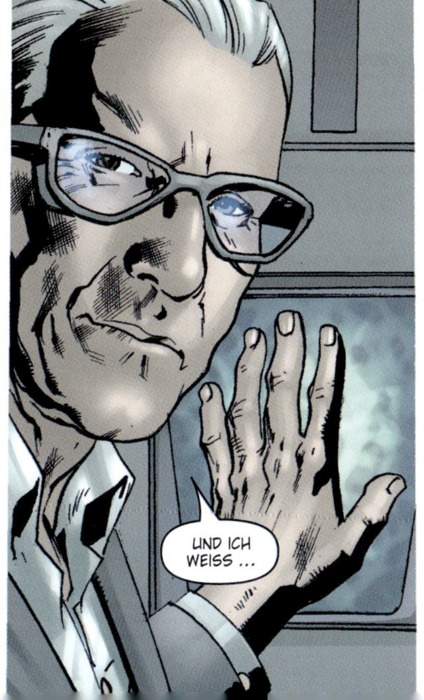

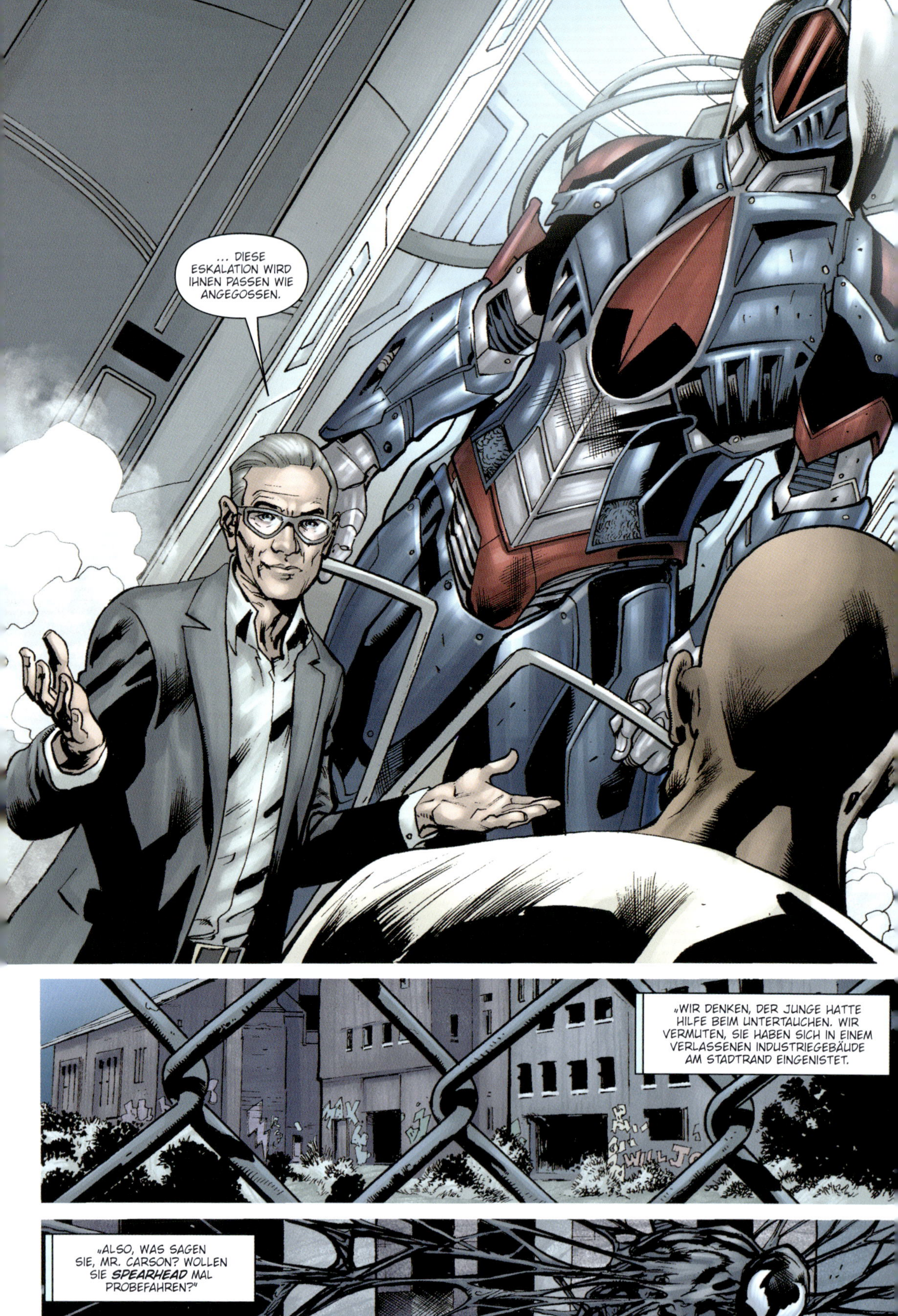

„ALSO, WAS SAGEN SIE, MR. CARSON? WOLLEN SIE ***SPEARHEAD*** MAL PROBEFAHREN?“

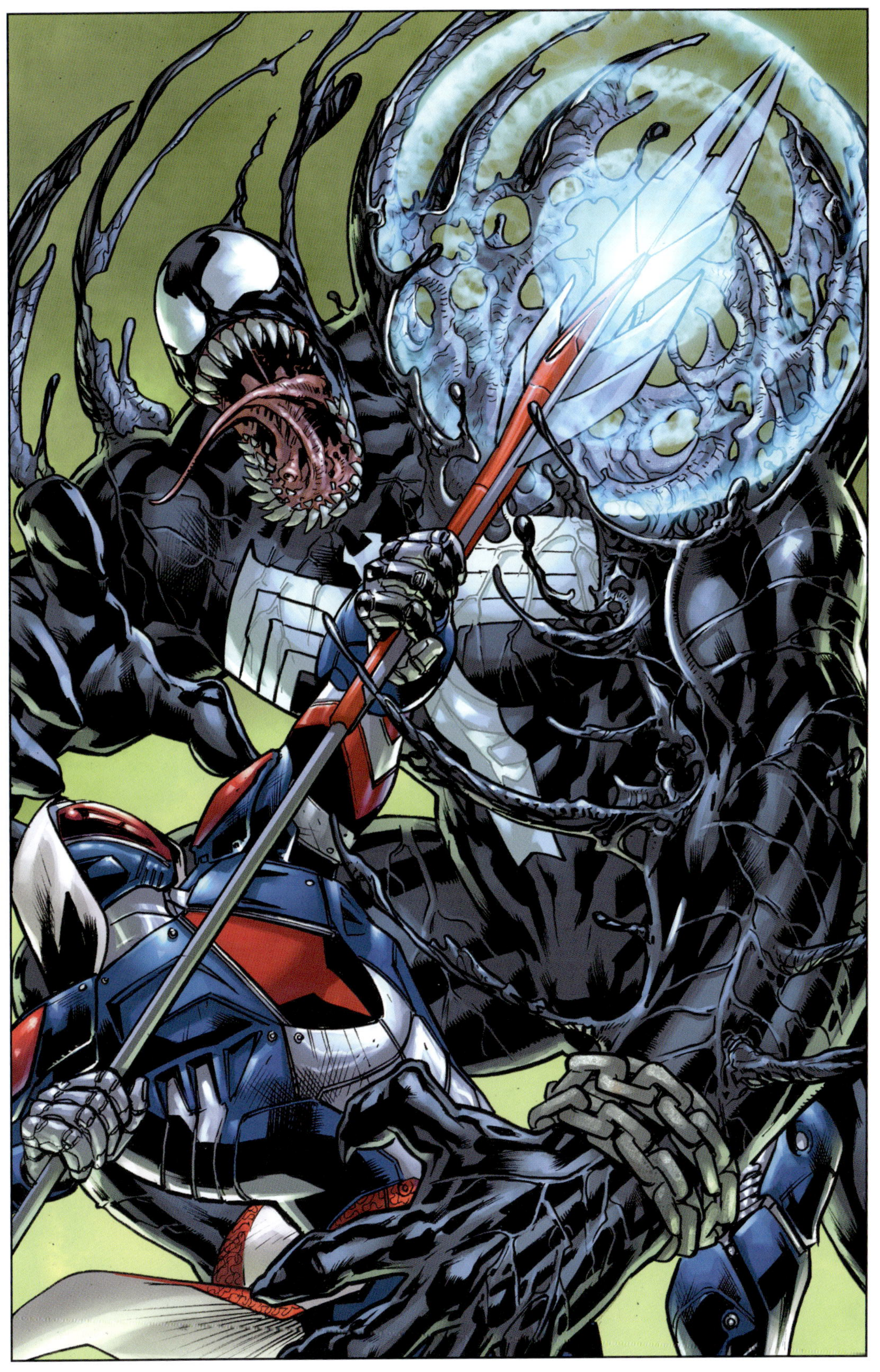

Venom (2021) 4
Cover von **BRYAN HITCH**

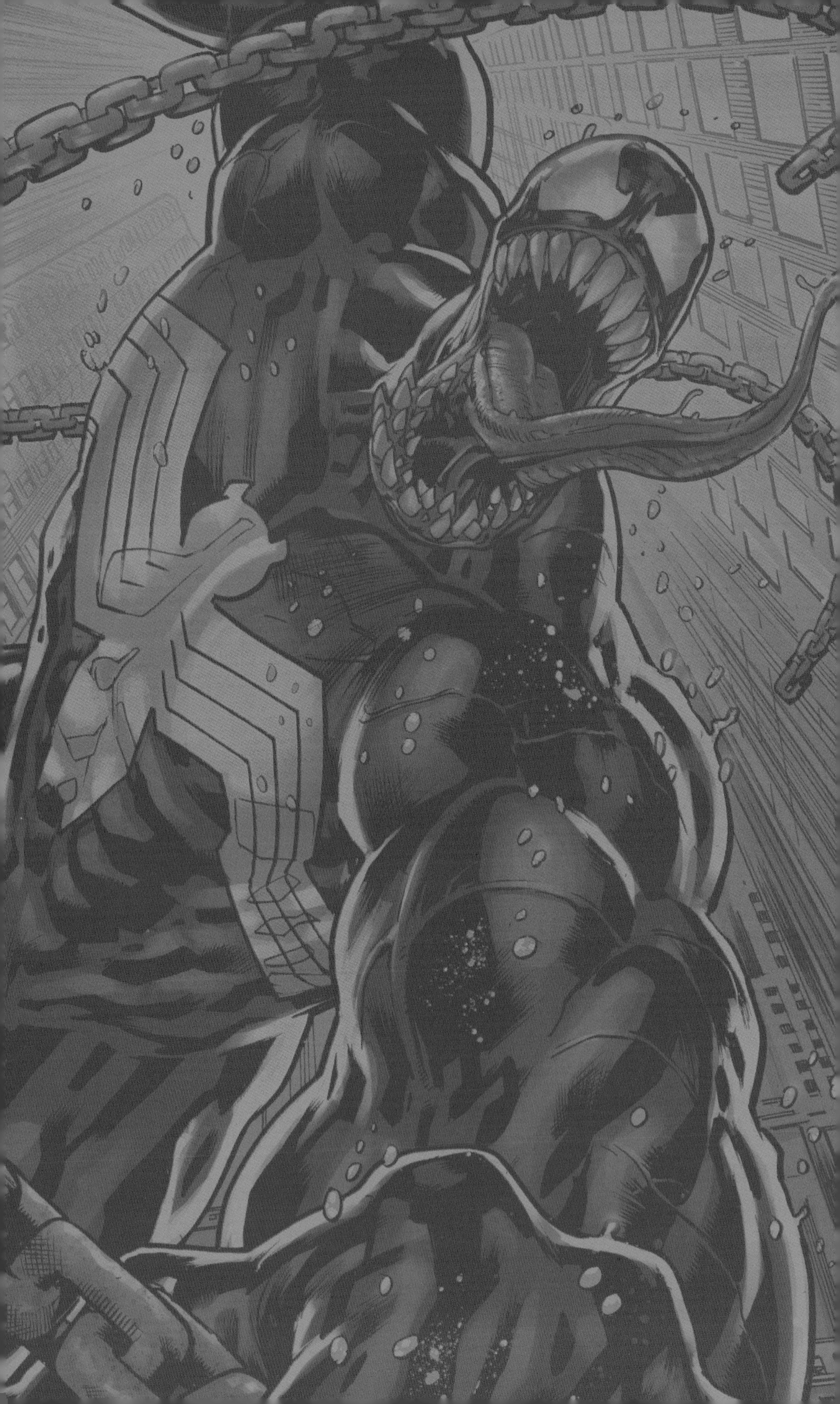

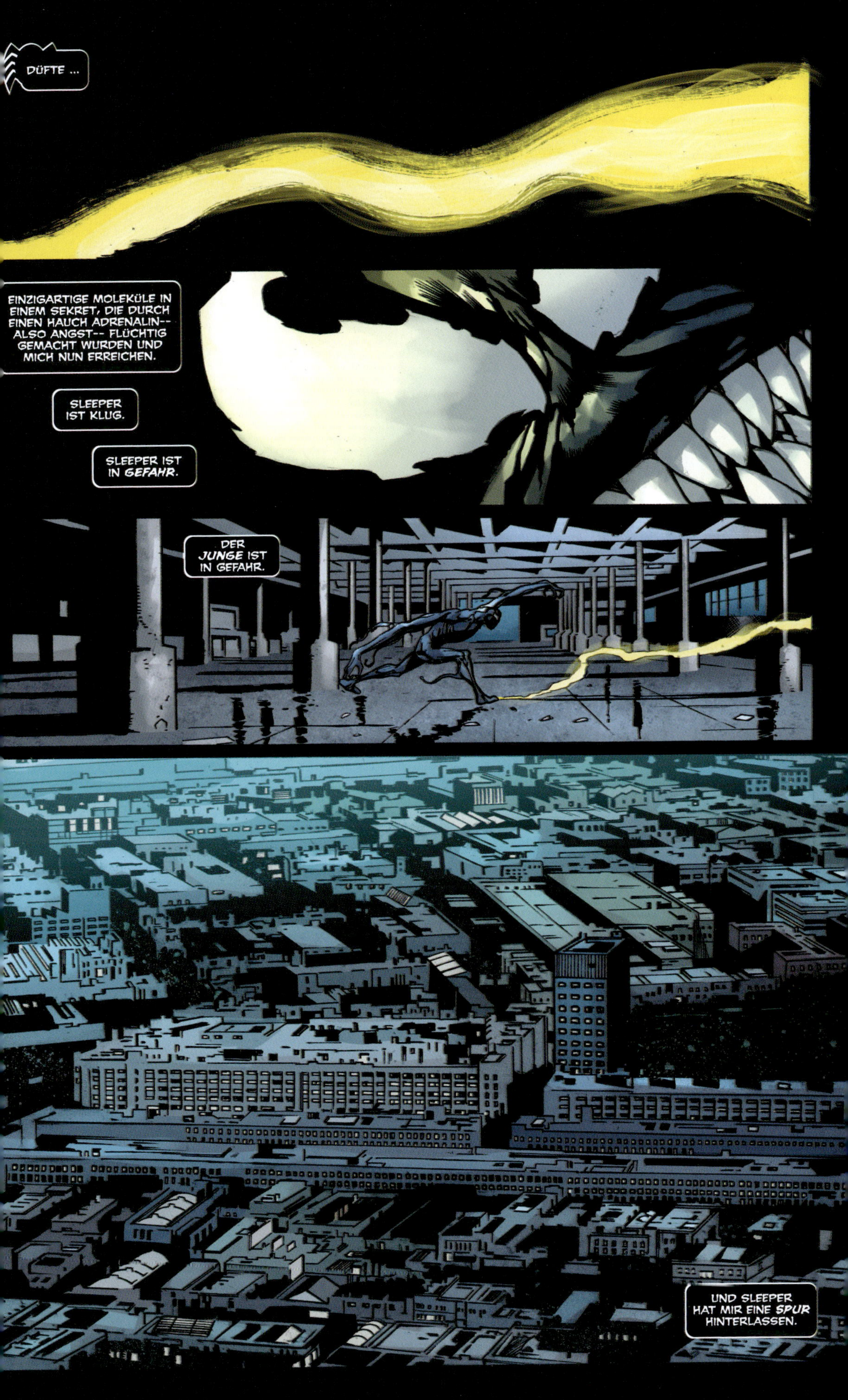
DÜFTE ...
EINZIGARTIGE MOLEKÜLE IN EINEM SEKRET, DIE DURCH EINEN HAUCH ADRENALIN-- ALSO ANGST-- FLÜCHTIG GEMACHT WURDEN UND MICH NUN ERREICHEN.
SLEEPER IST KLUG.
SLEEPER IST IN GEFAHR.
DER JUNGE IST IN GEFAHR.
UND SLEEPER HAT MIR EINE SPUR HINTERLASSEN.

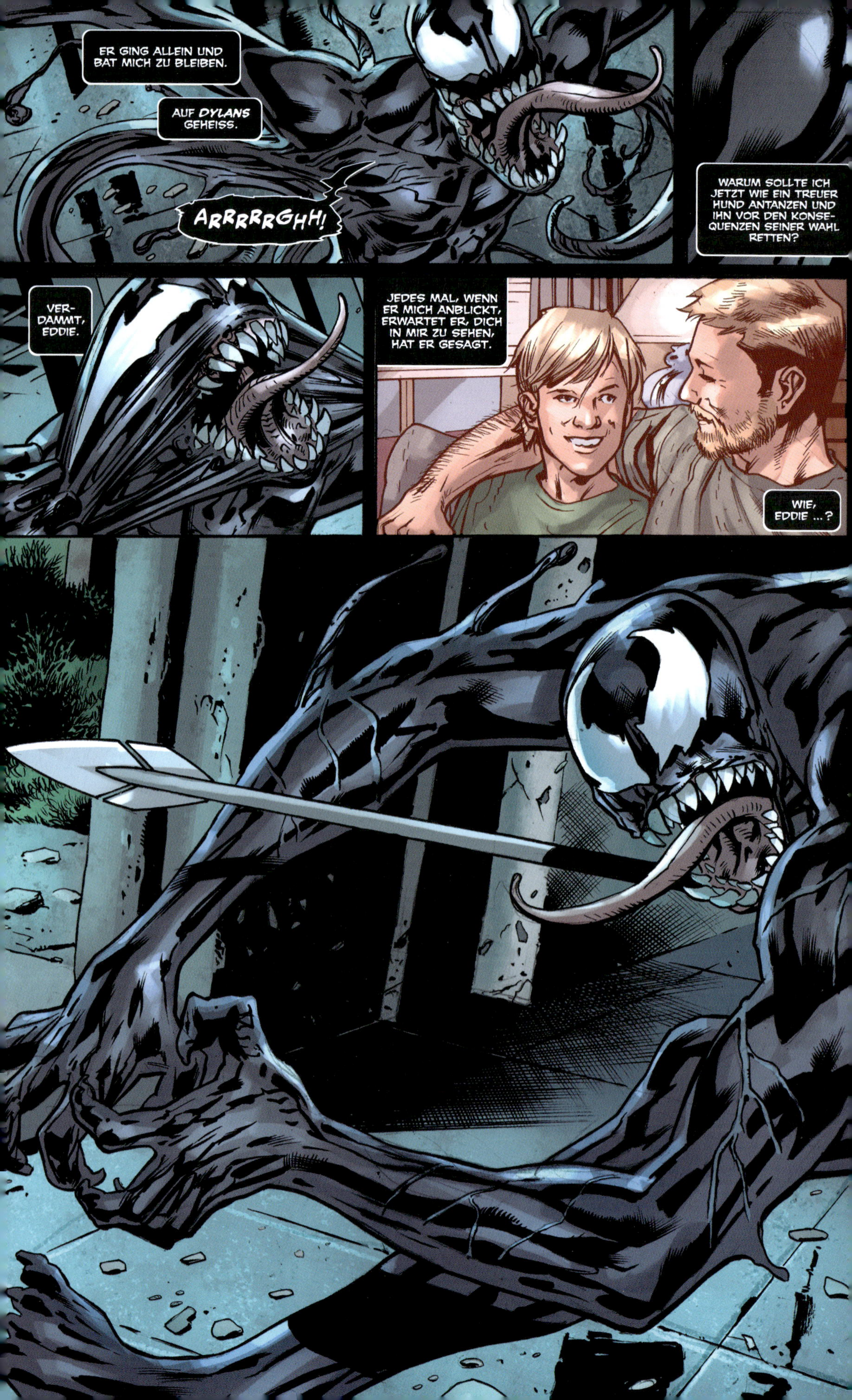
ER GING ALLEIN UND BAT MICH ZU BLEIBEN.
AUF DYLANS GEHEISS.
ARRRRRGHH!
WARUM SOLLTE ICH JETZT WIE EIN TREUER HUND ANTANZEN UND IHN VOR DEN KONSE-QUENZEN SEINER WAHL RETTEN?
VER-DAMMT, EDDIE.
JEDES MAL, WENN ER MICH ANBLICKT, ERWARTET ER, DICH IN MIR ZU SEHEN, HAT ER GESAGT.
WIE, EDDIE ...?

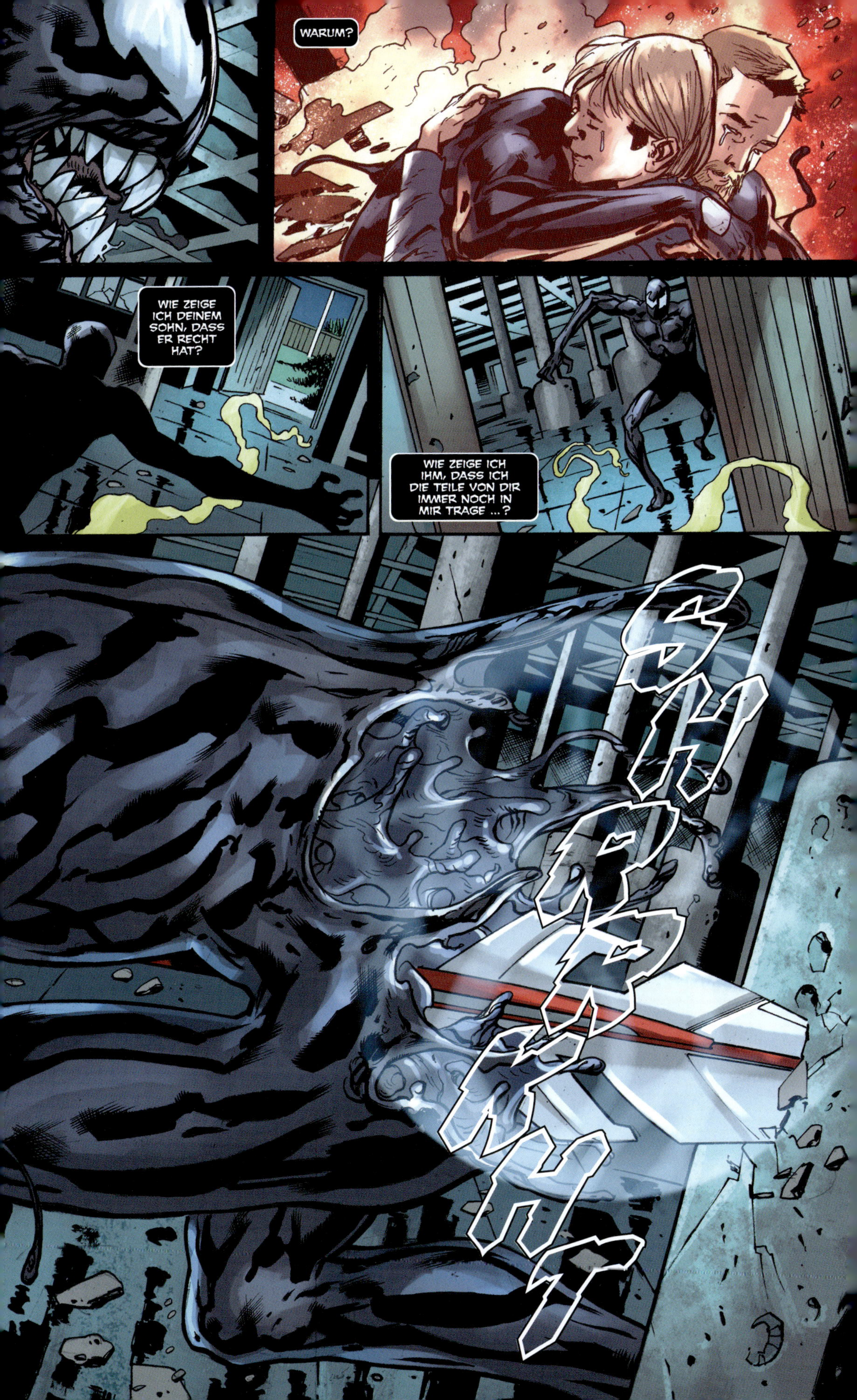
WARUM?
WIE ZEIGE ICH DEINEM SOHN, DASS ER RECHT HAT?
WIE ZEIGE ICH IHM, DASS ICH DIE TEILE VON DIR IMMER NOCH IN MIR TRAGE ...?
SHRRAKHT

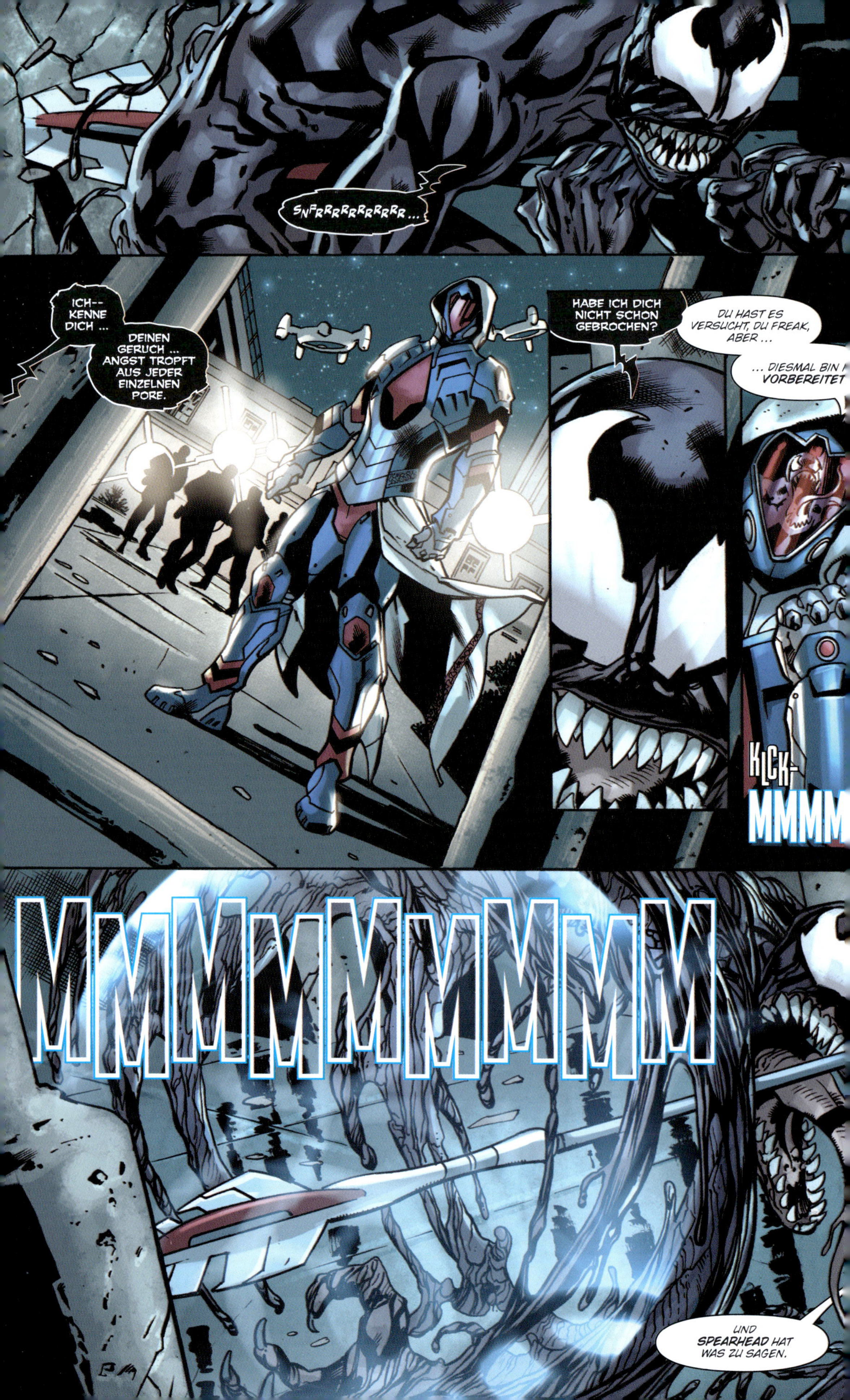
SNFRRRRRRRRRR ...
ICH-- KENNE DICH ...
DEINEN GERUCH ... ANGST TROPFT AUS JEDER EINZELNEN PORE.
HABE ICH DICH NICHT SCHON GEBROCHEN?
DU HAST ES VERSUCHT, DU FREAK, ABER ...
... DIESMAL BIN I VORBEREITET
KLICK-
MMMM
MMMMMMMMMMMM
UND SPEARHEAD HAT WAS ZU SAGEN.

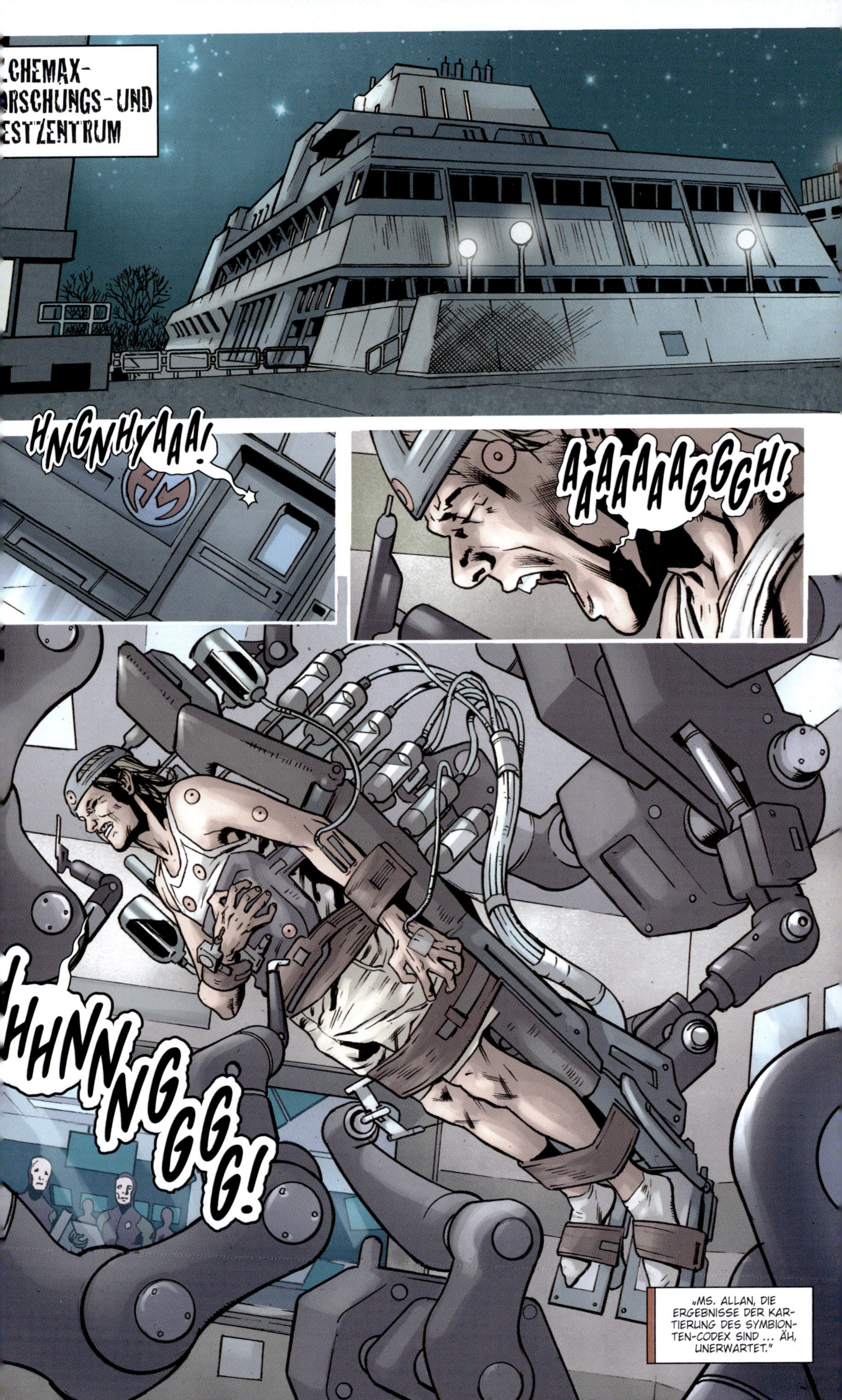

CHEMAX-
ORSCHUNGS-UND
ESTZENTRUM
HNGNHYAAA!
AAAAAAAGGGH!
HHNNNGGGG!
„MS. ALLAN, DIE ERGEBNISSE DER KARTIERUNG DES SYMBIONTEN-CODEX SIND ... ÄH, UNERWARTET."

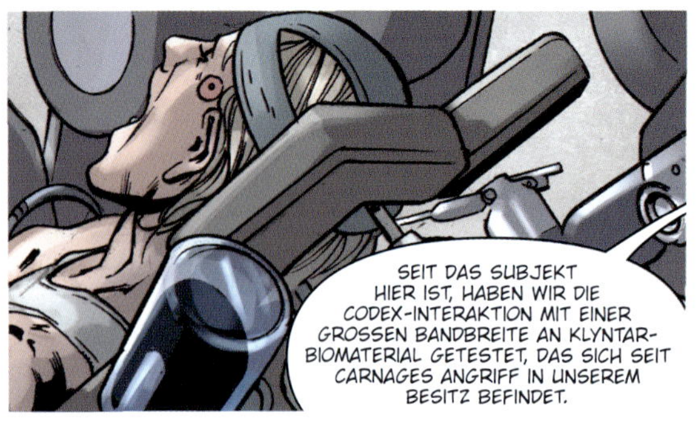
SEIT DAS SUBJEKT HIER IST, HABEN WIR DIE CODEX-INTERAKTION MIT EINER GROSSEN BANDBREITE AN KLYNTAR-BIOMATERIAL GETESTET, DAS SICH SEIT CARNAGES ANGRIFF IN UNSEREM BESITZ BEFINDET.

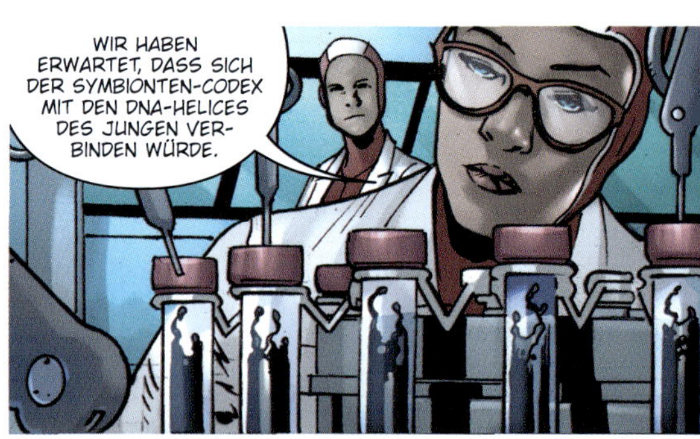
WIR HABEN ERWARTET, DASS SICH DER SYMBIONTEN-CODEX MIT DEN DNA-HELICES DES JUNGEN VERBINDEN WÜRDE.

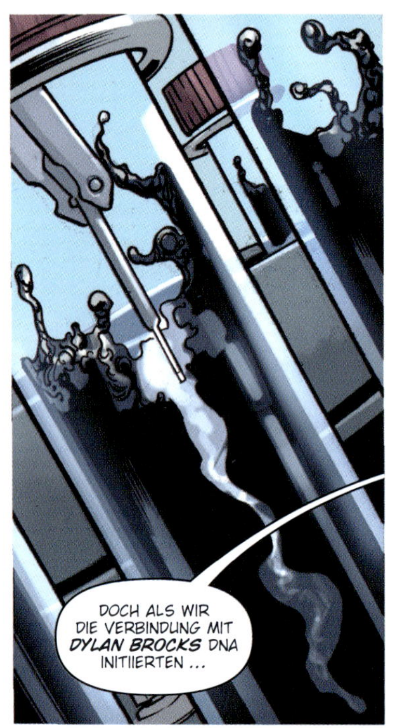
DOCH ALS WIR DIE VERBINDUNG MIT **DYLAN BROCKS** DNA INITIIERTEN ...

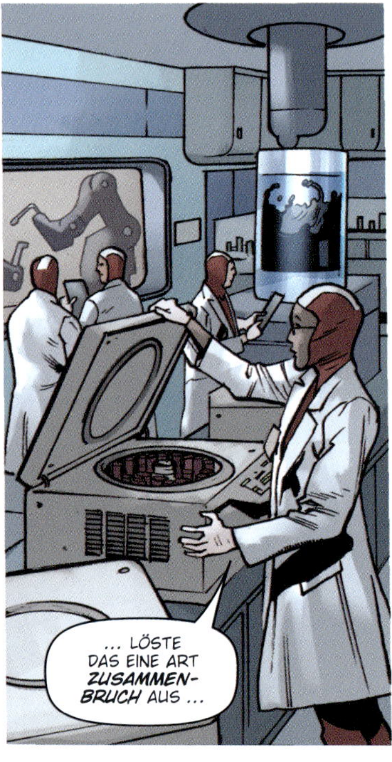
... LÖSTE DAS EINE ART **ZUSAMMENBRUCH** AUS ...

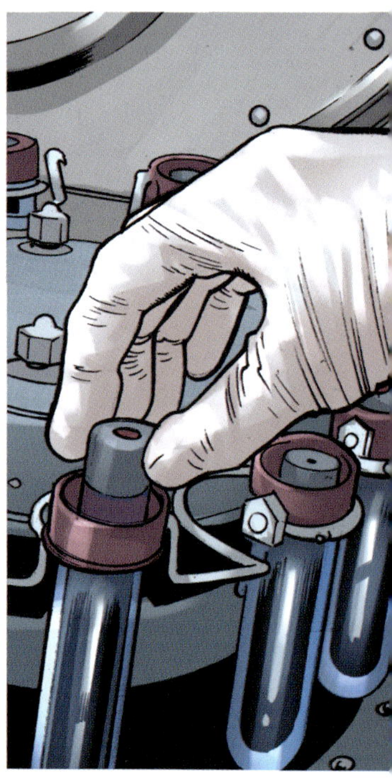

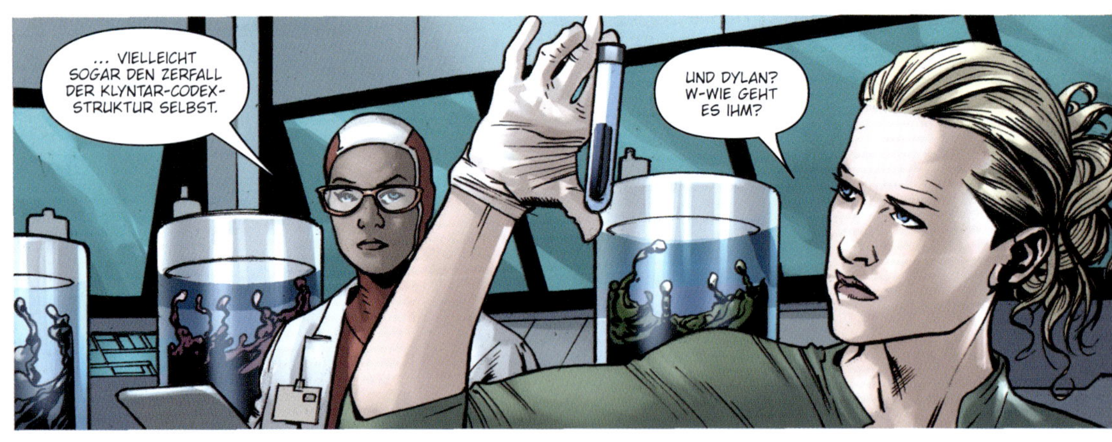
... VIELLEICHT SOGAR DEN ZERFALL DER KLYNTAR-CODEX-STRUKTUR SELBST.
UND DYLAN? W-WIE GEHT ES IHM?

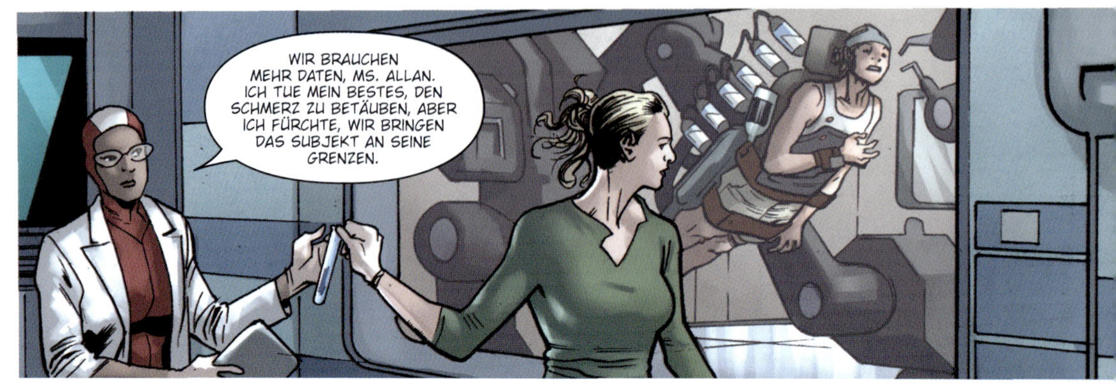
WIR BRAUCHEN MEHR DATEN, MS. ALLAN. ICH TUE MEIN BESTES, DEN SCHMERZ ZU BETÄUBEN, ABER ICH FÜRCHTE, WIR BRINGEN DAS SUBJEKT AN SEINE GRENZEN.

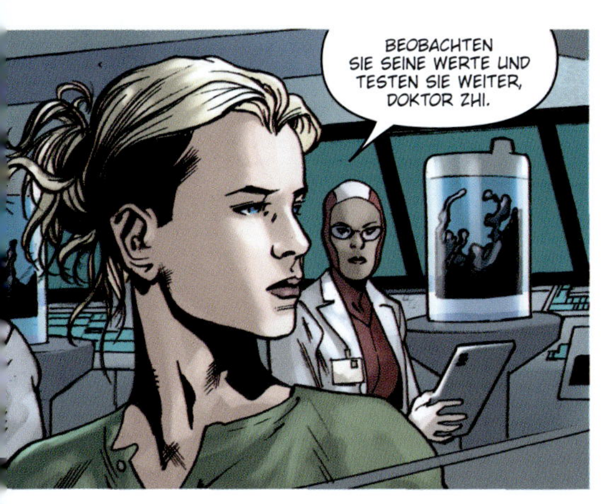
BEOBACHTEN SIE SEINE WERTE UND TESTEN SIE WEITER, DOKTOR ZHI.

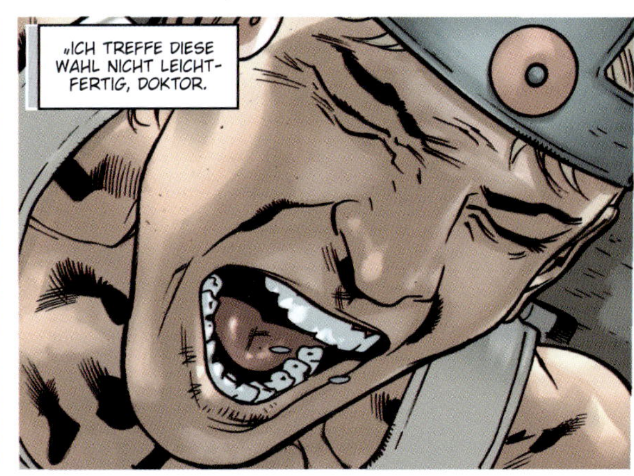
„ICH TREFFE DIESE WAHL NICHT LEICHTFERTIG, DOKTOR.

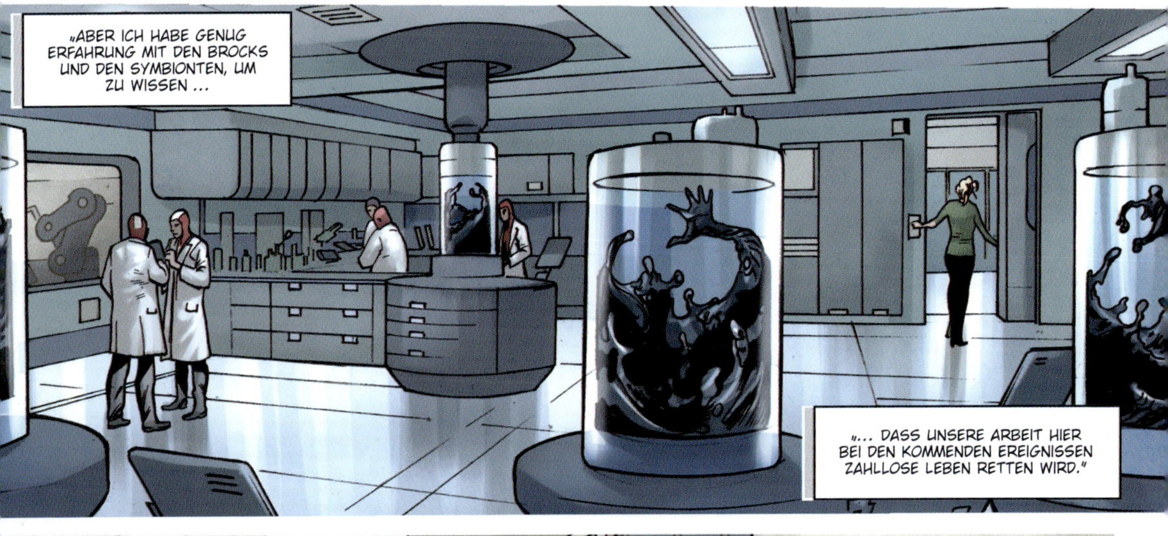
„ABER ICH HABE GENUG ERFAHRUNG MIT DEN BROCKS UND DEN SYMBIONTEN, UM ZU WISSEN …
„… DASS UNSERE ARBEIT HIER BEI DEN KOMMENDEN EREIGNISSEN ZAHLLOSE LEBEN RETTEN WIRD."

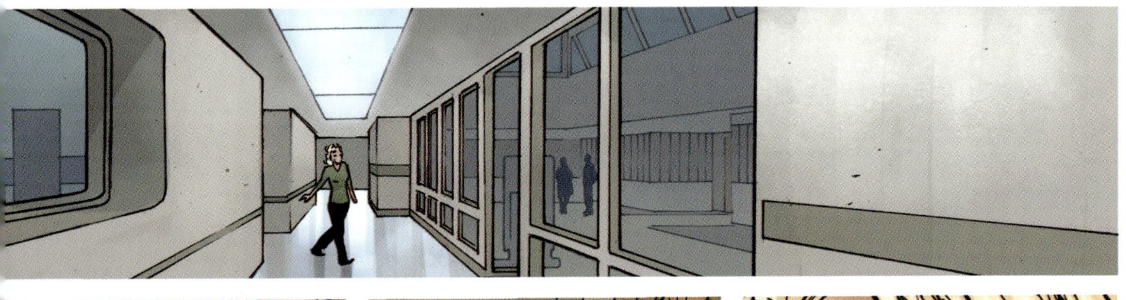

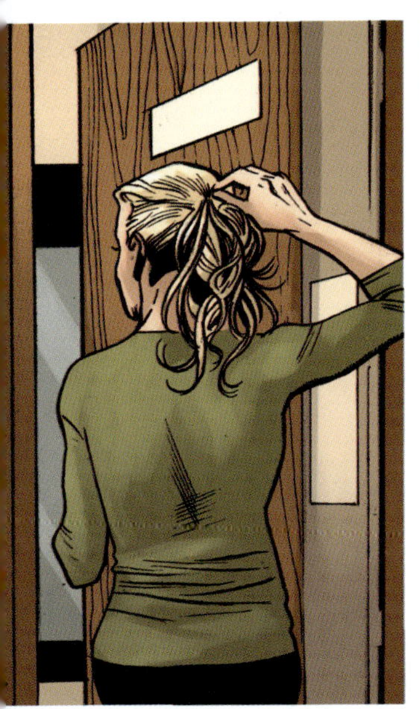

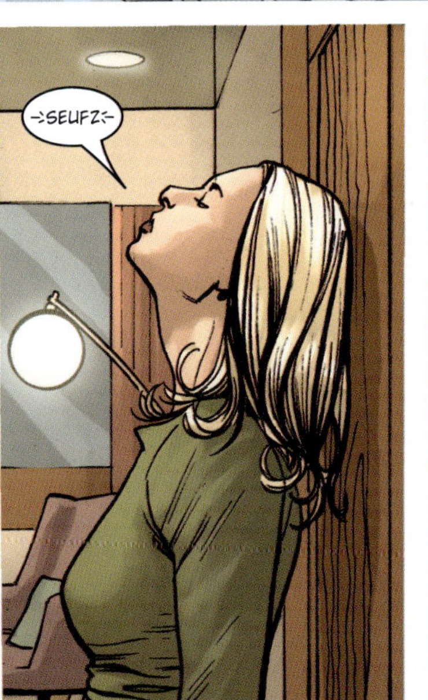
-SEUFZ-

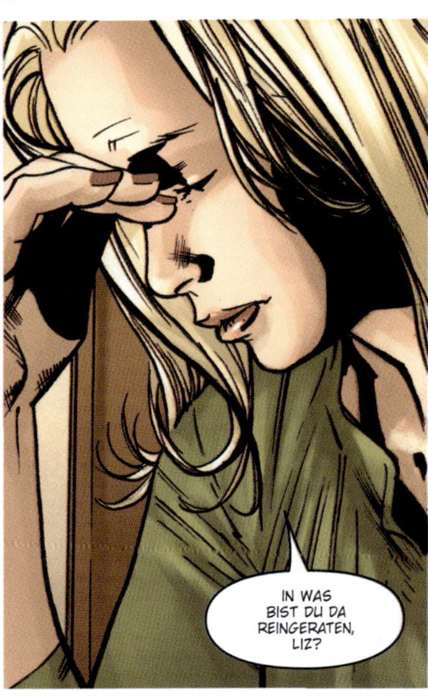
IN WAS BIST DU DA REINGERATEN, LIZ?

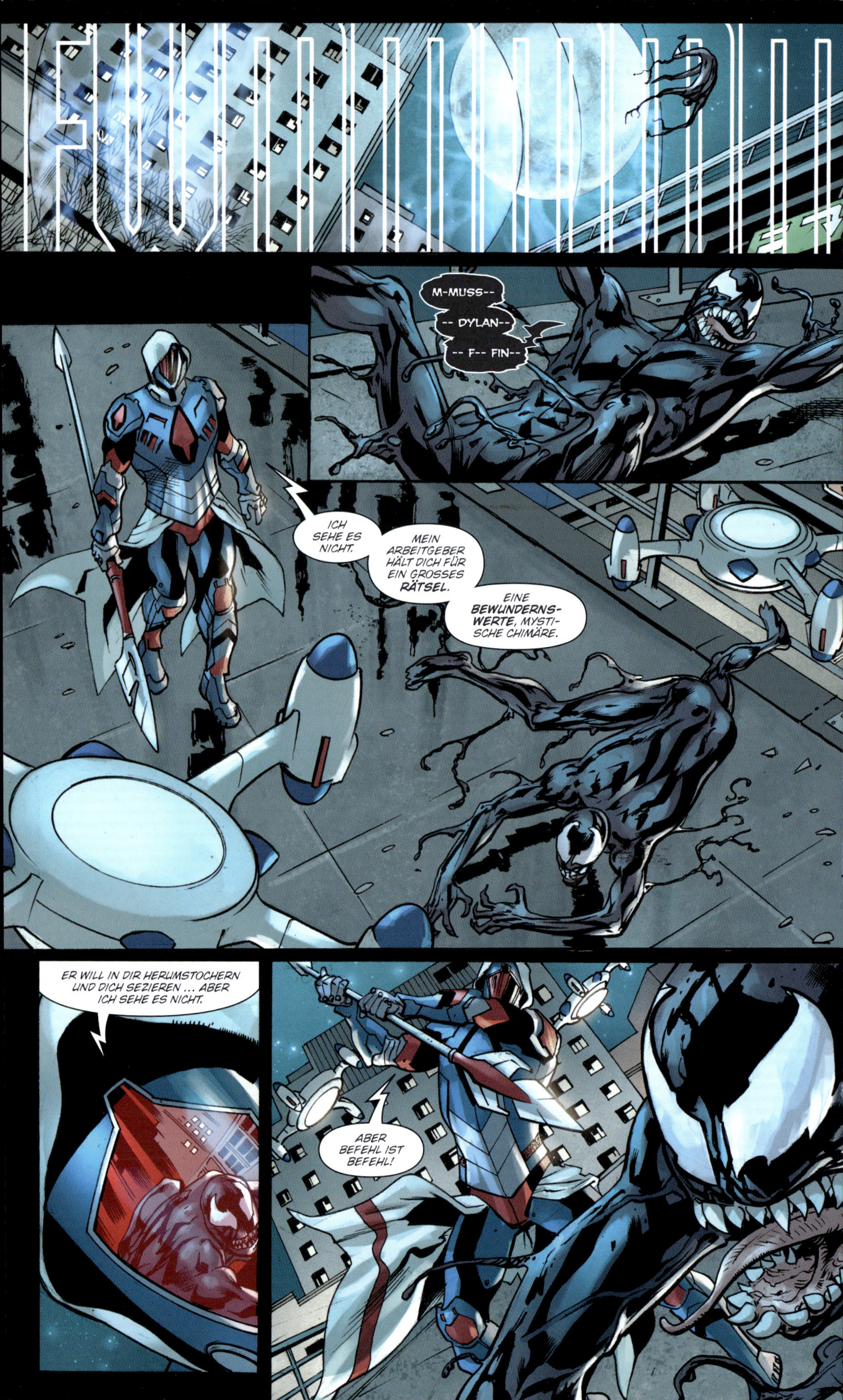
M-MUSS--
-- DYLAN--
-- F-- FIN--
ICH SEHE ES NICHT.
MEIN ARBEITGEBER HÄLT DICH FÜR EIN GROSSES **RÄTSEL**.
EINE **BEWUNDERNSWERTE**, MYSTISCHE CHIMÄRE.
ER WILL IN DIR HERUMSTOCHERN UND DICH SEZIEREN ... ABER ICH SEHE ES NICHT.
ABER BEFEHL IST BEFEHL!

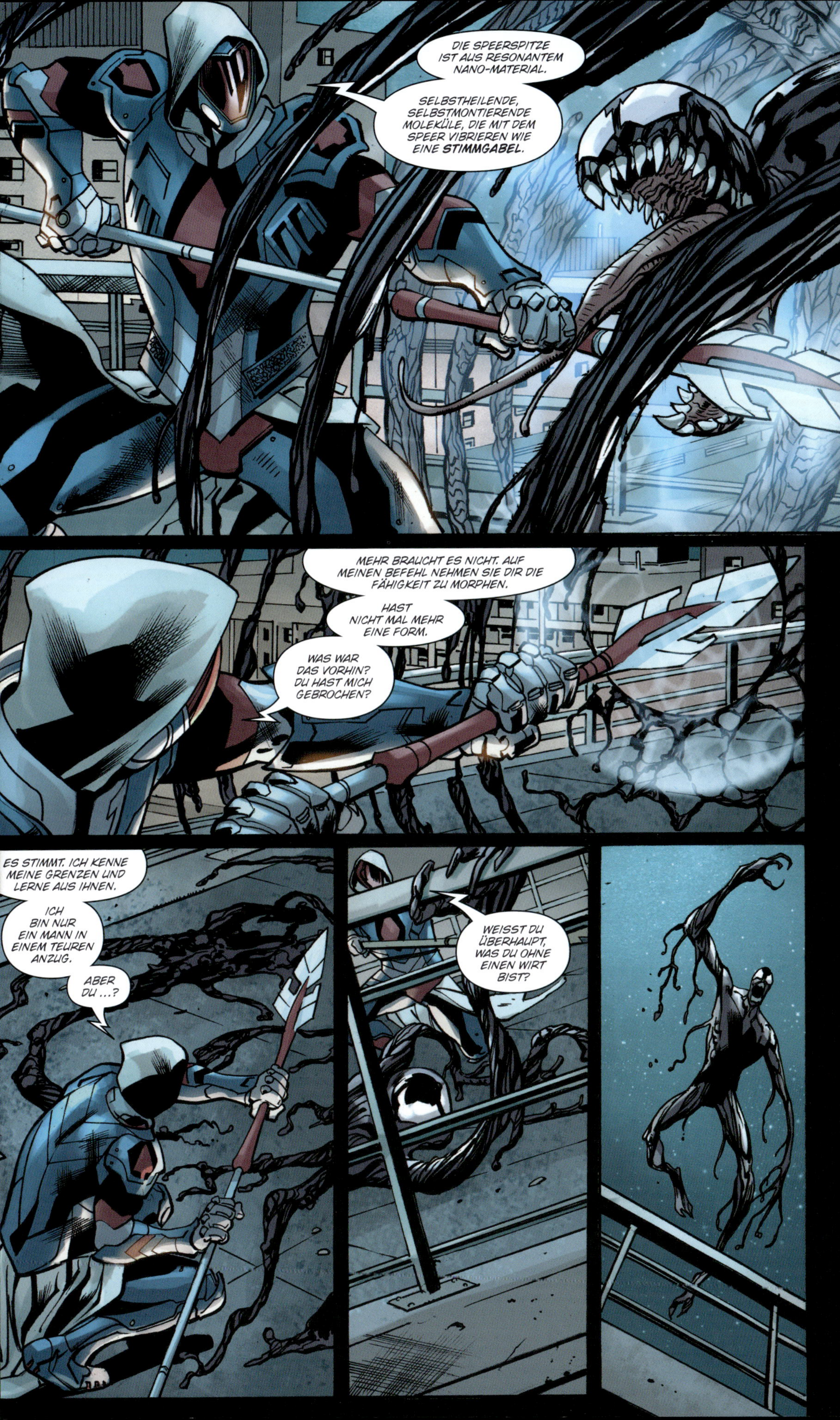
DIE SPEERSPITZE IST AUS RESONANTEM NANO-MATERIAL.
SELBSTHEILENDE, SELBSTMONTIERENDE MOLEKÜLE, DIE MIT DEM SPEER VIBRIEREN WIE EINE **STIMMGABEL**.
MEHR BRAUCHT ES NICHT. AUF MEINEN BEFEHL NEHMEN SIE DIR DIE FÄHIGKEIT ZU MORPHEN.
HAST NICHT MAL MEHR EINE FORM.
WAS WAR DAS VORHIN? DU HAST MICH GEBROCHEN?
ES STIMMT. ICH KENNE MEINE GRENZEN UND LERNE AUS IHNEN.
ICH BIN NUR EIN MANN IN EINEM TEUREN ANZUG.
ABER DU ...?
WEISST DU ÜBERHAUPT, WAS DU OHNE EINEN WIRT BIST?

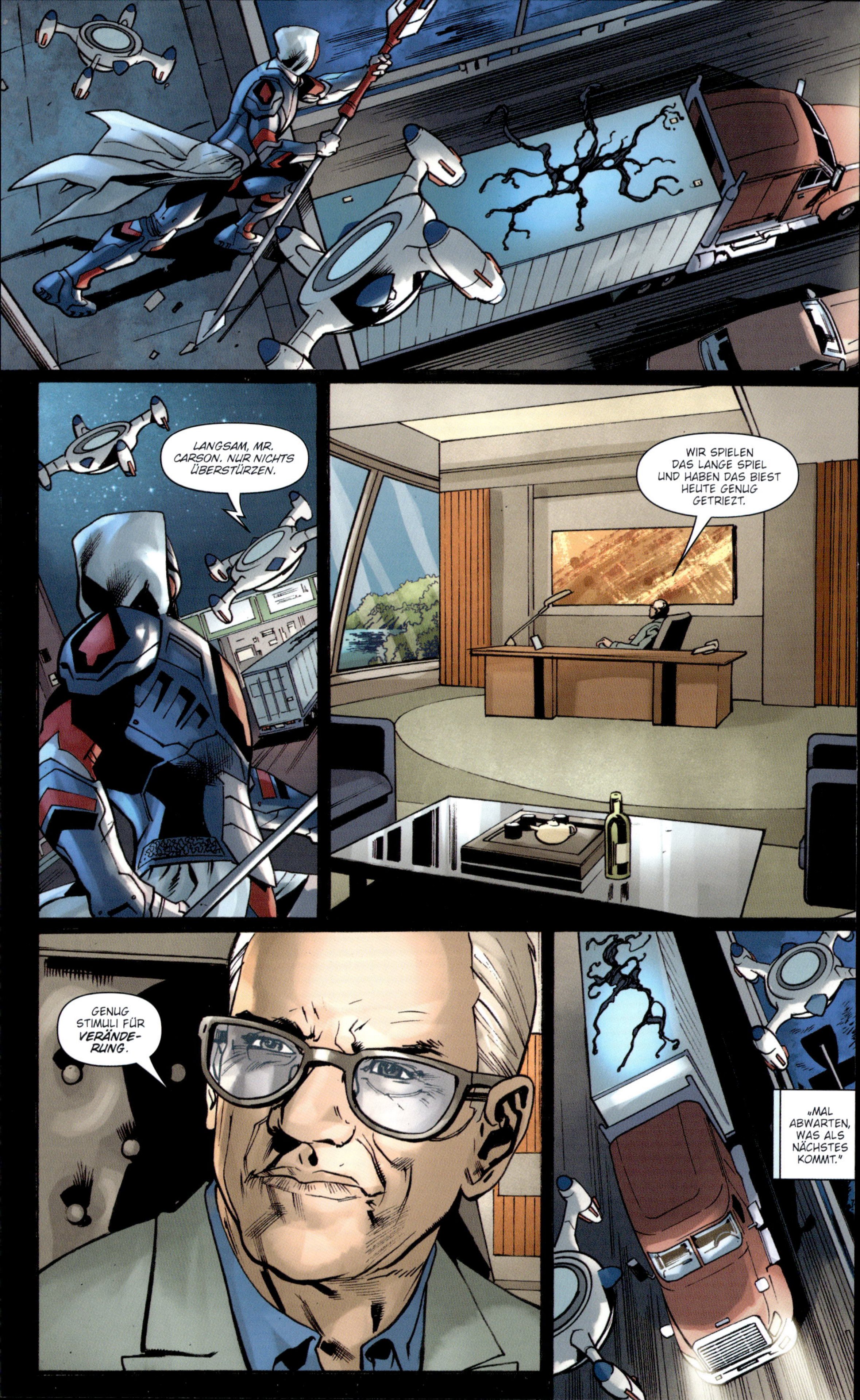
LANGSAM, MR. CARSON. NUR NICHTS ÜBERSTÜRZEN.
WIR SPIELEN DAS LANGE SPIEL UND HABEN DAS BIEST HEUTE GENUG GETRIEZT.
GENUG STIMULI FÜR VERÄNDE-RUNG.
„MAL ABWARTEN, WAS ALS NÄCHSTES KOMMT."

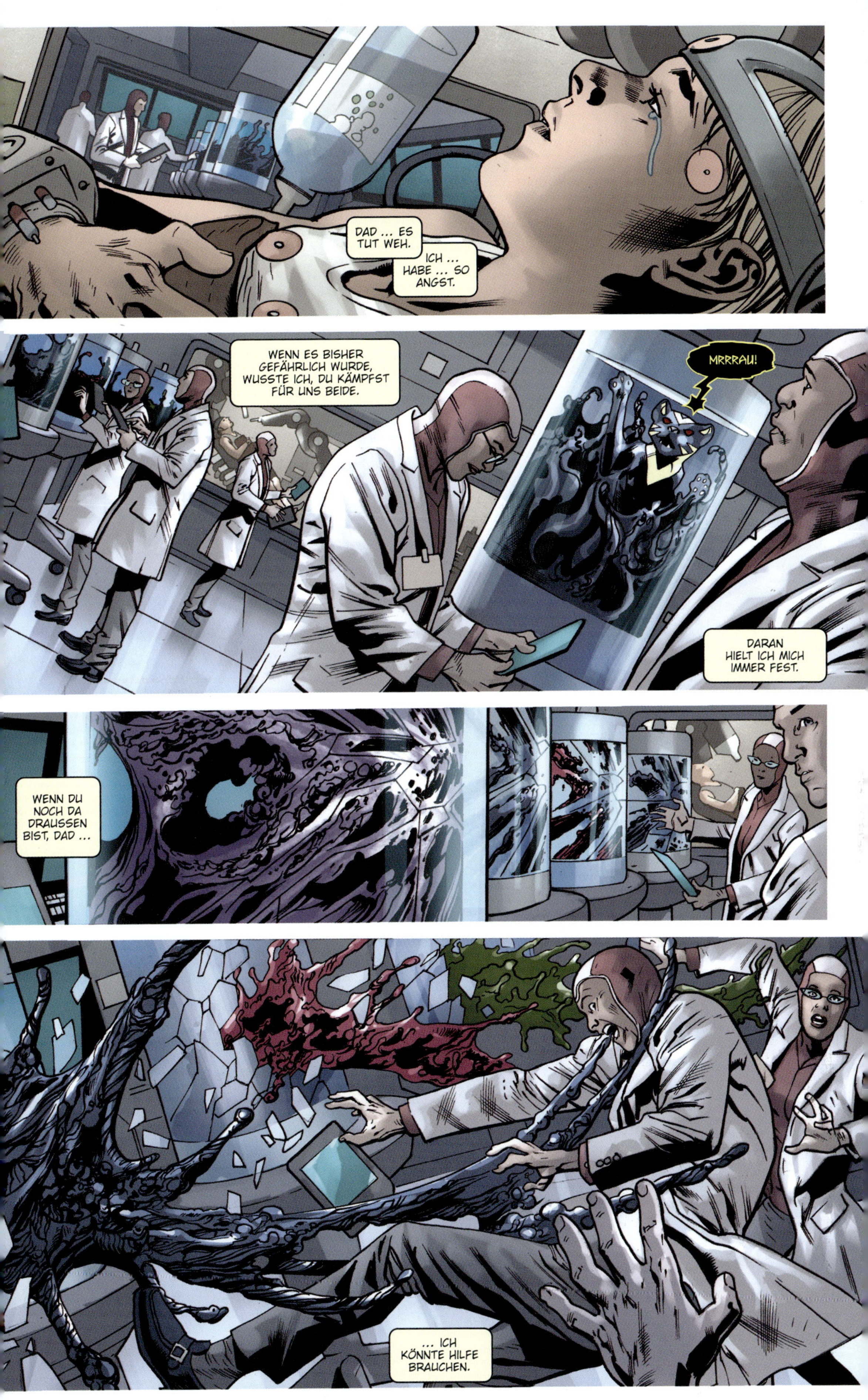
DAD ... ES TUT WEH.
ICH ... HABE ... SO ANGST.
WENN ES BISHER GEFÄHRLICH WURDE, WUSSTE ICH, DU KÄMPFST FÜR UNS BEIDE.
MRRRAU!
DARAN HIELT ICH MICH IMMER FEST.
WENN DU NOCH DA DRAUSSEN BIST, DAD ...
... ICH KÖNNTE HILFE BRAUCHEN.

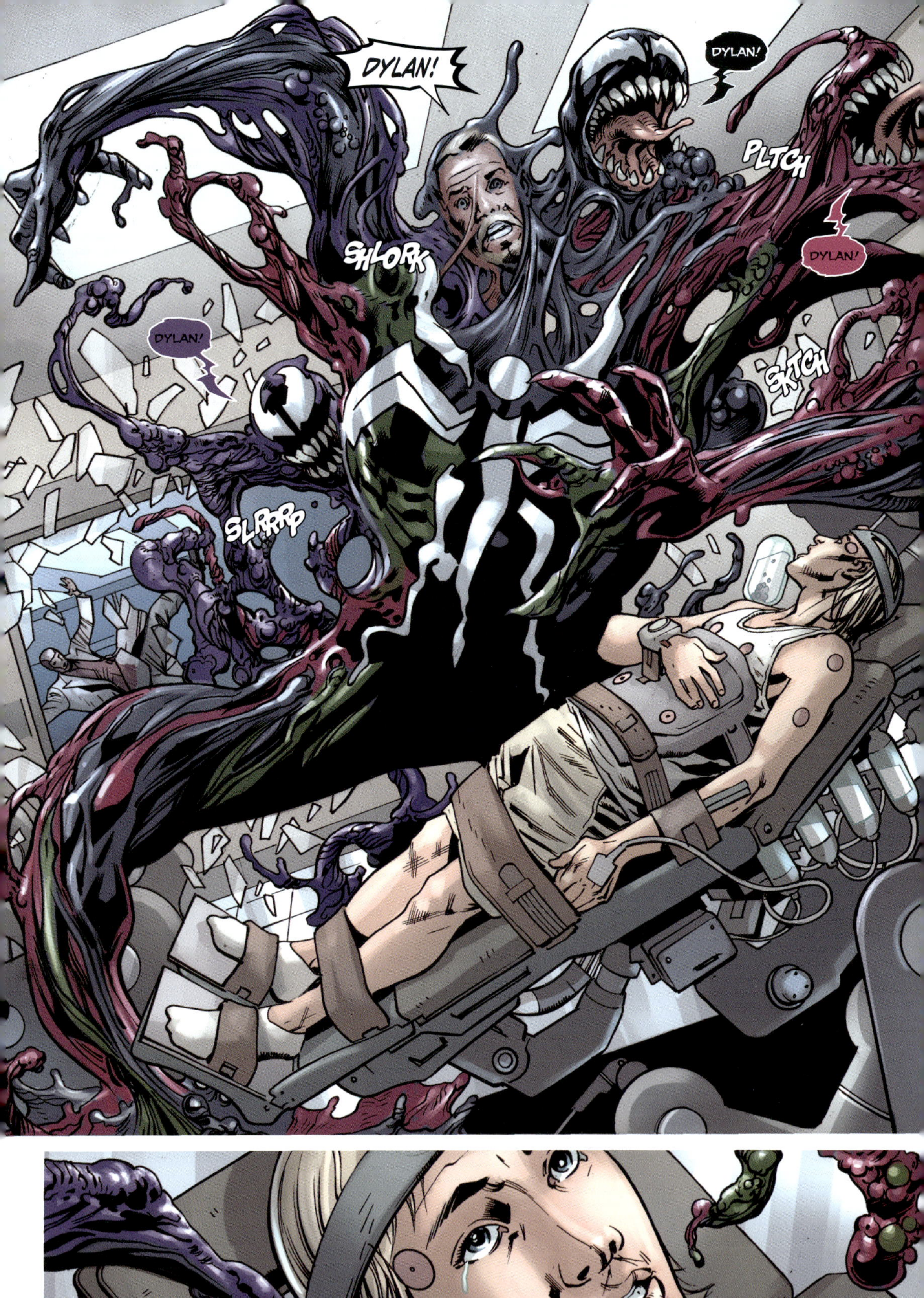

DAD-SICHTUNG, ALCHEMAX-EINRICHTUNG

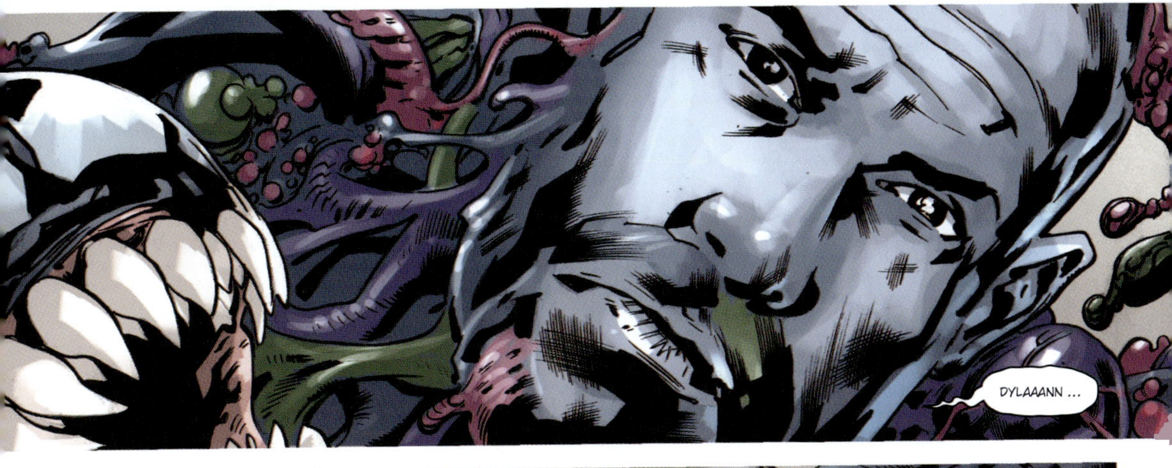
DYLAAANN ...

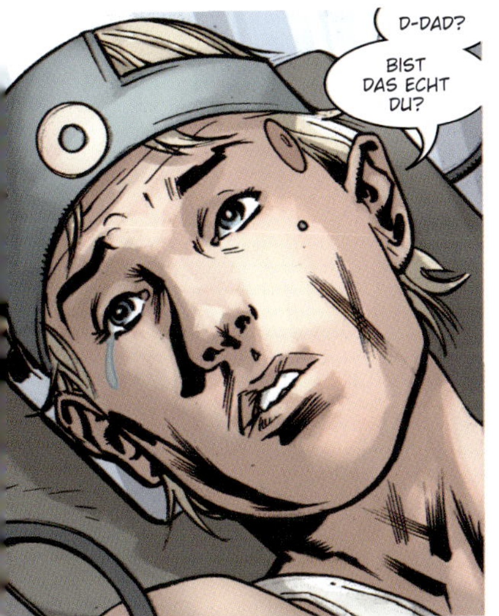
D-DAD?
BIST DAS ECHT DU?

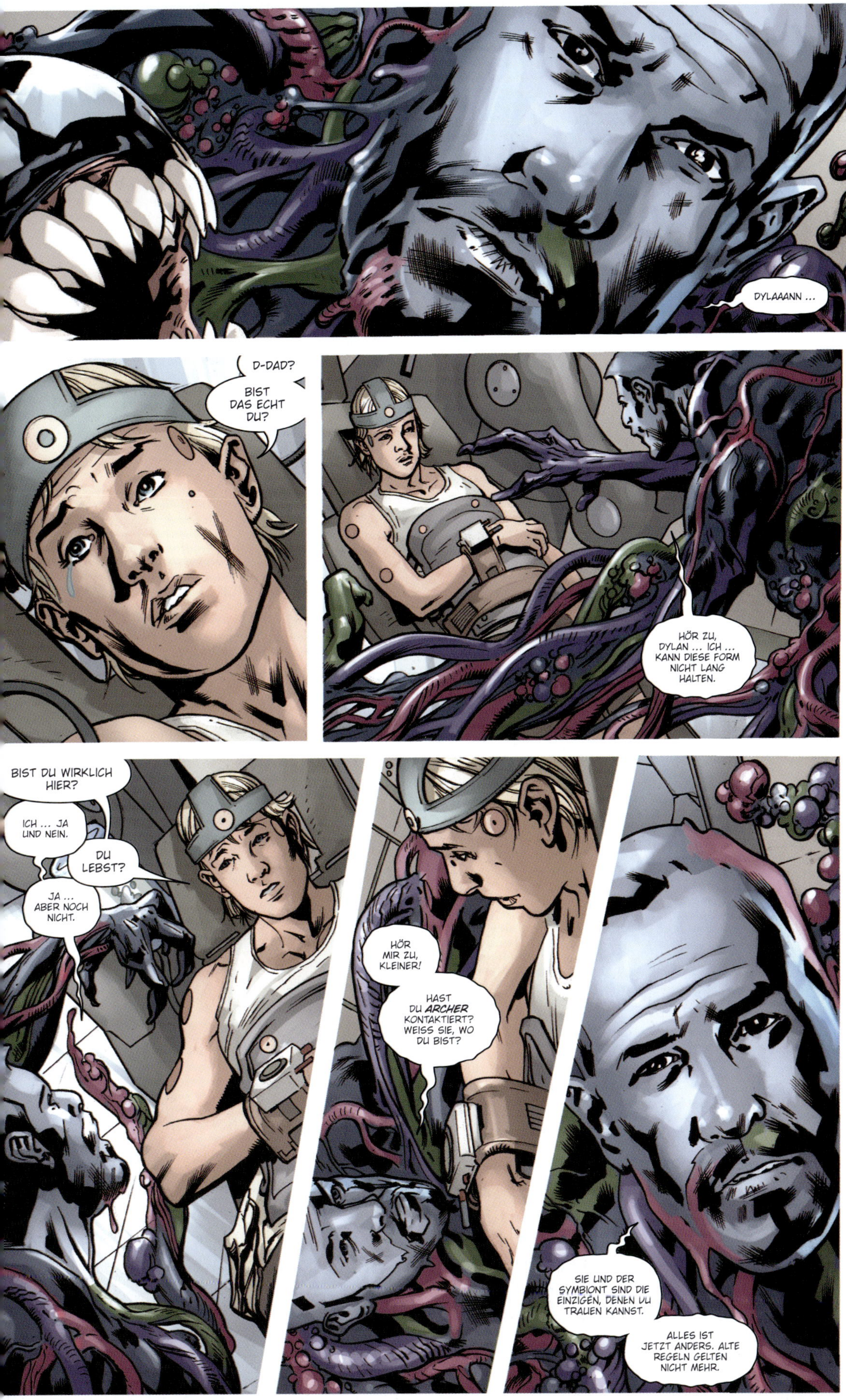

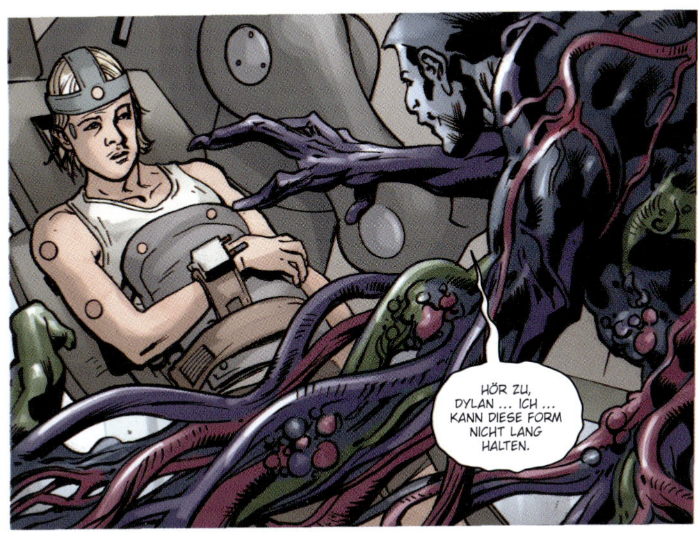
HÖR ZU, DYLAN ... ICH ... KANN DIESE FORM NICHT LANG HALTEN.

BIST DU WIRKLICH HIER?
ICH ... JA UND NEIN.
DU LEBST?
JA ... ABER NOCH NICHT.
HÖR MIR ZU, KLEINER!
HAST DU ***ARCHER*** KONTAKTIERT? WEISS SIE, WO DU BIST?
SIE UND DER SYMBIONT SIND DIE EINZIGEN, DENEN DU TRAUEN KANNST.
ALLES IST JETZT ANDERS. ALTE REGELN GELTEN NICHT MEHR.

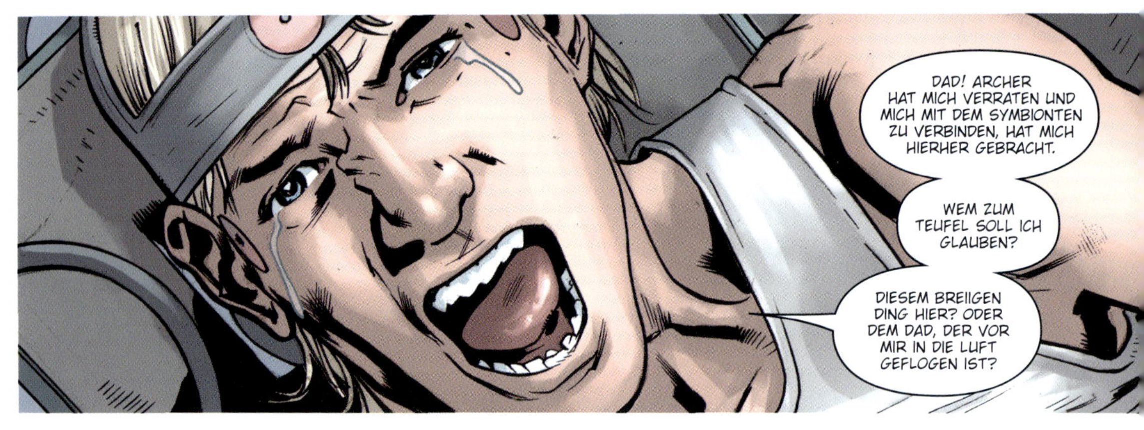
DAD! ARCHER HAT MICH VERRATEN UND MICH MIT DEM SYMBIONTEN ZU VERBINDEN, HAT MICH HIERHER GEBRACHT.
WEM ZUM TEUFEL SOLL ICH GLAUBEN?
DIESEM BREIIGEN DING HIER? ODER DEM DAD, DER VOR MIR IN DIE LUFT GEFLOGEN IST?

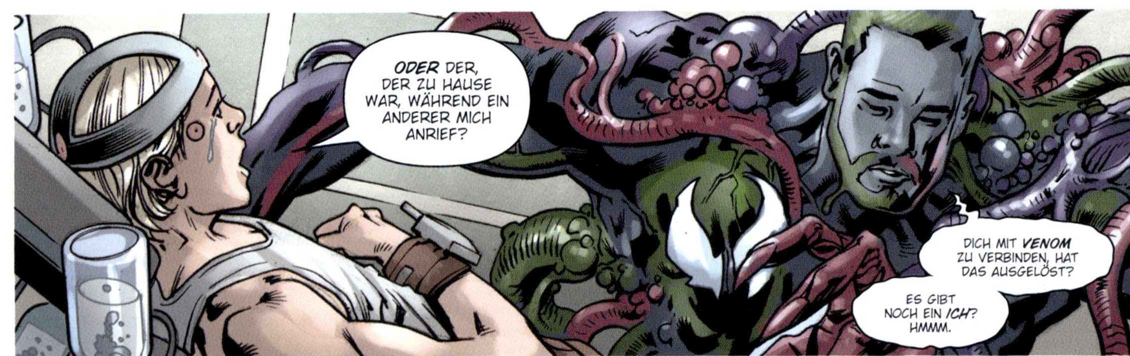
ODER DER, DER ZU HAUSE WAR, WÄHREND EIN ANDERER MICH ANRIEF?
DICH MIT **VENOM** ZU VERBINDEN, HAT DAS AUSGELÖST?
ES GIBT NOCH EIN **ICH**? HMMM.

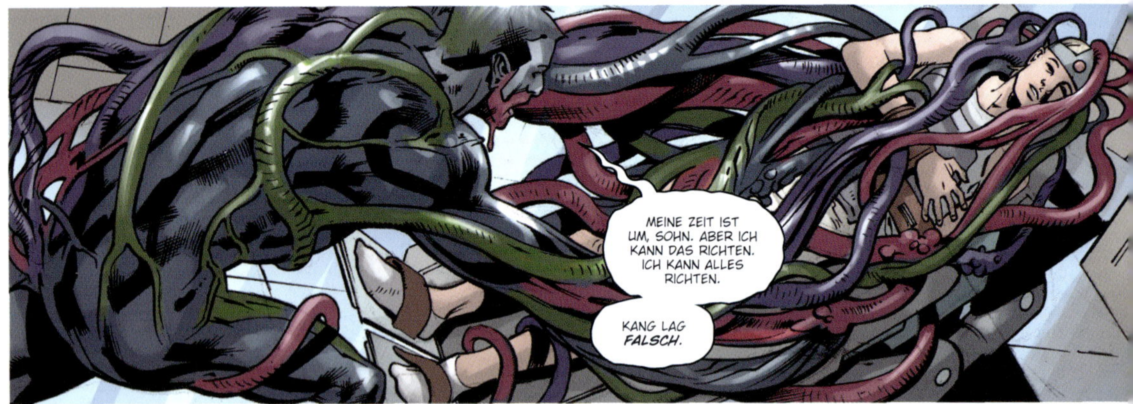
MEINE ZEIT IST UM, SOHN. ABER ICH KANN DAS RICHTEN. ICH KANN ALLES RICHTEN.
KANG LAG **FALSCH**.

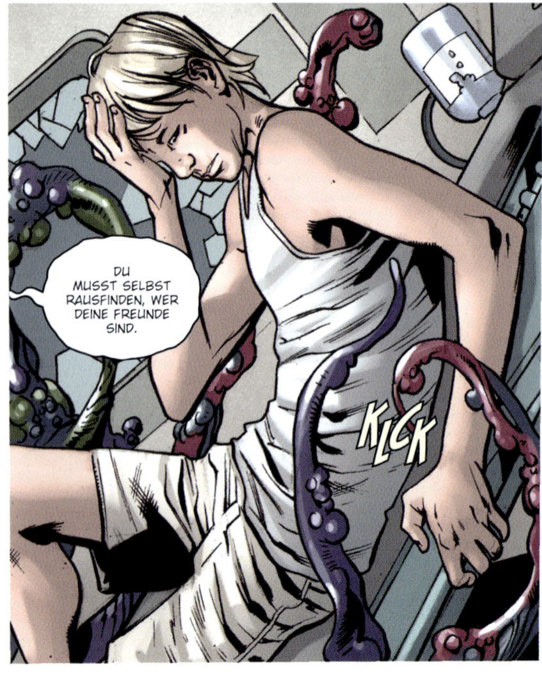
DU MUSST SELBST RAUSFINDEN, WER DEINE FREUNDE SIND.
KLCK

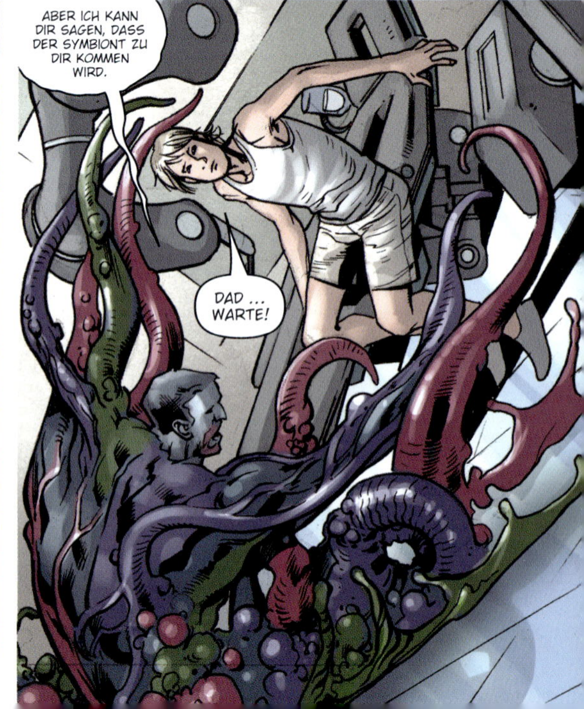
ABER ICH KANN DIR SAGEN, DASS DER SYMBIONT ZU DIR KOMMEN WIRD.
DAD ... WARTE!

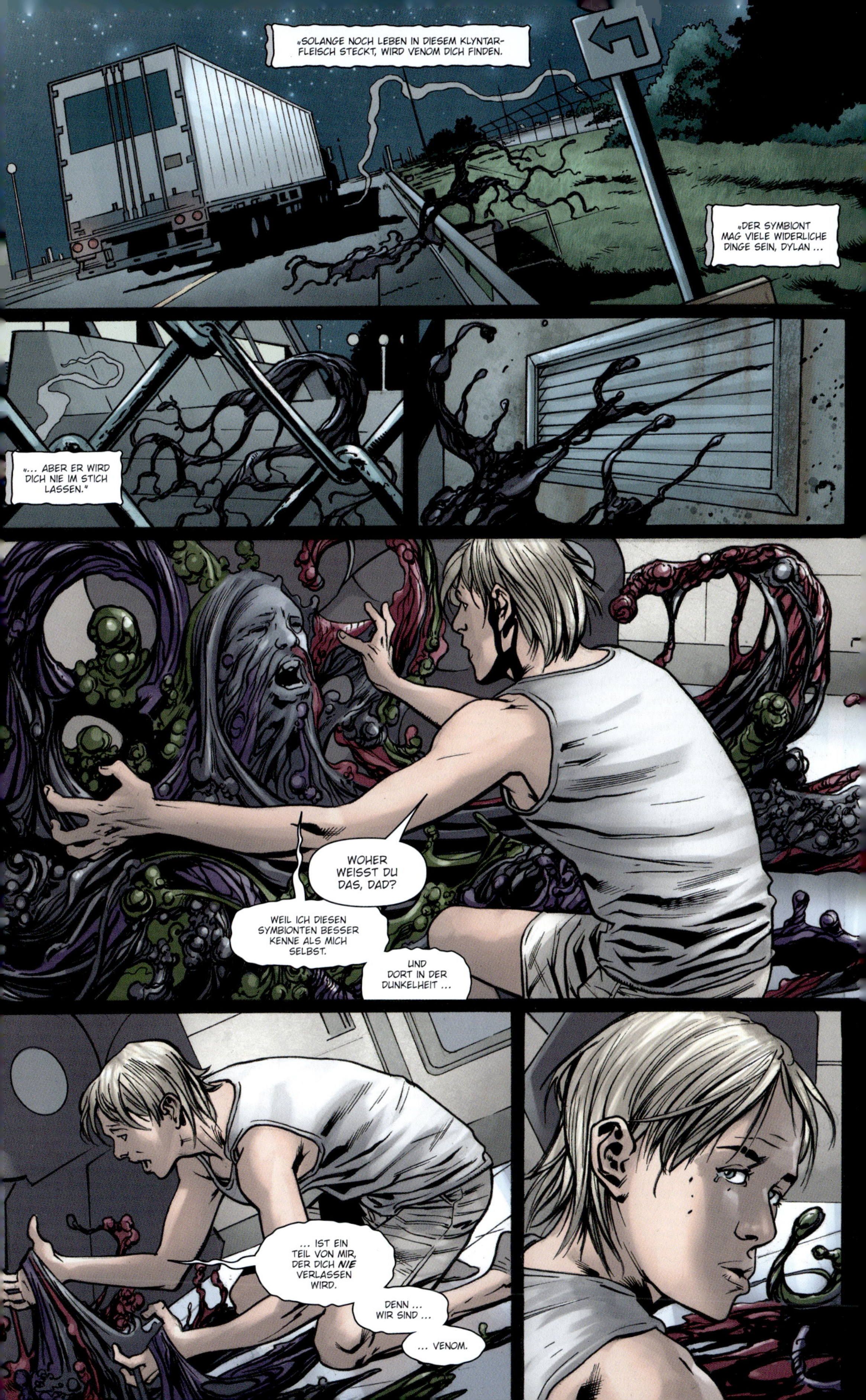
„SOLANGE NOCH LEBEN IN DIESEM KLYNTAR-FLEISCH STECKT, WIRD VENOM DICH FINDEN.
„DER SYMBIONT MAG VIELE WIDERLICHE DINGE SEIN, DYLAN …
„… ABER ER WIRD DICH NIE IM STICH LASSEN."
WOHER WEISST DU DAS, DAD?
WEIL ICH DIESEN SYMBIONTEN BESSER KENNE ALS MICH SELBST.
UND DORT IN DER DUNKELHEIT …
… IST EIN TEIL VON MIR, DER DICH *NIE* VERLASSEN WIRD.
DENN … WIR SIND …
… VENOM.

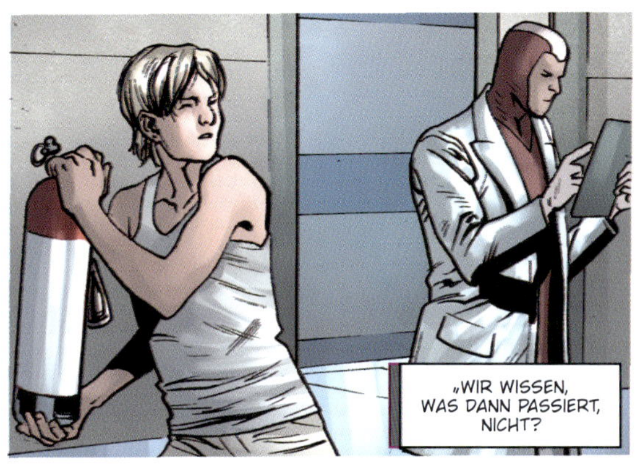
„WIR WISSEN, WAS DANN PASSIERT, NICHT?

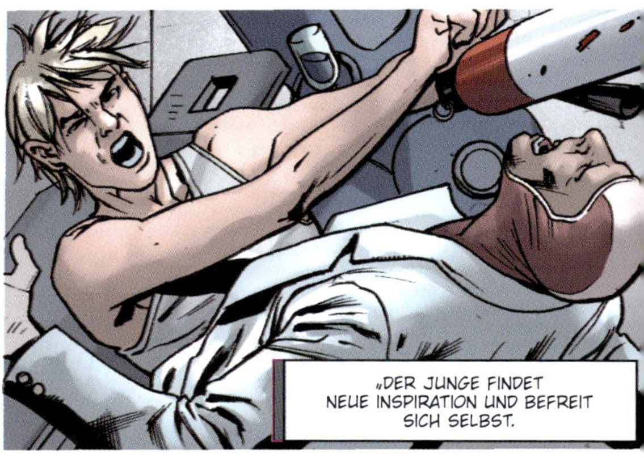
„DER JUNGE FINDET NEUE INSPIRATION UND BEFREIT SICH SELBST.

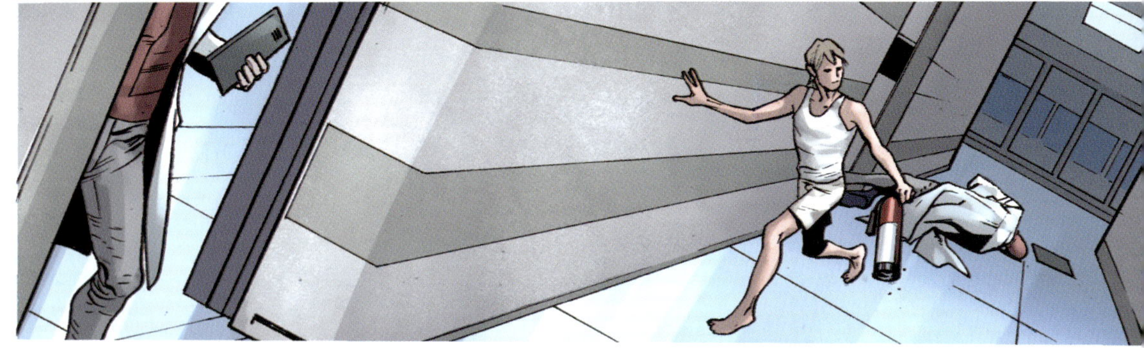

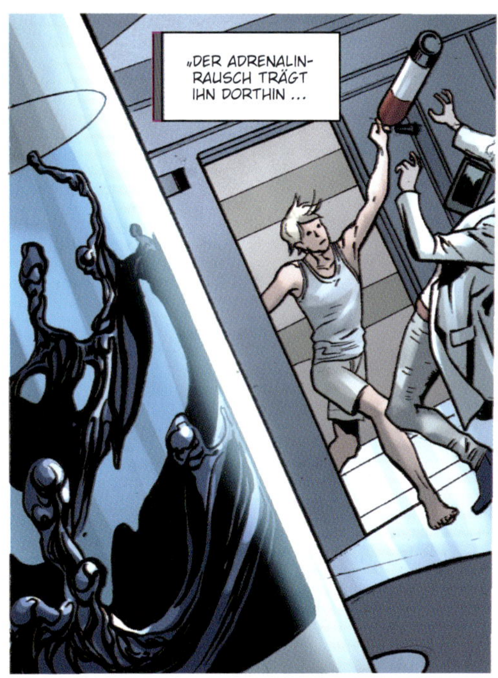
„DER ADRENALIN-RAUSCH TRÄGT IHN DORTHIN ...

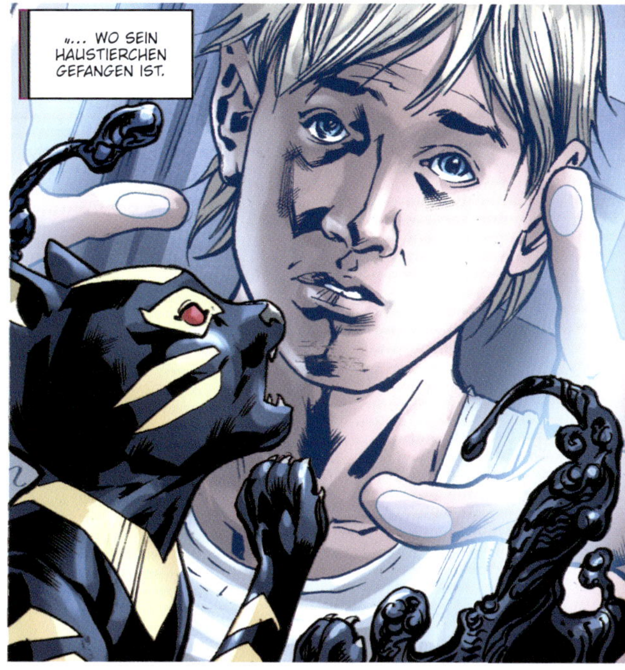
„... WO SEIN HAUSTIERCHEN GEFANGEN IST.

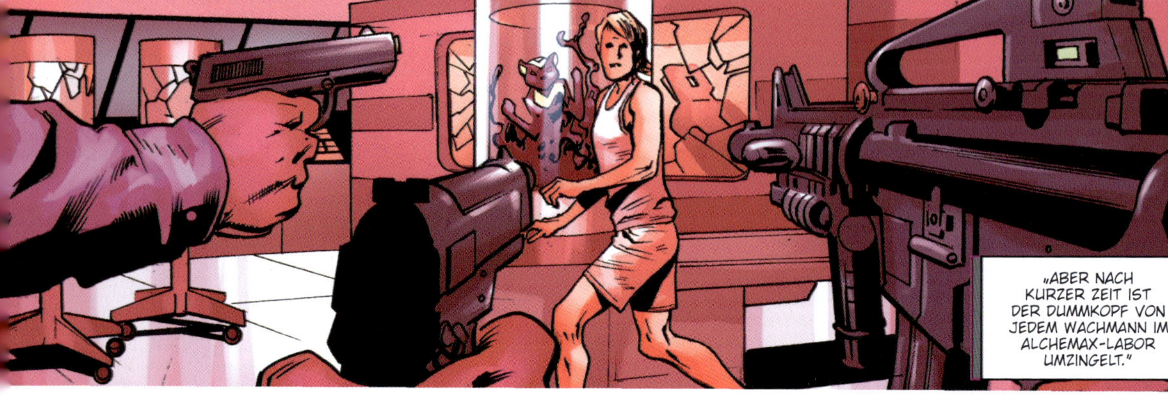
„ABER NACH KURZER ZEIT IST DER DUMMKOPF VON JEDEM WACHMANN IM ALCHEMAX-LABOR UMZINGELT."

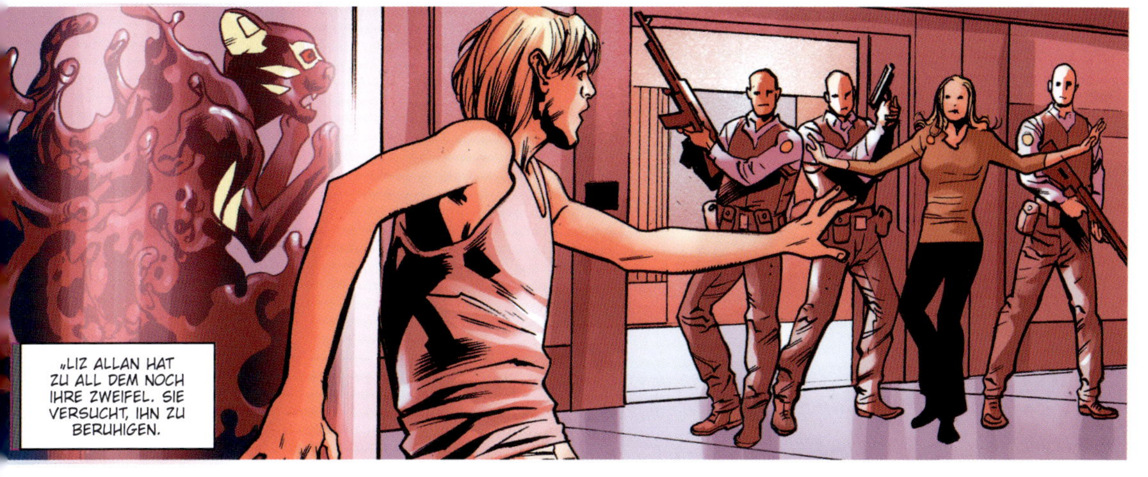

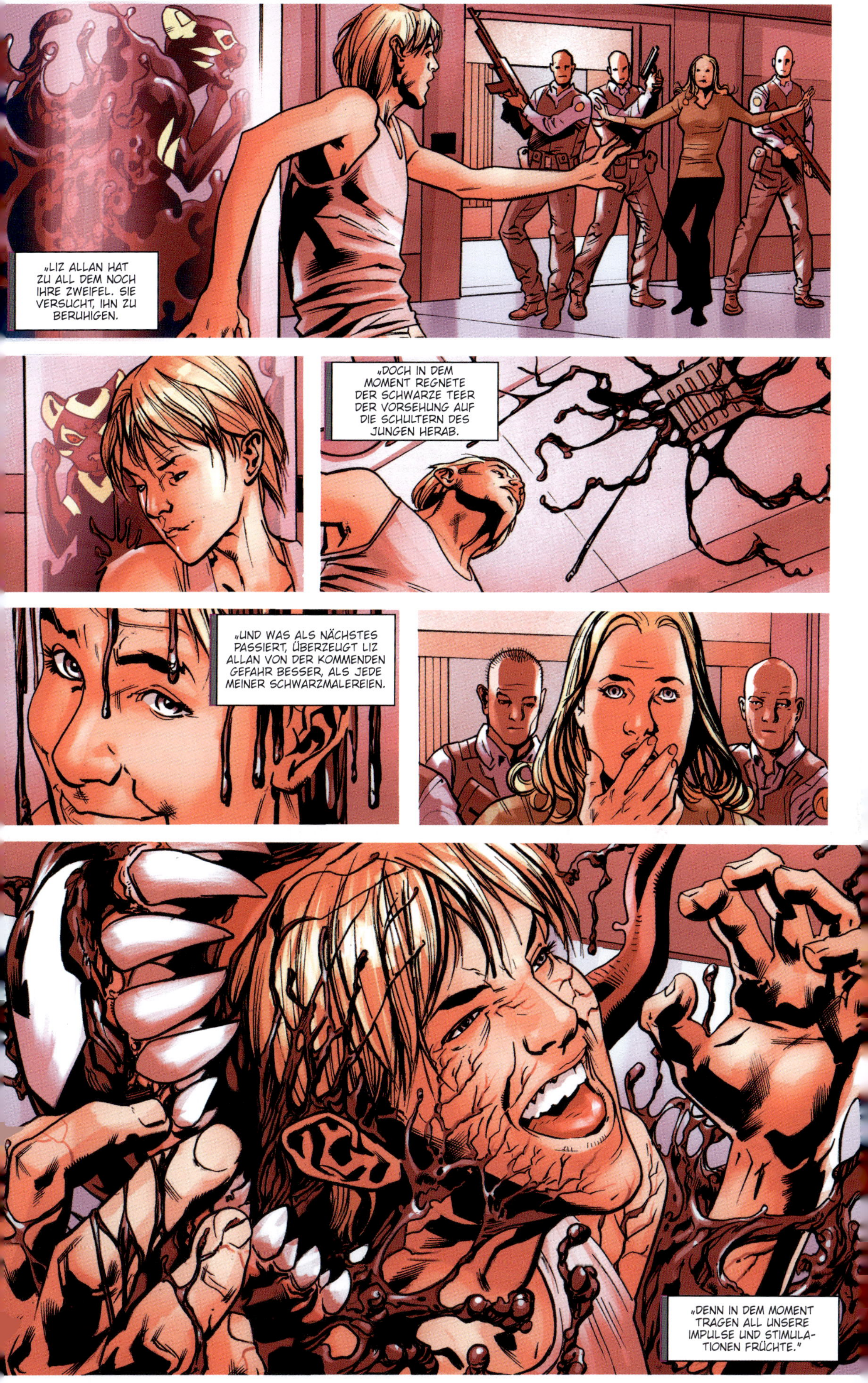

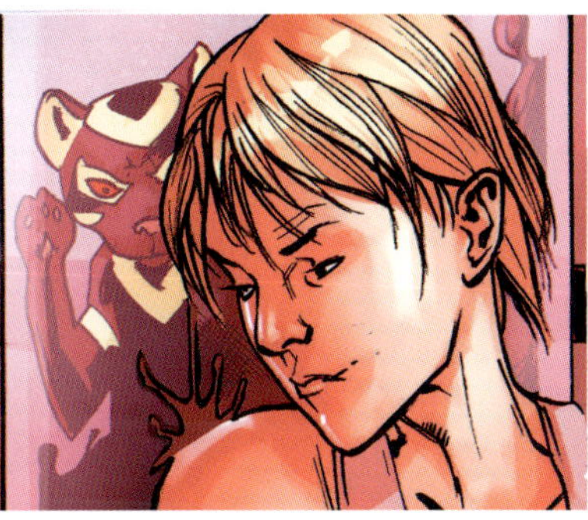

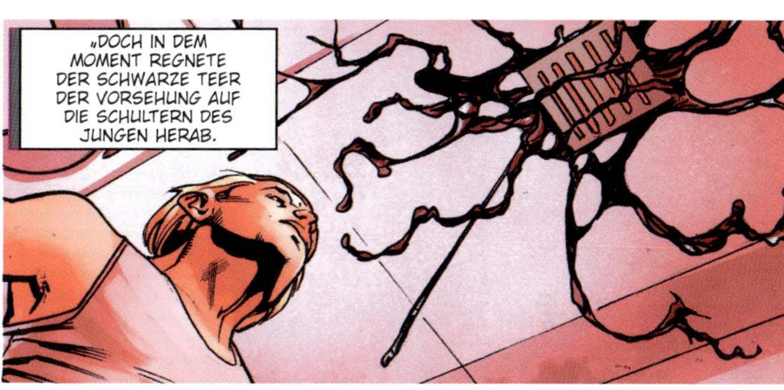

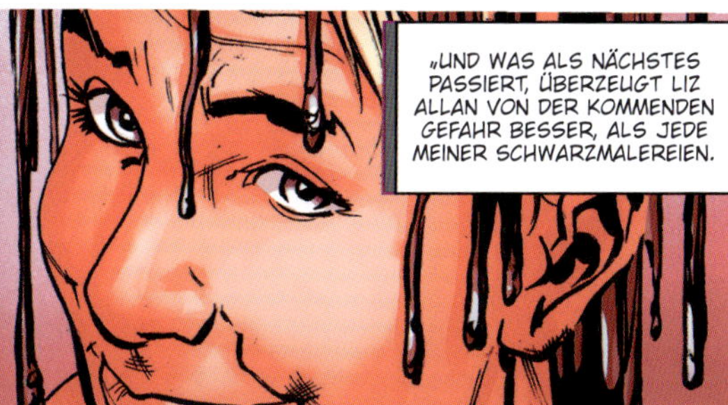

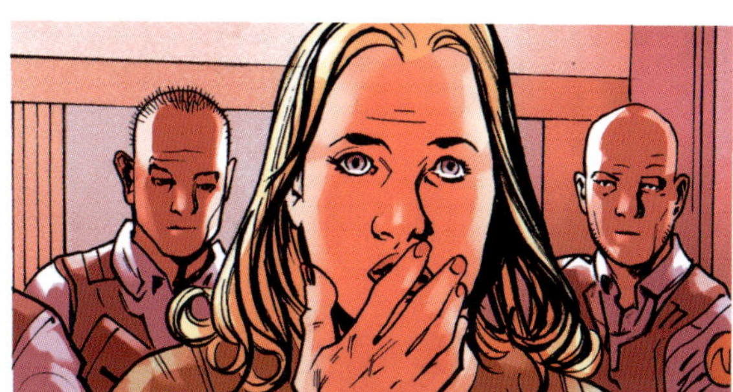

„DENN IN DEM MOMENT TRAGEN ALL UNSERE IMPULSE UND STIMULATIONEN FRÜCHTE."

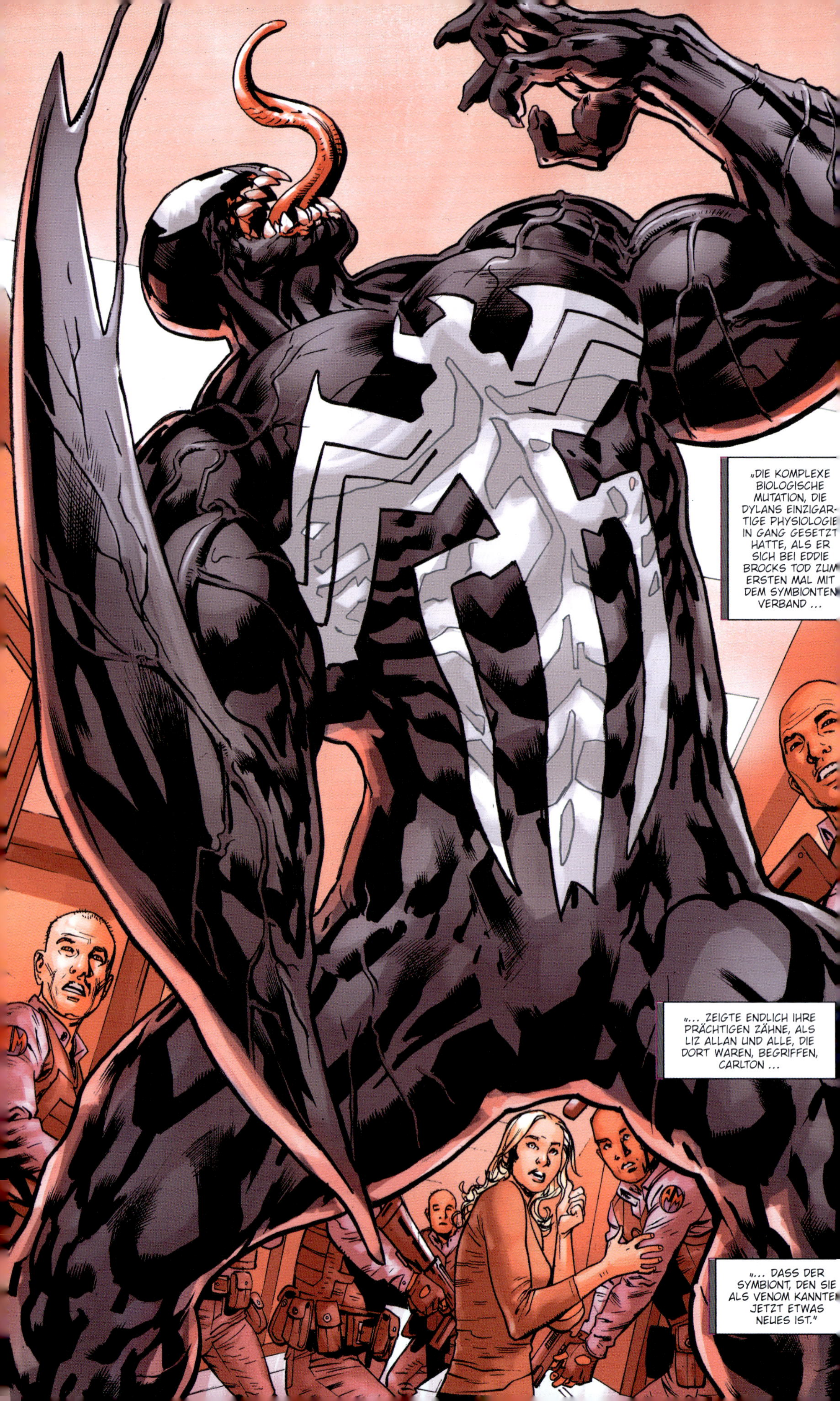
„DIE KOMPLEXE BIOLOGISCHE MUTATION, DIE DYLANS EINZIGARTIGE PHYSIOLOGIE IN GANG GESETZT HATTE, ALS ER SICH BEI EDDIE BROCKS TOD ZUM ERSTEN MAL MIT DEM SYMBIONTEN VERBAND ...
„... ZEIGTE ENDLICH IHRE PRÄCHTIGEN ZÄHNE, ALS LIZ ALLAN UND ALLE, DIE DORT WAREN, BEGRIFFEN, CARLTON ...
„... DASS DER SYMBIONT, DEN SIE ALS VENOM KANNTEN, JETZT ETWAS NEUES IST."

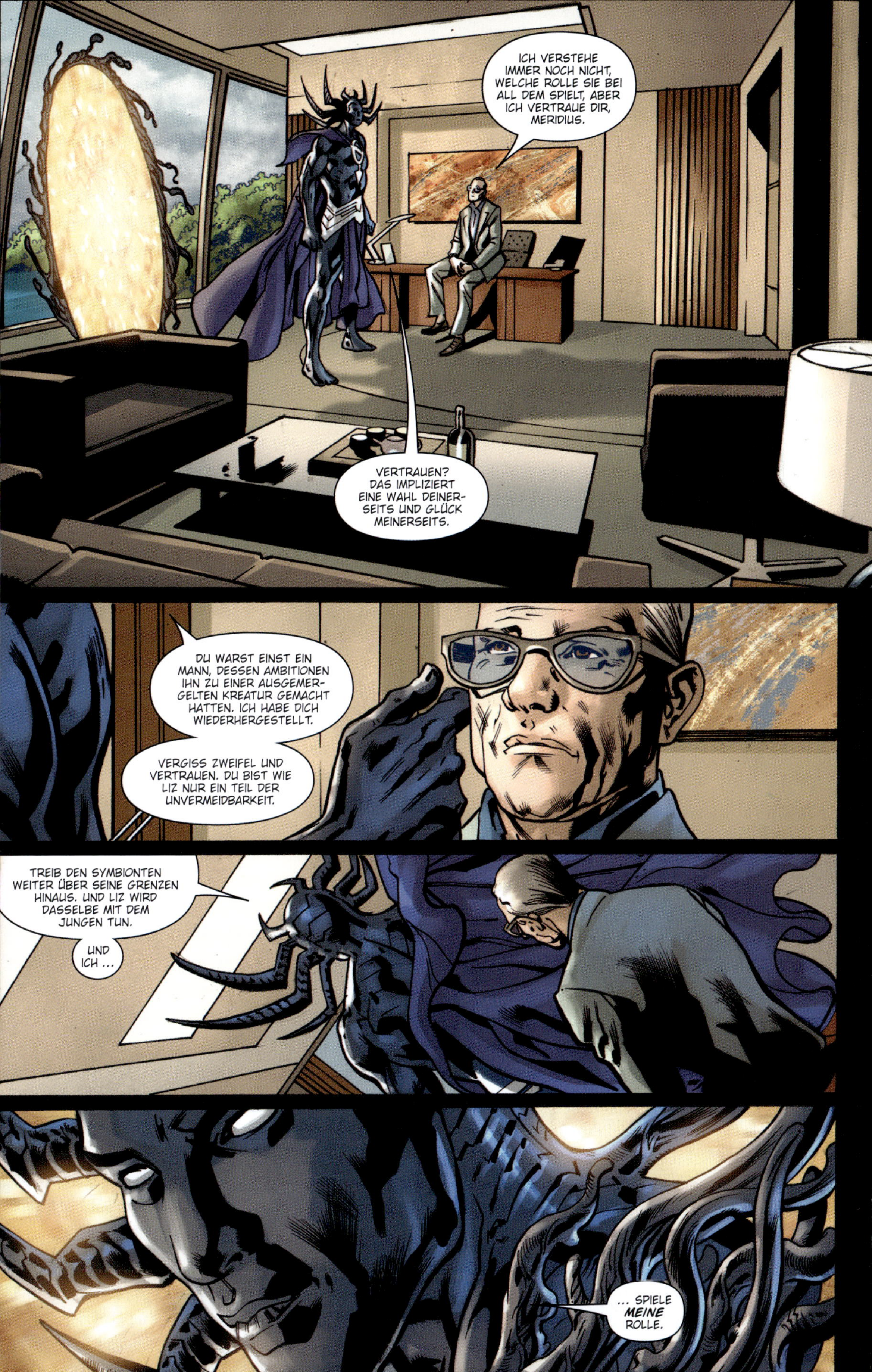

ICH VERSTEHE IMMER NOCH NICHT, WELCHE ROLLE SIE BEI ALL DEM SPIELT, ABER ICH VERTRAUE DIR, MERIDIUS.
VERTRAUEN? DAS IMPLIZIERT EINE WAHL DEINERSEITS UND GLÜCK MEINERSEITS.
DU WARST EINST EIN MANN, DESSEN AMBITIONEN IHN ZU EINER AUSGEMERGELTEN KREATUR GEMACHT HATTEN. ICH HABE DICH WIEDERHERGESTELLT.
VERGISS ZWEIFEL UND VERTRAUEN. DU BIST WIE LIZ NUR EIN TEIL DER UNVERMEIDBARKEIT.
TREIB DEN SYMBIONTEN WEITER ÜBER SEINE GRENZEN HINAUS. UND LIZ WIRD DASSELBE MIT DEM JUNGEN TUN.
UND ICH …
… SPIELE *MEINE* ROLLE.

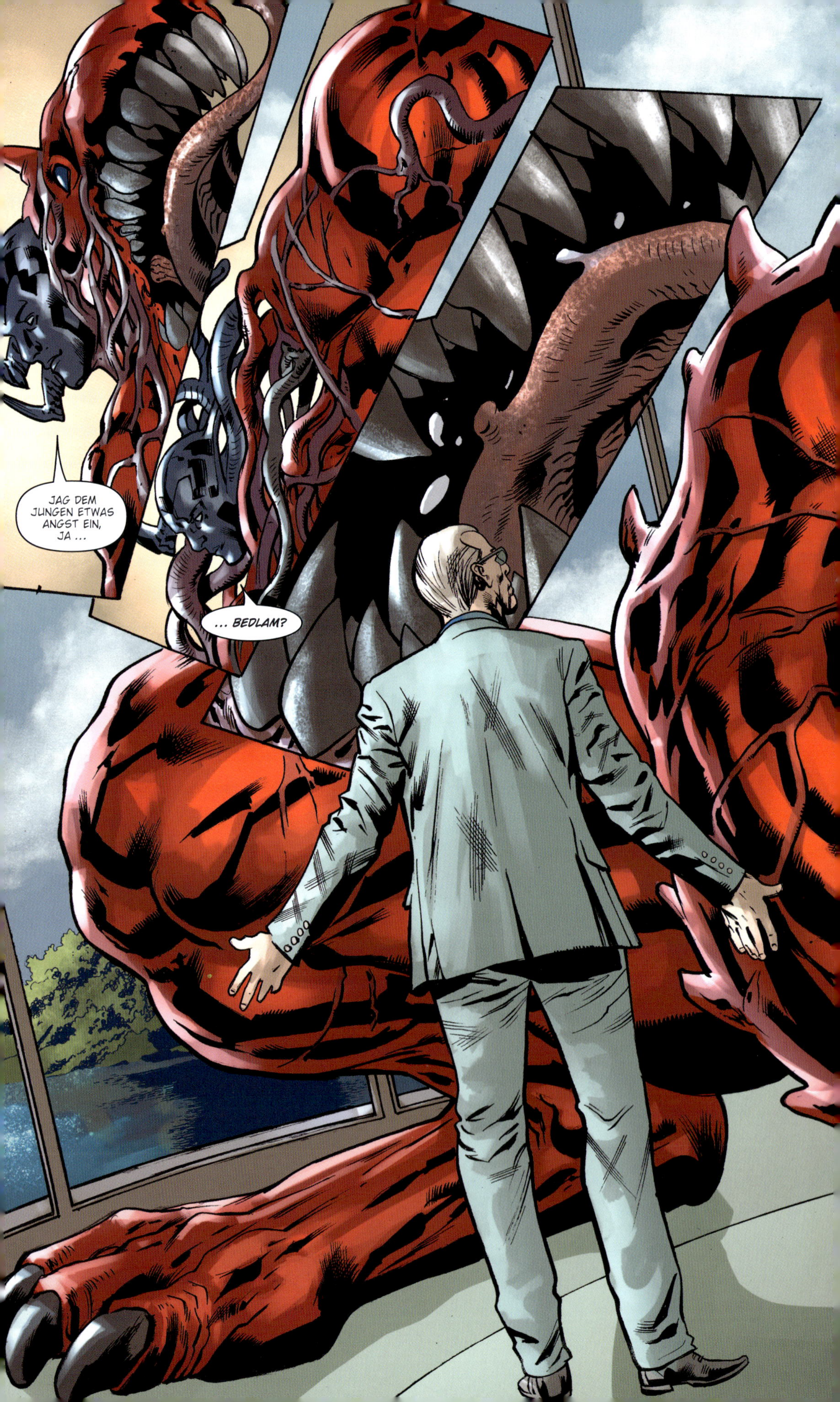
JAG DEM JUNGEN ETWAS ANGST EIN, JA ...
... BEDLAM?

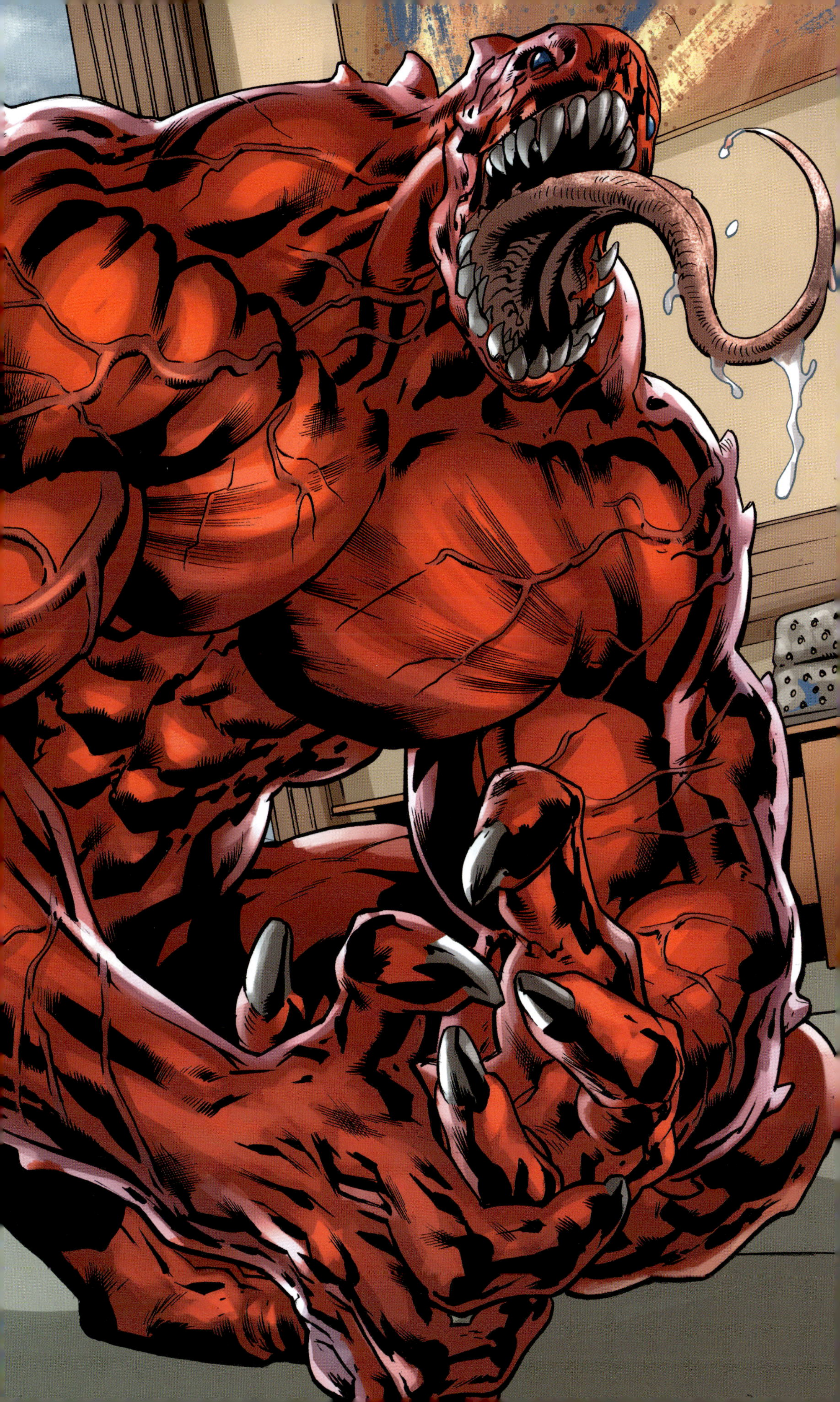

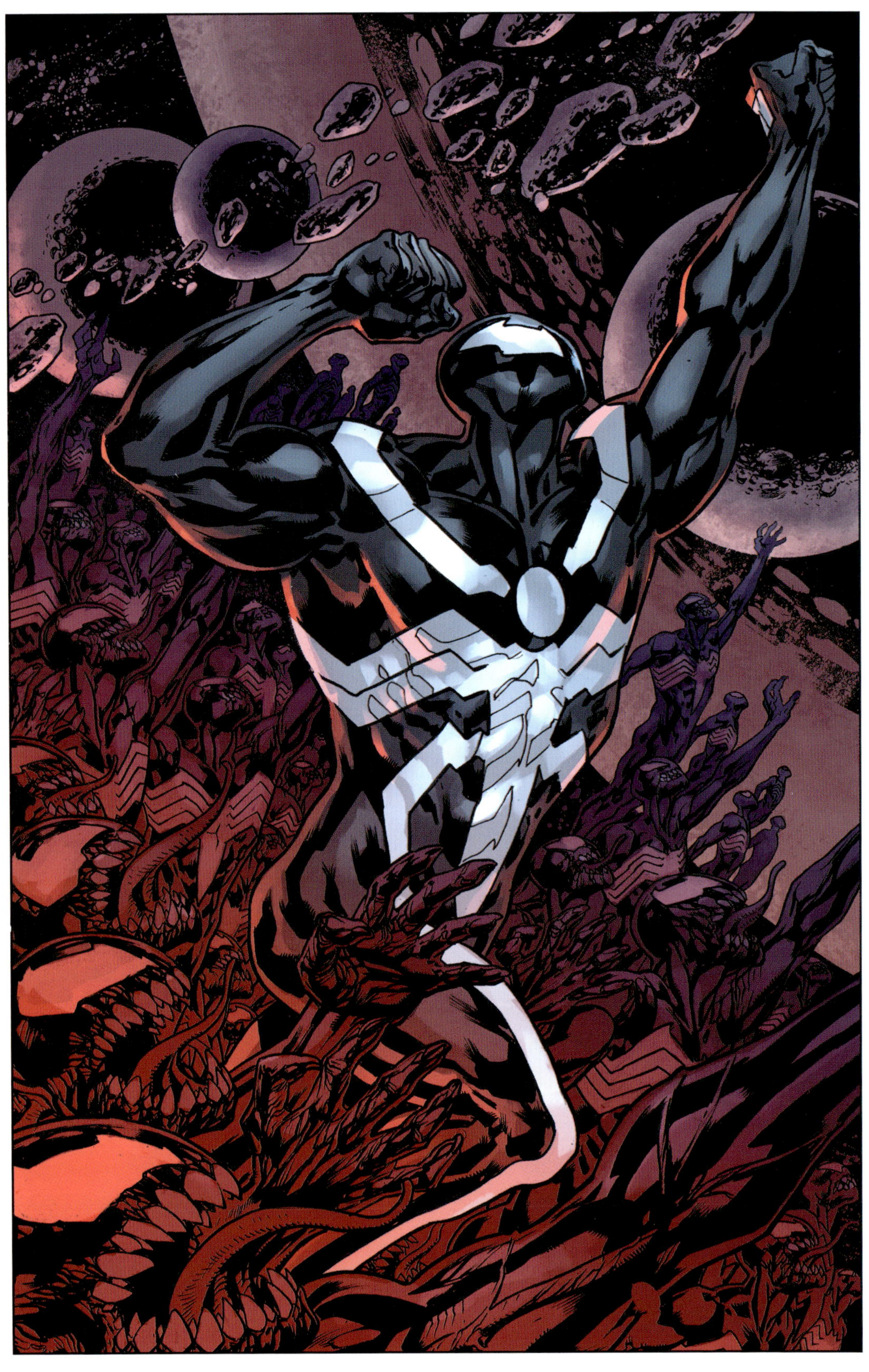

Venom (2021) 5
Cover von **BRYAN HITCH**

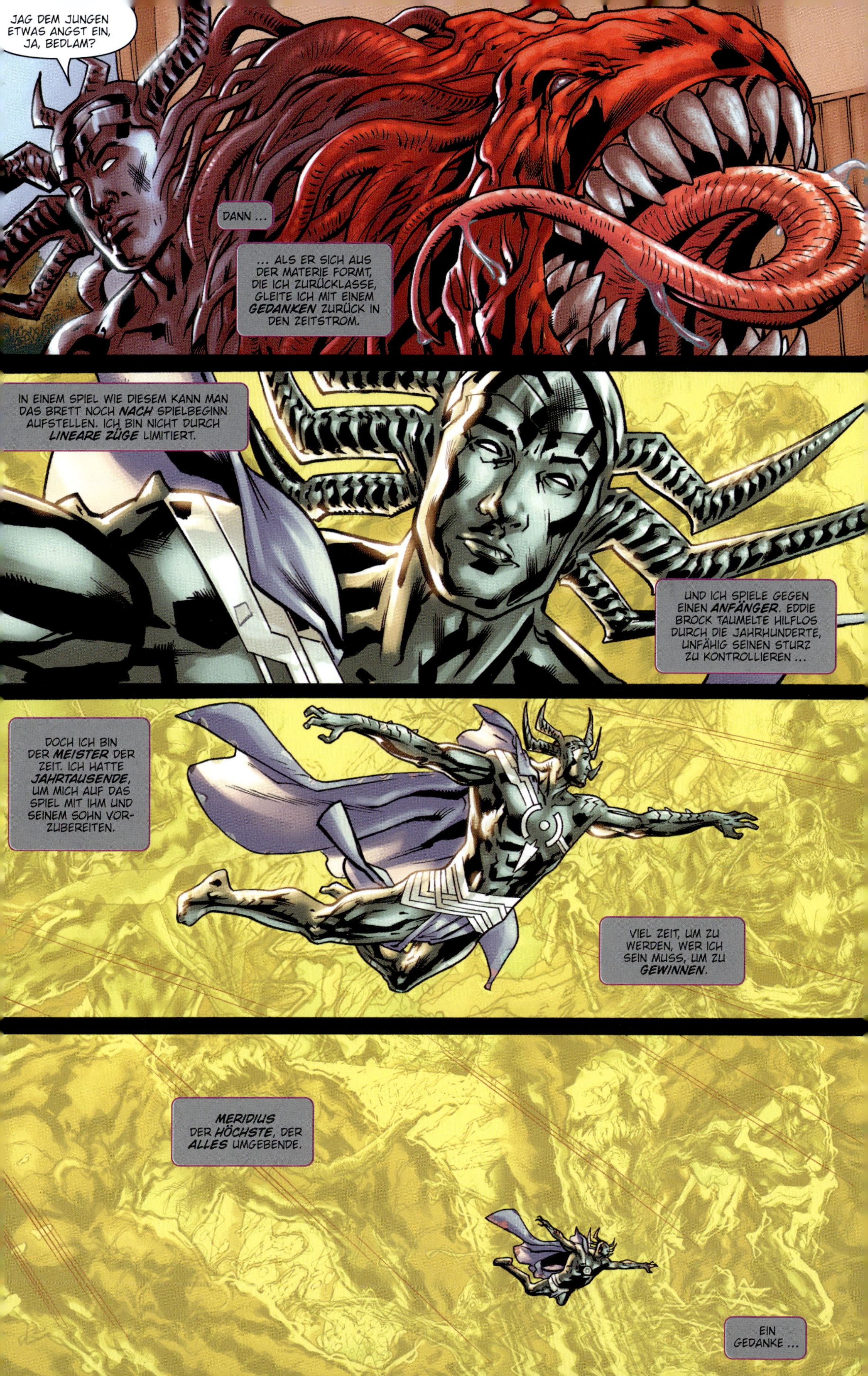
JAG DEM JUNGEN ETWAS ANGST EIN, JA, BEDLAM?
DANN ...
... ALS ER SICH AUS DER MATERIE FORMT, DIE ICH ZURÜCKLASSE, GLEITE ICH MIT EINEM GEDANKEN ZURÜCK IN DEN ZEITSTROM.
IN EINEM SPIEL WIE DIESEM KANN MAN DAS BRETT NOCH NACH SPIELBEGINN AUFSTELLEN. ICH BIN NICHT DURCH LINEARE ZÜGE LIMITIERT.
UND ICH SPIELE GEGEN EINEN ANFÄNGER. EDDIE BROCK TAUMELTE HILFLOS DURCH DIE JAHRHUNDERTE, UNFÄHIG SEINEN STURZ ZU KONTROLLIEREN ...
DOCH ICH BIN DER MEISTER DER ZEIT. ICH HATTE JAHRTAUSENDE, UM MICH AUF DAS SPIEL MIT IHM UND SEINEM SOHN VORZUBEREITEN.
VIEL ZEIT, UM ZU WERDEN, WER ICH SEIN MUSS, UM ZU GEWINNEN.
MERIDIUS DER HÖCHSTE, DER ALLES UMGEBENDE.
EIN GEDANKE ...

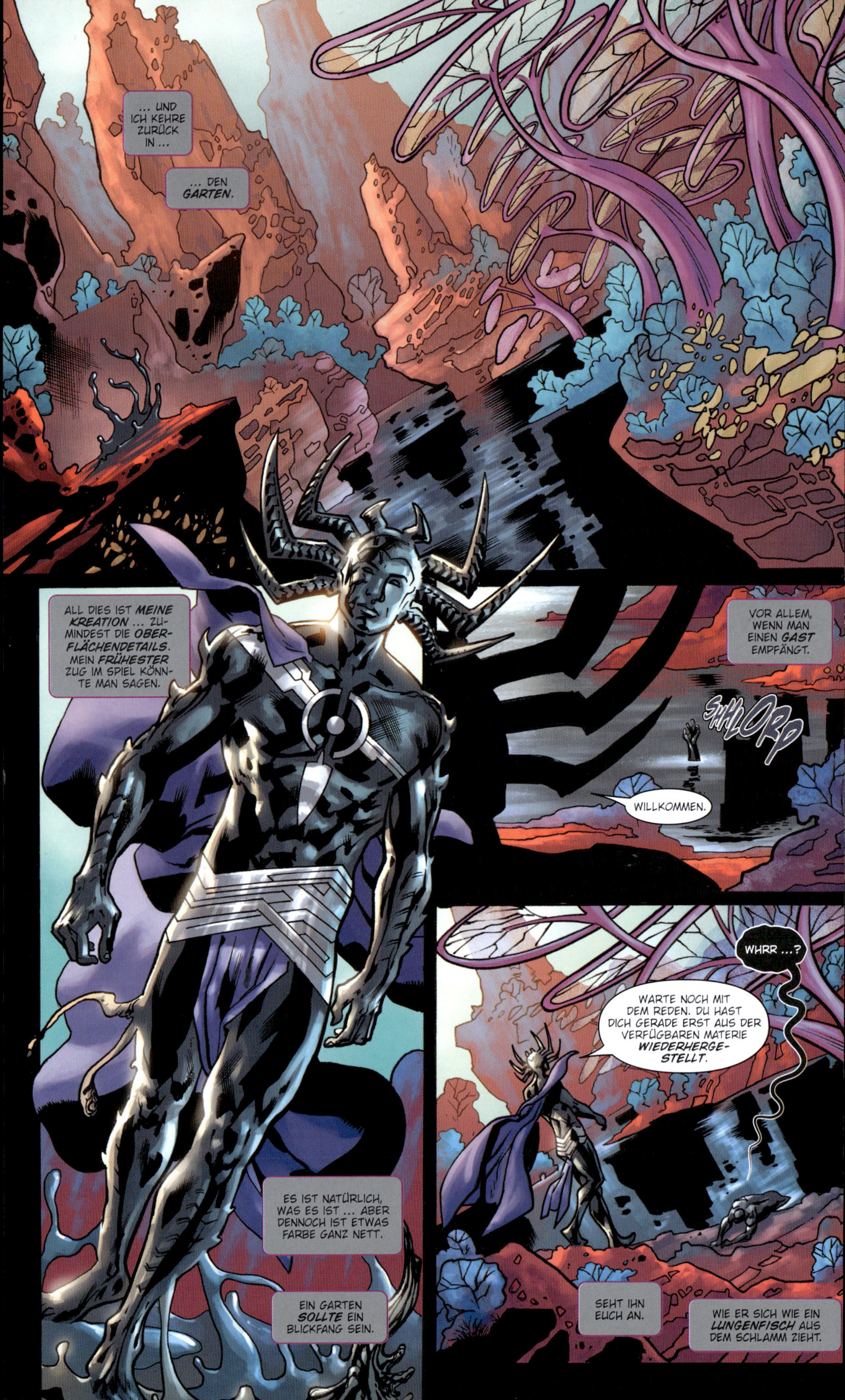
... UND ICH KEHRE ZURÜCK IN ...
... DEN GARTEN.
ALL DIES IST MEINE KREATION ... ZUMINDEST DIE OBERFLÄCHENDETAILS. MEIN FRÜHESTER ZUG IM SPIEL KÖNNTE MAN SAGEN.
VOR ALLEM, WENN MAN EINEN GAST EMPFÄNGT.
SHHLORP
WILLKOMMEN.
WHRR ...?
WARTE NOCH MIT DEM REDEN. DU HAST DICH GERADE ERST AUS DER VERFÜGBAREN MATERIE WIEDERHERGESTELLT.
ES IST NATÜRLICH, WAS ES IST ... ABER DENNOCH IST ETWAS FARBE GANZ NETT.
EIN GARTEN SOLLTE EIN BLICKFANG SEIN.
SEHT IHN EUCH AN.
WIE ER SICH WIE EIN LUNGENFISCH AUS DEM SCHLAMM ZIEHT.

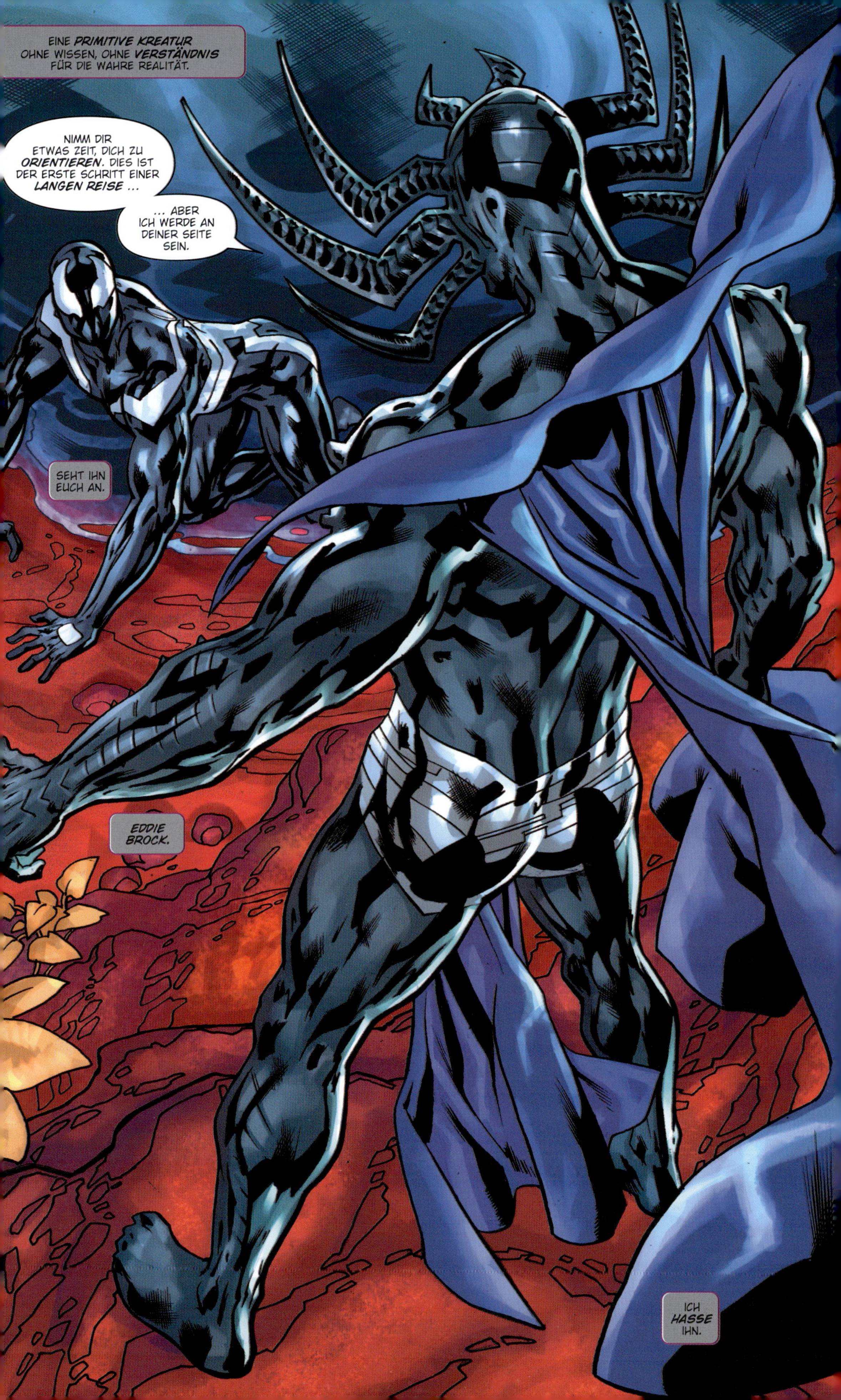
EINE PRIMITIVE KREATUR
OHNE WISSEN, OHNE VERSTÄNDNIS
FÜR DIE WAHRE REALITÄT.
NIMM DIR ETWAS ZEIT, DICH ZU ORIENTIEREN. DIES IST DER ERSTE SCHRITT EINER LANGEN REISE ...
... ABER ICH WERDE AN DEINER SEITE SEIN.
SEHT IHN EUCH AN.
EDDIE BROCK.
ICH HASSE IHN.

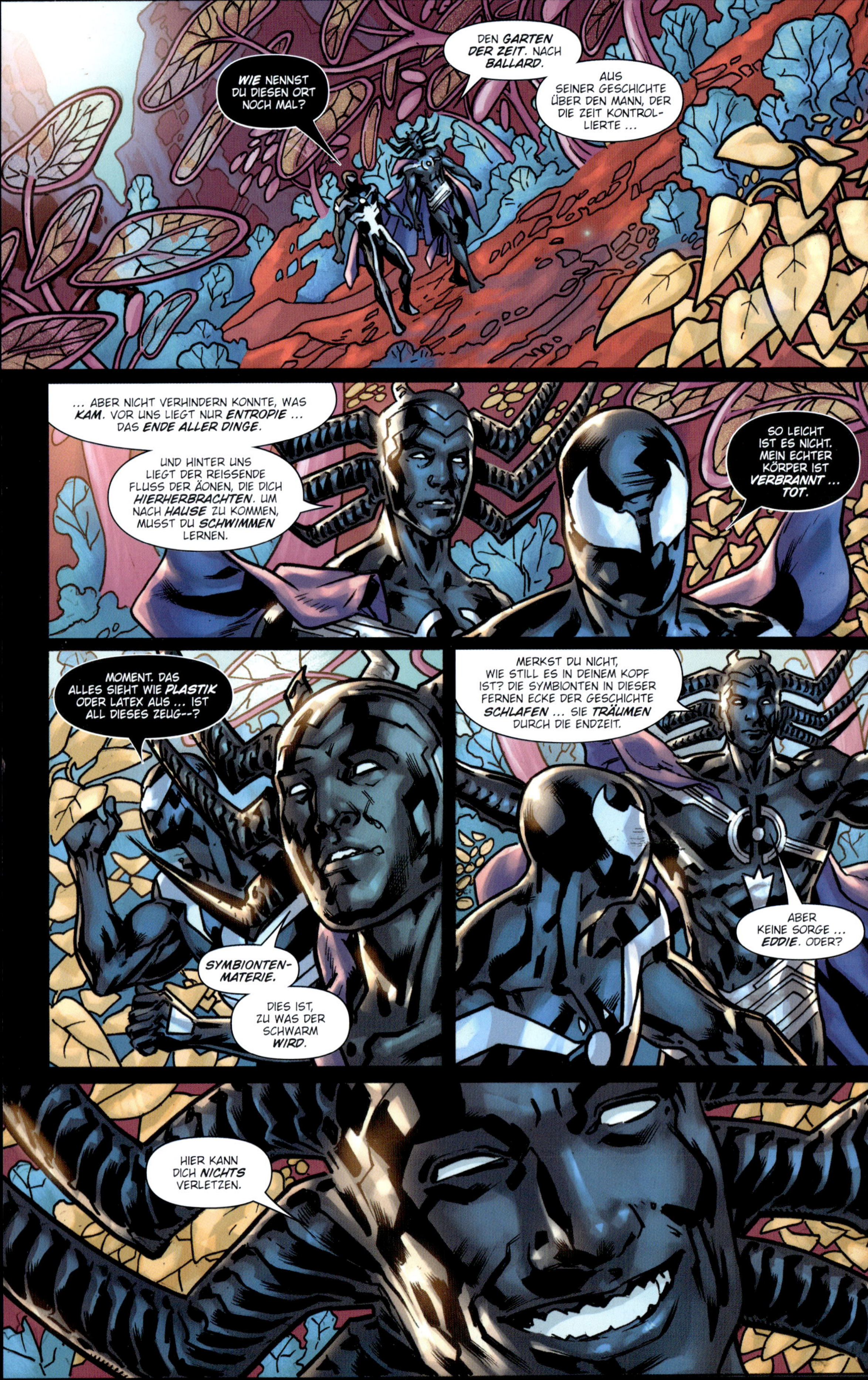
WIE NENNST DU DIESEN ORT NOCH MAL?
DEN GARTEN DER ZEIT. NACH BALLARD.
AUS SEINER GESCHICHTE ÜBER DEN MANN, DER DIE ZEIT KONTROL-LIERTE ...
... ABER NICHT VERHINDERN KONNTE, WAS KAM. VOR UNS LIEGT NUR ENTROPIE ... DAS ENDE ALLER DINGE.
UND HINTER UNS LIEGT DER REISSENDE FLUSS DER ÄONEN, DIE DICH HIERHERBRACHTEN. UM NACH HAUSE ZU KOMMEN, MUSST DU SCHWIMMEN LERNEN.
SO LEICHT IST ES NICHT. MEIN ECHTER KÖRPER IST VERBRANNT ... TOT.
MOMENT. DAS ALLES SIEHT WIE PLASTIK ODER LATEX AUS ... IST ALL DIESES ZEUG--?
SYMBIONTEN-MATERIE.
DIES IST, ZU WAS DER SCHWARM WIRD.
MERKST DU NICHT, WIE STILL ES IN DEINEM KOPF IST? DIE SYMBIONTEN IN DIESER FERNEN ECKE DER GESCHICHTE SCHLAFEN ... SIE TRÄUMEN DURCH DIE ENDZEIT.
ABER KEINE SORGE ... EDDIE. ODER?
HIER KANN DICH NICHTS VERLETZEN.

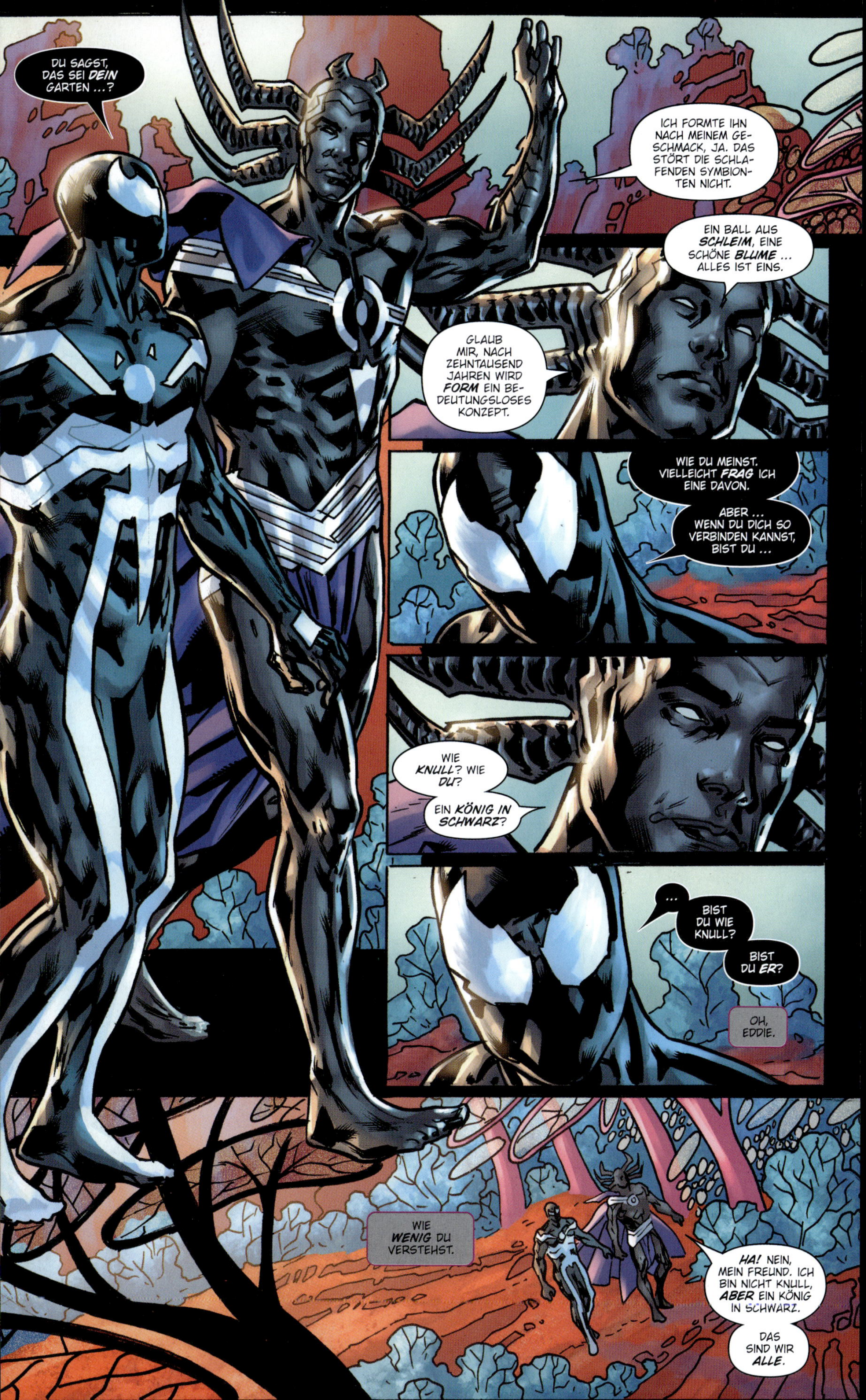
DU SAGST, DAS SEI DEIN GARTEN ...?
ICH FORMTE IHN NACH MEINEM GESCHMACK, JA. DAS STÖRT DIE SCHLAFENDEN SYMBIONTEN NICHT.
EIN BALL AUS SCHLEIM, EINE SCHÖNE BLUME ... ALLES IST EINS.
GLAUB MIR, NACH ZEHNTAUSEND JAHREN WIRD FORM EIN BEDEUTUNGSLOSES KONZEPT.
WIE DU MEINST. VIELLEICHT FRAG ICH EINE DAVON.
ABER ... WENN DU DICH SO VERBINDEN KANNST, BIST DU ...
WIE KNULL? WIE DU?
EIN KÖNIG IN SCHWARZ?
...
BIST DU WIE KNULL?
BIST DU ER?
OH, EDDIE.
WIE WENIG DU VERSTEHST.
HA! NEIN, MEIN FREUND. ICH BIN NICHT KNULL, ABER EIN KÖNIG IN SCHWARZ.
DAS SIND WIR ALLE.

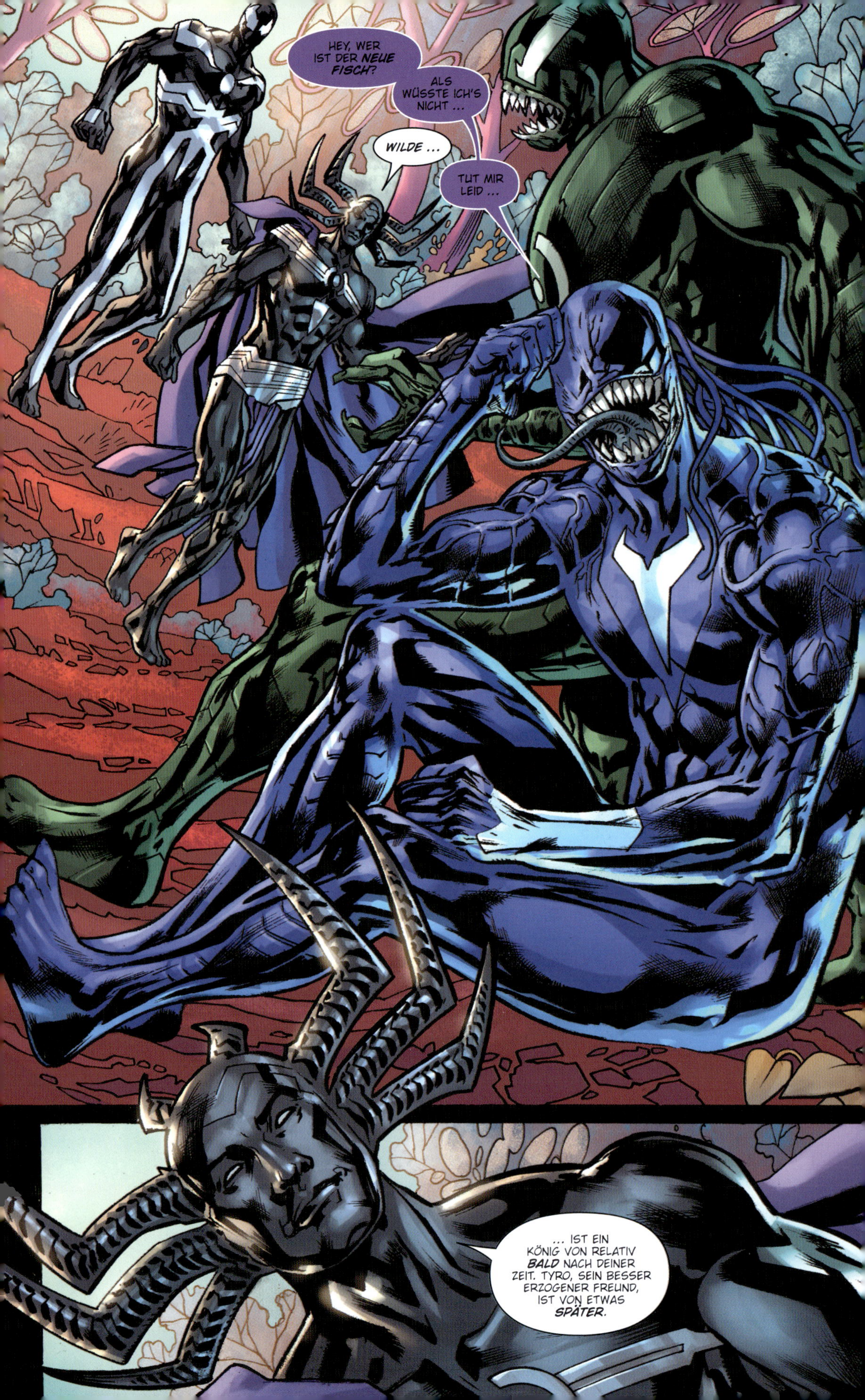
HEY, WER IST DER NEUE FISCH?
ALS WÜSSTE ICH'S NICHT ...
WILDE ...
TUT MIR LEID ...
... IST EIN KÖNIG VON RELATIV BALD NACH DEINER ZEIT. TYRO, SEIN BESSER ERZOGENER FREUND, IST VON ETWAS SPÄTER.

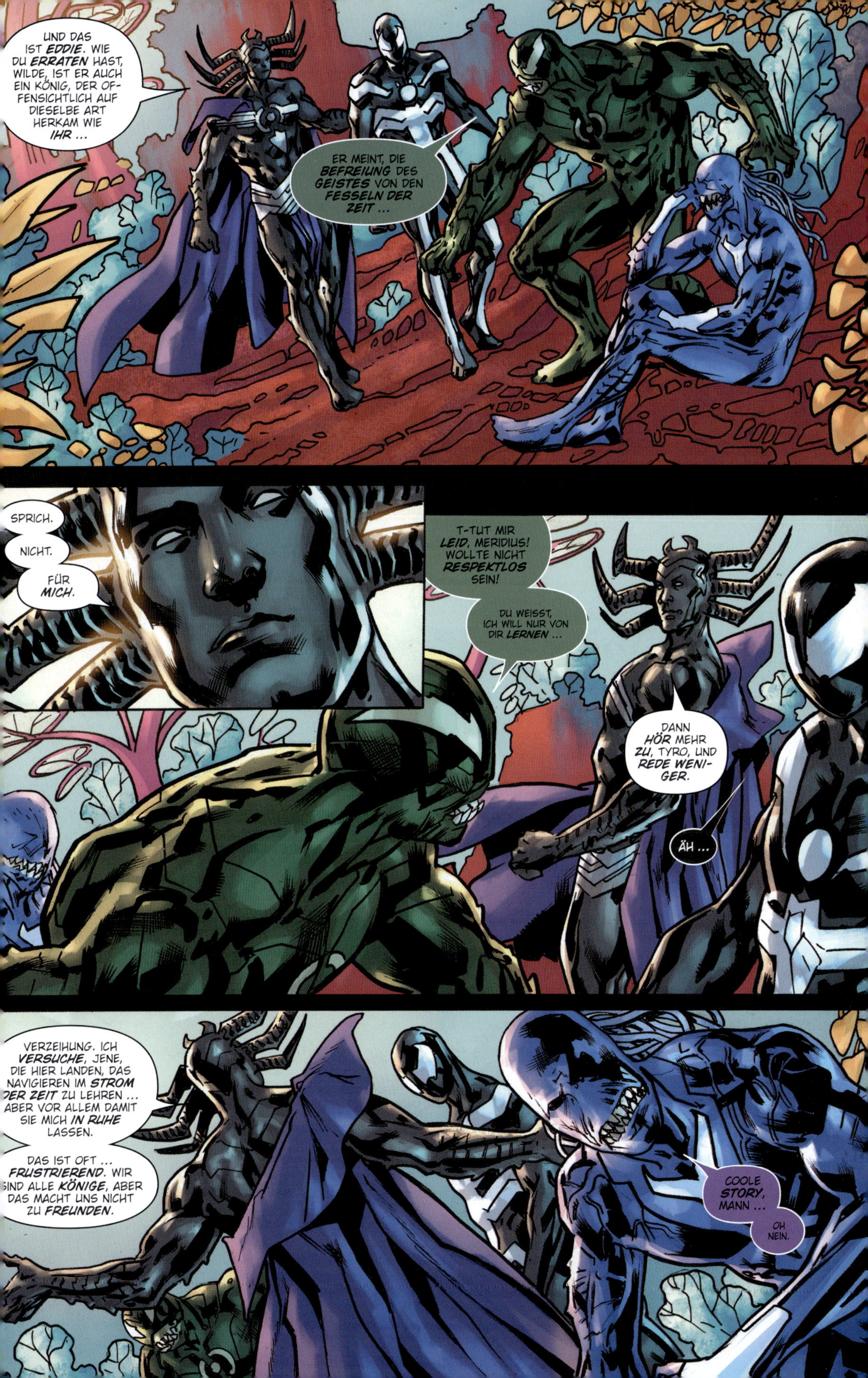
UND DAS IST EDDIE. WIE DU ERRATEN HAST, WILDE, IST ER AUCH EIN KÖNIG, DER OFFENSICHTLICH AUF DIESELBE ART HERKAM WIE IHR ...
ER MEINT, DIE BEFREIUNG DES GEISTES VON DEN FESSELN DER ZEIT ...
SPRICH.
NICHT.
FÜR MICH.
T-TUT MIR LEID, MERIDIUS! WOLLTE NICHT RESPEKTLOS SEIN!
DU WEISST, ICH WILL NUR VON DIR LERNEN ...
DANN HÖR MEHR ZU, TYRO, UND REDE WENIGER.
ÄH ...
VERZEIHUNG. ICH VERSUCHE, JENE, DIE HIER LANDEN, DAS NAVIGIEREN IM STROM DER ZEIT ZU LEHREN ... ABER VOR ALLEM DAMIT SIE MICH IN RUHE LASSEN.
DAS IST OFT ... FRUSTRIEREND. WIR SIND ALLE KÖNIGE, ABER DAS MACHT UNS NICHT ZU FREUNDEN.
COOLE STORY, MANN ...
OH NEIN.

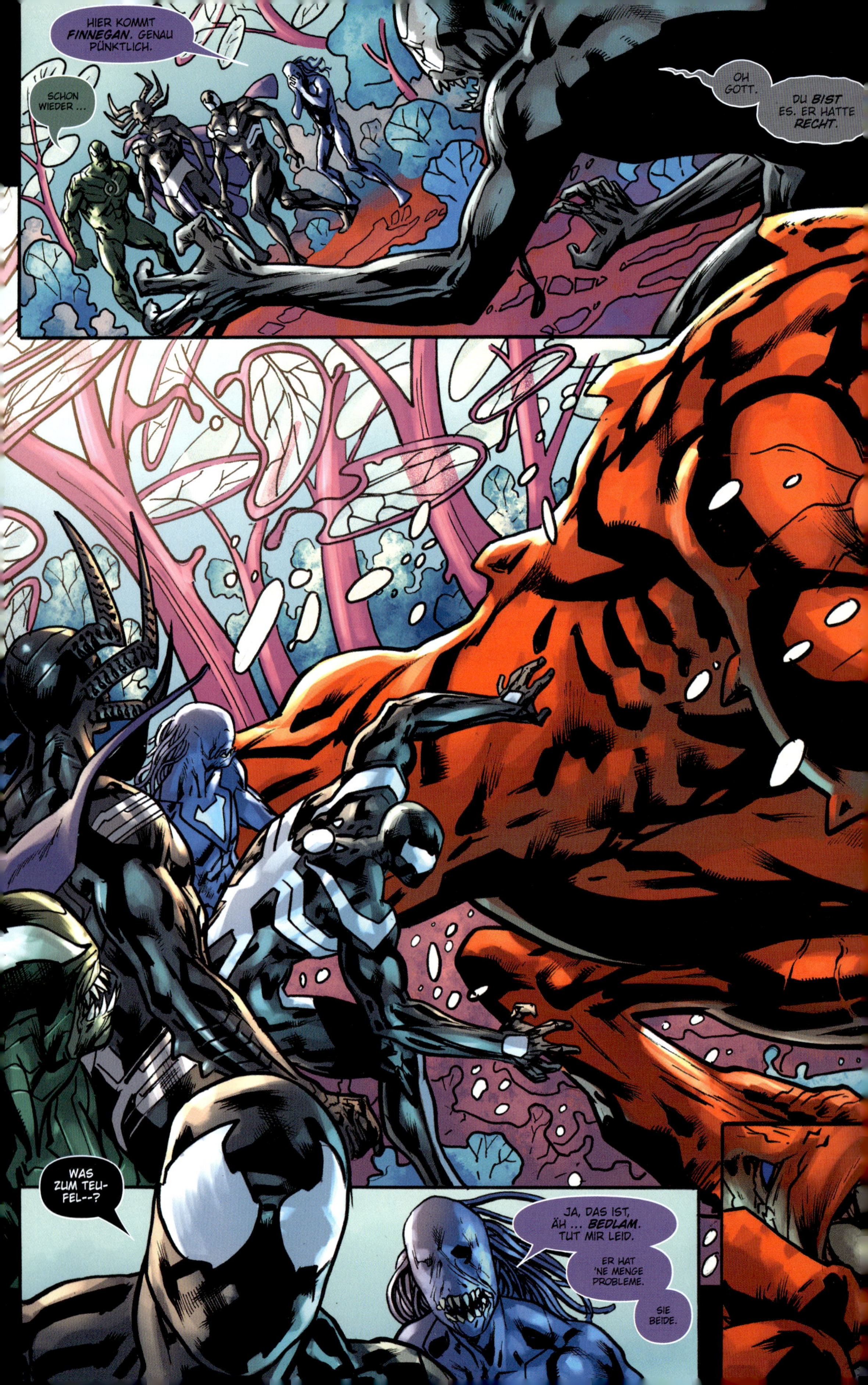
HIER KOMMT FINNEGAN. GENAU PÜNKTLICH.
SCHON WIEDER ...
OH GOTT.
DU BIST ES. ER HATTE RECHT.
WAS ZUM TEU-FEL--?
JA, DAS IST, ÄH ... BEDLAM. TUT MIR LEID.
ER HAT 'NE MENGE PROBLEME.
SIE BEIDE.

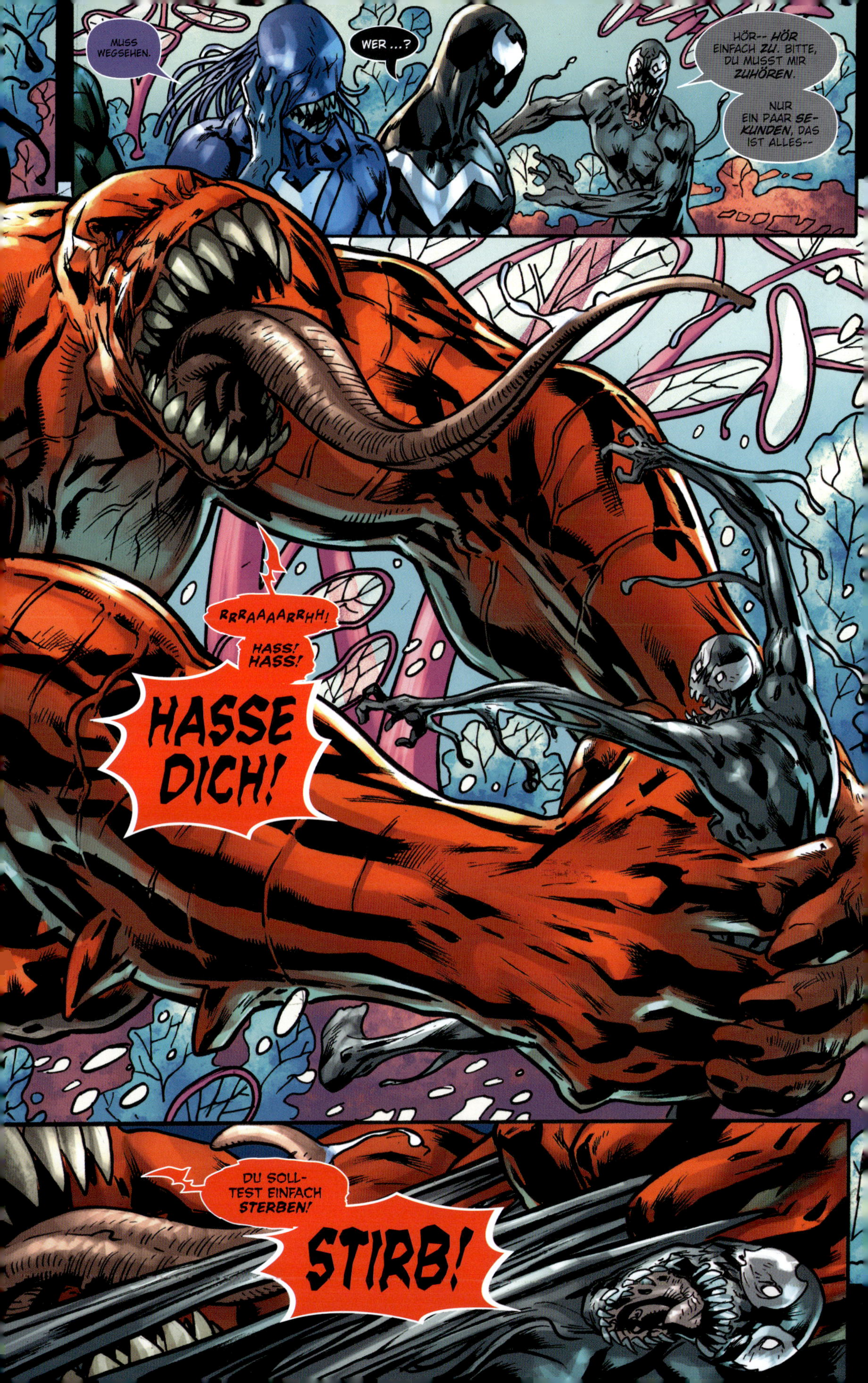
MUSS WEGSEHEN.
WER ...?
HÖR-- HÖR EINFACH ZU. BITTE, DU MUSST MIR ZUHÖREN.
NUR EIN PAAR SEKUNDEN, DAS IST ALLES--
RRRAAAAARRHH!
HASS! HASS!
HASSE DICH!
DU SOLLTEST EINFACH STERBEN!
STIRB!

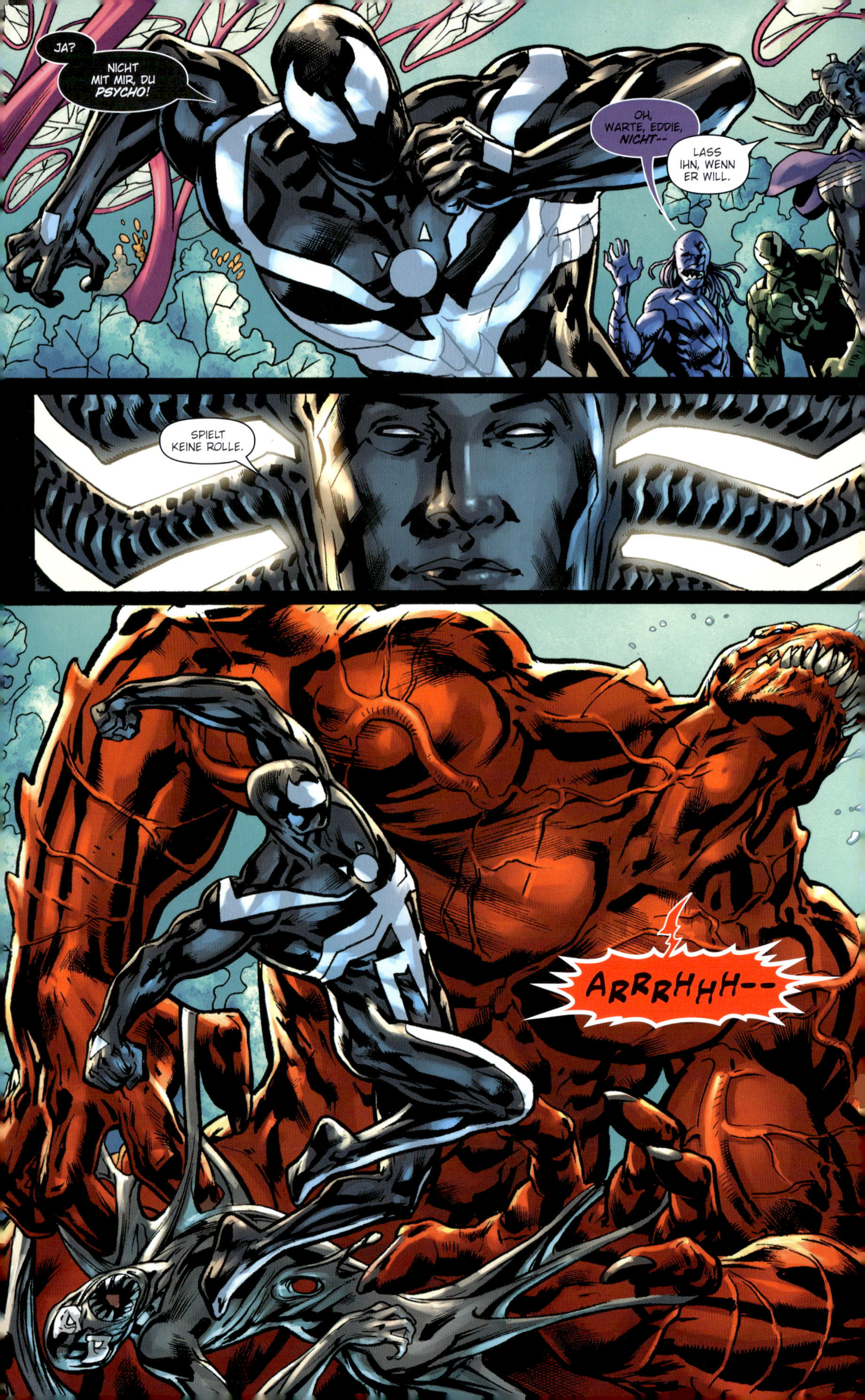
JA?
NICHT MIT MIR, DU *PSYCHO!*
OH, WARTE, EDDIE, *NICHT*--
LASS IHN, WENN ER WILL.
SPIELT KEINE ROLLE.
ARRRHHH--

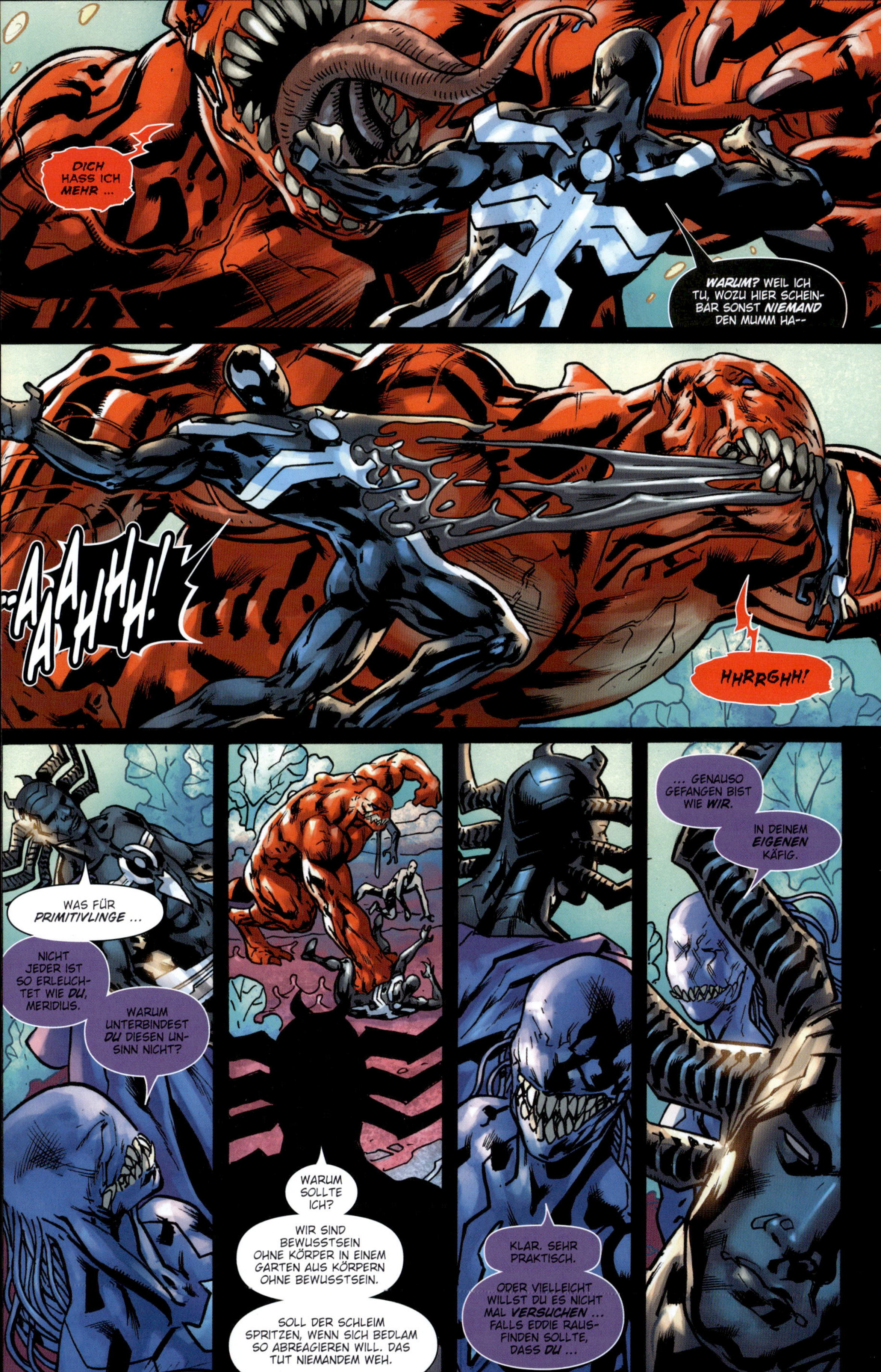
DICH HASS ICH MEHR ...
WARUM? WEIL ICH TU, WOZU HIER SCHEINBAR SONST NIEMAND DEN MUMM HA--
AAAHHH!
HHRRGHH!
WAS FÜR PRIMITIVLINGE ...
NICHT JEDER IST SO ERLEUCHTET WIE DU, MERIDIUS.
WARUM UNTERBINDEST DU DIESEN UNSINN NICHT?
WARUM SOLLTE ICH?
WIR SIND BEWUSSTSEIN OHNE KÖRPER IN EINEM GARTEN AUS KÖRPERN OHNE BEWUSSTSEIN.
SOLL DER SCHLEIM SPRITZEN, WENN SICH BEDLAM SO ABREAGIEREN WILL. DAS TUT NIEMANDEM WEH.
KLAR. SEHR PRAKTISCH.
ODER VIELLEICHT WILLST DU ES NICHT MAL VERSUCHEN ... FALLS EDDIE RAUSFINDEN SOLLTE, DASS DU ...
... GENAUSO GEFANGEN BIST WIE WIR.
IN DEINEM EIGENEN KÄFIG.

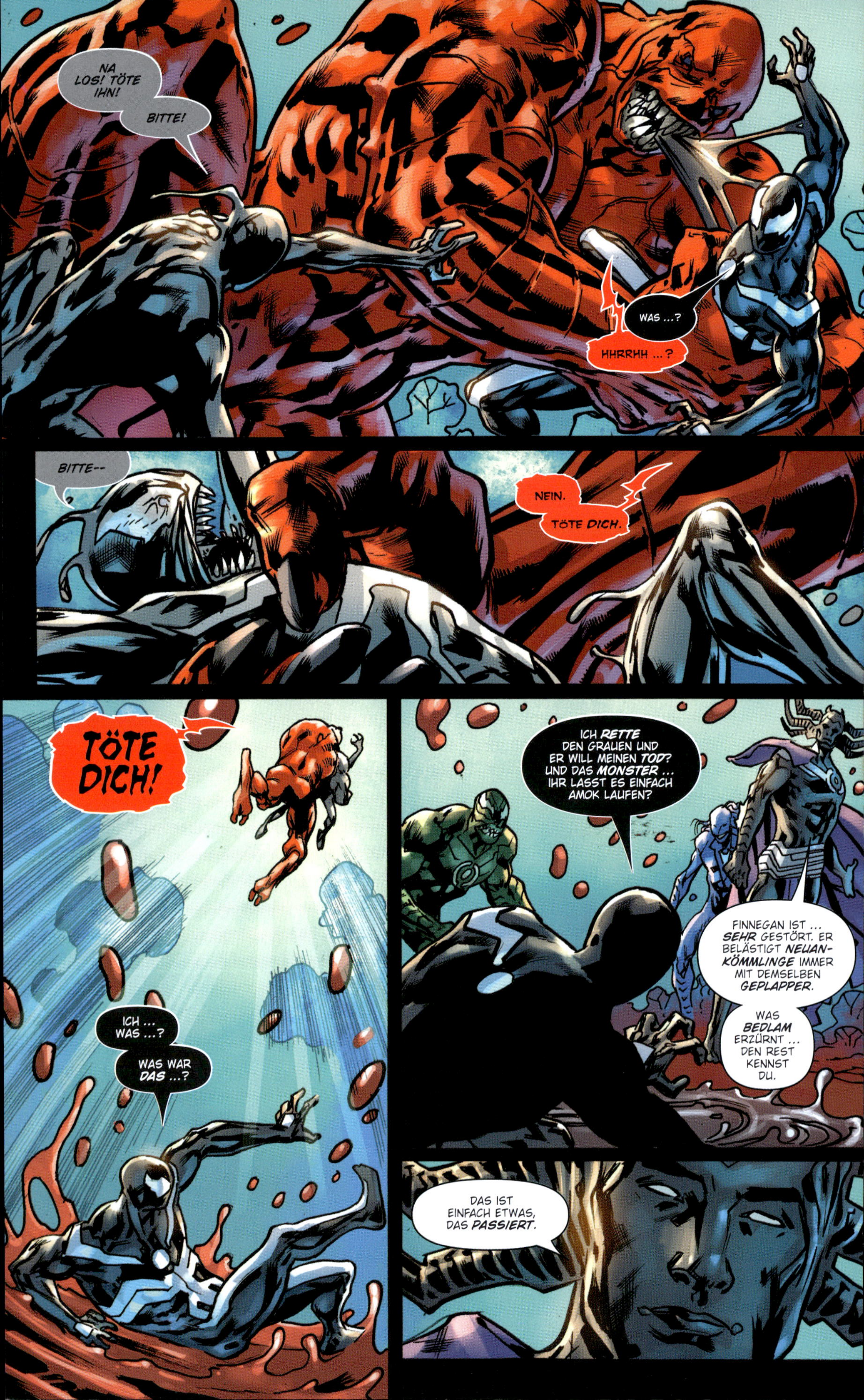

NA LOS! TÖTE IHN!
BITTE!
WAS ...?
HHRRHH ...?
BITTE--
NEIN.
TÖTE DICH.
TÖTE DICH!
ICH ... WAS ...?
WAS WAR DAS ...?
ICH RETTE DEN GRAUEN UND ER WILL MEINEN TOD? UND DAS MONSTER ... IHR LASST ES EINFACH AMOK LAUFEN?
FINNEGAN IST ... SEHR GESTÖRT. ER BELÄSTIGT NEUANKÖMMLINGE IMMER MIT DEMSELBEN GEPLAPPER.
WAS BEDLAM ERZÜRNT ... DEN REST KENNST DU.
DAS IST EINFACH ETWAS, DAS PASSIERT.

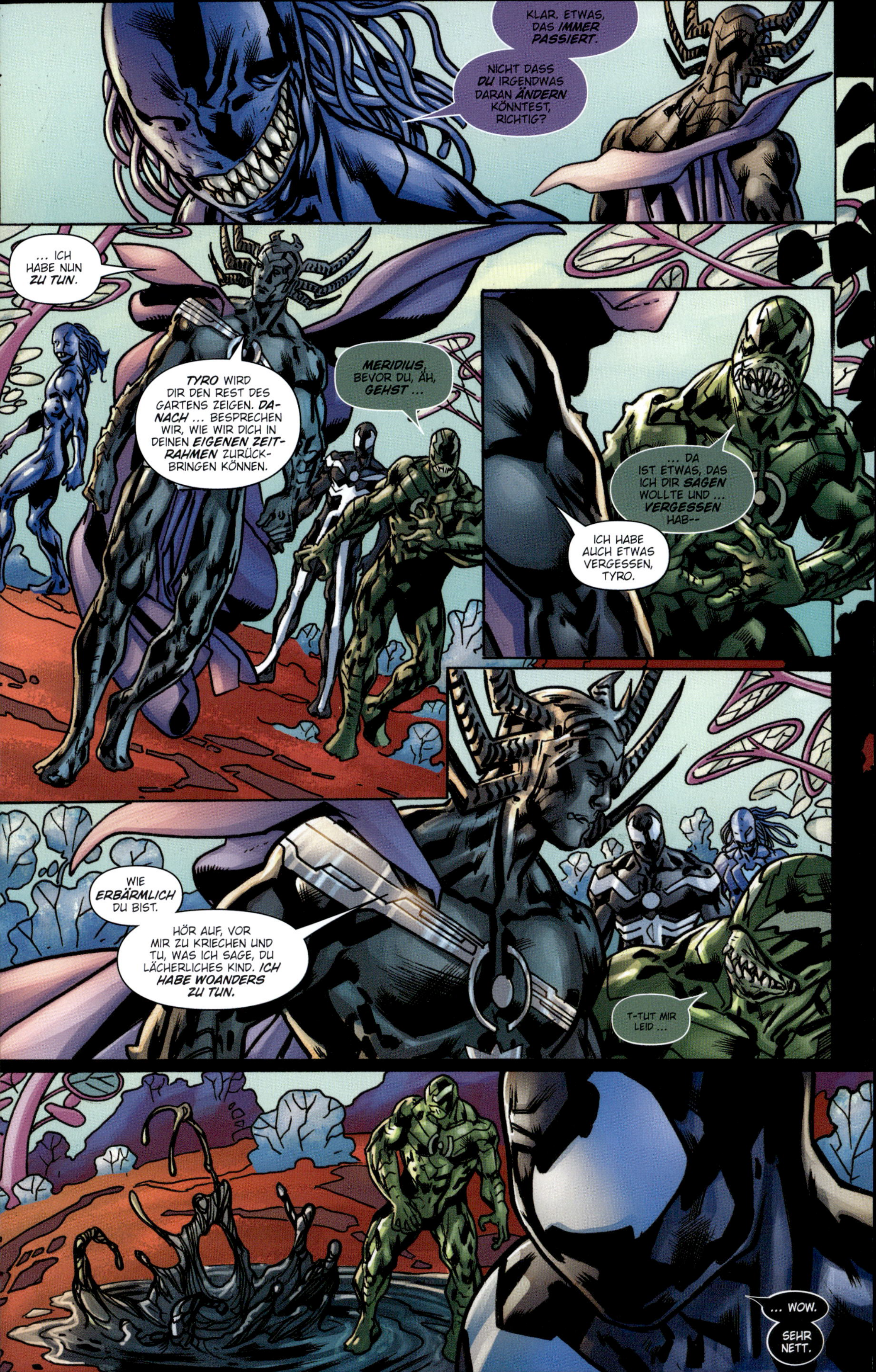
KLAR. ETWAS, DAS IMMER PASSIERT.
NICHT DASS DU IRGENDWAS DARAN ÄNDERN KÖNNTEST, RICHTIG?
... ICH HABE NUN ZU TUN.
TYRO WIRD DIR DEN REST DES GARTENS ZEIGEN. DANACH ... BESPRECHEN WIR, WIE WIR DICH IN DEINEN EIGENEN ZEITRAHMEN ZURÜCKBRINGEN KÖNNEN.
MERIDIUS, BEVOR DU, ÄH, GEHST ...
... DA IST ETWAS, DAS ICH DIR SAGEN WOLLTE UND ... VERGESSEN HAB--
ICH HABE AUCH ETWAS VERGESSEN, TYRO.
WIE ERBÄRMLICH DU BIST.
HÖR AUF, VOR MIR ZU KRIECHEN UND TU, WAS ICH SAGE, DU LÄCHERLICHES KIND. ICH HABE WOANDERS ZU TUN.
T-TUT MIR LEID ...
... WOW.
SEHR NETT.

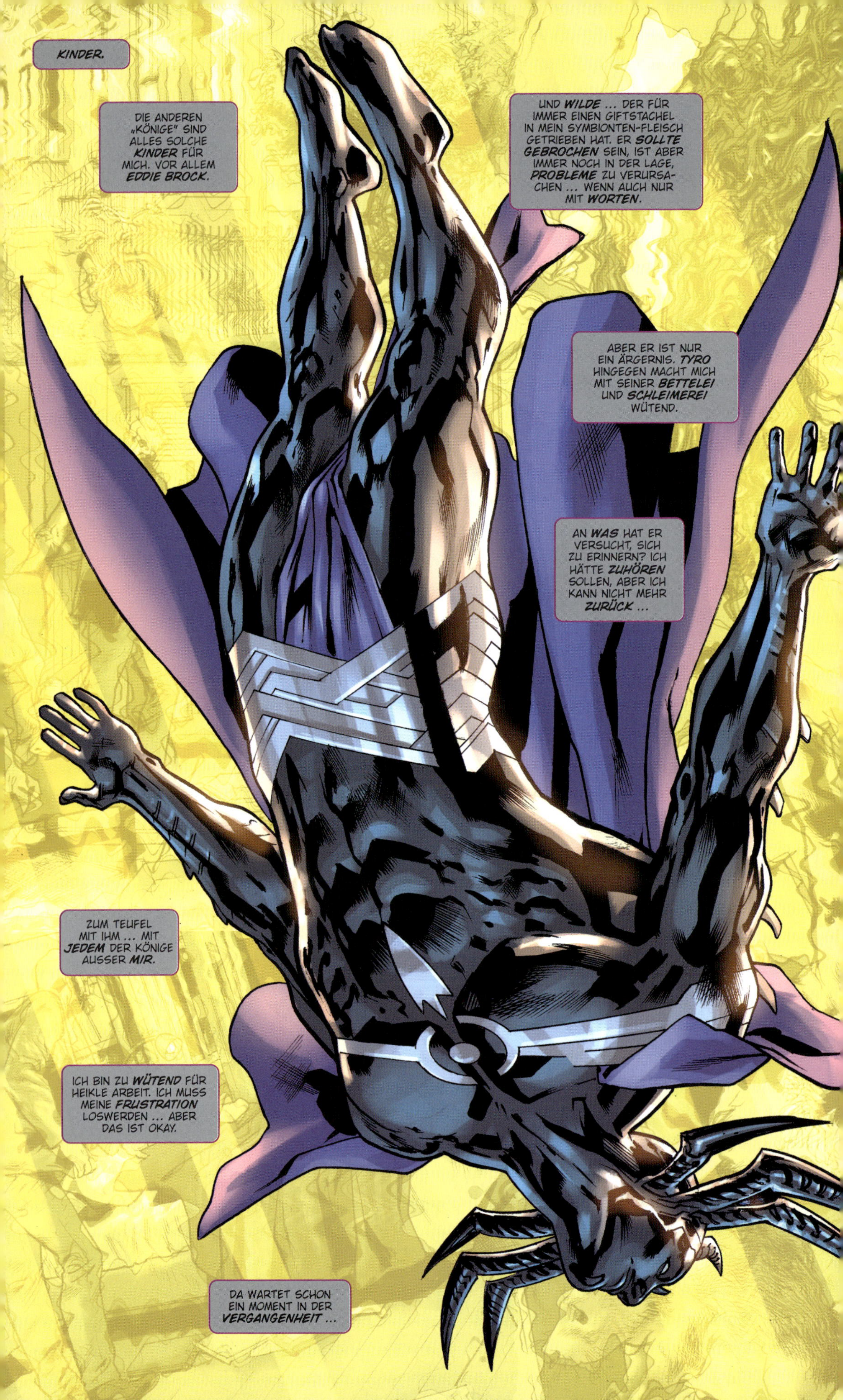
KINDER.
DIE ANDEREN „KÖNIGE“ SIND ALLES SOLCHE KINDER FÜR MICH. VOR ALLEM EDDIE BROCK.
UND WILDE ... DER FÜR IMMER EINEN GIFTSTACHEL IN MEIN SYMBIONTEN-FLEISCH GETRIEBEN HAT. ER SOLLTE GEBROCHEN SEIN, IST ABER IMMER NOCH IN DER LAGE, PROBLEME ZU VERURSACHEN ... WENN AUCH NUR MIT WORTEN.
ABER ER IST NUR EIN ÄRGERNIS. TYRO HINGEGEN MACHT MICH MIT SEINER BETTELEI UND SCHLEIMEREI WÜTEND.
AN WAS HAT ER VERSUCHT, SICH ZU ERINNERN? ICH HÄTTE ZUHÖREN SOLLEN, ABER ICH KANN NICHT MEHR ZURÜCK ...
ZUM TEUFEL MIT IHM ... MIT JEDEM DER KÖNIGE AUSSER MIR.
ICH BIN ZU WÜTEND FÜR HEIKLE ARBEIT. ICH MUSS MEINE FRUSTRATION LOSWERDEN ... ABER DAS IST OKAY.
DA WARTET SCHON EIN MOMENT IN DER VERGANGENHEIT ...

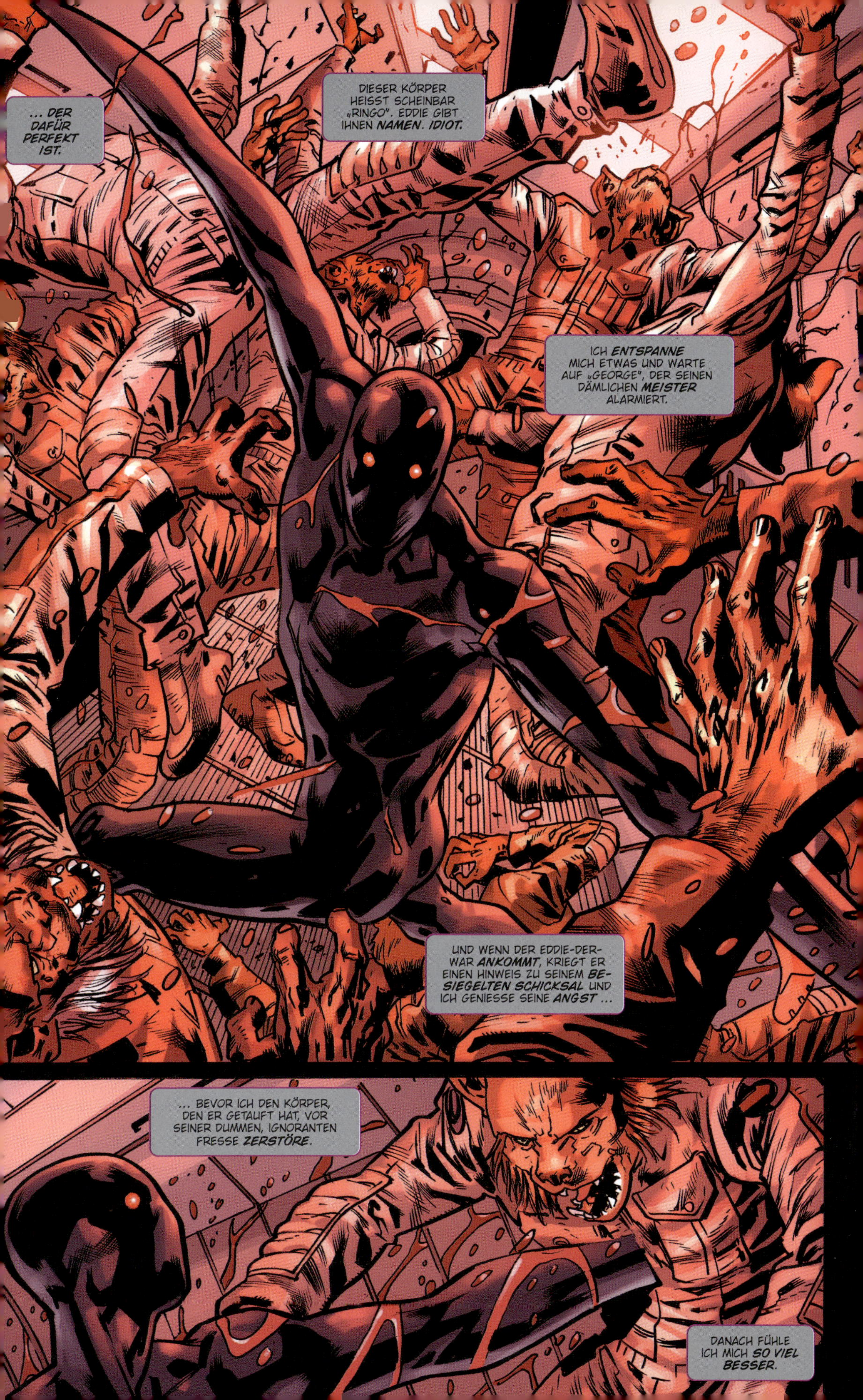

... DER DAFÜR PERFEKT IST.
DIESER KÖRPER HEISST SCHEINBAR „RINGO". EDDIE GIBT IHNEN NAMEN. IDIOT.
ICH ENTSPANNE MICH ETWAS UND WARTE AUF „GEORGE", DER SEINEN DÄMLICHEN MEISTER ALARMIERT.
UND WENN DER EDDIE-DER-WAR ANKOMMT, KRIEGT ER EINEN HINWEIS ZU SEINEM BESIEGELTEN SCHICKSAL UND ICH GENIESSE SEINE ANGST ...
... BEVOR ICH DEN KÖRPER, DEN ER GETAUFT HAT, VOR SEINER DUMMEN, IGNORANTEN FRESSE ZERSTÖRE.
DANACH FÜHLE ICH MICH SO VIEL BESSER.

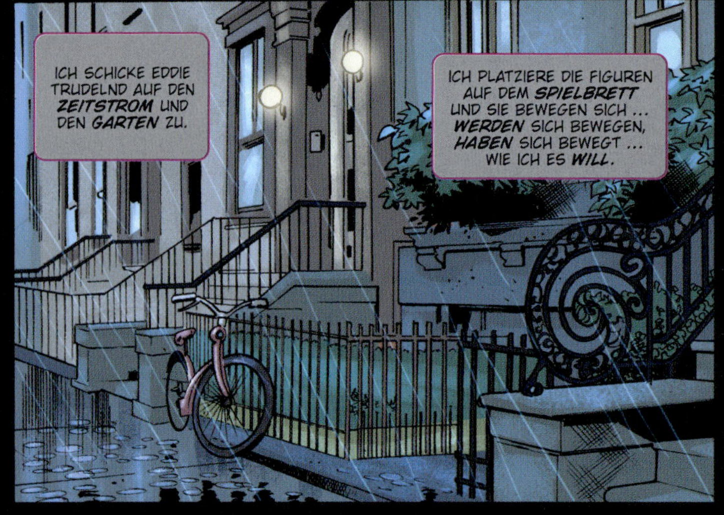
ICH SCHICKE EDDIE TRUDELND AUF DEN ZEITSTROM UND DEN GARTEN ZU.
ICH PLATZIERE DIE FIGUREN AUF DEM SPIELBRETT UND SIE BEWEGEN SICH ... WERDEN SICH BEWEGEN, HABEN SICH BEWEGT ... WIE ICH ES WILL.

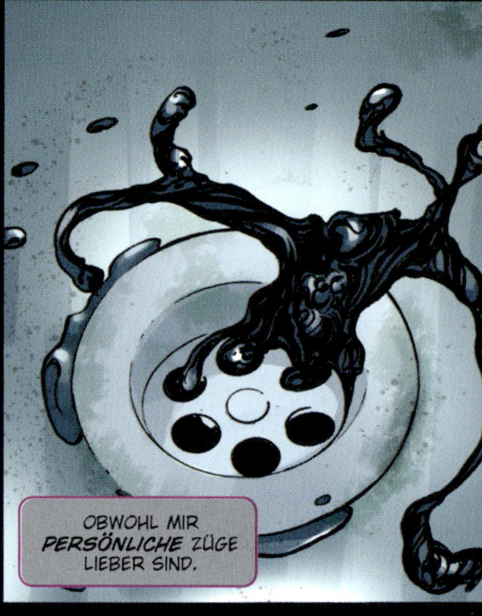
OBWOHL MIR PERSÖNLICHE ZÜGE LIEBER SIND.

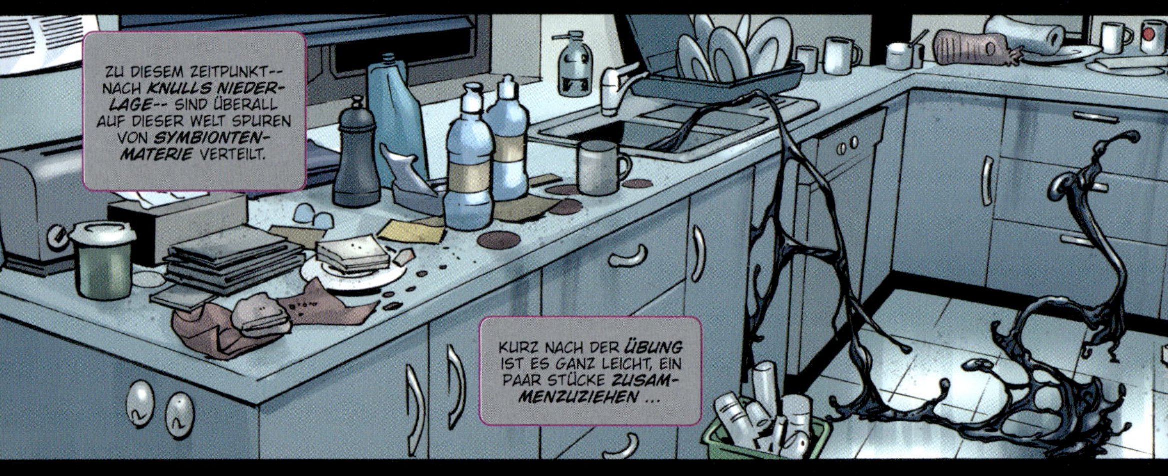
ZU DIESEM ZEITPUNKT-- NACH KNULLS NIEDER-LAGE-- SIND ÜBERALL AUF DIESER WELT SPUREN VON SYMBIONTEN-MATERIE VERTEILT.
KURZ NACH DER ÜBUNG IST ES GANZ LEICHT, EIN PAAR STÜCKE ZUSAM-MENZUZIEHEN ...

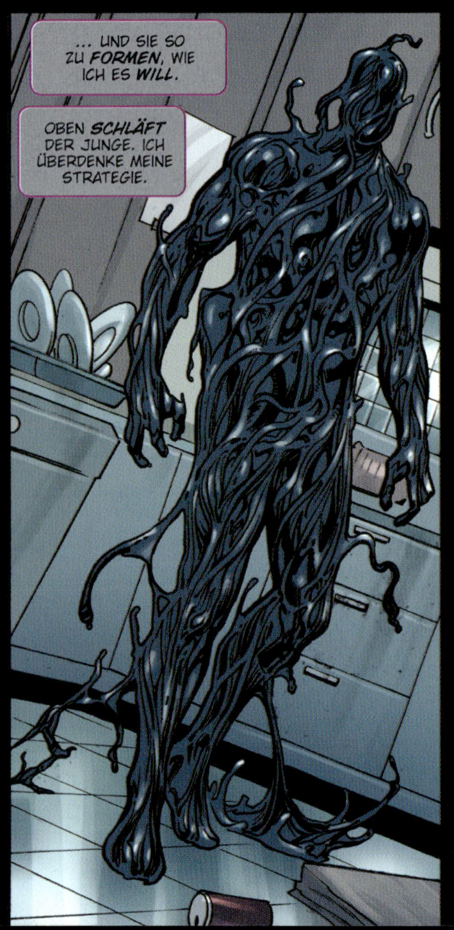
... UND SIE SO ZU FORMEN, WIE ICH ES WILL.
OBEN SCHLÄFT DER JUNGE. ICH ÜBERDENKE MEINE STRATEGIE.

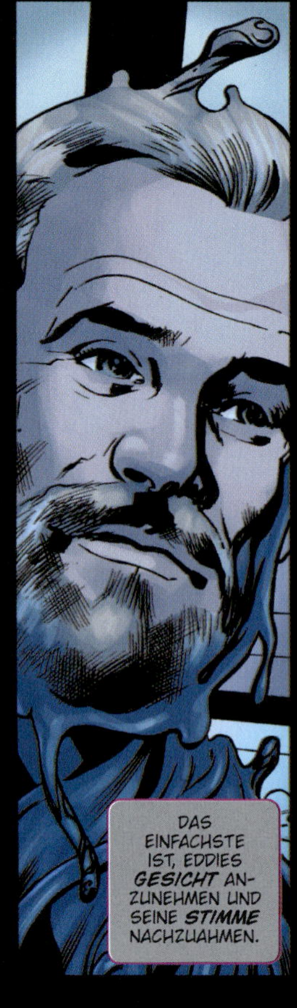
DAS EINFACHSTE IST, EDDIES GESICHT AN-ZUNEHMEN UND SEINE STIMME NACHZUAHMEN.

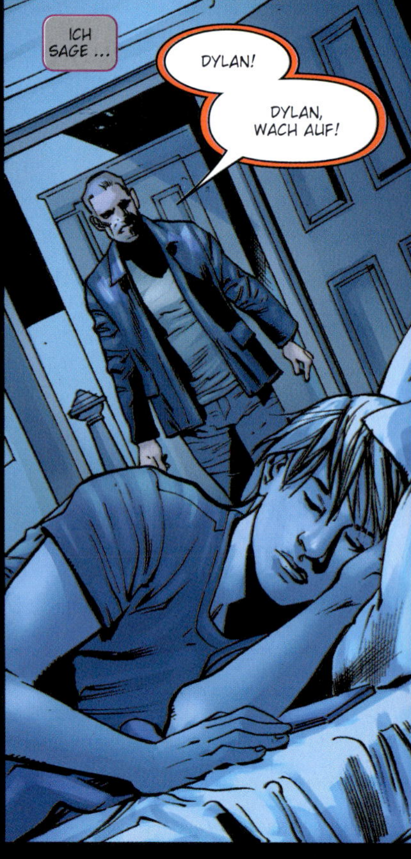
ICH SAGE ...
DYLAN!
DYLAN, WACH AUF!

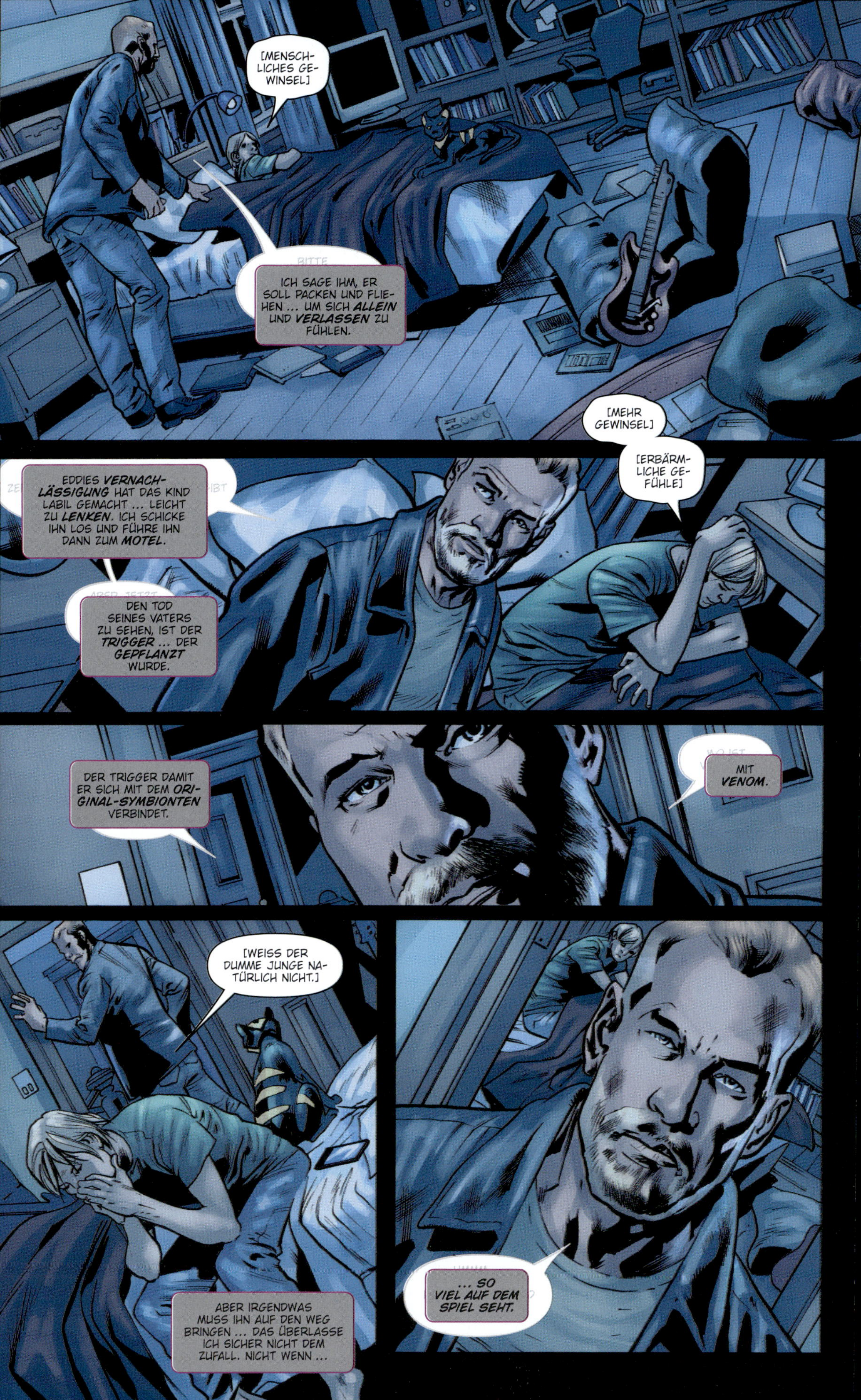
[MENSCH-LICHES GE-WINSEL]
ICH SAGE IHM, ER SOLL PACKEN UND FLIEHEN ... UM SICH ALLEIN UND VERLASSEN ZU FÜHLEN.
[MEHR GEWINSEL]
[ERBÄRM-LICHE GE-FÜHLE]
EDDIES VERNACH-LÄSSIGUNG HAT DAS KIND LABIL GEMACHT ... LEICHT ZU LENKEN. ICH SCHICKE IHN LOS UND FÜHRE IHN DANN ZUM MOTEL.
DEN TOD SEINES VATERS ZU SEHEN, IST DER TRIGGER ... DER GEPFLANZT WURDE.
DER TRIGGER DAMIT ER SICH MIT DEM ORI-GINAL-SYMBIONTEN VERBINDET.
MIT VENOM.
[WEISS DER DUMME JUNGE NA-TÜRLICH NICHT.]
ABER IRGENDWAS MUSS IHN AUF DEN WEG BRINGEN ... DAS ÜBERLASSE ICH SICHER NICHT DEM ZUFALL. NICHT WENN ...
... SO VIEL AUF DEM SPIEL SEHT.

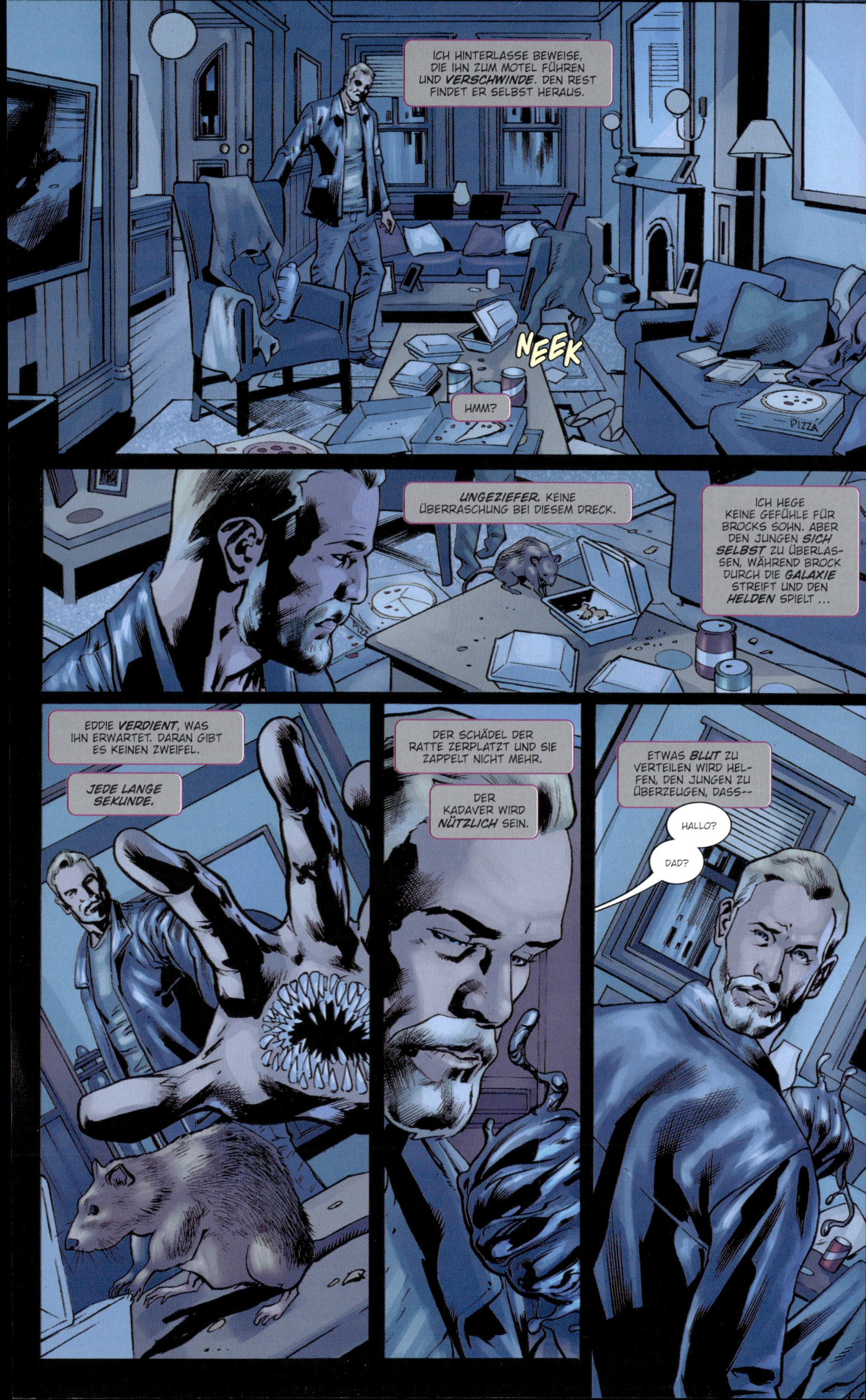
ICH HINTERLASSE BEWEISE, DIE IHN ZUM MOTEL FÜHREN UND VERSCHWINDE. DEN REST FINDET ER SELBST HERAUS.
NEEK
HMM?
PIZZA
UNGEZIEFER. KEINE ÜBERRASCHUNG BEI DIESEM DRECK.
ICH HEGE KEINE GEFÜHLE FÜR BROCKS SOHN. ABER DEN JUNGEN SICH SELBST ZU ÜBERLASSEN, WÄHREND BROCK DURCH DIE GALAXIE STREIFT UND DEN HELDEN SPIELT ...
EDDIE VERDIENT, WAS IHN ERWARTET. DARAN GIBT ES KEINEN ZWEIFEL.
JEDE LANGE SEKUNDE.
DER SCHÄDEL DER RATTE ZERPLATZT UND SIE ZAPPELT NICHT MEHR.
DER KADAVER WIRD NÜTZLICH SEIN.
ETWAS BLUT ZU VERTEILEN WIRD HELFEN, DEN JUNGEN ZU ÜBERZEUGEN, DASS--
HALLO?
DAD?

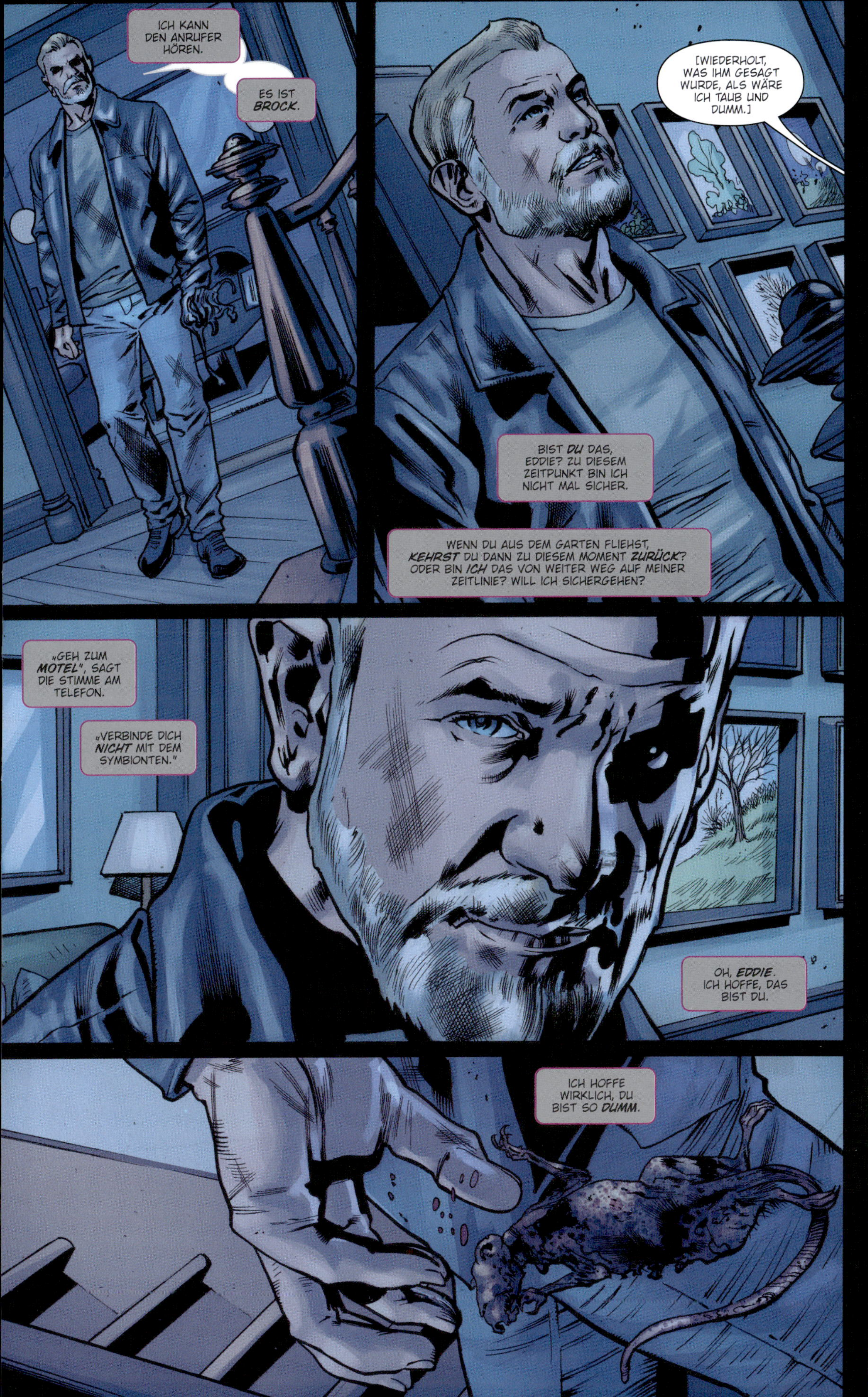

ICH KANN DEN ANRUFER HÖREN.
ES IST BROCK.
[WIEDERHOLT, WAS IHM GESAGT WURDE, ALS WÄRE ICH TAUB UND DUMM.]
BIST DU DAS, EDDIE? ZU DIESEM ZEITPUNKT BIN ICH NICHT MAL SICHER.
WENN DU AUS DEM GARTEN FLIEHST, KEHRST DU DANN ZU DIESEM MOMENT ZURÜCK? ODER BIN ICH DAS VON WEITER WEG AUF MEINER ZEITLINIE? WILL ICH SICHERGEHEN?
„GEH ZUM MOTEL", SAGT DIE STIMME AM TELEFON.
„VERBINDE DICH NICHT MIT DEM SYMBIONTEN."
OH, EDDIE. ICH HOFFE, DAS BIST DU.
ICH HOFFE WIRKLICH, DU BIST SO DUMM.

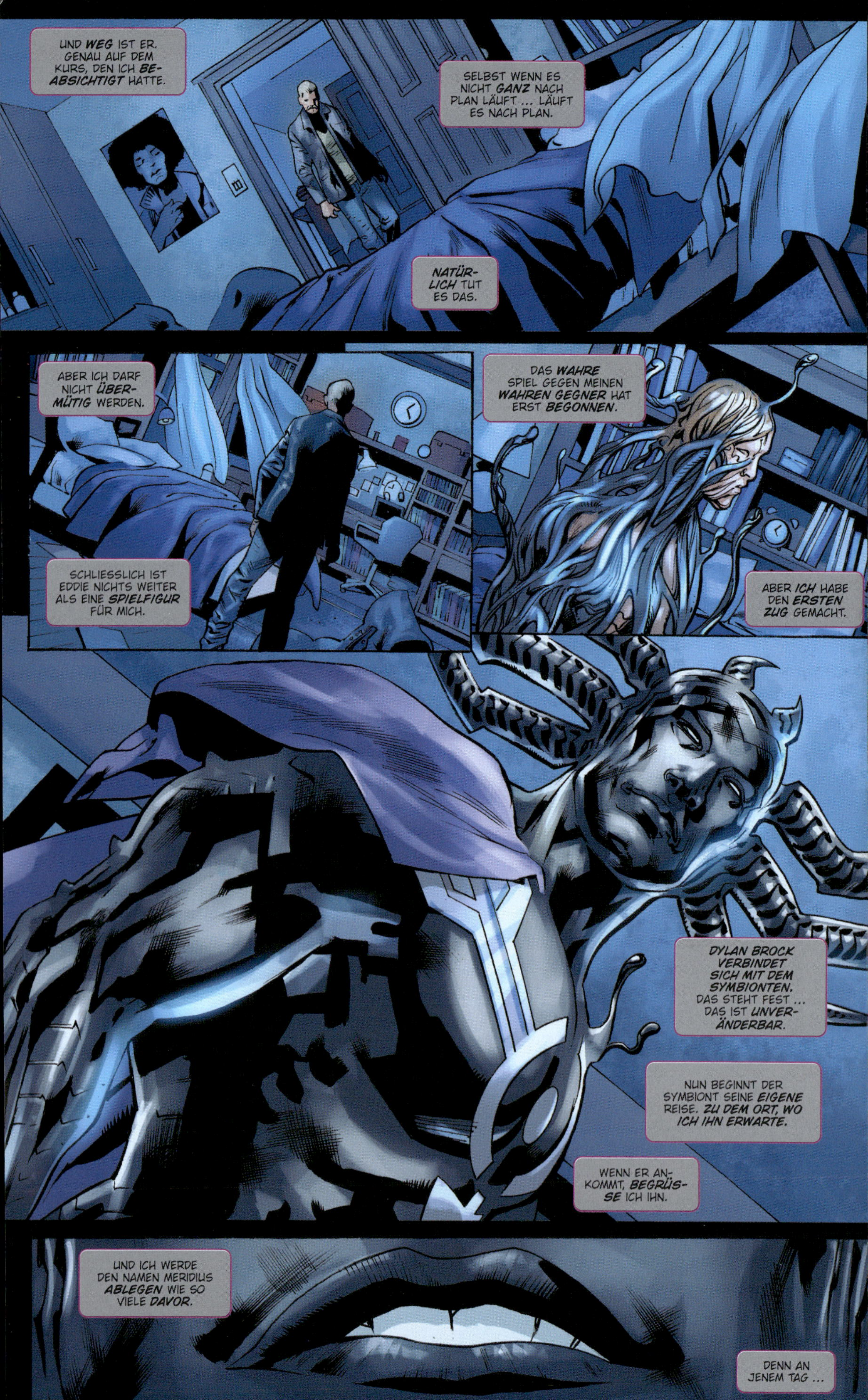
UND WEG IST ER. GENAU AUF DEM KURS, DEN ICH BE-ABSICHTIGT HATTE.
SELBST WENN ES NICHT GANZ NACH PLAN LÄUFT ... LÄUFT ES NACH PLAN.
NATÜR-LICH TUT ES DAS.
ABER ICH DARF NICHT ÜBER-MÜTIG WERDEN.
SCHLIESSLICH IST EDDIE NICHTS WEITER ALS EINE SPIELFIGUR FÜR MICH.
DAS WAHRE SPIEL GEGEN MEINEN WAHREN GEGNER HAT ERST BEGONNEN.
ABER ICH HABE DEN ERSTEN ZUG GEMACHT.
DYLAN BROCK VERBINDET SICH MIT DEM SYMBIONTEN. DAS STEHT FEST ... DAS IST UNVER-ÄNDERBAR.
NUN BEGINNT DER SYMBIONT SEINE EIGENE REISE. ZU DEM ORT, WO ICH IHN ERWARTE.
WENN ER AN-KOMMT, BEGRÜS-SE ICH IHN.
UND ICH WERDE DEN NAMEN MERIDIUS ABLEGEN WIE SO VIELE DAVOR.
DENN AN JENEM TAG ...

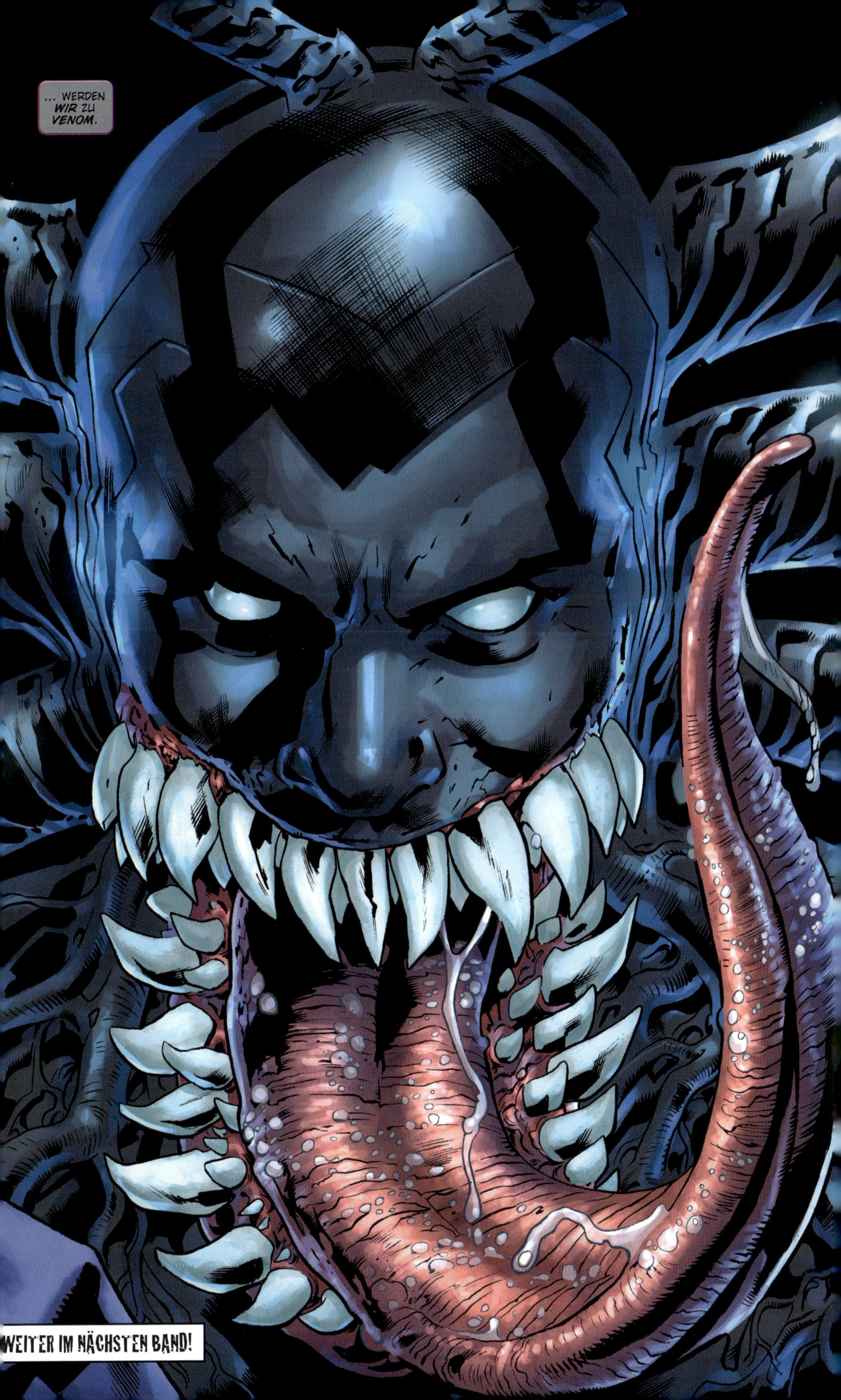
... WERDEN WIR ZU VENOM.
WEITER IM NÄCHSTEN BAND!

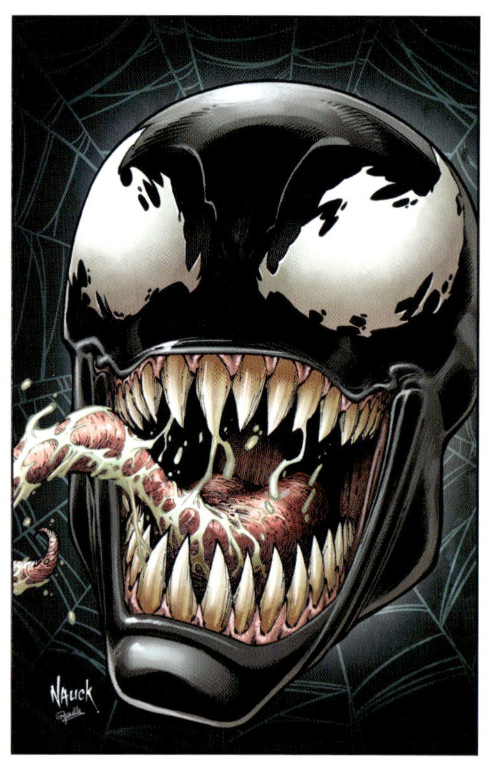

Venom (2021) 1
Variant-Cover von **TODD NAUCK**

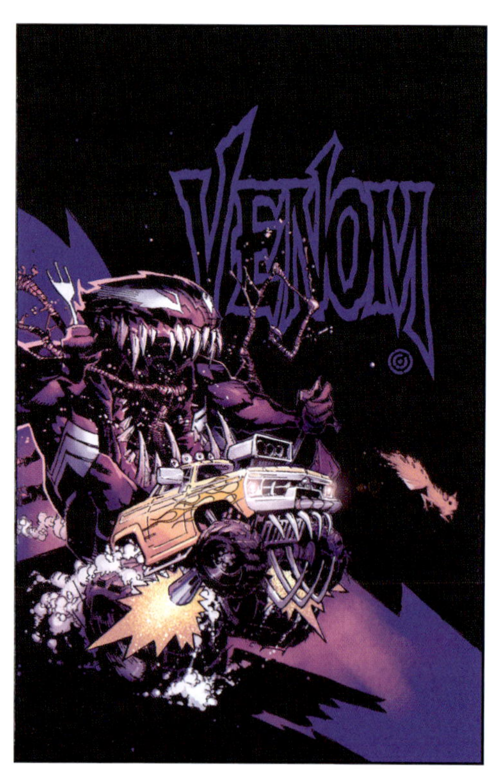

Venom (2021) 1
Variant-Cover von **CHRIS BACHALO**

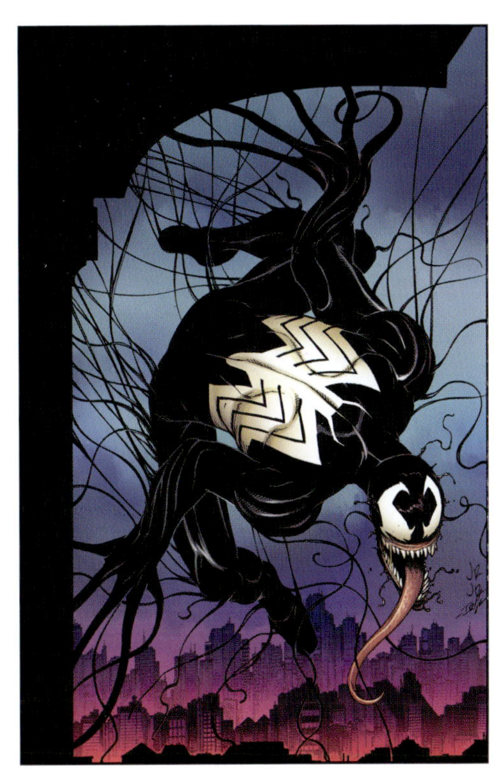

Venom (2021) 1
Variant-Cover von **JOHN ROMITA JR.**

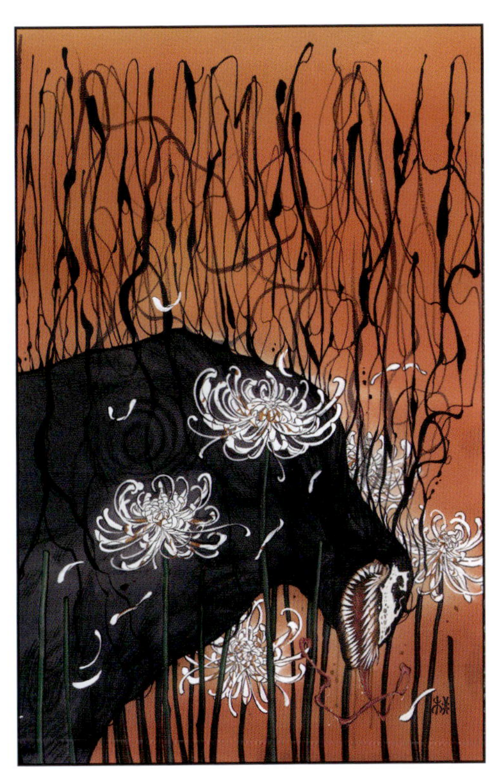

Venom (2021) 1
Variant-Cover von **PEACH MOMOKO**

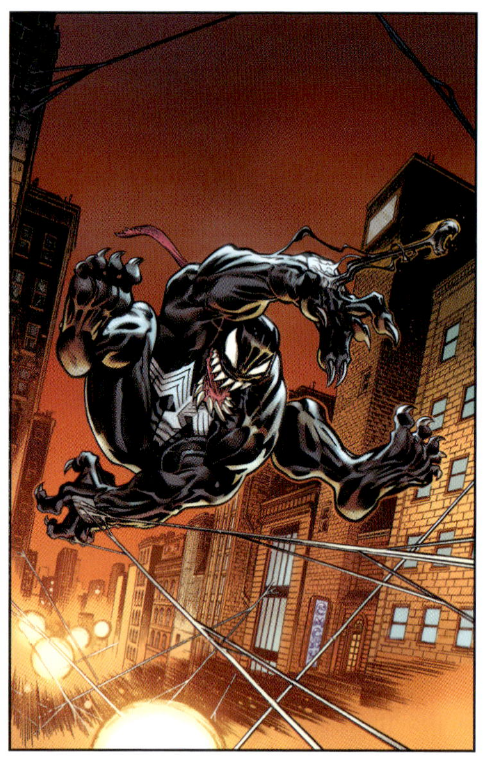

Venom (2021) 2
Variant-Cover von **ED McGUINNESS**

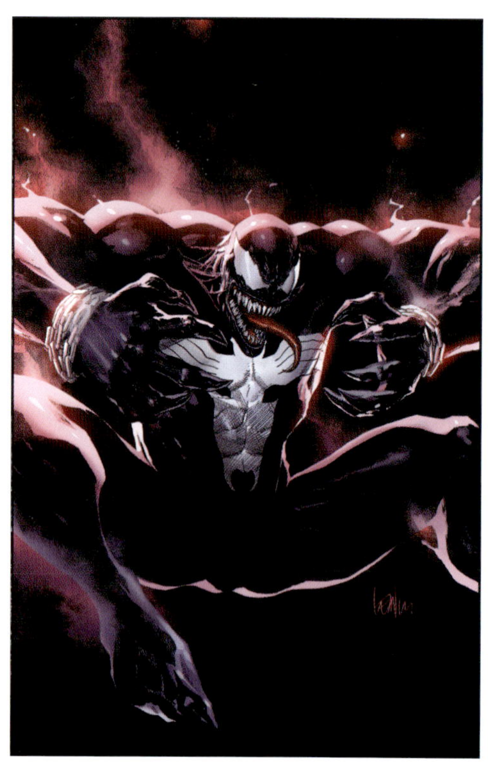

Venom (2021) 2
Variant-Cover von **LEINIL FRANCIS YU**

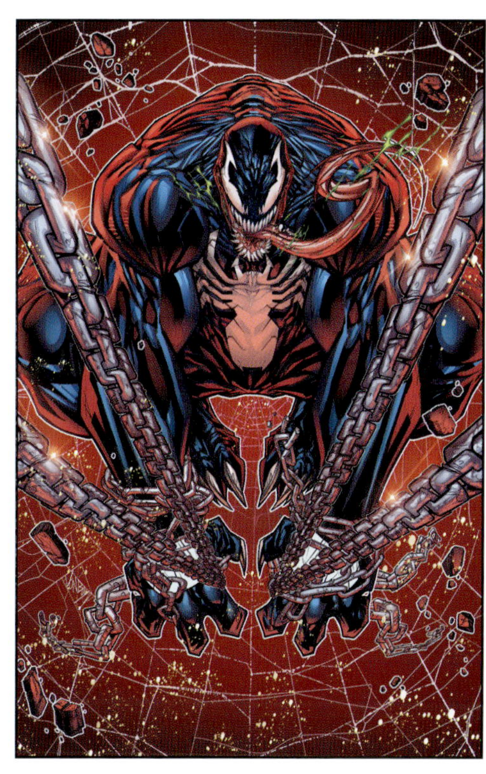

Venom (2021) 3
Variant-Cover von **JONBOY MEYERS**

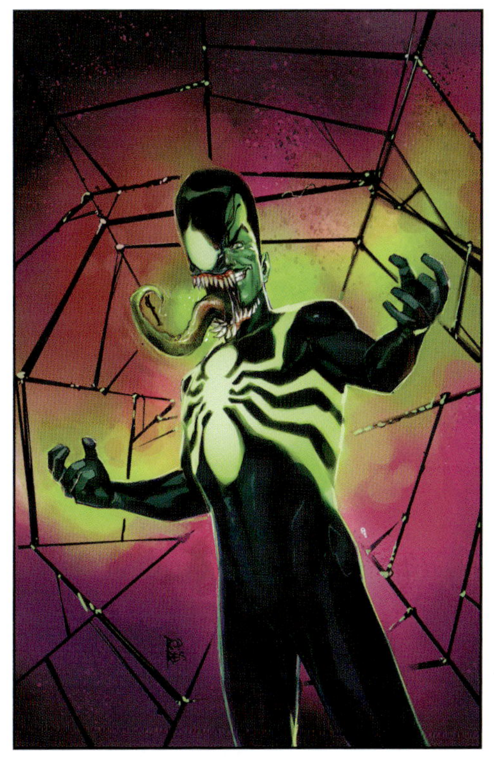

Venom (2021) 3
Variant-Cover von **ROD REIS**

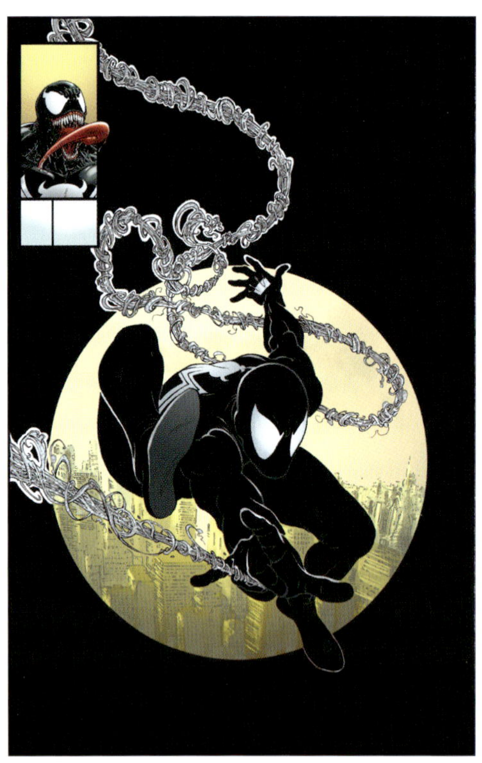

Venom (2021) 4
Variant-Cover von **DAVID YARDIN**

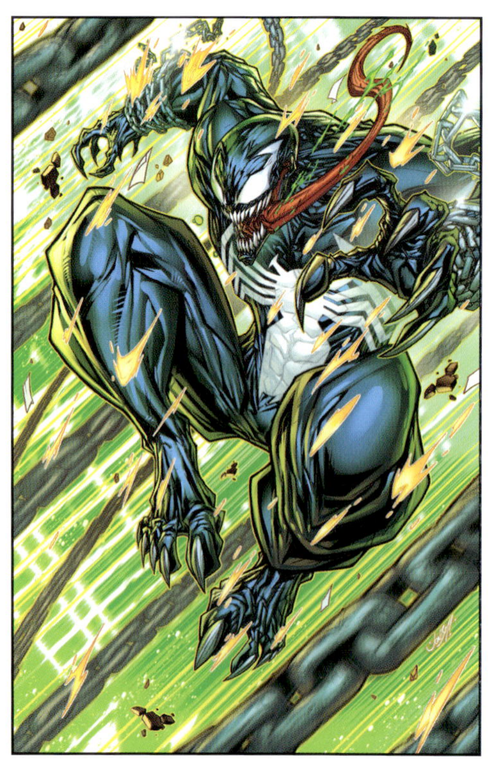

Venom (2021) 4
Variant-Cover von **JONBOY MEYERS**

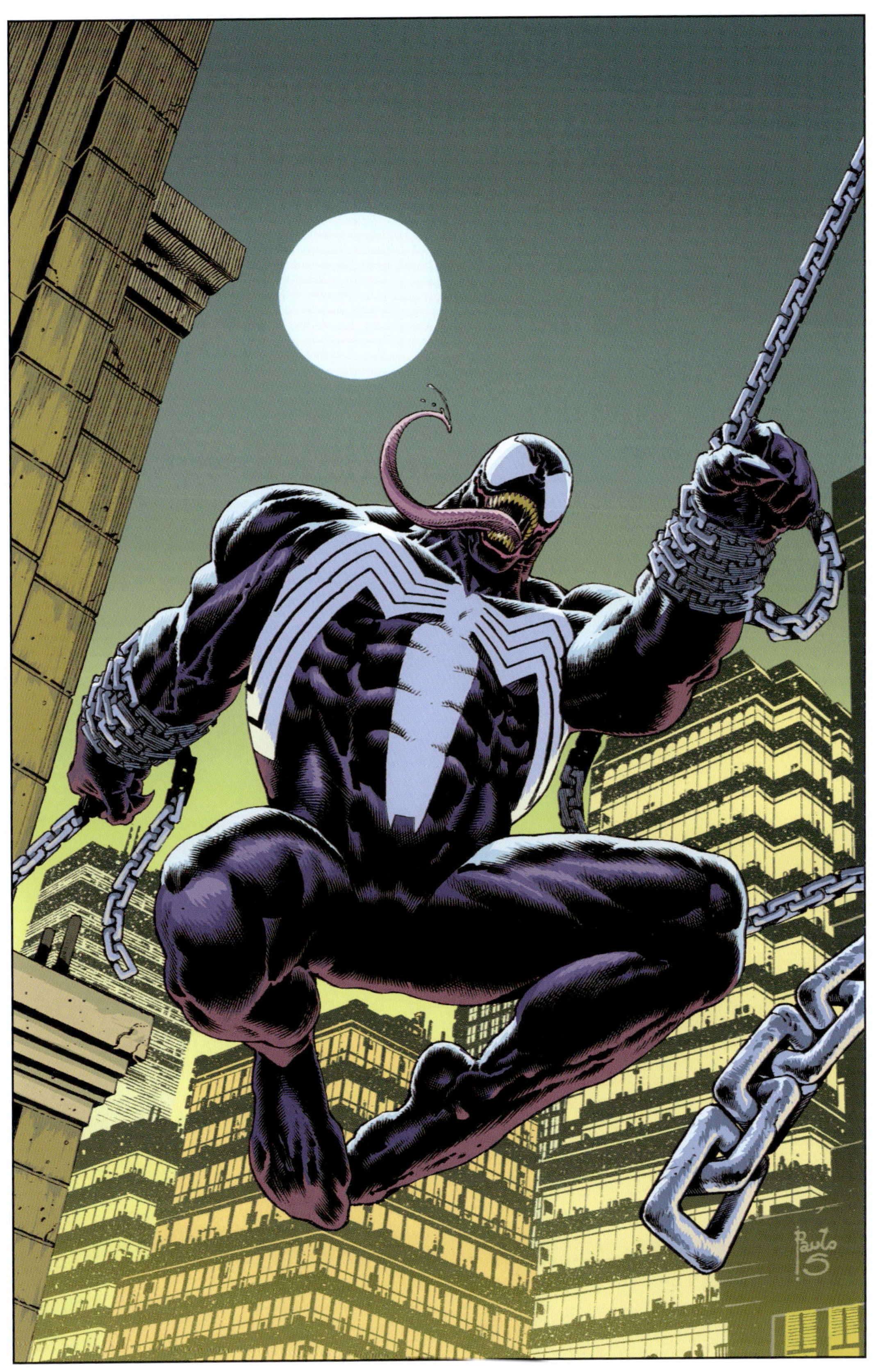

Venom (2021) 5
Variant-Cover von **PAULO SIQUEIRA**

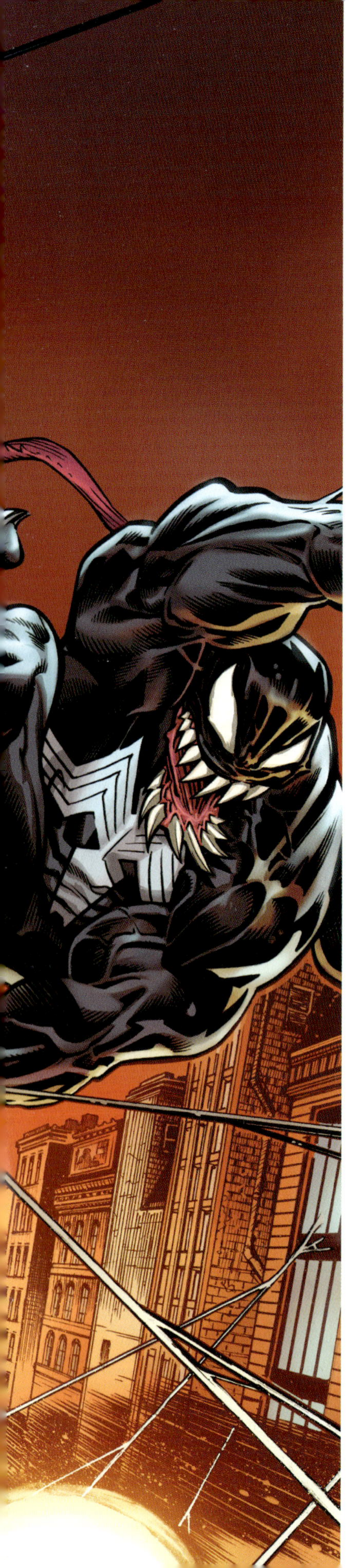

KREATIVE SYMBIOSE

AL EWING
Wie so viele britische Comic-Künstler startete auch Autor **Al Ewing** seine Karriere als grafischer Erzähler mit Science-Fiction-Storys in *2000 AD* und im *Judge Dredd Megazine*. Inzwischen zählt er zu Marvels Top-Autoren und hat ein eindrucksvolles Portfolio aufgebaut. In diesem finden sich die gefeierte Serie BRUCE BANNER: HULK, AVENGERS, MIGHTY AVENGERS, NEW AVENGERS, GUARDIANS OF THE GALAXY, ROCKET: DER COUP, LOKI, INHUMANS: ROYALS, VALKYRIE: JANE FOSTER, CONTEST OF CHAMPIONS zum gleichnamigen Videogame, die Event-Hauptserie zu EMPYRE und *Ultimates*. Zudem schuf Ewing seine eigene SF-Serie *We Only Find Them When They're Dead* und Comics zu *Doctor Who* und *Jennifer Blood*.

RAM V
Ramnarayan Venkatesan stammt aus Mumbai, lebt jedoch in London. Seine Comic-Laufbahn begann Ram V 2012 mit Titeln wie *Paradiso*, *Brigands*, *Quake Champions* und *These Savage Shores*. Die Panel-Storysammlung *Black Mumba*, die er orchestrierte, zollte gar seiner indischen Geburtsstadt Tribut. In den letzten Jahren kümmerte sich Ram V um Top-Titel wie CATWOMAN, JUSTICE LEAGUE DARK, SWAMP THING, JUSTICE LEAGUE und FUTURE STATE – BATMAN SONDERBAND 2: CATWOMAN UND BATGIRLS. Darüber hinaus kreierte er die unabhängige Serie *The Many Deaths of Laila Starr*.

BRYAN HITCH
Auch **Bryan Hitch** ist Engländer. Ende der 1980er zeichnete er für den britischen Marvel-Ableger Marvel UK Storys mit Death's Head, den Transformers und anderen. In den USA wurde der 1970 geborene Hitch in den 1990ern durch die Serien *Stormwatch* und *The Authority* von Autor Warren Ellis zum Blockbuster-Zeichner. Folgerichtig setzte er danach JLA um die Justice League und Mark Millars Avengers-Neudefinition in DIE ULTIMATIVEN um. Darüber hinaus inszenierte er CAPTAIN AMERICA: REBORN, AVENGERS: AGE OF ULTRON, AMERICA'S GOT POWERS, HAWKMAN, JUSTICE LEAGUE (das er auch schrieb), BATMANS GRAB und seine eigene Serie *Real Heroes*. Abseits der Comic-Szene war Hitch als Konzeptkünstler an den Relaunches der Fernsehserie *Doctor Who* und der Filmreihe *Star Trek* beteiligt.